"十三五"国家重点图书出版规划项目

天津市重点出版扶持项目

中国文化外译：典范化传播实践与研究

总主编　谢天振

二十世纪八十年代以来中国现当代小说在美国的译介与传播

崔艳秋　著

南开大学出版社

天　津

图书在版编目(CIP)数据

二十世纪八十年代以来中国现当代小说在美国的译介与传播 / 崔艳秋著. —天津：南开大学出版社，2021.12

(中国义化外译：典范化传播实践与研究 / 谢天振总主编)

ISBN 978-7-310-06167-9

Ⅰ.①二… Ⅱ.①崔… Ⅲ.①小说－英语－文学翻译－研究－中国②小说－传播学－研究－中国 Ⅳ.①H315.9②I207.4

中国版本图书馆 CIP 数据核字(2021)第 239667 号

二十世纪八十年代以来中国现当代小说在美国的译介与传播
ERSHI SHIJI BASHI NIANDAI YILAI ZHONGGUO
XIANDANGDAI XIAOSHUO ZAI MEIGUO DE YIJIE YU CHUANBO

南开大学出版社出版发行
出版人：陈　敬
地址：天津市南开区卫津路 94 号　　邮政编码：300071
营销部电话：(022)23508339　营销部传真：(022)23508542
https://nkup.nankai.edu.cn

天津泰宇印务有限公司印刷　全国各地新华书店经销
2021 年 12 月第 1 版　2021 年 12 月第 1 次印刷
230×170 毫米　16 开本　24.75 印张　2 插页　400 千字
定价：123.00 元

如遇图书印装质量问题,请与本社营销部联系调换,电话：(022)23508339

总　序

谢天振

一

　　中国文学、文化如何才能切实有效地走出去？随着中国经济实力的增强和国际地位的提升，这个问题被越来越多的人所关注，从国家领导人到普通百姓大众。追溯起来，中国人通过自己亲力亲为的翻译活动让中国文学、文化走出去的努力早已有之。不追溯得太远的话，可以举出被称为"东学西渐第一人"的陈季同，他在 1884 年出版的《中国人自画像》一书中即把我国唐代诗人李白、杜甫、孟浩然、白居易等人的诗翻译成了法文，他同年出版的另一本书《中国故事》则把《聊斋志异》中的一些故事译介给了法语读者。至于辜鸿铭在其所著的《春秋大义》中把儒家经典的一些片段翻译成英文，敬隐渔把《阿 Q 正传》翻译成法文，林语堂把中国文化译介给英语世界，等等，都为中国文学、文化走出去做出了各自的贡献。

　　当然，有意识、有组织、有规模地向世界译介中国文学和文化，那还是 1949 年以后的事。1949 年中华人民共和国成立以后，我们需要向世界宣传中华人民共和国的情况，而文学作品的外译是一个很合适的宣传渠道。1951 年，国家有关领导部门组织了一个专门的编辑、翻译、出版队伍，还陆续聘请了不少外国专家，创办了英文版的期刊《中国文学》（*Chinese Literature*）。该期刊自 1958 年起改为定期出版发行，最后发展成月刊，并同时推出了法文版（季刊）。《中国文学》前后共出版了 590 期，介绍中国古今作家和艺术家两千多人次，在相当长的时期里，它是我们向外译介中国文学的最主要的渠道。"文化大革命"期间勉力维持，1976 年 10 月以后进入繁荣期，20 世纪 90 年代再度式微，国外读者越来越少，于 2000 年最终停刊。

　　创办了半个世纪之久的英文、法文版《中国文学》最终不得不黯然停刊，令人不胜唏嘘,同时也引发我们的深省。研究者郑晔博士在她的博士论文《国家机构赞助下中国文学的对外译介——以英文版〈中国文学〉(1951－2000)为个案》中总结了其中的经验教训,将其归纳为四条:一是译介主体的问题。郑博士认为像《中国文学》这样国家机构赞助下的译介行为必然受国家主流意识形态和诗学的制约,这是由赞助机制自身决定的。译本和编译人员只能在其允许的范围内做出有限的选择。这种机制既有优点,也有缺点。优点是政府有能力为刊物和专业人员提供资金保障,并保证刊物顺利出版发行。缺点是由于过多的行政干预和指令性要求,出版社和译者缺乏自主性和能动性,刊物的内容和翻译容易带有保守色彩,逐渐对读者失去吸引力。二是用对外宣传的政策来指导文学译介并不合理,也达不到外宣的目的,最终反而导致译介行为的终止。三是只在源语(输出方)环境下考察译者和译作(指在《中国文学》上发表的译文)并不能说明其真正的翻译水平,也不能说明这个团队整体的翻译水平,必须通过接受方(译入语环境)的反馈才能发现在译入语环境下哪些译者的哪些译作能够被接受。四是政府垄断翻译文学的译介并不可取,应该允许更多译者生产更多不同风格、不同形式、不同题材的译本,通过各种渠道对外译介,由市场规律去淘汰不合格的译者和译本。①

"文化大革命"以后,在 20 世纪的八九十年代,我们国家在向外译介中国文学方面还有过一个引人注目的行为,那就是由著名翻译家杨宪益主持编辑、组织翻译和出版的"熊猫丛书"。这套"熊猫丛书"共翻译出版了 195 部文学作品,包括小说 145 部、诗歌 24 部、民间传说 14 部、散文 8 部、寓言 3 部、戏剧 1 部。但正如研究者所指出的,这套丛书同样"并未获得预期的效果。除个别译本获得英美读者的欢迎外,大部分译本并未在他们中间产生任何反响"。因此,"熊猫丛书"最后也难以为继,于 2007 年黯然收场。

"熊猫丛书"未能取得预期效果的原因,研究者耿强博士在他的博士论文《文学译介与中国文学"走向世界"——熊猫丛书英译中国文学研究》中总结为五点:一是缺乏清醒的文学译介意识。他质疑:"完成了'合格的译本'

---

① 有关《中国文学》译介中国文学的详细分析,可参阅上海外国语大学郑晔的博士论文《国家机构赞助下中国文学的对外译介——以英文版〈中国文学〉(1951－2000)为个案》。该论文经作者扩充修改后作为分册收录在本丛书中。

之后,是否就意味着它一定能获得海外读者的阅读和欢迎?"二是"审查制度"对译介选材方面的限制和干扰。三是通过国家机构对外译介的这种模式,虽然可以投入巨大的人力、物力和财力,也能生产出高质量的译本,但却无法保证其传播的顺畅。四是翻译策略。他认为"要尽量采取归化策略及'跨文化阐释'的翻译方法,使译作阅读起来流畅自然,增加译本的可接受性,避免过于生硬和陌生化的文本"。五是对跨文化译介的阶段性性质认识不足,看不到目前中国当代文学的对外译介尚处于起步阶段这种性质。①

另一个更发人深省甚至让人不无震撼的个案,是杨宪益、戴乃迭夫妇合作翻译的《红楼梦》在英语世界的遭遇。我们都知道,杨译《红楼梦》在国内翻译界备受推崇,享有极高声誉,可以说代表了我们国家外译文学作品的最高水平。然而研究者江帆博士远赴美国,在美国高校图书馆里潜心研读了大量第一手英语文献,最后惊讶地发现,杨译《红楼梦》与英国汉学家霍克斯的《红楼梦》英译本相比,在英语世界竟然备受冷落。江帆在其博士论文《他乡的石头记:〈红楼梦〉百年英译史研究》(后拓展为同名著作)中指出:"首先,英美学术圈对霍译本的实际认同程度远远超过了杨译本;英语世界的中国或亚洲文学史、文学选集和文学概论一般都直接收录或援引霍译本片段,《朗曼世界文学选集》选择的也是霍译本片段,杨译本在类似的选集中很少露面;在相关学术论著中,作者一般都将两种译本并列为参考书目,也对杨译本表示相当的尊重,但在实际需要引用原文片段时,选用的都是霍译本,极少将杨译本作为引文来源。其次,以馆藏量为依据,以美国的伊利诺伊州(Illinois)为样本,全州 65 所大学的联合馆藏目录(I-Share)表明,13 所大学存有霍译本,只有两所大学存有杨译本。最后,以英语世界最大的购书网站亚马逊的读者对两种译本的留言和评分为依据,我们发现,在有限的普通读者群中,霍译本获得了一致的推崇,而杨译本在同样的读者群中的评价却相当低,二者之间的分数相差悬殊,部分读者对杨译本的评论极为严苛。"②

杨译本之所以会在英语世界遭受"冷遇",其原因与上述两个个案同出一辙:首先是译介者对"译入语国家的诸多操控因素"认识不足,一厢情愿地

---

① 详见上海外国语大学耿强的博士论文《文学译介与中国文学"走向世界"——熊猫丛书英译中国文学研究》。该论文经作者补充修改后也收录在本丛书中。

② 详见复旦大学江帆的博士论文《他乡的石头记:〈红楼梦〉百年英译史研究》。该论文经作者补充修改后也收录在本丛书中。

进行外译"输出";其次是"在编审行为中强行输出本国意识形态",造成了译介效果的干扰;最后是译介的方式需要调整,"对外译介机构应该增强与译入语国家的译者和赞助人的合作,以求从最大限度上吸纳不同层次的读者,尽可能使我们的对外译介达到较好的效果"。[①]进入21世纪以后,我们国家有关部门又推出了一个规模宏大的、目前正进行得热火朝天的中国文化走出去"工程",那就是汉英对照的《大中华文库》的翻译与出版。这套标举"全面系统地翻译介绍中国传统文化典籍"、旨在促进"中学西传"的丛书,规模宏大,拟译选题达200种,几乎囊括了全部中国古典文学名著和传统文化典籍。迄今为止,这套丛书已经翻译出版了一百余种选题,一百七八十册,然而除个别几个选题被国外相关出版机构看中并购买版权外,其余绝大多数已经出版的选题都局限在国内的发行圈内,似尚未真正"传出去"。

不难发现,中华人民共和国成立以来,我们国家的领导人和相关翻译出版部门在推动中国文学、文化走出去一事上倾注了极大的热情和关怀,组织了一大批国内(还有部分国外的)中译外的翻译专家,投入了大量的人力、物力、财力,但如上所述,总体而言收效甚微,实际效果并不理想。

二

2012年底,莫言获得诺贝尔文学奖之后,又引发了国内学术界特别是翻译界围绕中国文学、文化走出去问题的讨论热情。学界和译界都想通过对莫言获得诺贝尔文学奖一事背后翻译问题的讨论,获得对中国文学、文化典籍外译的启示。我当时就撰文指出,严格来讲,莫言获奖背后的翻译问题,其实质已经超越了传统翻译和翻译研究中那种狭隘的语言文字转换层面上的认识,而是进入了跨文化交际的层面,具体而言,也就是进入了译介学的层面,这就意味着我们今天在讨论中国文学、文化外译问题时,不仅要关注如何翻译的问题,还要关注译作的传播与接受等问题。在我看来,"经过了中外翻译界一两千年的讨论,前一个问题已经基本解决,'翻译应该忠实原作'已是译界的基本常识,无须赘言;至于应该'逐字译''逐意译',还是两相结合,等等,具有独特追求的翻译家自有其主张,也不必强求一律。倒

[①] 详见复旦大学江帆的博士论文《他乡的石头记:〈红楼梦〉百年英译史研究》。

是对后一个问题，即译作的传播与接受等问题，长期以来遭到我们的忽视甚至无视，需要我们认真对待。由于长期以来我们国家对外来的先进文化和优秀文学作品一直有一种强烈的需求，所以我们的翻译家只须关心如何把原作翻译好，而甚少甚至根本无须关心译作在我国的传播与接受问题。然而今天我们面对的却是一个新的问题：中国文学与文化的外译问题。更有甚者，在国外，尤其在西方尚未形成像我们国家这样一个对外来文化、文学有强烈需求的接受环境，这就要求我们必须考虑如何在国外，尤其是在西方国家培育中国文学和文化的受众和接受环境的问题"[1]。

莫言作品外译的成功让我们注意到了以往我们忽视的一些问题。一是"谁来译"的问题。莫言作品的外译者都是国外著名的汉学家、翻译家，虽然单就外语水平而言，国内并不缺乏与这些国外翻译家水平相当的译者，但在对译入语国家读者细微的用语习惯、独特的文字偏好、微妙的审美趣味等方面的把握上，我们得承认，国外翻译家显示出了国内翻译家较难企及的优势。有些人对这个问题不理解，觉得这些国外翻译家在对原文的理解甚至表达方面有时候其实还比不上我们自己的翻译家，我们为何不能用自己的翻译家呢？这个问题其实只要换位思考一下就很容易解释清楚。试想一想，我国读者是通过自己翻译家的翻译作品接受外来文学、文化的呢，还是通过外国翻译家把他们的文学作品、文化典籍译介给我们的？再想一想，假设在你面前摆着两本巴尔扎克小说的译作，一本是一位精通中文的法国汉学家翻译的，一本是著名翻译家傅雷翻译的，你会选择哪一本呢？答案不言而喻。实际上可以说世界上绝大多数的国家和民族，主要都是通过自己国家和民族的翻译家来接受外国文学文化的，这是文学文化跨语言、跨国界译介的一条基本规律。

二是"作者对译者的态度"问题。莫言在对待他的作品的外译者方面表现得特别宽容和大度，给予了充分的理解和尊重。他不仅没有把译者当作自己的"奴隶"，而且还对他们明确放手："外文我不懂，我把书交给你翻译，这就是你的书了，你做主吧，想怎么弄就怎么弄。"正是由于莫言对待译者的这种宽容大度，所以他的译者才得以放开手脚，大胆地"连译带改"以适应译入语环境读者的阅读习惯和审美趣味，从而让莫言作品的外译本顺利跨越

---

① 谢天振. 莫言作品"外译"成功的启示[N]. 文汇读书周报, 2012-12-14.

了"中西方文化心理与叙述模式差异"的"隐形门槛",并成功地进入了西方的主流阅读语境。我们国内有的作家不懂这个道理,自以为很认真,要求国外翻译家先试译一两个章节给他看。其实这个作家本人并不懂外文,而是请他懂外文的两个朋友帮忙审阅的。然而这两个朋友能审阅出什么问题来呢?无非是看看译文有无错译、漏译,文字是否顺畅而已。然而一个没有错译、漏译,文字顺畅的译文,也即我们所说的一个"合格的译本"能否保证译文在译入语环境中受到欢迎、得到广泛的传播并产生影响呢?本文前面提到的杨译《红楼梦》在英语世界的遭遇就是一个很好的例子:英国翻译家霍克斯的《红楼梦》译本因其中的某些误译、错译曾颇受我们国内翻译界的诟病,而杨宪益夫妇的《红楼梦》译本国内翻译界评价极高,被推崇备至。然而如前所述,研究者在美国高校进行实地调研后得到的大量数据表明,在英语世界是霍译本更受欢迎,而杨译本却备受冷遇。① 这个事实应该引起我们有些作家,更应该引起我们国内翻译界的反思。

三是"谁来出版"的问题。莫言作品的译作都是由国外一流的重要出版社出版,譬如他的作品法译本的出版社瑟伊(Seuil)出版社就是法国最重要的出版社之一,他的作品英译本则是由美国的拱廊出版社、纽约海鸥出版社、俄克拉何马大学出版社以及闻名世界的企鹅出版社出版,这使得莫言作品的外译本能很快进入西方的主流发行渠道,也使得莫言的作品在西方得到了有效的传播。反之,如果莫言的译作全是由国内出版社出版的,恐怕就很难取得目前的成功。近年来国内出版社已经注意到这一问题,并开始积极开展与国外出版社的合作,很值得肯定。

四是"作品本身的可译性"。这里的可译性不是指一般意义上作品翻译时的难易程度,而是指作品在翻译过程中其原有的风格、创作特征、原作特有的"滋味"的可传递性,在翻译成外文后这些风格、这些特征、这些"滋味"能否基本保留下来并被译入语读者所理解和接受。譬如有的作品以独特的语言风格见长,其"土得掉渣"的语言让中国读者印象深刻并颇为欣赏,但是经过翻译后它的"土味"荡然无存,也就不易获得在中文语境中同样的接受效果。莫言作品翻译成外文后,"既接近西方社会的文学标准,又符合西方世界对中国文学的期待",这就让西方读者较易接受。其实类似情况在中国

---

① 详见复旦大学江帆的博士论文《他乡的石头记:〈红楼梦〉百年英译史研究》。

文学史上也早有先例,譬如白居易、寒山的诗外译的就很多,传播也广;相比较而言,李商隐的诗的外译和传播就要少,原因就在于前两者的诗浅显、直白,易于译介。寒山诗更由于其内容中的"禅意"而在正好盛行学禅之风的20世纪五六十年代的日本和美国得到广泛传播,其地位甚至超过了孟浩然。作品本身的可译性问题提醒我们,在对外译介中国文学作品、文化典籍时,应当挑选具有可译性的,也就是在译入语环境里更容易接受的作品首先进行译介。

<h1 style="text-align:center">三</h1>

以上关于莫言作品外译成功原因的几点分析,其触及的几个问题其实也还是表面上的,如果我们对上述《中国文学》期刊等几个个案进行深入分析,当能发现,真正影响中国文学、文化切实有效地走出去的因素还与以下几个实质性问题有关。

首先,与我们对翻译的认识存在误区有关。

大家都知道,中国文学、文化要走出去,里面有个翻译的问题,然而却远非所有人都清楚翻译是个什么样的问题。绝大多数人都以为,翻译无非就是两种语言文字之间的转换。我们要让中国文学、文化走出去,只要把那些用中国语言文字写成的文学作品(包括典籍作品)翻译成外文就可以了。应该说,这样的翻译认识不仅仅是我们翻译界、学术界,甚至还是我们全社会的一个共识。譬如我们的权威工具书《辞海》(1980年版)对"翻译"的释义就是:"把一种语言文字的意义用另一种语言文字表达出来"。另一部权威工具书《中国大百科全书·语言文字》(1988年版)对"翻译"的定义也与此相仿:"把已说出或写出的话的意思用另一种语言表达出来的活动"。正是在这样的翻译认识或翻译思想的指导下,长期以来,我们在进行中国文学作品、文化典籍外译时,考虑的问题也就只是如何尽可能忠实、准确地进行两种语言文字的转换,或者说得更具体一些,考虑的问题就是如何交出一份"合格的译作"。然而问题是交出一份"合格的译作"后是否就意味着能够让中国文学、文化自然而然地"走出去"了呢?上述几个个案表明,事情显然并没有那么简单,因为在上述几个个案里,无论是长达半个世纪的英文、法文版《中国文学》杂志,还是杨宪益主持的"熊猫丛书",以及目前仍然在热闹地进行着的《大中华文库》的编辑、翻译、出版,其中的大多数甚至绝大多数译文都称得上"合格"。然而一个无可回避却不免让人感到沮丧的事实是,这些"合格的译作"除了极小部分外,却并没有促成我们的中国文学、文化整体切实有效地"走出去"。

问题出在哪里?我以为就出在我们对翻译的认识失之偏颇。我们一直简单地认为翻译就只是两种语言文字之间的转换行为,却忽视了翻译的任务和目标。我们相当忠实、准确地实现了两种语言文字之间的转换,或者说我们交出了一份"合格的译作",然而如果这些行为和译文并不能促成两种文化之间的有效交际的话,并不能让翻译成外文的中国文学作品、中国文化典籍在译入语环境中被接受、被传播并产生影响的话,那么这样的转换(翻译行为)及其成果(译文)能够说是成功的吗?这样的译文,尽管从传统的翻译标准来看都不失为一篇篇"合格的译作",但恐怕与一堆废纸并无实质性的差异。这个话也许说得重了些,但事实就是如此。当你看到那一本本堆放在我们各地高校图书馆里的翻译成外文的中国文学、文化典籍乏人借阅、无人问津时,你会有何感想呢?事实上,国外已经有学者从职业翻译的角度指出,"翻译质量在于交际效果,而不是表达方式和方法"①。

为此,我以为我们今天在定义翻译的概念时,倒是有必要重温我国唐代贾公彦在其所撰《周礼义疏》里对翻译所下的定义:"译即易,谓换易言语使相解也。"我很欣赏一千多年前贾公彦所下的这个翻译定义,寥寥十几个字,言简意赅。这个定义首先指出"翻译就是两种语言之间的转换"(译即易),然后强调"换易言语"的目的是"使相解也",也即要促成交际双方相互理解,达成有效的交流。我们把它与上述两个权威工具书对翻译所下的定义进行一下对照的话,可以发现,贾公彦的翻译定义并没有仅仅局限在对两种语言文字转换的描述上,而是把翻译的目的、任务也一并包含进去了。而在我看来,这才是一个比较完整的翻译定义,一个在今天仍然不失其现实意义的翻译定义。我们应该看到,两种语言文字之间的转换(包括口头的和书面的)只是翻译的表象,而翻译的目的和任务,也即是促成操不同语言的双方实现切实有效的交流、达成交际双方相互之间切实有效的理解和沟通,这才是翻

---

① 达尼尔·葛岱克.职业翻译与翻译职业[M].刘和平,文韫,译.北京:外语教学与研究出版社,2011:6.

译的本质。然而,一千多年来我们在谈论翻译的认识或是在进行翻译活动(尤其是笔译活动)时,恰恰是在这个翻译的本质问题上偏离了甚至迷失了方向:我们经常只顾盯着完成两种语言文字之间的转换,却忘了完成这种语言文字转换的目的是什么、任务是什么。我们的翻译研究者也把他们的研究对象局限在探讨"怎么译""怎样才能译得更好、译得更准确"等问题上,于是在相当长的历史时期内我们的翻译研究就一直停留在研究翻译技巧的层面上。这也许就是这 60 多年来尽管我们花了大量的人力、物力、财力进行中国文学、文化典籍的外译,希望以此能够推动中国文学、文化走出去,然而却未能取得预期效果的一个重要原因吧。

其次,与我们看不到译入(in-coming translation)与译出(out-going translation)这两种翻译行为之间的区别有关。

其实,上面提到的对翻译的认识存在偏颇、偏离甚至迷失了翻译的本质目标,其中一个表现也反映在对译入与译出两种翻译行为之间的区别缺乏正确的认识上。我们往往只看到译入与译出都是两种语言文字之间的转换,却看不到两者的实质性差别,以为只是翻译的方向有所不同而已。其实这里的差别涉及一个本质性问题:前者(译入)是建立在一个国家、一个民族内在的对异族他国文学、文化的强烈需求基础上的翻译行为,而后者(译出)在多数情况下则是一个国家、一个民族一厢情愿地向异族他国译介自己的文学和文化,对方对你的文学、文化不一定有强烈的主动需求。这样,由于译入行为所处的语境对外来文学、文化已经具有一种强烈的内在需求,因此译入活动的发起者和具体从事译入活动的译介者考虑的问题就只是如何把外来的文学作品、文化典籍译得忠实、准确和流畅,也就是传统译学理念中的交出一份"合格的译作",而基本不需考虑译入语环境中制约或影响翻译行为的诸多因素。对他们而言,他们只要交出了"合格的译作",他们的翻译行为及其翻译成果也就自然而然地能够赢得读者,赢得市场,甚至在译入语环境里产生一定影响。过去两千多年来,我们国家的翻译活动基本上就是这样一种性质的活动,即建立在以外译中为主的基础上的译入行为。无论是历史上长达千年之久的佛经翻译,还是清末民初以来这一百多年间的文学名著和社科经典翻译,莫不如此。

但是译出行为则不然。由于译出行为的译入语(或称目的语)方对你的文学、文化尚未产生强烈的内在需求,更遑论形成一个比较成熟的接受群体和接受环境,在这样的情况下,译出行为的发起者和译介者如果也像译入行为的发起者和译介者一样,只考虑译得忠实、准确、流畅,而不考虑其他许多制约和影响翻译活动成败得失的因素,包括目的语国家读者的阅读习惯、审美趣味,目的语国家的意识形态、诗学观念,以及译介者自己的译介方式、方法、策略等因素,那么这样的译介行为能否取得预期成功显然值得怀疑。

令人遗憾的是,这样一个显而易见的道理却并没有被我国发起和从事中国文学、中国文化典籍外译工作的有关领导和具体翻译工作者所理解和接受。其原因同样显而易见,这是因为在两千年来的译入翻译实践(从古代的佛经翻译到清末民初以来的文学名著、社科经典翻译)中形成的译学理念——奉"忠实原文"为翻译的唯一标准、拜"原文至上"为圭臬等——已经深深扎根在这些领导和翻译工作者的脑海之中,他们以建立在译入翻译实践基础上的这些翻译理念、标准、方法论来看待和指导今天的中国文学、文化典籍的译出行为,继续只关心语言文字转换层面的"怎么译"的问题,而甚少甚至完全不考虑翻译行为以外的诸种因素,譬如传播手段、接受环境、译出行为的目的语国家的意识形态、诗学观念,等等。由此我们也就不难明白:上述几个中国文学走出去个案之所以未能取得理想的译出效果,完全是情理之中的事了。所以我在拙著《隐身与现身——从传统译论到现代译论》中明确指出:"简单地用建立在'译入'翻译实践基础上的翻译理论(更遑论经验)来指导当今的中国文学、文化'走出去'的'译出'翻译实践,那就不可能取得预期的成功。"①

再次,是对文学、文化的跨语言传播与交流的基本译介规律缺乏应有的认识。一般情况下,文化总是由强势文化向弱势文化译介,而且总是由弱势文化语境里的译者主动地把强势文化译入自己的文化语境。所以法国学者葛岱克教授说:"当一个国家在技术、经济和文化上属于强国时,其语言和文化的译出量一定很大;而当一个国家在技术、经济和文化上属于弱国时,语言和文化的译入量一定很大。在第一种情况下,这个国家属于语言和文化的出口国,而在第二种情况下,它则变为语言和文化的进口国。"②历史上,当中华文化处于强势文化地位时,我们周边的国家就曾纷纷主动地把中华文化译入他们各自的国家即是一例,当时我国的语言和文化的译出量确实

---

① 谢天振. 隐身与现身——从传统译论到现代译论[M]. 北京:北京大学出版社,2014:13.
② 谢天振. 莫言作品"外译"成功的启示[N]. 文汇读书周报,2012-12-14.

很大。然而当西方文化处于强势地位、中华文化处于弱势地位时,譬如在我国的晚清时期,我国的知识分子也是积极主动地把西方文化译介给我国读者的,于是我国的语言和文化的译入量同样变得很大。今天在整个世界文化格局中,西方文化仍然处于强势地位,与之相比,中华文化也仍然处于弱势地位,这从各自国家的翻译出版物的数量中也可见出:数年前联合国教科文组织的一份统计资料表明,翻译出版物仅占美国的全部出版物总数的百分之三,占英国的全部出版物总数的百分之五。而在我们国家,我虽然没有看到具体的数据,但粗略估计一下,说翻译出版物占我国出版物总数百分之十恐怕不会算太过吧。

与此同时,翻译出版物占一个国家总出版物数量比例的高低还从一个方面折射出这个国家对待外来文学、文化的态度和立场。翻译出版物在英美两国以及相关英语国家的总出版物中所占比例相当低,反映出英语世界发达国家对待发展中国家(包括中国)的文学、文化的那种强势文化国家的心态和立场。由此可见,要让中国文学、文化走出去(其实质首先是希望走进英语世界)实际上是一种由弱势文化向强势文化的"逆势"译介行为,这样的译介行为要取得成功,那就不能仅仅停留在把中国文学、文化典籍翻译成外文,交出一份所谓的"合格的译作"就算完事,而必须从译介学规律的高度全面审时度势并对之进行合理的调整。

最后,迄今为止我们在中国文学、文化走出去一事上未能取得预期的理想效果,还与我们未能认识到并正视在中西文化交流中存在着的两个特殊现象或称事实有关,那就是"时间差"(time gap)和"语言差"(language gap)①。

所谓时间差,指的是中国人全面、深入地认识西方、了解西方已经有一百多年的历史了,而当代西方人对中国开始有比较全面深入的了解,也就是最近二三十年的事。具体而言,从鸦片战争时期起,西方列强已经开始进入中国并带来了西方文化,从清末民初时期起,中国人更是兴起了积极主动学习西方文化的热潮。与之形成对照的是,西方国家对我们开始有比较多的认识并积极主动地来了解中国文学、文化只是最近这二三十年的事。这种

---

① 这两个术语的英译由史志康教授提供,我以为史译较好地传递出我提出并使用的这两个术语"时间差"和"语言差"的语义内涵。

时间上的差别,使得我们拥有丰厚的西方文化的积累,我们的广大读者也都能较轻松地阅读和理解译自西方的文学作品和学术著作,而西方则不具备我们这样的条件和优势,他们更缺乏相当数量的能够轻松阅读和理解译自中国的文学作品和学术著作的读者。从某种程度上而言,当今西方各国的中国文学作品和文化典籍的普通读者,其接受水平相当于我们国家严复、林纾那个年代的阅读西方作品的中国读者。我们不妨回想一下,在严复、林纾那个年代,我们国家的西方文学、西方文化典籍的读者是怎样的接受水平:译自西方的学术著作肯定都有大幅度的删节,如严复翻译的《天演论》;译自西方的小说,其中的风景描写、心理描写等通常都会被删去,如林纾、伍光建的译作。不仅如此,有时整部小说的形式都要被改造成章回体小说的样子,还要给每一章取一个对联式的标题,在每一章的结尾处还要写上"欲知后事如何,且听下回分解",等等。更有甚者,一些译者明确标榜:"译者宜参以己见,当笔则笔,当削则削耳。"①明乎此,我们也就能够理解,为什么当今西方国家的翻译家们在翻译中国作品时,多会采取归化的手法,且对原作都会有不同程度甚至大幅度的删节。

时间差这个事实提醒我们,在积极推进中国文学、文化走出去一事时,现阶段不宜贪大求全,编译一本诸如《先秦诸子百家寓言故事选》《聊斋志异故事选》《唐宋传奇故事选》,也许比你花了大力气翻译出版一大套诸子百家的全集更受当代西方读者的欢迎。有人担心如此迁就西方读者的接受水平和阅读趣味,他们会接触不到中国文化的精华,读不到中国文学的名著。这些人是把文学交流和文化交际与开设文学史课和文化教程混为一谈了,想一想我们当初接受西方文学和文化难道都非得从荷马史诗、柏拉图、亚里士多德开始吗?

所谓语言差,指的是操汉语的中国人在学习、掌握英语等现代西方语言并理解与之相关的文化方面,比操英、法、德、西、俄等西方现代语言的西方国家的人民学习、掌握汉语要来得容易。这种语言差使得我们国家能够拥有一批精通英、法、德、西、俄等西方语言并理解相关文化的专家学者,甚至还有一大批粗通这些语言并比较了解与之相关的民族文化的普通读者,而在西方我们就不可能指望他们也拥有如此众多精通汉语并深刻理解博大精

---

① 谢天振. 译介学(增订本)[M]. 南京:译林出版社,2013:63.

深的中国文化的专家学者,更不可能指望有一大批能够直接阅读中文作品、能够轻松理解中国文化的普通读者。

语言差这个事实告诉我们,在现阶段乃至今后相当长的一个时期里,在西方国家,中国文学和文化典籍的读者注定还是相当有限的,能够胜任和从事中国文学和文化译介工作的当地汉学家、翻译家也将是有限的,这就要求我们在推动中国文学、文化走出去的同时,还必须关注如何在西方国家培育中国文学、文化的接受群体——近年来我们与有关国家互相举办对方国家的"文化年"即是一个相当有效的举措;还必须关注如何扩大国外汉学家、翻译家的队伍,关注如何为他们提供切实有效的帮助,包括项目资金、专家咨询、配备翻译合作者等。

文学与文化的跨语言、跨国界传播是一项牵涉面广、制约因素复杂的活动,决定文学译介的效果更是有多方面的因素,但只要我们树立正确、全面的翻译理念,理解把握译介学的规律,正视中西文化交流中存在的"语言差""时间差"等实际情况,确立正确的中国文学、文化外译的指导思想,那么中国文学和文化就一定能够切实有效地"走出去"。

2014 年 7 月

总序

目　录

二十世纪八十年代以来中国现当代小说在美国的译介与传播

绪论

中国文学作品在英语文学世界的边缘地位，引起出版界和文化界的普遍关注与担忧，有关"中国文学如何走出去"主题的文章常见于报端。《中华读书报》《人民日报》(海外版)及《东方早报》《中国日报》(China Daily)等报纸常有关于中国现当代文学在海外的译介、传播、接受情况的报道。比如，《中华读书报》上有一篇文章指出："中国文学作品在美国品种少、销量低且没有什么名气，几乎无一进入大众视野。"①《人民日报》(海外版)2009 年 8 月 14 日报道："近年来中国对外文化交流和传播大量'入超'②，文化赤字较大。以出版业为例，我国出版业进出口贸易一直呈逆差状态。在国外书店，经常看到介绍气功、菜谱的中国图书，而体现中国文化价值的译著却凤毛麟角。以文学作品为例，目前中国作家的作品在国外读者中的影响并不乐观，由于中译外的滞后，许多优秀的文学作品无法译成地道的外文，难以出版。"③

中国外文出版发行事业局原副局长黄友义总结说："版权贸易上的逆差由诸多因素造成，但归根结底还是翻译问题。"④这代表了国内很多学者的观点，即中国文学在英美读者市场被边缘化的症结在于翻译质量。诚然，翻译水平参差不齐在一定程度上影响读者欣赏作品的文学价值。美国研究者

---

① 康慨. 一少二低三无名：中国当代文学在美国[N]. 中华读书报. 2011-01-12(04).

② 据统计，2007 年全国图书、报纸、期刊累计进口 2 亿多美元，累计出口仅有 3700 多万美元；在版权贸易方面，2008 年中国引进图书版权 15776 种，输出图书版权只有 2440 种(《文化走出去，不差钱差翻译》，浙江日报，2010-12-31)。另：据美国汉学家桑禀华介绍，2009 年美国共翻译出版了 348 本文学新书，真正译自中文的文学作品只有 7 部(《中国文学如何走出去》，中国作家网，2010-12-10. http://www.chinawriter.com.cn)。

③ 李蓓，卢荣荣. 中国文化走出去 急需迈过翻译坎[N]. 人民日报(海外版)，2009-08-14.

④ 李蓓，卢荣荣. 中国文化走出去 急需迈过翻译坎[N]. 人民日报(海外版)，2009-08-14.

李欧梵在评述"熊猫丛书"时曾提过这个问题。[①] 为了弥补翻译力量的不足,国家积极组织学术机构与欧美大学合作,联合推出中国文学系列丛书,邀请海外汉学学者参加翻译竞赛,奖励译者主动翻译中国文学,从而扩大由母语译者组成的汉英翻译团队。这些举措对提升文学翻译的质量意义重大,但是文学作品的接受不仅仅是翻译的问题。目前很多当代小说都是西方汉学家亲自执笔翻译,比如莫言、余华、苏童的作品,语言的地道性毋庸置疑,但并没有在西方社会产生广泛的影响力。瑞典学院的汉学家马悦然认为中国文学翻译得还不够多。[②] 虽然每年翻译作品的出版量不多,但多年累积下来的英译中国现当代文学作品数量也相当可观,可以说已经涵盖了大部分作家的代表作品,由笔者根据俄亥俄州立大学主办的《中国当代语言与文化》杂志官网[③]上的资料整理的译介目录可见一斑,参见附录4。这促使我们反思究竟是什么因素造成了中国文学"养在深闺无人识"的状况。

一、中国文学译介的历史与现状

中国文学的译介可以追溯到晚清时期,虽然有法语翻译家陈季同翻译的中国戏剧、诗歌等古典作品[④]和辜鸿铭翻译的《论语》《中庸》《大学》,但种类和数量有限。在国家机构介入文学翻译以前,中国文学在欧美国家的译介多是西方汉学家、海外华人或中国学者的自发行为。西方汉学家热衷翻译的多是古典文学,比如旅美学者王际真(Chi-Chen Wang)翻译《红楼梦》(节译),汉学家阿瑟・韦利(Arthur Waley,1888-1966)翻译《诗经》《论语》、唐诗等古典作品,英国汉学家理雅各(James Legge,1815-1897)翻译四书五经等典籍,大卫・霍克斯(David Hawks,1923-2009)和闵福德(John Minford)合译《红楼梦》等。

1949年以前,中国现代文学作品主要是由英美汉学家翻译,译介规模

---

① Ou-Fan Lee, Leo. Contemporary Chinese Literature in Translation - A Review Article [J]. Journal of Asian Studies.1985-05-01.

② 见附录2:马悦然访谈。

③ 《中国当代语言与文化》杂志官网(http://mclc.osu.edu/rc/bib.htm)。

④ 岳峰.东学西渐第一人——被遗忘的翻译家陈季同[J].中国翻译,2001(4):54-57.

较小。鲁迅的《阿 Q 正传》是最早译介出去的现代小说,[①]由美籍华人梁社乾(George Kin Leung)翻译,1926 年上海商务印书馆出版,英文书名为 *The True Story of Ah Q*,这个版本在美国大学图书馆仍可以找到。旅美华人王际真也翻译了这本小说,1941 年由美国哥伦比亚大学出版社出版,收录于合集《阿 Q 及其他故事:鲁迅选集》(*Ah Q and Others:Selected Stories of Lusin*)。1934 年陈衡哲(Sophia H. Chen)主编的《中国女人和其他四篇散文》(*The Chinese Woman and Four Other Essays*)由上海的太平洋国际学会出版。1939 年,林语堂的《京华烟云》[②](*Moment in Peking:a Novel of Contemporary Chinese Life*)在纽约的庄台出版社(John Day)[③]出版,在美国畅销。1945 年,老舍的《骆驼祥子》(*Rickshaw Boy*)经伊万·金(Evan King)改译后由纽约的雷诺与希区考克出版社(Reynal & Hitchcock)出版,成为年度畅销书,入选"每月精选图书"读书俱乐部(Book-of-the-month club)[④]。1948 年,该译者在同一家出版社出版了老舍的《离婚》。1947 年,沈从文小说集《中国大地》(*The Chinese Earth*)[⑤]出版,由金隄(Ching Ti,1921—2008)和罗伯特·白英(Robert Payne,1911—1983)翻译,在英国的乔治·艾伦与昂温出版社(George Allen & Unwin)出版,为海外沈从文研究奠定了基础。

其他现代作家的小说以合集的形式出版,比如"1934 年,哈罗德·罗伯特·艾萨克斯(Harold Robert Issacs,中国名:伊罗生)编译中国短篇小说集《草鞋脚:1918—1933 中国短篇小说选》(*Straw Sandals:Chinese Short Sto-*

---

① 《阿 Q 正传》于 1921 年出版,共有 5 个英文译本,另外三个译本分别为:1954 年北京外文出版社出版的杨宪益和戴乃迭的译本,1977 年诺顿出版社翻印此译本,1981 年美国印第安纳大学出版社出版《鲁迅小说全集》,此译本收录于《呐喊》(*Call to Arms*)中;1990 年美国夏威夷大学出版社出版的斯坦福大学中文教授威廉·莱尔的译本,收录于他的《〈狂人日记〉及其他故事》(*Diary of a Madman and Other Stories*);2009 年"企鹅经典丛书"出版的伦敦大学中国文学与历史教授蓝诗玲(Julia Lovell)的译本,收录于她的《〈阿 Q 正传〉及其他故事:鲁迅全集》(*The Real Story of Ah-Q and Other Tales of China:The Complete Fiction of Lu Xun*)。
② 小说是林语堂用英语写作的。
③ 该出版公司的创始人理查德·约翰·沃尔什(Richard J. Walsh)是赛珍珠的第二任丈夫。赛珍珠和林语堂曾为好友,后因版税问题反目。
④ Bonnie S. McDougall. Fictional Authors,Imaginary Audiences:Modern Chinese Literature in the Twentieth Century[M]. Hong Kong:The Chinese University Press,2003:37.
⑤ 该书于 1982 年由哥伦比亚大学出版社再版,《中国大地》译作还收录于汉学家金介甫(Jeffrey Kinkley)编辑的《不完美的天堂:沈从文小说》(*In Imperfect Paradise:Stories by Shen Congwen*),1995 年由夏威夷大学出版社出版。

ries 1918－1933）①。1936 年，美国作家、记者埃德加·斯诺（Edgar Snow，1905－1972）选编的《活的中国：现代中国短篇小说选》（Living China：Modern Chinese Short Stories）由伦敦乔治·G.哈拉普出版公司（George G. Harrap and Co. LTD.）出版，收录并翻译了鲁迅、茅盾、巴金、郭沫若、沈从文、郁达夫、林语堂、萧乾等 15 位作家的 24 篇作品。1944 年，王际真选编并翻译了《中国现代小说选》（Contemporary Chinese Stories），由哥伦比亚大学出版社出版。1946 年，伦敦诺埃尔·卡林顿（Noel Carrington）翻译公司出版了罗伯特·白英与袁嘉华以及中国译者杨周翰等编译的《当代中国短篇小说选》（Contemporary Chinese Short Stories），收有作家鲁迅、沈从文、老舍、杨振声、施蛰存、张天翼、端木蕻良、姚雪垠和卞之琳的共 11 篇短篇小说"②。对于现代戏剧，也有两个选集，分别为 1941 年顾宗沂（Ku Tsong-nee）主编的《现代中国戏剧》（Modern Chinese Plays），由上海商务印书馆出版，以及 1948 年善秉仁（Joseph Schyns）编辑的《当代中国小说戏剧一千五百种提要》（1500 Modern Chinese Novels and Plays），由北京龙门书局出版。③ 1949 年以后，英美汉学家在译介中国文学方面仍不懈努力。具体翻译出版情况见附录 4。

官方主动组织译介始于 1950 年，中国外文局组织筹建英文版《中国文学》杂志，希望借助文学树立中华人民共和国的良好形象，向西方介绍中国。该杂志 1951 年正式创刊，由叶君健等人筹办。④ 该杂志的英文全称为 Chinese Literature：Fiction，Poetry，Art⑤。这段时期出版的译作具有很明显的政治宣传意图，与当时的抗美援朝战争、"土地改革"和"大跃进"运动密切相关。根据吕敏宏收集的资料，该杂志中"革命战争题材的小说英译本有《长征的故事》（1958）、《人民志愿军的故事》（1960）、《林海雪原》（1962）、

---

① 1974 年此书才由美国麻省理工大学出版社出版。

② 耿强. 文学译介与中国文学"走向世界"——"熊猫丛书"英译中国文学研究［D］. 上海：上海外国语大学，2010：14.

③ 以上资料参考了俄亥俄州立大学整理的现代文学英译本书籍. http://mclc.osu.edu/rc/bib. htm.

④ 吴旸.《中国文学》的诞生［M］.//冯亦代，等. 中国外文局五十年：回忆录.北京：新星出版社，1999：488-492.

⑤ 引自浙江师范大学人文学院中国现当代文学海外研究所. http://imcclgc.zjnu.edu.cn/show. aspx? id＝54&c id＝104.

《红日》(1964)。农村题材包括丁玲的《太阳照在桑干河上》,柳青的长篇小说《铜墙铁壁》《创业史》(沙博理译),赵树理的《登记》《李有才板话》,周立波的长篇小说《暴风骤雨》《山乡巨变》,马烽的《太阳刚刚出山》,梁斌的《红旗谱》,李准的《不能走那条路》。工业题材的小说有艾芜的长篇小说《百炼成钢》(1961)、胡万春的《特殊性格的人》(1963)、艾芜的短篇小说集《夜归》(1965)、周而复的《上海的早晨》(1962)"①。仅有少量文学价值较高的作品,如1952年刊载的杨宪益、戴乃迭合译的鲁迅小说《阿Q正传》。"受当时文艺政策和路线的影响,这一时期与政治主题密切相关的文学作品(包括战争、农村、工业等题材)的译介占到了文学译介的76%"②,可以看出,此时文学已沦为政治宣传的工具。③ 尽管如此,《中国文学》是1949—1979年期间"西方社会了解中国现当代文学动态的唯一窗口"④。因此,汉学家金介甫指出,"到1979年为止,真正引起西方对中国新时期文学关注的是《中国文学》"⑤,然而这种关注不是文学性的,而是从社会学的角度解读中国历史和社会面貌,从政治审美的角度探讨政治对文学创作的制约。

从1981年起,从《中国文学》衍生出"熊猫丛书"。丛书主编为杨宪益。"自创刊以来,'熊猫丛书'由专门负责对外宣传的中国外文局下设的《中国文学》杂志社翻译出版并面向海外发行,主要目的是将中国现当代文学译成英、法(另有少量的德、日)两种语言,推向西方世界,扩大中国文学在世界的影响"⑥。上海外国语大学的耿强博士对"熊猫丛书"做了专题研究。根据耿强的统计,至2009年底,"熊猫丛书"共出版英文图书149种、法文图书66种⑦,题材以中国现当代文学中的现实主义小说为主,体现了国家机构的

---

① 吕敏宏. 中国现当代小说在英语世界传播的背景、现状及译介模式[J]. 小说评论,2011(5):6-7.

② 于爽. 汉籍小说在当代的译介(1950—1978)[J]. 语文学刊,2008(12):103.

③ 吴旸.《中国文学》的诞生[M]. //冯亦代,等. 中国外文局五十年:回忆录. 北京:新星出版社,1999:488-492.

④ 耿强. 文学译介与中国文学"走向世界"——"熊猫丛书"英译中国文学研究[D]. 上海:上海外国语大学,2010:17.

⑤ 金介甫. 中国文学(一九四九——一九九九)的英译本出版情况述评[J]. 查明建,译. 当代作家评论.2006(3):70.

⑥ 耿强. 文学译介与中国文学"走向世界"——"熊猫丛书"英译中国文学研究[D]. 上海:上海外国语大学,2010:44.

⑦ 耿强. 文学译介与中国文学"走向世界"——"熊猫丛书"英译中国文学研究[D]. 上海:上海外国语大学,2010:46.

政治、文化宣传意图。与《中国文学》相比,"熊猫丛书"选材时没有完全遵循官方机构的政治或意识形态,相当一部分作品具有文学审美价值,体现了知识分子的文化意识,比如该丛书曾翻译沈从文的《〈边城〉及其他》和一些女性作家的作品,如萧红、张洁、谌容、张辛欣、茹志鹃等。李欧梵评价说:"相对于外文局出版的过于意识形态化的读物,'熊猫丛书'出版的沈从文、老舍、萧红的小说给人面目一新的感觉。"①

然而,"国家外宣机构在政治和意识形态方面要求所译作品首先要适合对外,这无疑限制了丛书在选材方面的自由"②,而且"翻译人手太少,时间要求太紧,结果使翻译质量不能保证"③。从图书装帧情况来看,丛书皆是平装本,而且封面设计缺乏吸引力。从销售渠道来看,该丛书在英美的代销商是专门负责销售有关中国印刷和音像制品的公司,一家是位于南加州的中国书刊社(China Books & Periodicals Inc.),另一家是位于波士顿的剑桥出版社(Cheng & Tsui Company),还有中国国际书店在英美的分支公司,即常青图书(英国)有限公司、常青图书(美国)有限公司。④ 可以说销售渠道并不宽广。根据耿强的统计,"熊猫丛书"仅有 10% 能获得一定的关注。⑤ 1989 年以后,"熊猫丛书"在英美国家的销售情况每况愈下,长期亏损,2000 年《中国文学》停刊(2000 年第 6 期为终刊),"熊猫丛书"没有再推出新书。⑥ 这个事件标志着中国官方机构主动向英美国家输出文学作品的努力一度受挫。中国文学对外译介何以遇冷一再引起学者们的思考。谢天振等学者从译介学的角度提出要认识到文学译介的复杂性,从接受国的意识形态、诗学和翻译出版赞助人的角度深入分析中国文学在英美国家边缘化

---

① Leo Ou-Fan Lee. Contemporary Chinese Literature in Translation— A Review Article [J]. Journal of Asian Studies,1985-05-01.

② 耿强. 文学译介与中国文学"走向世界"——"熊猫丛书"英译中国文学研究[D]. 上海:上海外国语大学,2010:52.

③ 耿强. 文学译介与中国文学"走向世界"——"熊猫丛书"英译中国文学研究[D]. 上海:上海外国语大学,2010:83.

④ 耿强. 文学译介与中国文学"走向世界"——"熊猫丛书"英译中国文学研究[D]. 上海:上海外国语大学,2010:54-55.

⑤ 耿强. 文学译介与中国文学"走向世界"——"熊猫丛书"英译中国文学研究[D]. 上海:上海外国语大学,2010:88.

⑥ 耿强. 文学译介与中国文学"走向世界"——"熊猫丛书"英译中国文学研究[D]. 上海:上海外国语大学,2010:53.

的原因,而不应仅停留在翻译层面。①

　　国家主导的中国文学外译沉寂了数年后,随着中国把发展文化产业,增强国家软实力作为发展战略目标,国家机构再次掀起中国文学译介热潮。2007 年,在中国共产党第十七次全国代表大会上,胡锦涛主席提出要"加强对外文化交流,吸收各国优秀文明成果,增强中华文化国际影响力"②。由此,增强中国文化的国际影响力成为中国文化对外交流的发展目标。自2009 年起,国家启动大规模文学精品翻译出版项目。中国文学走向世界的呼声日益高涨。中国文学怎样才能跻身世界文学日益成为学者关注的热点。然而,面临着中国文学在西方世界尤其是英美读者市场遭到冷遇的现状,中国的比较文学界、翻译研究界把目光投向了中国现当代文学在国外的译介、传播与接受。海外汉学研究、海外汉学家访谈、中国作家在海外举办书展、各种形式的文学交流次第展开,希望找到"走出去"的方策。

　　据中国作家协会创作研究部统计,"中国当代文学有 1000 余部作品被翻译成外文",根据中国国家图书馆馆藏,目前"英、法、德、荷、意、西等欧洲语种和日语的中国当代文学外译图书即在 870 种以上,其中日文 262 种,法文 244 种,英文 166 种,德文 56 种,荷兰文 30 种,罗马尼亚文 13 种,瑞典文和意大利文各 12 种,西班牙文、丹麦文、韩文各 11 种,波兰文和匈牙利文各9 种,葡萄牙文和捷克文各 4 种,俄文、挪威文和阿尔巴尼亚文各 3 种,克罗地亚文、斯拉夫文和马来文各 2 种,斯洛文尼亚文、土耳其文、乌克兰文和世界语各 1 种"③。

　　中国作家协会创作研究部统计数字与俄亥俄州立大学主办的《现代中国语言与文化》杂志官网(http://mclc.osu.edu/rc/bib.htm)整理的出版数目趋于一致。该网站统计 20 世纪 80 年代以来译介到英语世界的小说有1100 多种(包含杂志上发表的单篇作品)。但是,大多数译本都是由小型或学术型出版社出版,英美商业出版社出版的中国小说仅有 100 多本,而只有大型商业出版社出版的书目才能得到主流书评的关注。中国知名作家比如

　　① 谢天振. 译介学[M]. 上海:上海外语教育出版社,1999.
　　② 胡锦涛在中国共产党第十七次全国代表大会上的报告(全文)[EB/OL]. 中国共产党新闻网,2007-10-25. http://cpc.people.com.cn/GB/104019/104101/6429414.html.
　　③ 高方,许钧. 中国文学如何走出去? [EB/OL]. 中国作家网,2010-01-14. http://www.chinawriter.com.cn. 2010-01-14.

莫言、余华、苏童、毕飞宇、阎连科等人的作品几乎都在商业出版社出版（详见附录4）。目前，中国当代小说在日本、法国的翻译出版较多，在英、美、德较少。由于英美国家代表着当今世界的主流文化，中国文学走向世界的最终目的是走入英美世界，让中国文化具有国际影响力。英国近年来对中国文学的关注度呈上升趋势，比如企鹅出版社加大出版力度，将《围城》和《鲁迅全集》纳入"企鹅经典"丛书，还出版了莫言的《红高粱家族》、姜戎的《狼图腾》、王晓方的《公务员笔记》、盛可以的《北妹》等小说。英国的《卫报》上时有中国当代小说的报道。莫言获诺贝尔文学奖后，该报更面向英国推荐莫言的6部小说，依次为《天堂蒜薹之歌》《红高粱家族》《酒国》《师傅越来越幽默》《丰乳肥臀》《四十一炮》。①美国大型出版社，比如兰登书屋，也出版中国当代作家的作品，但在销量上一直不尽如人意。

二、中国文学海外译介研究现状

1. 国内研究现状

中国文学的海外传播研究成为近年来的一个学术热点，国内学者的相关研究主要体现为分时期、分阶段地梳理中国文学海外译介的历史与现状、成因及对策，或者作家、作品在海外接受的个案研究。分析海外接受时多以图书馆藏书统计、销售数字与主流媒体及学术刊物上的中国文学评论或汉学家访谈为依托。其中代表性的研究包括刘江凯的著作《认同与"延异"：中国当代文学的海外接受》，围绕中国当代文学的海外翻译与研究，收集、整理了大量一手资料，结合个案，客观地考察了中国当代文学海外接受的现状、问题与原因。王侃的著作《翻译和阅读的政治》对于中国当代文学及其在北美的英译策略都有独到的评论，尤其是深入剖析了读者心理及文化思潮成因。上海外国语大学耿强的博士论文《文学译介与中国文学"走向世界"——"熊猫丛书"英译中国文学研究》，以"熊猫丛书"为主线，详细阐述了文化政治因素对于文学译介与传播的影响。论文从"熊猫丛书"的缘起谈到20世纪90年代以后停刊，收集了该丛书在20世纪80年代、90年代及21

---

① Justine Jordan, et al. Nobel prize in literature 2012：Mo Yan's best books in pictures[N/OL]. The Guardian, 2012-10-11. http://www.theguardian.com/books/gallery/2012/oct/11/mo-yan-nobel-prize-literature-best-books.

世纪的出版发行、销售情况，英美各大图书馆的收藏情况，学术期刊及主流媒体的介绍等，并由此推测该丛书在英美的接受情况。郭建玲的文章《异域的眼光：〈兄弟〉在英语世界的翻译与接受》指出西方评论界对中国作家评论时的思维定势与常用模式："西方读者在接受余华时，通常会有两种思维定势：一是寻求文学间的互证与互识；二是寻求一种全新的异域的东西……西方书评的三个坐标，即作品的家族谱系，西方文学的传统，中国古典小说传统"①。此外，关于国际畅销书《狼图腾》在西方的接受有很多研究文章，其中李永东、李雅博的文章《论中国新时期文学的西方接受——以英语视界中的〈狼图腾〉为例》②论述得比较全面深入。他们从译者的翻译策略、出版社的宣传策略、英美评论者的政治性解读及文学批评来分析这部小说在英语世界的接受情况，呈现出这部小说在英语世界中被解读和宣传的方式和路径。此外，目前已有数部关于中国文学海外译介的博士论文以及有关阐述译者的翻译策略、出版社的宣传策略、英美评论者的政治性解读等方面的著述。

按照历史时期梳理中国现当代作品的翻译现状的代表作有美国汉学家金介甫的《中国文学（一九四九——一九九九）的英译本出版情况述评》、李朝全的《中国当代文学对外译介成就概述》、吕敏宏的《中国现当代小说在英语世界传播的背景、现状及译介模式》等。吕敏宏参照美国俄亥俄州立大学中国现代文学研究中心的数据库资料，按照民国时期、"十七年"时期、改革开放时期来分类，以改革开放时期为重点，梳理了上述各时期的中国现当代小说的英语译介传播状况。当代重要作家如莫言、余华、苏童、贾平凹、阎连科等的作品均详细列明。

综上所述，中国文学在欧美的译介研究已有一定的学术积累，在译本资料的整理、译介与传播过程中所涉及的翻译策略、译介主体、传播效果方面都有深入研究，但在传播受众、传播途径、行销策略方面还有较大的研究空间。

2. 国内外译介理论研究

在译介理论研究方面，谢天振的著作《译介学》《翻译研究新视野》及其

---

① 郭建玲. 异域的眼光：〈兄弟〉在英语世界的翻译与接受[J]. 文艺争鸣，2010(23)：65-70.

② 李永东，李雅博. 论中国新时期文学的西方接受——以英语视界中的《狼图腾》为例[J]. 中国现代文学研究丛刊. 2011(4)：79-89.

绪论

9

系列学术论文为中国文学外译提供了理论依托。他强调了译入与译出策略的差异,认为"翻译是跨文化交流",存在"时间差"和"语言差",并提出"从文化功能的角度来看,文化传播力即是翻译标准"的观点。这些观点对于探讨现阶段中国文学外译策略具有重要指导意义。吕俊在著作《翻译学选论》中提出翻译学应与传播学界结合起来,拓宽了翻译研究的视野,使得翻译批评研究摆脱以往徘徊于语言与文学、译语和源语两极,从而适用于日益广泛和变化纷繁的实际信息传播。

在国外翻译研究中,埃文·佐哈尔的翻译多元系统论影响深远。该理论提出如果翻译文学在译入语文化中处于边缘,译著为了争取认可,往往遵从译入语文学系统里的准则,修订或放弃原著的内容和形式。王宏志在《重释"信、达、雅"——20世纪中国翻译研究》中阐释了埃文·佐哈尔的翻译多元系统论,阐述了文学翻译的策略受到翻译文学在目的语文学系统中的地位的制约。王宏志通过晚清时期外国小说在中国的译介,进一步印证了翻译多元系统论在文学译介中的强大生命力。晚清时期,外国小说译介遇到了来自本土文学传统和文化观念诸方面的阻力,外国译著处于中国文学系统的边缘,为使译文为当时的士大夫理解和欣赏,译者采取了归化策略①。中国现当代小说进入英美文学场域,读者也经历着从陌生到熟悉的过程,因此多元系统论对于中国文学的海外译介方法具有借鉴意义。

对于翻译过程中的改写,德国的功能翻译理论、文化翻译学派的理论,尤其是苏珊·巴斯奈特的《翻译与历史》和安德烈·勒菲弗尔的《翻译、改写以及对文学名声的制控》对中国文学英译具有借鉴意义。虽然国内学界对翻译改写争议不断,但不可否认以读者为导向的翻译策略的强大生命力,及其对文学、文化域外传播的促进作用。复旦大学杜慧敏的博士论文《文本译介、文化相遇与文学关系——晚清主要小说期刊译作研究(1901-1911)》,论述了晚清小说期刊译介的主导策略与"文学翻译观",以及翻译晚清小说过程中译者的身份与译者对读者阅读趣味的关怀所导致的文本改写,体现了"以译入语文化为主导地位"的翻译策略。虽然翻译改写在理论上已经得到充分的论证,但翻译界尚没有根据中西诗学差异形成一套改写的原则与

---

① 王宏志.重释"信、达、雅"——20世纪中国翻译研究[M].北京:清华大学出版社.2007:159-189.

标准。近年来,以中国当代小说为个案的英译研究逐渐增多,吕敏宏的《葛浩文小说翻译叙事研究》总结了葛浩文对原文叙事层面的改写方法,并对改写的效果根据叙事学理论做出美学判断,对文学翻译者颇有借鉴意义。

此外,法国社会学家皮埃尔·布迪厄(Pierre Bourdieu)的场域、资本理论以及传播学理论也是文学译介常借鉴的理论。布迪厄提出的文化/文学生产场,以及文化资本理论①,对于分析文学在异域文学场域传播时所牵涉的客观关系更有帮助。汉学家贺麦晓(Michel Hock)把参与文学场域的行动者或机构分为两类:"一类是主要负责物质生产和分配的行动者或机构;一类是主要负责象征性生产的行动者或机构。前者主要包括作者、印刷商和销售商;后者包括文学批评家、教育家和学者。"②讨论文学译介时,上述的生产者范畴里还要加上译者。翻译理论家劳伦斯·韦努蒂进一步细化了影响译本接受的因素:"基本上取决于译者使用的话语策略,但同时也取决于接受方的各种因素,包括图书的装帧和封面设计、广告推销、图书评论、文化和社会机构中怎样使用译本以及读者的阅读和教育体系内的教学。"③关于传播的方法和途径方面的探讨,马琳在文章《"交流的无奈"——中国文学走向世界的传播困境与突围》中从传播学角度来看待文学译介,指出"文学的意义因传播而得以生成,因此传播学的某些规律同样适用于传统的纸质媒介文学"④。这提醒我们从大众传播、受众、传播效果及制约传播效果的因素等方面来考察文学传播的过程,致力于畅通传播渠道。

3. 海外汉学界对中国文学译介的研究状况

是什么导致中国现当代文学在英美读者市场遭冷遇?马悦然、葛浩文、蓝诗玲、白睿文、顾彬、安德鲁·琼斯等海外汉学家的访谈及其学术文章从海外读者的视域道出了中国文学存在的问题、面临的挑战以及被边缘化的原因,比如从读者对翻译文学的态度、行销策略、流通渠道等角度。德国汉

---

① 布迪厄. 文化资本与社会炼金术[M]. 包亚明,译. 上海:上海人民出版社,1997:189.

② Michel Hockx. Introduction[M]. Michel Hockx(ed.). The Literary Field of Twentieth-Century China Michel. Honolulu:University of Hawaii Press, 1999:7.

③ Lawrence Venuti. Translation and the Formation of Cultural Identities[M]. Christina Schaffner, Helen Kelly-Holmes (eds.). Cultural Functions of Translation. Bristol:Multilingual Matters LTD., 1995:10.

④ 马琳. "交流的无奈"——中国文学走向世界的传播困境与突围[J]. 社会科学辑刊,2007 (5):224-228.

学家顾彬从语言及作家的职业操守来评判中国当代文学的缺失①。英国汉学家杜博妮的《虚构的作者，想象的读者：二十世纪中国现代文学》②结合中国社会、历史语境和西方文学传统，评述中国现当代文学（包括小说、戏剧、电影），阐释中国文学在英语世界没有吸引力的原因之一是英美读者素有"反知性主义"意识，对作家以启蒙者自居的姿态心存反感。③ 但是杜博妮进一步反思了西方文学评论本身的局限性，提出在跨文化交流过程中，西方文学理论也要做出调整。④ 英国汉学家蓝诗玲在发表于英国《卫报》上的文章——《大跃进》中指出，英美出版商认为中国现当代文学缺乏文学价值，仅仅是政治的"传声筒"；另外，由于图书发行量少，读者很少有机会接触中国文学，因此对中国文学缺乏一脉相承的认识，难以理解与欣赏中国小说。⑤对于中国大规模的文学外译举措，他们也提出了各自的建议。白睿文、安德鲁·琼斯等人认为，文化到海外产生影响是一个自然而然的过程，不能仅靠政府自上而下的系统工程，关键还是要看读者的接受心态和作品本身的吸引力，因此需要打造文化热点。葛浩文则认为，中国的好作品很多，但是行销和传播途径比较欠缺。另外，在评价中国当代文学在英语世界的接受时，英美主流媒体、学者、译者的评论文章及学术著作为我们分析英美读者的阅读心理及其对中国文学的观感很有参考价值。虽然有些评价有其局限性和片面性，而且英美读者对中国文学的态度是动态发展的，但梳理这些评价有助于我们去厘清历史脉络，探讨译介策略。

三、本研究拟解决的问题与研究思路

全球化语境下，中国文学走向世界，有其必然性和必要性。然而中国现

---

① Wolfgang Kubin, Writers need more social conscience[N]. China Daily, 2010-10-09. 另见：沃尔夫冈·顾彬. 从语言角度看中国当代文学[J]. 南京大学学报，2009(2)：72-73.
② Bonnie S. McDougall. Fictional Authors, Imaginary Audiences：Modern Chinese Literature in the Twentieth Century[D]. Hong Kong：The Chinese University of Hong Kong，2003.
③ Bonnie S. McDougall. Fictional Authors, Imaginary Audiences：Modern Chinese Literature in the Twentieth Century[D]. Hong Kong：The Chinese University of Hong Kong，2003：38.
④ Bonnie S. McDougall. Fictional Authors, Imaginary Audiences：Modern Chinese Literature in the Twentieth Century[D]. Hong Kong：The Chinese University of Hong Kong，2003：67.
⑤ Lovell, Julia. Great Leap Forward [N]. The Guardian, 2005-06-11.

当代文学如何能在世界范围内产生影响力？西方文化对此类作品的内在需求以及文化内部的规范和环境如何？影响中国文学在英美国家传播与接受的因素有哪些？究竟要翻译什么样的文学作品？如何去译，是忠实于原文还是以读者为导向，是否应该按照译入语的文学传统来改写原著？数字媒体在文学阅读与传播中的作用如何？这些都是本书拟研究的问题。

清华大学王宁教授关于文学全球化、改写文学传统和通过翻译提升中国文学影响力的观点对本研究颇有启发。他指出："中国现当代文学要通过翻译在西方产生重要的影响，仍然需要进一步考察西方文化对此类作品的内在需求以及文化内部的规范和环境等问题。"[①]他在《中国文学的全球化：改写当代文学传统》一文中进一步指出："我们在选择经典作品时，应从读者接受与市场反馈及文学评论界的认可等方面综合考虑。"[②]本书的研究思路就是从英美世界对中国文学的评论入手，考察译介策略。

此外，中国当代文学在西方世界传播的国别研究还不够全面，尤其是在英美国家。虽然同为西方世界，但是各个国家在读者市场需求和读者阅读习惯上仍存在较大差异，有必要深入探讨其个性，在译介时采取有针对性的策略。同时，本书也将探究在英美文学场域中涉及的各种客观关系，如文学作品的生产者（作者、译者、国家机构、学术机构、出版社、民间机构）及传播者（文学研究者、评论者、教育体系里的教学者）在文学译介中扮演的角色及作用。

针对以上问题，本书的写作思路如下：

1. 从研究对象的地域特征看，由于美国文化的广泛影响力，如果中国文学在美国的传播能有实质性突破，则对于提升中国文学的国际影响力意义重大，而且从美国读者市场的角度来研究译介策略更加贴近问题的本质。

中国当代文学一直徘徊在美国读者市场的边缘。这固然与美国在政治、经济、文化领域的领先地位导致的国民骄傲心理有关，也与美国读者的阅读偏好、诗学观念、价值取向、民族性格有关。比如，很多美国读者对历史不感兴趣，他们注重趣味性、时效性和现实观照度，推崇快捷、直接和行动

---

① 方仪力. 评《翻译过来的多种现代性：从文化和文学的视角论全球化与中国》[J]. 符号与传媒，2011(3)：234-236.

② Wang Ning. Globalizing Chinese Literature：Toward a Rewriting of Contemporary Chinese Literary Culture[J]. Journal of Contemporary China，2004，13：53-68.

性,而中国文学偏重历史性,主题集中在贫穷、战争、农村生活,因而缺乏吸引力。然而,美国的读者市场对中国文学在英语世界的传播至关重要,主要原因是美国出版市场的庞大和美国文化的国际影响力。国际笔会主席、翻译家艾斯特·艾伦(Esther Allen)指出,由于英语是通用语,将作品翻译成英语后便于进而翻译成其他各小语种,而美国出版社不予出版,则减少了作品与世界读者见面的机会,因此艾斯特·艾伦声称美国就是作家接触世界读者的"动脉阻塞"之处。[①] 因此,探讨中国文学在美国译介与传播的现状,存在的问题、原因及相应的译介策略,对中国文学走出去具有重要的现实意义和实践价值。

对于中国现当代小说在美国的译介,尤其是美国读者市场研究,目前尚无系统深入的探讨。本书以 20 世纪 80 年代以来中国现当代小说在美国读者市场的译介与传播作为研究课题,主要以美国主流媒体、文艺界和学术界对中国现当代小说的评论文章作为研究对象,从中梳理中国现当代小说在美国的接受环境,描述美国读者对中国文学的印象和态度。通过分析美国读者群的特点、美国读者市场的内部需求、海外华人的英语写作得以畅销的原因,结合中美文学传统、诗学差异,探讨跨文化改写的必要性和可行性,对于中国文学"译什么"和"如何译"具有理论意义和参考价值。另外,本书所收集的《纽约时报》等主流媒体上刊载的有关中国文学的评述性文章以及中国现当代文学在美国的翻译出版情况均具有资料性价值。

探讨如何提升中国文学的国际影响力时,我们不仅要关注精英读者,还要关注大众读者。只有让中国文学为美国大众读者所喜爱,才能实现借助文学传播文化的目的。美国是一个多种族、多文化、多元价值的社会,深入考察美国读者的阅读习惯,分析各读者群的阅读偏好,精准地把握各读者群的阅读需求及审美偏好,才能有效地选材,选择翻译策略。

本书搜集美国各类读者(按性别、年龄、族群、受教育程度、收入分类)的文学阅读现状、阅读偏好、阅读媒介,美国主流媒体、文艺界、学术界对中国当代文学的评论,中国当代文学翻译出版现状,大学中国文学的教学情况,然后把数据和文献资料放在具体的历史语境下考察,还原在特定的政治、历史、文化背景下文学作品在美国的境遇,学界及读者反应的新变化,以形成

---

① Stephen Kinzer. America Yawns at Foreign Fiction [N]. New York Times,2003-06-26.

历时的变化的脉络。另外，通过分析美国的文化特征和读者群的特点，揭示影响文学交流和翻译活动的具有普遍性的当代因素和历史因素。

2.从文化传播力的角度探讨翻译策略，跳出忠实和对等的话语模式，对于学界争议不断的翻译改写的正当性、必要性和可行性结合案例分析展开论述，在译介理论和实践层面寻求更大的突破。

本研究旨在揭示文学作品在异域传播和接受的多方面复杂因素，从译介主体（发起人、译者、出版社）、传播途径（出版商的宣传、媒体评论、销售渠道、教育体系里的教学、读书俱乐部）、接受环境（社会思潮、中美关系、中西诗学差异、美国读者对中国文学的观感、美国读者的阅读趣味、美国读者市场对文学书籍的消费倾向）几大因素探讨中国文学在美国译介的现状和遇冷的原因，从文化政治、诗学、读者群体的特点诸方面深入分析，有助于文化界走出"翻译质量是译本接受不佳的主要原因"的误区。目前，国内外很多学者仍然把忠实原文作为评价译文的准则，然而，译本的异域接受涉及诸多文本外因素，其中起主导作用的是译入语文化中的"诗学、赞助人和意识形态三大要素"①。"翻译所造成的文化影响，并不在于语言的转换过程，也不取决于原著或译著本身，而在很大程度上受到了接受国的社会现实、文化环境的影响"②。

翻译策略一直是中国文学译介过程中学者普遍关注的问题，对于英美译者的改写现象争议不断。国内学者往往就译者的意识形态操控及英美文学传统的中心意识展开批判，这些固然是由译者的文化身份导致的误区，但我们也需要区分改写发生的场合，事实证明某些改写是必要的（比如原作本身的语言、逻辑瑕疵），某些改写从文学传播的角度来看是成功的（比如《狼图腾》的某些删节）。本书从具体案例出发，运用译介学理论、功能翻译理论、文化翻译理论、跨文化传播学理论，形成以读者群（受众）为中心、以传播效果为导向的论述模式。根据对美国读者市场分析所得的结论，考察在英语世界有一定反响的中国小说被英美译者改写的情况，结合案例分析《天堂蒜薹之歌》的英译本，分析其背后的诗学及意识形态因素，探讨翻译改写客

---

① André Lefevere. Translated Literature：An Integrated Theory[J]. The Bulletin of the Midwest Modern Language Association，1981，14(1)：75-76.

② 愈佳乐. 翻译的社会性研究[M]. 上海：上海译文出版社，2006：9.

观存在的诸多因素，比如美国编辑的工作理念及其在译本改写中的关键地位。

3.在全球化和消费时代的双重语境下，中国文学如何跻身世界文学，如何提升中国文学的国际影响力。

对于世界文学的定义，哈佛大学教授大卫·戴姆拉什（David Damrosch）[1]在歌德的基础上描述了世界文学的三种基本模式，即经典作品、现代杰出作品、现代一般文学或流行文学。他所说的"现代一般文学或流行文学"是指作品被翻译成多种语言，在世界书籍市场上流通，拥有世界范围内的读者，"体现了现代文学市场的作用"。[2] 从以上定义上来看，戴姆拉什拓展了世界文学的含义，把拥有世界读者作为世界小说的一个评判标准，从而为世界小说赋予了可读性和人类性两个参照标准。在此理论框架下，笔者对世界小说的特质、民族性和人类性的结合、中国文学译介题材的选择、作者的国际化视野与写作方式、国家机构在文学译介中扮演的角色等方面深入探讨，并研究国际畅销书的魅力元素。

4.传播途径与行销一直是中国文学海外传播的瓶颈，本书将深入探讨有效的传播途径与行销策略，拓展传播渠道。

正如葛浩文所说，中国文学的行销和传播途径还有待提升。国家出版机构把版权卖出去后，不再理会后续的传播途径和行销问题，从而造成中国文学在海外表面繁荣，而实质上乏人问津的现状。因此，在传播途径上应该寻求突破。本书深入研究了中国网络文学走红海外的成因及传播媒介，考察了国际畅销书的营销策略，并对中国的文学行销提出了建议。除了传统的纸质媒介外，我们还要深入追踪数字出版渠道，电子书、社交媒体推送等新媒介。除了大众传播、组织传播以外，我们还要关注人际传播。在数字阅读的大生态圈中，亚马逊、英文悦读（Goodreads）网站的读者评论区，以及脸书（Facebook）、推特（Twitter）等社交媒体形成的人际传播，不仅能扩大传播范围，还可以获取读者反馈，从而改进我们的文学创作。

在视听传媒文化近乎取代文学阅读的时代，文学要走出困境，需要具有

---

① David Damrosch 教授的中译名有大卫·戴姆拉什、大卫·丹穆若什、大卫·达姆罗什等，笔者所述均使用"戴姆拉什"，在引文等参考文献中维持其原始译法。

② 什么是世界文学？——王宁对话戴维·戴姆拉什[N].中华读书报.2010-09-08.

国际视野的策展人来精心包装,也需要借助大众传媒及行销策略,扩大文学的影响力,向西方读者展示富有时代气息的、多元立体的当代中国及其文学。

四、研究的局限性

美国读者市场研究是一个全新的课题,笔者试图收集中国现当代文学在美国的销售情况,从而用精确的数据来分析读者群的分布与阅读偏好,曾联系美国的图书市场调研网站(Nielsen © Market Research at www.Book-Consumer.com),但他们没有足够的数据来完成该项统计。因此,本书只采用了美国国家艺术基金会的研究报告和哈里斯(Harris)网站提供的美国读者文学阅读调查,从而分析读者的阅读行为。因此,书中关于中国文学在美国的销售情况基本来自国内报刊的统计数字,并非一手资料。另外,与本研究相关的文献散见于美国各大报刊、文学期刊、海外汉学的学术著作等一手英文资料,笔者需要在大量文献中筛选,然后再对文献进行整理、分析、翻译、综述,这给研究带来了较大的难度。

限于研究条件,笔者未能对读者做问卷调查,也不能细致区分受众,对于接受效果没有精准的分析。虽然书稿中穿插了传播学理论,但研究不够深入,这是笔者下一步努力的方向。

第一章 中国现当代文学在美国的接受环境

第一节 20世纪80年代以来《纽约时报》等主流媒体塑造的中国文学形象

相比于中国读者对美国文学的熟稔程度,美国大众读者对中国文学知之甚少,其读者群通常是大学东亚语言文化系的师生。虽然在某些大型书店里可以找到中国古典名著或畅销的"文化大革命"回忆录,但在普通书店里几乎看不到中国文学书籍。莫言获得诺贝尔文学奖曾引发了海外媒体的关注,但其作品并没有因此跻身美国畅销书之列。为了厘清中国文学在美国译介与传播的历史脉络,笔者在普若凯斯特(ProQuest)报刊数据库中以"中国文学"为关键词进行搜索,查询了20世纪80年代以来的历史档案,试图穿越30余年的历史烟尘,探寻在不同历史阶段下美国主流媒体(包括《纽约时报》《华盛顿邮报》《洛杉矶时报》《华尔街日报》《纽约时报书评》《柯克斯书评》《出版人周刊》《纽约客》等)塑造的中国文学形象及其演变轨迹。这几家报纸和书评杂志在美国发行量大、极具影响力,其中《纽约时报》是美国最有影响力的报纸之一。发表在《纽约时报》和《纽约时报书评》上的书评具有一定的权威性,出版商宣传新书时常引用。有资料显示,《纽约时报》读者占美国总人口的10%,其中50%以上的读者受过大学教育,而且大多数是中等收入的白人家庭①。据2012年美国国家艺术基金会报道,46.9%的美

---

① http://nytmarketing.whsites.ne1t/mediakit/online.

国成年人阅读文学作品,其中每两个白人中就有一人是文学读者①。因此,以《纽约时报》为考察基点,整理曾被其关注的作家作品,并聚焦畅销书书评涉及的华人作家与作品,可以帮助我们了解美国大众读者对中国文学的印象及接受情况。

自 1980 年至 2012 年莫言获诺贝尔文学奖之前,30 多年间美国主流媒体对中国文学的报道有 100 余篇。莫言获诺贝尔文学奖后,海外媒体对于此获奖事件及莫言作品的评论有上百篇,有些国家的报道是转载自新华社或英美主流报刊的,虽然多数报刊都是从政治角度去解读莫言获奖的意义,但对莫言作品的文学性与艺术性的评论文章也逐渐增多。《纽约时报》对中国文学的筛选和评价渗透了西方的意识形态视角和文化价值观念,我们不妨透过这面"西洋镜"来看看其折射的中国文学形象。

一、中国文学在美国的接受环境

20 世纪 80 年代,由于中国在美苏争霸中所处的战略地位,中美两国建立了战略伙伴关系,中美之间的文化交流活动也日渐频繁,如举办国际艺术节、成立中美艺术交流中心、中美作家互访②③,等等。然而美国对中国的猜忌由来已久,对中国 20 世纪 80 年代的改革开放抱着怀疑观望的态度,因此对中国的政治、文化政策密切关注。这段时间,《纽约时报》对中国的文艺政策、文坛动态、作家的创作观念以及新老作家的代际差异等问题有较为密集的报道。他们把文艺政策看作中国文化开放的风向标,并由此把握中国文艺的脉动。美国记者根据他们在中国的见闻及感受来报道其眼中的中国,可以说报道并不失真,也没有恶意丑化中国。

概略看来,这个时期美国媒体对中国文坛的关注多具有政治指向。对中国作家的报道不是从作品本身出发,而是以具有政治色彩的人物与事件为契机,简略提及作品。例如有一篇文章以白桦的电影剧本《苦恋》遭到批

---

① How A Nation Engages with Art-Highlights from the 2012 Survey of Public Participation in the Arts[M]. Washington,DC:National Endowment for the Arts,2013:27.

② Leopold Tyrmand. Chinese and U.S. Writers Find Little to Exchange[N]. Wall Street Journal,1982-08-25.

③ Harrison Salisbury E. On the Literary Road:American Writers in China[N]. New York Times,1985-01-20(A3).

评为个案,解读中国政府对文艺作品的政治干预①。另外,从一些文坛事件的报道中可约略看到作家简介,比如借由巴金当选中国作家协会主席,从而概括介绍巴金的生平和创作②;发布沈从文、胡风的讣告,并介绍他们的生平和创作③④;报道丁玲参加爱荷华国际写作班,从而简要介绍丁玲,并提及聂华苓主编的《百花齐放时期的文学》(*Literature of the Hundred Flowers*)⑤。然而,对于这个时期冷暖难测的文艺环境,美国主流媒体则是持续追踪报道,比较有代表性的文章如西默·托平(Seymour Topping)的《解冻、结冻、再解冻:中国的文化天气》("Thaw and Freeze and Thaw again:The Cultural Weather in China")⑥,记者采访了《读书》编辑冯亦代,回顾了1981—1987年中国文艺政策的摇摆变化,传达了作家期盼宽松的创作环境的心情。

　　1989年以后美国民间对中国政府的认知出现较大逆转,改变了美国对华政策的国内环境。在文化领域表现为对中国官方推行的文学作品不信任,这从中国文学出版社发行的"熊猫丛书"在美国遇冷可见一斑⑦。随后,苏联解体,冷战结束,中美的战略伙伴关系趋向瓦解。随着中国经济崛起,加之中国在政治制度和意识形态上与美国对立,中美关系从战略伙伴转为战略对手,两国在政治、经济领域摩擦不断。这段时期,美国媒体对中国大陆文艺状况的报道,一方面侧重对政治性举措的负面评价,例如《纽约时报》借由电影《霸王别姬》一度遭禁事件,质疑中国大陆的出版审查制度问题⑧;

　　① Christopher S. Wren. Peking Is Re-examining Role of the Arts[N]. New York Times,1981-12-29.
　　② Reuters. Chinese Novelist is Elected Chairman of the Writers Union[N]. New York Times,1981-12-24(A3).
　　③ Edward A. Gargan. Shen Congwen,85,a Champion of Freedom for Writers in China[N]. New York Times,1988-05-13(Section D).
　　④ Reuters. Hu Feng Is Dead at 83;Chinese Literary Critic[N]. New York Times. 1985-06-12(D27).
　　⑤ Peter Nazareth. Chinese Literature[N]. New York Times,1981-11-15(Section 7).
　　⑥ Seymour Topping. Thaw and Freeze and Thaw again:The Cultural Weather in China[N]. New York Times,1987-12-27.
　　⑦ 耿强. 文学译介与中国文学"走向世界"——"熊猫丛书"英译中国文学研究[D]. 上海:上海外国语大学,2010.
　　⑧ Patrick E Tyler. FILM:Who Makes the Rules in Chinese Movies? [N]. New York Times,1993-10-17.

另一方面有意挖掘中国年轻一代向往西方的价值观念和生活方式、渴望变化等社会发展态势。《纽约时报》记者尼古拉斯·克里斯托弗（Nicholas D. Kristof）观察到社会文化转变在语言中的体现,他列举英语词语、西方节日、港台文艺等在中国大陆日常生活和商业、娱乐领域的日趋流行,断言主流官方话语已在民间式微。此时,移居美国的曹桂林的小说《北京人在纽约》在《北京晚报》上连载,出版后短期内12万册售罄,之后还被改编为电视连续剧热播一时。《纽约时报》撰稿人评论说,这部小说文学性并不强,但情感是真实的。虽然中国媒体屡屡报道美国的犯罪和无家可归现象,但社会大众却宁愿相信美国是一片乐土。因此,中国媒体乐于扩大这部小说的影响力,揭露在资本主义制度下残酷的生活现状。文中还指出很多读者表示对美国的社会现实感到非常惊讶,并声称"这部小说对那些沉醉于美国梦的人来说无异于童话幻灭"[①]。

进入21世纪,随着中国国际影响力的增强,中国文学频获国际文学大奖,美国主流媒体对中国文学关注逐渐增多,文学评论不再只是浮光掠影式的点评,出现了较大篇幅的文学品读。但撰稿人的兴趣点仍集中于检视所谓的出版审查制度、"文化大革命"悲剧史以及当下中国社会的实用功利和物质拜金的价值取向等负面问题上。

二、《纽约时报》等主流报刊对中国文学的报道

据粗略统计,20世纪80年代《纽约时报》等主流报刊介绍中国文学、文艺界的文章有30余篇。报道侧重介绍中国的文艺政策、文坛动态及作家、作品的整体风貌,少有个案的详尽分析。对伤痕文学、朦胧诗、寻根文学以及先锋文学等也仅做浮光掠影式的点评。获得专题报道的现当代作家仅有沈从文、金庸、巴金、丁玲、张辛欣;海外华人作家有郑念、谭恩美、梁恒、汤亭亭、张戎等人。畅销的文学作品皆出自海外华人之手,如汤亭亭的《女勇士》和谭恩美的《喜福会》及一些"文化大革命"回忆录,代表作品如梁恒夫妇的《革命之子》(1983)、郑念的《上海生与死》(1988),等等。美国主流媒体对于中国大陆20世纪80年代的文学作品整体评价不高,较少关注,反而是这

---

① Sheryl WuDunn. Perils of America as Seen in a Chinese Novel [N]. New York Times, 1991-11-10(A13).

些华裔作家的作品构建了美国民众对中国的想象。

《洛杉矶时报》及时报道了中国的新生代作家,介绍了1985年出版的作品集《中国新生代作家短篇小说选》。该书由李欧梵作序[1],文中肯定了新生代作家尝试摆脱政治意识的干扰,致力于对中国文化身份建构的探索,特别提到陈建功的《找乐》、李陀的《七奶奶》、扎西达娃的《西藏,系在皮绳扣上的魂》、张承志的《九座宫殿》和莫言的《枯河》等作品。这些作家被誉为"春笋"式的寻根派作家,他们的文学实验虽然还不够成熟,能看出模仿加西亚·马尔克斯的痕迹,但李欧梵预言,随着这些作家的艺术创作走向成熟,其中将会产生辉煌之作。

进入20世纪90年代,主流报刊对中国大陆文学作品的漠视态度仍在延续,介绍中国文学的代表性文章仅有20余篇。与80年代的政治关注及追踪报道中国文艺政策不同,这10年来对中国文艺政策的介绍渐少,除了1990年报道马烽当选作家协会副主席[2]和几个知名作家的讣告外,主流报刊对中国作家、作品兴趣阙如。如果说80年代的中国文学对于美国大众只是一个模糊的集体照,90年代的中国文学在美国主流媒体眼中其可圈可点处寥若晨星。其中,值得关注的是发表在《A杂志》(A Magazine)上的《松绑的普罗米修斯:中国的流行文化》[3],评析了查建英的《中国流行文化》一书,指出查建英透过中国的文化生产,如热播的电视剧《渴望》、张艺谋和陈凯歌的电影、贾平凹备受争议的作品《废都》的热销,描摹了复杂的、转型中的中国以及市场经济改革。文中引用查建英的评论:中国正从80年代严肃的知识精英文化转向文化产业。文章肯定了这本书对文化研究的学术价值,声称它打破了西方对于中国的两个刻板印象:政治阴云和知识精英文化,并首度向西方介绍了处于社会和经济变革中的90年代的中国。同年《纽约时报》书评专栏也介绍了这本书。

大体而言,20世纪90年代美国的主流报刊关注较多的是中国的通俗文学,如曹桂林的《北京人在纽约》和慕容雪村的小说等。此外也有一些对

---

① John H. Boyle.New Growth From China's Roots SPRING BAMBOO:A Collection of Contemporary Chinese Short Stories[N]. Los Angeles Times,1989-04-23(4).

② Nicholas D. Kristof. Writers in China Are Asked to Write, But Not Subversively [N]. New York Times, 1990-09-17.

③ June Unjoo Yang.Prometheus Unbound:China Pop [J]. A Magazine, 1995-11-30.

中国古典文学的大众化解读,如介绍《红楼梦》、红学及中国饮食文化,李渔的《肉蒲团》和《三国演义》的书评,等等。比较而言,对纯文艺创作的介绍所占比例很少,整个90年代只有海外汉学家大力推荐的李锐的《旧址》进入书评栏目,另有一篇简短的文章评介了残雪的《苍老的浮云》,其他多是对作家生平、创作的简介性文字,如巴金和张爱玲的讣告与生平介绍。

进入21世纪以来,随着中国作家、作品及电影等频获国际大奖,美国主流报刊对中国文学的关注开始增多,中国作家相继被评介的有鲁迅、老舍、巴金、莫言、余华、苏童、姜戎、王蒙、慕容雪村、卫慧、棉棉、郭敬明、韩寒等人。虽然评论中仍然不乏意识形态解读,但从文学性、审美性视角来评论的文章逐渐增多。例如姜戎的《狼图腾》获曼氏亚洲文学奖后,《纽约时报书评》评价他在描写蒙古草原和狩猎场面方面是成功的,并从改造民族性的角度将姜戎和鲁迅联系起来,肯定其作品的思想价值,如针砭当代中国的精神疾患、生态的可持续性发展等问题;但对其文学价值评价不高,认为其作品中人物形象缺乏复杂性和深度,缺乏人物背景及人物意志和动机的多样性描述,"整本书读起来仿佛是一场冗长的辩论,反复论述游牧民族的优越性和盲目的现代化的危险"①。

此外,主流媒体对莫言作品关注较多。比如,2004年,《华盛顿邮报》刊登了乔纳森·雅德利(Jonathan Yardley)评论《丰乳肥臀》的文章②,把莫言使用的新颖比喻摘引出来进行品评,声称这是莫言问鼎诺贝尔文学奖的力作,并赞誉莫言在描写战争、暴力、社会动荡方面的艺术成就,同时也评述了莫言的女权主义思想和上官金童的象征意义,认为这部作品令人想起加西亚·马尔克斯的《百年孤独》和萨曼·拉什迪的《午夜孩童》,但尚未达到他们的艺术高度。2005年5月,约翰·厄普代克在《纽约客》上撰文评论苏童的《我的帝王生涯》和莫言的《丰乳肥臀》,文中摘出莫言《丰乳肥臀》中的七处比喻进行分析,指出莫言大量使用比喻,"显示出他的文学企图心"。他引用葛浩文在小说序言里的评价,称"莫言借由对男性主角的无情批判来吸引读者关注他对于人类种性的倒退和民族性格稀薄的批判",被认为是深入把

---

① Pankaj Mishra. Call of the Wild[N]. New York Times Sunday Book Review,2008-05-04 (BR11).

② Jonathan Yardley.Big Breasts and Wide Hips[N]. Washington Post,2004-11-28.

握了作家创作的思想意识的评论。但他同时也批评莫言、苏童的小说在性、分娩、疾病、暴力死亡的身体细节方面描述得百无禁忌,并傲慢地评论说这"也许是中国小说没有经过维多利亚鼎盛时代礼仪教化"①的结果,西方文化本位意识于此可见一斑。

对于莫言获诺贝尔文学奖事件,《纽约时报》《华盛顿邮报》《华盛顿时报》纷纷报道,不过关注的焦点是莫言的中国作家协会副主席身份和此事件的政治意义,并没有深入分析其作品的文学价值。但莫言获奖后,《檀香刑》《丰乳肥臀》《四十一炮》《师傅越来越幽默》《牛》等作品相继出现在《纽约时报》和《纽约客》书评里,对莫言作品的语言风格、思想和社会价值有了深入的品读。

在介绍文艺小说的同时,《纽约时报》等还透过在中国畅销的通俗小说来解读中国社会。卫慧、棉棉的身体写作,慕容雪村的网络小说都引起海外媒体的关注。2004 年,随着电影《十面埋伏》上映,又一篇引人注目的文章《中国电影进入情色时代》②赫然出现。文章回顾了张艺谋以往的农村题材电影及《英雄》,指出他的电影从民生关怀到宣扬民族大义再到个人情感至上,中国社会的价值观念和文学信仰都在发生剧烈变化。2008 年,《纽约时报书评》报道了年轻作家郭敬明,评价"80 后"作家缺少社会责任感,他们"俨然成为时尚代言人,他们写了什么不重要,重要的是他们的样子、穿着和车"③。2012 年,《纽约客》也发表了一篇评论文章《社会大众阅读的通俗小说》,观察到职场小说如《杜拉拉升职记》《全中国最穷的小伙子发财日记》、金融小说、官场小说等在中国热销,作者多没有文学背景,在网上发表,追求现实功效,如成功理财或职场上位。文章评论说,由于生活水平提高及对物质财富的追求获得官方鼓励,民众变得更加现实功利,对现世获得成功的方法更感兴趣。④

---

① John Updike. Bitter Bamboo: Two novels from China[J]. New Yorker, 2005-05-09.

② Jean Tang. Steamy Times Come to Chinese Films[N]. New York Times, 2004-11-27.

③ Aventurina King. China's Pop Fiction[N]. New York Times Book Review, 2008-05-04 (BR27).

④ Leslie T. Chang. What do the most industrious people on earth read for fun? [J]. New Yorker, 2012-02-06.

三、美国主流书评杂志对中国小说的推介

美国大众书评栏目众多,很多报纸自带书评栏目,比如《纽约时报》(*The New York Times*)、《华盛顿邮报》(*The Washington Post*)、《洛杉矶时报书评》(*Los Angeles Times Book Review*)、《芝加哥太阳时报书评》(*Chicago Sun-Times Book Review*)、《芝加哥论坛报》(*Chicargo Tribune*),较有影响力的含书评杂志包括《柯克斯书评》(*Kirkus Reviews*)、《纽约客》(*The New Yorker*)、《出版人周刊》(*Publishers Weekly*)、《纽约时报书评》(*New York Times Book Review*)、《图书馆杂志》(*Library Journal*)、《书单》(*Booklist*)等。上述书评杂志在美国出版界占据权威地位,影响着书店以及图书馆的购书决策、媒体的宣传、读者的购书倾向,乃至电影界人士的拍片选题。网上书店也与这些书评杂志签约,比如巴诺书店(Barnes & Noble.com)以及亚马逊等。①笔者收集了 20 世纪 80 年代至 2018 年 6 月《纽约时报书评》《纽约客》《出版人周刊》《柯克斯书评》上对中国文学的评论文章,以期勾勒出主流书评各个历史时期对中国小说的关注程度与态度。

(一)《纽约时报书评》

《纽约时报书评》自 1896 年 10 月开始出版,是《纽约时报》每周日增设的书评栏目,单独印刷,可以单独订阅,也可以随报纸订阅。其目标读者是知识品味较高的成年读者。书评栏目每周收到作者和出版商寄来的 750—1000 本书,其中只有 20—30 本入选,包括虚构或非虚构作品。入选的标准是"有重要性,值得关注"(important and notable),另外,也会选择文坛新秀的书。它的订阅量高达 100 多万,是业界最有影响力和广泛阅读的书评杂志之一。②

《纽约时报书评》的书评篇幅较长,1000—2000 字,对于作者生平、创作时代背景、故事梗概都有涉及,往往从文化政治的角度解读作品。

20 世纪 80 年代至 2018 年,《纽约时报书评》评论的中国小说有 25 部。也许是由于《纽约时报》的书评专栏对中国小说已有报道,书评杂志专题评

---

① Adelle Waldman. How four magazines you've probably never read help determine what books you buy [J/OL]. Slate Magazine, 2003. http://www.slate.com/articles/arts/culturebox/2003/09/book_report.html.

② 译自维基百科《纽约时报书评》简介。

论的作品较少,整个 80 年代仅有两篇对"熊猫丛书"的评论,90 年代没有特别报道,21 世纪的前 10 年,仅有戴斯杰的《巴尔扎克与小裁缝》(2001),姜戎的《狼图腾》(2007)等,加上以郭敬明作品为代表的中国通俗小说(2008)获得评论的关注。莫言获奖后,安静的中国文学开始在媒体上渐渐热闹起来,大量评论对准了刘震云的《我不是潘金莲》(2014),麦家的《解密》(2014),张爱玲的《小团圆》(2018),姜戎的《狼图腾》(2015),曹文轩的《青铜葵花》(2016、2017),韩寒的评论(2016),余华的《第七天》(2013),贾平凹的《废都》(2016)、《高兴》(2017、2018),莫言的《蛙》(2015,两篇),黄运特的《中国现代文学大红宝书》(2016)、刘慈欣的《三体》(2014)等均获得深度评述。在中国比较有影响力的作家,其新作在美国出版的同时,《纽约时报书评》也同步报道,而且报道密集度加大,比如《蛙》在一个月内有两篇评论文章。

(二)《纽约客》

《纽约客》,也译作《纽约人》,"是一份美国知识、文艺类的综合杂志。内容覆盖新闻报道、文艺评论、散文、漫画、诗歌、小说,以及纽约文化生活动向等。《纽约客》原为周刊,后改为每年 42 期周刊加 5 期双周刊。自创办起,《纽约客》一方面保持了轻松幽默的主题风格,另一方面也很快成为严肃新闻报道和文学创作的一处显要出版窗口。《纽约客》写什么,人们谈论什么。由于电影和戏剧是城市文化的重要部分,《纽约客》使之成为杂志的重要部分。《纽约客》的艺术评论很出名,名声从纽约传播到美国其他城市。《纽约客》一直以其独特的大都会文化的成熟风格而自豪"[①]。

然而,中国文学在 2001 年前一直无缘《纽约客》。2005 年,厄普代克带着讥诮的口吻评述了《我的帝王生涯》和《丰乳肥臀》。2007 年有一篇文章简略评述了张爱玲的《倾城之恋》,对张爱玲的文学地位给予较高的评价,还有对张爱玲翻译的《海上花列传》的简介。

截至 2018 年 9 月,收集到 19 篇评论文章(包括 3 篇简介)。《纽约客》关注中国读者的阅读趣味、文学、文化热点及具有影响力的作家,并登载长文做深度评论,触及社会现实,比如中国红极一时的职场小说。另外,韩寒作为青年文化偶像,其人、其作品及其代表的具有怀疑、批判、叛逆精神的青

---

① 维基百科(https://zh.wikipedia.org/zh-hans/%E7%B4%90%E7%B4%84%E5%AE%A2).

年群体，令美国知识界颇感兴味。《纽约客》不吝版面，2011 年至 2012 年围绕韩寒有三篇评论文章。对于莫言的小说有 5 篇评论，对莫言的政治立场、中国的诺贝尔奖情结等均有评述。另外，还登载了莫言的《四十一炮》的英译本节选。在《本周文学人物》（"This Week in Fiction"）栏目里，中国作家中仅有莫言和余华入选。通过访谈葛浩文进而讨论莫言的《四十一炮》的创作背景及莫言的叙事手法；余华的访谈是从中文翻译过来的，讨论的是短篇小说集《黄昏里的男孩》以及收录于其中的《女人的胜利》，对于其写作目的、叙事视角、人物性格等均有深入评述。

此外，对于先锋作家残雪的《边疆》、武侠小说泰斗金庸、刘慈欣的《三体》均有篇幅较长的深度评论。评论中对残雪的文学实验给予较高的评价："残雪将其写作比作现代舞的开创者伊莎多拉·邓肯的舞步。这种比拟体现在《边疆》中新颖的时间过渡方式。"（Can Xue has likened her writing to the pioneering dance of the choreographer Isadora Duncan—a comparison that captures，in "Frontier，" the fresh，unexpected ways in which one moment flows into the next.）文章中引用美国小说家编辑布拉德福德·莫罗（Bradford Morrow）对残雪的评论："在现代文学世界中'最具创新精神及重要性的作家之一'，在短小的实验小说中纵情展示神秘与错综复杂性。"评论者指出，他在品读《边疆》时亦有同感，感受到残雪是通过缜密的叙事进程，逐渐铺开小说所要展现的图景。①

（三）《出版人周刊》

《出版人周刊》是一本周刊杂志，被誉为"图书界的《圣经》"，是"优秀出版物的风向标"②，其目标读者是出版商、图书销售商、学者、学术机构、作家和媒体。该杂志及其网站每年报道 10000 多本书，每一期有上百篇评论，每篇书评仅有 300 余字，简要介绍故事情节、创作背景并做简短评价。入选图书包含文学类、非虚构类、励志类、灵异类以及儿童书籍。该杂志也报道出版界新闻和趣闻。《出版人周刊》的流通渠道广泛，既可订阅，也可在纽约的报摊上购买。少数获得《出版人周刊》星级好评的作品会获得媒体关注，获

---

① Evan James. The Mysterious Frontiers of Can Xue[J/OL]. New Yorker，2017-06-08．https://www.newyorker.com/books/page-turner/the-mysterious-frontiers-of-can-xue.

② 《夏天》美国版喜获《出版人周刊》星级评论［EB/OL］. 二十一世纪出版社集团官网，2019-03-01. http://www.21cccc.cn/mainpages/NewsInfo.aspx？ID＝1836&NewsType＝LE102｜LE105.

得书商青睐的机会大增,由此可见其影响力。

《出版人周刊》的作者都是自由撰稿人,并不署名。他们多为学者、大学教授、图书馆工作者等专业人士,有较高的文学鉴赏力,其评论具有较强的权威性。虽然《出版人周刊》的图书评论者并不代表杂志的立场,但杂志编辑从对书籍的选择到对评论者的选择,都体现出该杂志作为出版界"守门人"的眼光以及美国中产阶层的阅读品味。透过该杂志遴选的108部中国文学作品,可以剖析美国出版界及专业文学读者对中国文学的选择标准、批评视角与阅读趣味。

1.《出版人周刊》评介的百部中国文学作品

自20世纪80年代至2018年6月,在美国出版的中国文学类书籍有1000多种,《出版人周刊》共发表了108篇中国当代小说书评,约10%的中国小说获得美国出版界的重视。80年代,《出版人周刊》评论了12部中国小说,90年代有23部,21世纪以来共有73部。由于该杂志评论的是新近出版的书籍,因此老一辈作家仅有茅盾、沈从文、张爱玲、鲁迅入选。当代作家中评论较多的有残雪(9部),体现了该杂志对文学实验精神的持续关注。莫言有7部,余华、阎连科各有6部小说,苏童有4部。入选的女性作家除残雪外,还有张爱玲、王安忆、严歌苓、虹影、张洁、陈染、戴厚英、谢冰莹、程乃珊、棉棉、卫慧。

2.中国文学评论概览

《出版人周刊》上书评的写作手法与学术体文学批评不同,只有200—300字,更像是读书心得,很少有抽象的文学术语或批评话语理论。书评以书名作为标题名,并给出作者以及译者名。有的以历史背景开篇,有的则是介绍作者的政治身份、文学地位,比如获得茅盾文学奖、曼氏亚洲文学奖等;有的则是开篇点明独特的阅读体验。对于王朔的小说《玩的就是心跳》,评论指出该小说读起来"如同一只脚粘在路上奔跑"(Reading this Chinese mystery is not unlike running with one foot glued to the ground),借此批评他的小说是"颠覆性的怪异"[1];又比如《王二的爱欲枷锁》,"读当代流行小说家王小波的作品如同被倒立起来——尤其是其独特的性描写"(Reading popular, irreverent Chinese essayist and novelist Wang, who died in 1997 at

---

① Playing for Thrills[J]. Publishers Weekly, 1997-03-03.

44，can feel like being held upside down—particularly during the zingy sex scenes）①。有些则是给读者阅读建议，比如余华的《往事与刑罚》，"这个文学选集的小说有令人瞠目结舌的残酷画面，可能令美国读者不适"（This collection of stories is marked by scenes of jarring brutality that may discomfit American readers）②。或指出哪些书读者会感兴趣，比如高晓声的《解约》，"美国读者会欣赏书中人物的坚韧与严格的道德规范，以及作者的幽默感与简约的风格"（American readers will appreciate the tenacity and strong moral codes of these characters as well as Xiaosheng's good humor and simple style）③；冯骥才的《铺花的歧路》，"这部使人警醒、催人奋进的小说对于致力于中国当代历史的读者非常有吸引力"（Though many teenage readers may find it ponderous，this sobering yet ultimately uplifting novel will appeal to young adult and adult devotees of modern Chinese history）④；对于王朔的《千万别把我当人》，则是指明书中的文化现象缺乏解释，因此只适合汉学家读者。书评的中间部分多是故事简介，结尾处是总体的评价。评论者常常总结出耐人寻味的点睛之笔或摘抄书中的一句话对其结论进行佐证，例如张洁的《只要无事发生，任何事都不会发生》："淡化的结构烘托其目标的荒诞，她沉着地瞄准其目标，发出致命的一击"（her understated structure setting off the absurdities of her targets，Zhang Jie aims her arrow with fatal poise）⑤；冯骥才的报告文学《一百个人的十年》，评论者引用冯骥才的话："我担心的是后代读者会把我们这代人所遭受的痛苦当作耸人听闻的奇谈。"（"What I fear most，" says Feng，"Is that later generations will adopt a sensationalist attitude towards the suffering of an earlier one."）⑥常见的评论手法是将中国作家与国外作家或作品进行类比，比如由《狼图腾》联想到法利·莫厄特（Farley Mowat）的《永不哭泣的狼》（*Never Cry Wolf*）、将刘慈欣比作阿西莫夫、把莫言和阎连科比作卡夫卡。

---

① Wang in Love and Bondage：Three Novellas[J]. Publishers Weekly. 2007-01-22.

② The Past & the Punishment[J]. Publishers Weekly，1996-06-03.

③ The Broken Betrothal[J]. Publishers Weekly，1987-12-01.

④ Let One Hundred Flowers Bloom[J]. Publishers Weekly，1996-01-29.

⑤ As Long as Nothing Happens，Nothing Will[J]. Publishers Weekly，1991-01-01.

⑥ Ten Years of Madness：Oral Histories of China's Cultural Revolution[J]. Publishers Weekly，1996-12-02.

评论者对中国小说给出较中肯的评价,赞美、褒贬程度不一。有些作品获得高度评价,个别作品获得差评,多数是褒贬并存。比如张贤亮的《习惯死亡》被给予极高的评价:"罕有美国小说能达到这部杰出小说的力度与感染力"(Few American novels can approach the power and impact of this extraordinary work)[①];对《马桥词典》的评价是:文学爱好者不应错过[②]。张洁的《沉重的翅膀》被誉为中国改革开放伊始在文学上的一次突破[③];韩寒的杂文被称为"令人耳目一新之作"(groundbreaking book for Anglophone readers)[④]。

3. 入选书评的因素

从一百多篇书评来看,评论者并非将中国文学仅作为社会历史文献处理或仅做政治性解读。在选材方面,侧重作品某一方面的特点,如历史意义、局内人视角、文学性、某种社会话题、文化批评、女性奋斗史等。另外,在中国较有争议性的作家,因其政治身份或文化身份特殊而获得关注,比如王蒙、王朔、王小波、虹影、卫慧、棉棉等。作者及译者的知名度、作品在中国的畅销程度也是入选的重要因素。比如葛浩文的译著几乎全部入选,另外英美大学汉学教授安德鲁·F.琼斯(Andrew F. Jones)、白睿文(Michael Berry)、罗鹏(Carlos Rojas)、蓝诗玲(Julia Lovell)等知名译者较受青睐,可见文学场域中文化资本的重要性。评论者关注的焦点是人性、历史意义、异质性、文学实验精神、超现实主义。该杂志对文学实验精神兴趣浓厚,关注了先锋作家残雪、格非。对残雪评价的核心词语是"怪异""神秘""妄想症""梦幻似的逻辑""谜"。比如对于《黄泥街》《苍老的浮云》的评价:"……将政治与社会评论笼罩在象征式的、神经错乱的语言中,这样漫长的反叙事是对读者耐心的挑战。"(...veil political and social commentary in symbolic, psychotic grotesquerie. But these overlong anti-narratives will test the limits of readers' patience.)[⑤]《绣花鞋》:"一旦离奇的形象产生的新鲜感消失后,留下的仅是令人枯燥的怪诞,使读者对书中若即若离的人物的同情也疏离起来。"(Once the novelty of blue-faced fish-

---

① Getting Used to Dying[J]. Publishers Weekly, 1991-01-01.

② A Dictionary of Maqiao[J]. Publishers Weekly, 2003-06-16.

③ Heavy Wings[J]. Publishers Weekly, 1989-11-01.

④ This Generation: Dispatches from China's Most Popular Literary Star (and Race Car Driver)[J]. Publishers Weekly, 2012-07-30.

⑤ Old Floating Cloud: Two Novellas[J]. Publishers Weekly, 1991-04-29.

ermen, bloody roosters and headless nuns wears off，we are left with a mo-
notony of the bizarre and with stories that succeed all-too-well in alienating
our sympathies from the people who only half-way live inside them.)[①]但评
论者肯定了残雪的文学实验精神,对于《边疆》给予了较高的评价:"残雪雄奇
的想象力将读者淹没于感官愉悦与神奇的世界中,让人在艰涩的追索中瞥见
人类生存的本质。"(Can Xue's novel is a sensual delight and challenging
glimpse into the nature of the human condition.)[②]

4.批评话语的焦点

从评论者的惯用话语上可见其评价的文学视角,比如人物塑造,文学
性,译文质量,作者的创造性,语言(译文)是否流畅、优美、富有诗意、感人,
翻译是否贴切、精妙,作者是否诚实写作、是否说教、是否有文化障碍等。比
如贾平凹的《浮躁》的人物塑造被给予较高的评价;《边城》的评论是:使人看
到、听到、闻到乡土中国,为旧时的中国打开一扇窗;《沉重的翅膀》获赞诚实
地描述家庭生活;刘慈欣的《黑暗森林》、刘恒《黑的雪》被批为说教、重复、直
白;《茅盾作品选》被评为具有政治的激情和宣传性,"作为革命的文献是引
人入胜的,但作为文学则不如人意"(As documents of the Revolution, they
may be engaging, but as literature they fail to satisfy)[③];余华的《黄昏里的男
孩》被评更像是寓言,人物缺乏鲜明特征[④]。另外,可读性也是评论的关键
词,包括译文的优美流畅与否、历史文化对于异域读者是否易懂,可见译者
的文化差异意识的重要性。比如评论者提出《人啊,人》中不熟悉的人名、事
件,《千万别把我当人》中的文化现象等,原文或译本对此均缺少必要的解
释。评论者认为谢冰莹的《一个女兵的自传》"对于门外汉读者好懂"[⑤],而
阎连科的某些作品在中西方文化之间毫不费力地穿行,没有阅读障碍[⑥]。
此外,译文也是评论者常常提及的内容,比如韩寒作品的译文被批评为笨
拙、僵硬;《1937年的爱情》被批评为翻译风格不一致,译文生硬。对于优美

① The Embroidered Shoes[J]. Publishers Weekly，1997-09-01.

② Frontier[J]. Publishers Weekly，2017-03-20.

③ The Vixen[J]. Publishers Weekly，1987-12-01.

④ Boy in the Twilight: Stories of the Hidden China[J]. Publishers Weekly，2013-09-30.

⑤ A Woman Soldier's Own Story: The Autobiography of Xie Bingying[J]. Publishers Weekly，
2001-08-27.

⑥ The Years，Months，Days[J]. Publishers Weekly，2017-10-02.

的译文，评论者也不吝赞美，比如对葛浩文的译文都是赞赏有加，肯定了《往事与刑罚》的译者 Andrew F. Jones 保留了作者冷静的叙事声音。

对于莫言的评论以褒扬为主，对莫言的狂野的想象力予以肯定，但对其暴力描写不乏批评之意，同时融入对中国社会的批判。比如对《丰乳肥臀》的评论："莫言笔力雄浑的小说中，时常出现的暴力场面也许对一些读者来说过于细腻真切，但若读者把暴力描写视作中国农村生活中无法回避的层面，将会发现从这本书中收获甚多。"（The constant violence, rendered in Mo Yan's powerhouse prose, may make this too graphic a read for some, but those who are able to see the violence for what it is—an undeniable aspect of rural Chinese life—will find this a deeply rewarding book.）[1]对《红高粱家族》艺术成就评价较高："这部气势磅礴的当代小说改写了时间顺序的概念。开始，莫言过于写实、可怕的描写，以及他对人体功能的兴趣使得阅读并不轻松。但是，他着力描写的不那么光彩的故事，是对当下将历史理想化的趋势的反拨。他创造了一个残酷的世界，其视野超越了战争和'文化大革命'。最大的残忍莫过于淡忘与湮没。这部小说取得了令人难忘的成就。"（This singularly forceful contemporary Chinese novel reinvents the notion of chronology. At first Yan's insistence on graphic and gruesome descriptions and his interest in bodily functions make the novel rough going. Eventually, however, his emphasis on the ignoble becomes a protest against the universal tendency to idealize the past. Instead, Mo Yan recreates a world defined by brutality and extends its horizons past wars and cultural revolutions; the ultimate cruelty emerges as oblivion. A memorable achievement.）[2]

书评对于多位中国作家的写作技巧不吝赞美。比如对余华的《第七天》的评论是："余华的文笔有一种抑扬顿挫的悲伤的气质，既抚慰心灵又颇感疏远，但是他笔下的人物，犹如幻影般，难以捕捉。"（Yu Hua's prose has a lilting, elegiac quality that is both soothing and distant, but his characters, quite like apparitions, never fully materialize.）[3]

---

[1]　Big Breasts & Wide Hips[J]. Publishers Weekly，2004-11-22.
[2]　Red Sorghum：A Novel of China[J]. Publishers Weekly，1993-03-29.
[3]　The Seventh Day[J]. Publishers Weekly，2014-10-20.

对阎连科的代表性作品的评论是:"……他的写作风格与拉丁美洲的魔幻现实主义密切相关,并称其作品是'神实主义'——能够捕捉内在逻辑。贪婪、复仇、迷恋在阎连科的讽刺中鲜明可见,令读者难以忘怀。"[…his affinity with Latin American magical realism and calls his own work "mythorealism," a style capable of "captur(ing) a hidden internal logic." Readers will be haunted by the patterns of greed, revenge, and obsession that Lianke's satire makes vibrantly visible.][①]

有些评论本身就是文辞意境俱佳的美文,体现出评论者深厚的文学鉴赏力。比如对张爱玲的《倾城之恋》的评论:"她老练地将笔下的人物置于破灭的梦想与压抑的可能性中,牵引她们推开家庭与传统的重帷,所见的确是令人乏力的空虚。人物对于上述处境的不同反应被她低调地处理,令人着迷。"(She expertly burdens her characters with failed dreams and stifled possibilities, leads them to push aside the heavy curtains of family and convention, and then shows them a yawning emptiness. Their different responses are brilliantly underplayed and fascinating.)[②]

评论者也深入到作品象征意义的解读。比如对《男人的一半是女人》的评论:"这个表达爱欲的小说不仅实现了其创作意图,而且它实现了更深层的隐喻——中国知识分子在'毛泽东时代'的衰落与边缘化。张贤亮敏锐的分析,简约的抒情话语以及在象征性的梦境中表达的富有诗意的想象力,在阿弗蒂流畅的译文中轻巧地传递给读者。"(This tale of eros functions well in its own right but also operates more deeply as a metaphor for the emasculation and irrelevance of the Chinese intelligentsia during Mao's regime. Zhang Xianliang's acutely analytic, sparely lyrical voice and rich poetic imagination expressed in symbolic dreams reach us effortlessly through Avery's fluent translation.)[③]但也有失之偏颇的政治性解读。比如对《小鲍庄》的评论聚焦在政治宣传深入遥远的小鲍庄,称捞渣为共产主义"青年英雄"(Although the novel can be read simply as folktale, political China does intrude, even in re-

---

① The Explosion Chronicles[J]. Publishers Weekly, 2016-12-05.

② Love in a Fallen City[J]. Publishers Weekly, 2006-08-14.

③ Half of Man Is Woman[J]. Publishers Weekly, 1988-09-01.

mote Baotown，when the author describes how Dregs is institutionalized into a Communist "Youth Hero" once the Party propaganda machine hears of his untimely death.)。实际上,捞渣以及小鲍庄的其他人物所代表的是传统的仁义价值观,评论者却把这一切都归结为"民间传说",从而体现出西方社会对于传统中国价值观的误解或缺乏认同。同时,评论者把批评的焦点置于共产主义宣传,也体现出意识形态视角的泛滥。

5.基于 AntConc 的语料分析

为能全面描绘该杂志对中国文学的态度,评价的关键词、视角及选书主题等,笔者使用语料分析工具 AntConc 来分析高频名词、形容词,以及它们在不同时期出现的频次,从而分析在各个历史时期,《出版人周刊》的书评话语所建构的中国文学形象。

1)关键词

使用 AntConc 的"Word list"功能统计书评语料的高频词,剔除常用功能词、代词等,统计频次高于 12 次的关键词如表 1 所示:

表 1　20 世纪 80 年代以来《出版人周刊》中国小说书评高频词

频次	词汇	频次	词汇	频次	词汇	频次	词汇
69	乡村	66	人物/人物塑造	65	政治/意识形态	50	家庭
47	叙事	33	"文化大革命"	31	毛泽东	31	人类/人性
30	读者	25	社会	25	讽刺	25	美/美的
24	北京	24	政府	24	上海	23	历史
23	共产主义	22	最好的	22	性/性感	20	残忍
16	党	15	暴力	14	自传	14	传统
14	阶级	14	西方的	13	复杂的	13	现代的
12	改革	12	日本	12	感人的	12	记叙

由以上高频词可见,《出版人周刊》评论的关键词是"乡村""人物/人物塑造""政治/意识形态""家庭""叙事""文化大革命""毛泽东""人类/人性"等,书评的文学视角与意识形态视角突显。为深入剖析书评的政治视角,笔者进一步统计了频次低于 10 次的政治范畴词汇,详见表 2:

表 2　频次低于 10 次的政治范畴词汇

频次	词汇	频次	词汇	频次	词汇	频次	词汇
10	腐化	9	资产阶级	9	流放	9	遭禁
7	官僚	7	政治宣传	5	革命	5	右派
4	政治异见者	3	反右派	3	劳改	3	红卫兵

由此可见,《出版人周刊》书评中政治范畴的词汇占比显著,可见20世纪80年代以来中国文学的主题与"文化大革命"、改革开放等历史时代背景密切相关,而且书评话语中累次出现的政治范畴词汇突显了政治解读意味。另外,与"文化大革命"相关的高频词也为中国文学形象涂上了一抹特殊的色彩。

2)文学评论关键词及频次

《出版人周刊》中出现的文学元素高频词是:"人物/人物塑造"(66)、"叙事"(47)、"人类/人性"(31)、"叙事声音"(11)、"超现实主义"(11)、"讽刺作品"(9)、"小说结构"(8)、"风格"(8)、"自传体"(7)、"回忆录"(7)、"文学实验"(7)、"史诗般的"(5)、"现实主义"(5)、"意象"(5)、"世家小说"(4)、"寓言"(4)、"三部曲"(4)、"探险"(4)、"畅销书"(4)、"魔幻"(4)、"意识流"(3)。从以上评论关键词可见,人物/人物塑造、叙事、人类/人性、小说结构是评论者特别关注的要素,评论者对于小说的形式创新以及文学流派也关注颇多。

3)评价中国文学的形容词感情色彩

将原始语料用"TreeTagger"做词性赋码后导入AntConc,统计高频形容词如表3所示。

表3　高频形容词

正面形容词				负面形容词			
频次	词汇	频次	词汇	频次	词汇	频次	词汇
12	优美的	6	非凡的	25	讽刺的	3	令人心碎的
11	感人的	5	备受赞誉的	11	复杂的	3	令人不安的
11	幽默的	5	史诗般的	11	黑暗的/凄凉的	3	笨拙的
11	神秘的	5	值得纪念的	11	遭禁的	3	野蛮的
11	强劲的	4	优雅的	11	血腥的	3	荒诞的
10	引人入胜的	4	易懂的	8	残忍的/残暴的	2	静态的
9	巧妙的	4	诗意的	8	黑色的	2	说教的
8	技艺精湛的	4	详尽的	7	政治宣传的	2	怪异的
8	深刻的	3	谜一般的	6	辛酸的	2	可怕的
8	抒情的	3	富有想象力的	6	混乱的	1	狄更斯式的
7	流行的	3	精致的	5	痛苦的	1	粗俗的
6	迷人的	2	扣人心弦的	4	苦恼的		

从表3中的形容词可见,对作者写作技艺褒扬的形容词居多,但负面形容词的比重也不容忽视,这体现了评价褒中有贬的总体特征。将这些形容词用"Concordance"功能检索,发现评论者的赞美之辞也有所保留,比如对程乃珊的《调音》的评论:"她的情节引人入胜,但是社会主义修辞话语以及制式化的语言

令其作品减色。"（Her plots are engrossing，although weakened by socialist rhetoric and stylized language.）①；对刘恒的《黑的雪》的评论："优点是将一个试图在混乱的社会中获得主动权的年轻人的幻灭刻画得丰富、生动、令人震惊，缺点是叙事有说教感而且缺乏发展变化。"（At its best，Black Snow is a disturbing，richly alive portrait of a disillusioned young man trying to gain control over a chaotic society；at its worst，the narrative is preachy and static.）②

对中国文学负面评价的形容词包括"说教的""笨拙的""政治宣传的""狄更斯式的"等；对中国形象建构产生负面印象的有"遭禁的""残忍的""令人心碎的""野蛮的""令人不安的""血腥的""凄凉的""怪异的""讽刺的"等。这些负面词语给当时的中国形象蒙上了阴云。

4）高频词在不同历史时期的分布规律

使用 AntConc 可比较不同文档中关键词的差异。将 20 世纪 80 年代、90 年代及 21 世纪的书评设为三个文档，将 80 年代作为目标语料，将 90 年代与 21 世纪作为参考语料，使用"keyword list"功能，分析各个时期关键词的差异。

将频次高且与作品主题相关度高的词筛选后，整理出高频词表，见表 4。使用"Concordance plot"功能统计出各个年代高频词分布的差异。

表 4　高频词在各个时代的分布差异

高频词	年代（书评篇数）		
	20 世纪 80 年代（12）	20 世纪 90 年代（23）	21 世纪（73）
政治	16	15	34
"文化大革命"	6	12	15
乡村	13	7	49
共产主义	3	8	12
毛泽东	6	3	23
讽刺	3	6	16
城市	4	8	34
改革	3	6	5
阶级	5	6	12
性/性感	1	3	18
死亡	1	1	15
母亲	2	0	22
女人	6	8	15
知识分子	6	1	6

①　The Piano Tuner［J］. Publishers Weekly，1989-01-01.

②　Black Snow：A Novel of the Beijing Demimonde［J］. Publishers Weekly，1993-03-29.

　　从书评在三个时代的篇数来看,《出版人周刊》对中国文学的关注度在逐步提升。在 20 世纪 80 年代仅有 12 篇书评,但政治范畴词汇出现了 16 次,在每篇文章中出现频率高达 133％,90 年代以及 21 世纪出现频率递减为 65％、47％。"共产主义""毛泽东""阶级"出现的频次也有同样的递减趋势,"文化大革命"在 20 世纪八九十年代书评中出现的频率均达到 50％,到 21 世纪则降到约 20％,可见 80 年代政治、意识形态在文学主题及文学批评中最为突出,也体现出随着时代的发展,文学视野中政治色彩逐渐淡化的趋势。80 年代小说的书评中,往往出现政治和文学性、人性、美感的关系。例如白桦的《远方有个女儿国》的评论:"但是这是文学,而不是政治宣言,幸好作者对人物的复杂性和人性描绘得到位。"(But this is literature, not a political manifesto, thanks to the author's fine delineation of the complex, all-too-human characters.)又如戴厚英的《人啊,人!》的评论:"追求个人幸福但不背弃意识形态信仰,这是充满人性,感人至深的爱情故事。"(...achieve personal happiness without betraying ideological convictions. This is a very human, deeply moving love story.)①

　　与"乡村"生活相关的词在 20 世纪 80 年代出现频率最高,达到 108％,90 年代降为 30％,21 世纪为 67％;"城市"从 80 年代的 33％,到 90 年代的 35％,到 21 世纪的 47％;"知识分子"在 80 年代出现频率高达 50％,但到了 90 年代则低至 4％;"改革"在 20 世纪八九十年代出现的频率高达 25％以上,但到了 21 世纪,频率降到约 7％。以上变化趋势体现出 20 世纪 80 年代文学中农村是故事发生的主要场所,主人公多是知识分子,改革开放在 20 世纪八九十年代是作品的主旋律。而 90 年代是社会转型期,农村题材减少,而城市题材增多。到了 21 世纪,文学关注的焦点又发生了转变。"母亲""死亡""性/性感"出现的频率突增,比如"性/性感"从 80 年代的 8％增至 21 世纪的 25％,体现出中国文学的人本主义转向。

6.《出版人周刊》塑造的中国文学形象

　　从 20 世纪 80 年代以来《出版人周刊》推介的 108 部小说的关键词及评论的高频词,可以勾勒出该杂志塑造的中国文学形象。各个历史时期统计出的高频词也描绘出了中国文学的发展脉络以及中国社会的变迁。《出版

---

① Stones of the Wall[J]. Publishers Weekly, 1985-01-01.

人周刊》对 80 年代小说的政治修辞及说教话语持批判态度,肯定了小说的历史价值,但对作品的文学性评价不高。80 年代的社会历史语境使得作品具有鲜明的时代烙印,其关键词是"乡村""文化大革命""政治""改革""知识分子"等;90 年代承袭了 80 年代的部分特色,作为中国社会转型的分水岭,也体现出小说题材从乡村转向城市的趋势。90 年代,先锋作家作品逐渐进入西方视野,改变了中国小说的生态景观,一扫政治说教的僵化面孔,书评中出现了很多西方文学流派术语,对中国小说的艺术成就给予了正面的评价,高度评价了莫言、残雪、苏童等人的文学手法、文学实验精神。但这段时期意识形态解读仍然占主流,因此导致"政治"一词在 20 世纪八九十年代的书评中高频出现。21 世纪以来,中国小说蓬勃发展,主题多元、类型多元,虽然仍有较多作品以"文化大革命"为背景,但已不占主流,"政治"一词出现频率下降至 47%。书评中"人性"一词出现频次较高。中国小说对于人性的探索以及人的生存状态的关注渐渐与世界文学的潮流趋同,其文学性与艺术性得到更多的认可。

学者张福贵评论说:"如果说 80 年代的文化重心是政治、思想文化,那么,90 年代的文化重心则是物质、金钱。"[①]"进入 21 世纪,文学仍然延续了多元化的格局,这种多元化是世界性的,也是时代发展使然。这种多元化一方面表现为个性化的写作姿态,另一方面表现为文学的俗化和非主流意识形态化。"[②]

通过语料库分析所得的结论与文学界学者的分析结论基本一致,可见语料库分析文学形象的可行性。而且,通过语料库量化分析文学发展的趋势、评论者的褒贬倾向、文学形象等更直观,也更有说服力。然而,过多依赖高频词分析也会有挂一漏万之虞,因为许多低频词不一定不重要。因此,精准的分析还需要文本细读。在数字人文的浪潮下,计算机辅助的文学分析有广阔的发展前景,尽管有局限性,但却也能辅助文学研究者另辟蹊径,提高效率,发现遮蔽在浩如烟海的资料中的一些有趣现象。

整理这 108 篇书评,仿佛翻开纵横捭阖、百年沧桑的中国历史与社会风情画卷。《出版人周刊》书评所绘制的中国文学谱系,勾勒出美国出版界甄

---

① 张福贵,等. 文学史的命名与文学史观的反思[M]. 北京:北京大学出版社,2014:228.
② 张福贵,等. 文学史的命名与文学史观的反思[M]. 北京:北京大学出版社,2014:250.

第一章 中国现当代文学在美国的接受环境

选的中国当代文学史，其关注的视角是广阔的，视域所及包含旧上海的租界（小白的《租界》）、民国时期盐商家族的兴衰以及民俗（《银城故事》《苍河白日梦》）、文化杂糅的香港（《倾城之恋》）以及抗日战争时的爱情（《1937年的爱情》）。既有繁华的大都会，也有遥远闭塞的乡村。既有反思"文化大革命"、反右时期的优秀作品（《夹边沟记事》《我的菩提树》等），也有反映改革开放后工业发展的《沉重的翅膀》《浮躁》《高兴》等，还有反映社会现象的《我不是潘金莲》、韩寒的文化批评杂文等。既有颂扬人类精神以及女性奋斗史的《玉米》《丰乳肥臀》《饥饿的女儿》，也有对后世具有深远启示或警示作用的《活着》《红高粱家族》。

在美国诸多书评杂志中，可以说《出版人周刊》最全面系统地介绍了中国文学。相较之下，《柯克斯书评》从20世纪90年代才开始评论中国文学，《纽约时报书评》《纽约客》只选取少数中国文学作品进行深度评析。而《纽约时报》等主流媒体对中国文学的报道往往从政治、文化现象解读中国社会，有些并非文学评论。

虽然《出版人周刊》有些书评意识形态解读意味浓厚，也有文化隔膜造成的误读，其负面的形容词在中国文学形象上涂抹了一层阴郁的色彩，但其文学评论的主旨是毋庸置疑的，可以说大部分书评的评价是中肯的，褒贬并存，道出了评论者独特的阅读体验，起到他山之石的借鉴作用。透过《出版人周刊》观察中国文学，可以窥见美国专业读者解读文学作品的立场与视角，亦可作为中美文学交流的一手文献资料，对文学传播具有借鉴意义。但是限于篇幅，《出版人周刊》更像是中国文学的剪影或速写，其书评构建的中国文学形象亦如一幅伴随时代变迁而流动的文学景观，从灰白到五彩斑斓，仿佛是20世纪飞驰而来的列车留下的斑驳身影，延续着美国读者对中国的想象。

（四）《柯克斯书评》

《柯克斯书评》是弗吉尼亚·柯克斯（Virginia Kirkus）于1933年创办的书评杂志，总部设在纽约市。《柯克斯书评》内容则全部是书评，没有新闻，每两周发行一刊，纸张为非高光纸，版面没有照片或插图，封面上仅有一些新书预告。其书评作者是编辑、学者等自由撰稿人，不署名，素有严苛之名，近些年言辞趋于和缓。与《出版人周刊》相同，书评在书籍出版之前发布。该杂志每年评论书籍达 7000 种书目，订阅量达 5000 册。①

《柯克斯书评》介绍的中国小说种类比《出版人周刊》少，20 世纪 80 年代没有作品入选，90 年代有 13 部，21 世纪以来共有 48 部。其中代表性的作家有莫言（6 部）、余华（5 部）、苏童（4 部）、阎连科（4 部）、虹影（4 部）、刘慈欣（3 部）、毕飞宇（2 部）、张爱玲（2 部）（详见附录 3）。

限于篇幅，评论者褒贬都很直率。以毕飞宇的《玉米》和《青衣》为例，评论者将二者进行对比。对《青衣》评价较高，"情节紧凑，引人入胜"（emotional tautness and compelling drama）②，但也指出正文中的术语略去未译，令读者纳闷，而书后注解中的术语令人费解，令读者不快，"尽管有缺陷，但有戏剧的优雅而且情感上引人共鸣，正如一出好戏"（Flawed，but elegantly theatrical and emotionally resonant—just like a good opera）。评论者也提及《青衣》的社会政治意义：令读者瞥见的不仅是中国戏剧，还有逐步走向开放的中国社会和言论相对宽松的新时代（Nevertheless，the novel offers evocative glimpses not only of Chinese opera，but also of a Communist country opening itself to capitalism and a new era of expressive freedom）。③ 但是《玉米》却"漫无边际、目标涣散，读者对叙事中的纠缠与细枝末节很容易失去兴趣，当然这有可能是文化翻译导致的"（…rather rambling and aimless. Readers have ample opportunity to lose interest in the narrative while bogged down in minutiae. This could be a matter of cultural translation，of course.）④。

对于余华的《活着》，评论者指出译者措辞不当，也怀疑是原作的问题，还批评句子松散，使用了一些毫无意义的反问句及美式俚语，因此对余华的声誉颇有微词（Yu Hua is an internationally celebrated author，but this English version of his work doesn't tell us why.）。评论者批评阎连科的某些作品是"杂乱蔓延，有时傻气，总是讲述当代中国遥远边陲的煽动性小说"（Sprawling，sometimes goofy，always seditious novel of modern life in the remotest corner of China.）⑤。

---

① 译自维基百科"《柯克斯书评》简介"。
② Three Sisters[J]. Kirkus Reviews，2010-03-15.
③ The Moon Opera[J]. Kirkus Reviews，2008-11-15.
④ Three Sisters[J]. Kirkus Reviews，2010-03-15.
⑤ Lenin's Kisses[J]. Kirkus Reviews，2012-10-01.

评论者并非吝于赞美,对《狼图腾》的评价都是正面的,声称"任何崇拜杰克·伦敦、德尔苏、法利·莫瓦厄特或喜爱'狼—人'关系作品的人都会珍爱此小说"(Any admirer of Jack London—or of Dersu, or Farley Mowat, or other chronicles and chroniclers of wolf-human interaction—will find this a treasure.)①。莫言因《生死疲劳》而被称为"相当出色的作家"(He's one hell of a writer.)②。对于张爱玲的《倾城之恋》,评论者非常赞赏她的文学才华:"运用优美而质朴的想象力(比如:影影绰绰有个月亮,一搭黑一搭白,像个戏剧化的狰狞的脸谱)以及魅惑的宿命的口吻,她把一个女人的命运描写得如同法国女作家的《美丽的时代》一样令人难忘。"[Employing gorgeous spare imagery (e.g., "the moon was barely visible...a dab of black, a dab of white like a ferocious theatrical mask") and a seductive tone of worldly fatalism, Chang depicts a woman's fate as memorably as do Colette's tales of La Belle Époque.]③

其实书评作者的评论仅是一家之言,《柯克斯书评》的编辑并不审查或修改撰稿人的文章。因此,有读者质疑评论的公允性,但无论如何,书评都是文学读者的阅读感受,由于该杂志在图书市场的影响力,其评论对作品的接受确实会产生一定的影响。

表5　20世纪90年代以来《柯克斯书评》中国小说书评高频词

频次	词汇	频次	词汇	频次	词汇	频次	词汇
46	家庭	40	人物、主人公	40	政治、意识形态	40	村庄、农民、农村
28	叙事	28	父亲	28	女人	28	性、性感、性欲
27	历史	27	死、自杀	25	母亲	24	毛泽东
22	城市	21	社会	21	"文化大革命"	20	共产主义
20	政党	19	读者	18	日本、日本人	17	暴力
17	西方、西化	17	人类、人性	17	讽刺	13	残忍
13	妾	13	政策	12	现代	12	北京
12	自传、回忆录	12	政府	11	上海		

关键词分布与变化趋势和《出版人周刊》基本一致,"文化大革命""政治"

---

① Wolf Totem[J]. Kirkus Reviews, 2008-01-15.

② Life and Death Are Wearing Me Out[J]. Kirkus Reviews, 2008-02-15.

③ Love in a Fallen City[J]. Kirkus Reviews, 2006-08-15.

等关键词仍占主流。值得注意的是,《出版人周刊》中一些赞美的形容词在《柯克斯书评》中锐减,比如"感人的"(moving,movingly,touching)从 12 个减少为 4 个,"有感染力的"(powerful)从 11 个减少到 6 个,"优美的"(beautiful,beautifully,beauty)从 25 个减少到 6 个。负面的形容词包括"无味的"(unsavory)、"没有说服力的"(unconvincing)、"表达不地道的"(unidiomatic)、"空洞的"(vacuous)。总体而言,《柯克斯书评》的评论语言比《出版人周刊》较为尖刻。

四、20 世纪 80 年代以来在美国产生过影响力的华人作品①

1.《北京人———百个普通人的自述》

这部由张辛欣、桑晔合作的作品被称为现代中国第一部大型口述历史作品,展示了 100 个不同职业、年龄、地域、身份的普通中国人的经历,通过被采访者的现身说法,再现了普通人的人生经历和生活感受,多侧面、多层次地反映了中国当代的社会生活。该书由戴乃迭翻译,收入"熊猫丛书",出版后在美国引起较大反响。

1987 年 10 月,《纽约时报》书评栏目报道了这部作品,评价该书是"反映社会百态的万花筒,呈现了复杂又令人沮丧的社会现实"②。书评作者朱迪思·夏皮罗(Judith Shapiro)谈道,该书采访了工人、农民、知识分子、妓女、卖花女、商人等社会各阶层人物。工人与知识分子在"文化大革命"前后地位逆转,"工人羡慕知识分子的精英身份,知识分子又对工人可以自由做生意心存不平,致富的农民成为人们羡慕的对象";有些知青将自己比作"玻璃瓶里的苍蝇,看得到光亮却没有未来",有些知青则踏上新的人生征途,找到了自己的位置;有些人经历了理想的幻灭,出现信仰危机,呈现"向钱看"的趋势。尽管夏皮罗观察到被采访人有些遮遮掩掩,对某些细节有文过饰非之嫌,显得颇有顾虑,但仍然给予这部作品较高的评价,认为"美国和中国读者都能通过那些生动的描述,对人性的坚韧与丰富油然起敬"。

2."文化大革命"回忆录

在美国盛行的"文化大革命"回忆录是 20 世纪中后期移居海外的中国人

---

① 笔者仅以是否在美国成为畅销书来界定在美国产生过影响力的作品。

② Judith Shapiro. Scenes from the Kaleidoscope [N]. New York Times,1987-10-13(A7).

对"文化大革命"期间苦难经历的回忆。代表性作品如郑念的《上海生与死》、梁恒的《革命之子》、张戎的《鸿：三代中国女人的故事》（又名：《野天鹅》）、闵安琪的《红杜鹃》等。这些书在美国影响巨大，它们是美国高中生做世界史和社会研究时的推荐书目，也是部分大学里政治课或历史课的必修教材，同时也是商务人士或希望了解中国的人士的必读书目。①

　　"文化大革命"回忆录的广泛流行很大程度上令西方读者对中国产生根深蒂固的偏见，从而也为中国文学在美国的接受环境定下了基调。"文化大革命"回忆录的畅销，使美国出版社对这类作品产生了经久不衰的出版热情，前后共有 29 本回忆录出版，直到 2009 年还出版了杨显惠的《夹边沟记事》，《纽约时报》书评栏目也撰文介绍了此书②。海外华人书写的"文化大革命"叙事因为时空环境的变化，以及历史观的差异，对一些历史事件的描述与评价曾受到中国大陆读者及研究者的质疑，对这种文学现象也需要进行更深入、更富于学理性意义的讨论。

3.《巴尔扎克与小裁缝》

　　法籍华人戴思杰的小说《巴尔扎克与小裁缝》，在法国是畅销书，其英文版在美国又是畅销书，其电影也是热映片。2005 年《纽约时报》对于这部小说及戴思杰的生平创作进行了评述。文章仍然从意识形态的角度转述戴思杰接受采访时讲的话，他声称其创作的初衷是表达对文学、艺术的敬意。然而，同名电影在中国遭到禁演，是因为"他们不能认同西方文学能改变一个中国女孩"③。耶鲁大学教授王斑在"东吴讲堂"上也曾指出，这部小说在美国成为畅销书的原因在于它宣扬了西方文明的普世价值，即西方文明宛如灯塔一般给蒙昧落后的偏远山村带来希望和梦想，从而迎合了西方观众的审美心理和优越感。④

4.《狼图腾》

　　《狼图腾》中文版于 2004 年出版，引发阅读热潮。2007 年，其英文版获曼

① Geng Zhihui. Cultural Revolution Memoirs Written and Read in English：Image Formation，Reception and Counter-Narration [D]. Twin Cities：Minnesota University，2008.

② Howard W. French. Survivors' Stories from China [N]. New York Times，2009-08-25.

③ Alan Riding. Artistic Odyssey：Film to Fiction to Film [N]. New York Times，2005-07-27.

④ 王斑. 海外中国研究的冷战与东方主义余绪：在常熟理工学院"东吴讲堂"上的讲演[J]. 东吴学术，2012(6)：32-40.

氏亚洲文学奖,该书经由企鹅出版社倾力包装、重磅宣传,全球热销,已出版平装本。虽然该书并未进入美国畅销书排行榜,但还是产生了一定的影响,在亚马逊读者评论中获得 4 分以上的好评(满分 5 分),甚至得到美国《国家地理杂志》的大力推荐。2015 年同名电影上映,由法国著名导演让·雅克·阿诺执导(详见第四章案例分析)。

5.《三体》

莫言的《红高粱家族》(1993)、姜戎的《狼图腾》(2008)都在美国读者群中有一定的口碑,但直到 2014 年,刘慈欣的《三体》才在美国成为畅销书。该书曾登上"2014 年度全美百佳图书榜",在美国最权威的亚马逊图书排行榜的科幻类文学中,曾经冲到第 30 名[①],2015 年获得雨果奖,截至 2016 年海外销售量达 11 万册[②]。《纽约时报》预言此书的出版将使美国科幻读者的阅读趣味回归已退出流行的"外星人入侵地球"题材,而目前,美国当代科幻作家关注现实议题,比如气候改变或性别角色转换(The series is likely to be a change of pace for science-fiction fans in the United States, where many leading contemporary writers in the genre are rejecting classic alien-invasion plots in favor of those that take on real-world issues like climate change or shifting gender roles.)。评论文章中提及"某些专家认为《三体》的流行与中国因在国际舞台上拥有日益重要的地位而形成的文化自信有关"(Some experts link the popularity of the "Three-Body" series to a growing confidence among Chinese about their country's growing role on the world stage.)[③]。美国前总统奥巴马在接受《纽约时报》记者访谈时提到在处理政务之余,为了放松身心曾阅读《三体》[④],他对此书的评价是"想象雄奇,引人入胜,虽然没有着意刻画人物性格,但气势恢弘"(Which was just wildly imaginative, really inter-

---

① 上官云.刘慈欣英文版《三体》入围美国星云奖 科幻题材升温[EB/OL].中新网,2015-02-27. http://www.chinanews.com/cul/2015/02-27/7085540.shtml

② http://english.cntv.cn/2016/02/03/VIDE4WVOcOwdgUn1mMMxF22p160203.shtml.

③ Amy Qin. In a Topsy-Turvy World, China Warms to Sci-Fi[N/OL]. New York Times, 2014-11-10. https://www.nytimes.com/2014/11/11/books/liu-cixins-the-three-body-problem-is-published-in-us.html

④ Michiko Kakutani. Transcript: President Obama on What Books Mean to Him[N/OL]. New York Times, 2017-01-16. https://www.nytimes.com/2017/01/16/books/transcript-president-obama-on-what-books-mean-to-him.html.

esting. It wasn't so much sort of character studies as it was just this sweeping —the scope of it was immense.）。

《纽约客》也撰长文介绍此书,标题是《中国的亚瑟·克拉克》。[①] 亚瑟·克拉克是英国著名的太空题材科幻作家,与美国的罗伯特·海因莱因、艾萨克·阿西莫夫并称为世界科幻"三巨头",将刘慈欣与他比肩,赞誉之情溢于言表。这篇书评举出实例阐发小说令人欣赏之处如下:文化差异,小说的文化土壤根植于中国（"文化大革命"期间）;小说是人类进化的寓言,浩瀚广袤,想象具体又有理论抽象（His stories are fables about human progress—concretely imagined but abstract, even parable-like, in their sweep）;在人类未来的想象中,他虽时有浪漫温情但不失严峻的客观性（in imagining the human future, his romantic sweetness is balanced with harsh objectivity）;刘慈欣从两个角度来看待人生:为了生存而艰苦卓绝的奋斗,但奋斗是在有限范围内的（Liu's stories see life from two angles, as both a titanic struggle for survival and as a circumscribed exercise in finitude）。从上述评论可见,西方读者已经从人生观、价值观的角度来理解中国人的思维逻辑了。对于文化传播来说,这是一个好的开端。

6. 其他知名的海外华人作品

20世纪80年代,美国知名的华人作品除了旅美作者写的"文化大革命"回忆录以外,还有美籍华裔作家的作品,如谭恩美的《喜福会》和汤亭亭的《女勇士》。这两名女作家已经获得美国主流文坛的认可,汤亭亭曾在加州大学伯克利分校任教,被授予2008年度美国国家图书奖杰出文学贡献奖,《女勇士》更是被选入美国教材,持续编织着美国民众对中国的想象。

需要注意的是谭恩美和汤亭亭都出生于美国,她们讲述的中国故事均来自父母的言说,而她们在写作前从未踏足中国。她们笔下的中国是她们遥想的产物,已经似是而非、真假斑驳了。直到1984年,汤亭亭才随同一些美国作家到北京出席中美作家会议,会后到广州和其故乡新会访问、探亲与寻根。她告诉记者,有一些小发现使她希望能在写作《女勇士》前来到这里,但整体上她

---

① Joshua Rothman. China's Arthur C. Clarke[J/OL]. New Yorker, 2015-03-06. https://www.newyorker.com/books/page-turner/chinas-arthur-c-clarke.

觉得她的故事和记忆是准确的①。她们的小说留下的是传统中国的印迹,深刻反思了传统中国文化价值观念与西方的冲突及美国华裔面对族群、文化、身份认同等方面的内心挣扎。此外,严歌苓、哈金和裘小龙的作品也较受欢迎。2005年,华裔作家邝丽莎的《雪花秘扇》成为畅销书,该书讲述的是晚清民初湖南一带的民俗以及女性之间深挚情谊的故事,2011年被改编成电影。书中和影片中特别渲染缠足和恋足癖,由此迎合读者和观众的猎奇心理。

通过上述畅销书信息的整理,我们可以了解美国大众读者对中国的关注热点基本是集中在社会发展动态及历史叙述等方面。《北京人——一百个普通人的自述》成为畅销书,折射出美国社会迫切希望了解20世纪八九十年代转型中的中国社会状况和大众心理;而"文化大革命"叙事在美国有很深远的影响力,反映出冷战思维和西方中心主义观念,这些作品因为构筑着美国民众对中国刻板的文化想象,能够迎合其民族优越感和价值观念而容易受到青睐。在"全球化信息化的时代,伴随着信息的输出,文化传播几乎随时随地、无处不在。然而由于文化性质、地位以及传播影响力的不同,导致了文化输出与输入的不均衡"②,也造成了对文化、文学的误读。从某种程度上来说,《纽约时报》等主流媒体粗线条勾勒了美国精英知识阶层对80年代以来中国文学的印象。不能忽视的是,受意识形态立场和文化隔膜等因素的影响,其对中国文学与社会的解读往往流于片面,而新闻媒体追求轰动效应、紧跟社会热点问题的特性,也使其难以展开深入厚重的讨论。但无论如何,作为国际上影响力巨大的报刊之一,多年以来《纽约时报》的报道在塑造中国文学形象、引导美国读者阅读方面的确发挥着重要作用。在世界文学格局中审视中国文学的定位、传播与接受,《纽约时报》为中国研究者提供了一个别具意味的参照体系。

21世纪以来,越来越多的中国文学作品被主流书评杂志收录评论,比如2017年共出版了54本英译华语作品③,其中有7部中国大陆作品被《出版人周刊》推介,包括贾平凹的《高兴》、阎连科的《年月日》、残雪的《边疆》、蒋忆沩的《白求恩的孩子们》、曹文轩的《青铜葵花》、鲁迅的《灯下漫笔》、张爱玲的《小

---

① Kay Mills. Literature By Lode and By Lore[N]. Los Angeles Times,1985-08-25(g3).

② 孔朝蓬. 中国影视文化传播中的国家形象塑造与民族文化安全[J]. 华夏文化论坛,2012(8):214.

③ 2017年有哪些书译为英文——华语文学年度英译书目集结[EB/OL]. 品略网,2017-12-18. http://www.pinlue.com/article/2017/12/1814/135074595214.html.

团圆》。

纵观 20 世纪 80 年代以来美国书评杂志对中国文学的评论,美国出版界对中国小说的关注度和兴趣逐步提升,从政治、社会文化、价值观念解读逐渐偏重文学性评价,其态度从怀疑批评到热情赞美,可见中国文学的创作手法逐步从对意识形态的概念演绎发展到先锋文学的形式探索,逐步走向艺术成熟,在创作主题及类型上也日趋多元,在人类性的揭示与探索上融入世界文学潮流。随着更富有想象力、创造力与感染力的作品逐步涌现,20 世纪枯燥说教与苦难悲情的文学形象正在被多元立体的文化以及中国新形象所取代。

第二节　文学阅读在美国

美国读者对中国文学关闭心门,但美国读者并非不爱文学书籍。事实上,美国是书籍消费大国。有信息显示,2000 年美国共出版 12.2 万种新书,书籍销售达 25 亿册。[①] 根据美国国家艺术基金会 1982—2012 年所做的阅读调查,美国读书人数达总人口的 55%(2012 年)[②],一半以上的人口一年阅读 1 本书。2016 年皮尤研究中心做的调查报告显示,读者的阅读习惯仍保持如此。[③] 根据欧盟 2000 年文化活动参与情况调查[④],此数据高于欧盟 15 个国家的平均阅读人口比例(45%),仅低于瑞典(72%)、芬兰(66%)、英国(63%)。美国是一个多种族、多文化、多元价值的社会,深入考察美国读者的阅读习惯,各读者群(按照性别、年龄、种族、受教育程度、收入等分类)的阅读偏好,可以让我们进一步认识中国文学在美国传播的复杂性,为中国文学在美国的译介提供参考。

根据美国国家艺术基金会委托人口普查局所做的 2002 年"艺术活动参与

---

① Gayle Feldman. Best and Worst of Times：The Changing Business of Trade Books，1975－2002[M]. New York：Columbia University Press，2003：8.

② How A Nation Engages With Art—Highlights from the 2012 Survey of Public Participation in the Arts[M]. Washington，DC：National Endowment for the Arts，2013：25-27. http://arts.gov/sites/default/files/highlights-from-2012-SPPA.pdf.

③ Pew Research Center. Book Reading 2016[EB/OL]. 2016-09. http://www.pewinternet.org/2016/09/01/book-reading-2016/.

④ Michail Skaliotis. Key Figures on Cultural Participation in the European Union[J/OL]. International Symposium on Culture Statistics，Montreal，2002（10）. http://www.scribd.com/doc/47114029/Skaliotis-Michail-Keys-Figures-on-Cultural-Participation-in-the-European-Union.

调查报告"(SPPA)[①],休闲性文学阅读人数占成人人口的 47％,女性中阅读文学人口的百分比为 55％(2002),高于白人男性(37.6％)。在美国,白人的阅读人口所占比例(51％)高于非裔(37％)和墨西哥裔(26％)。白人女性阅读人口所占比例高达 61％。数据显示,文学阅读人数受种族、性别、教育程度影响显著,受年龄、收入、地域影响较小。受教育程度越高,文学书籍阅读量越高。美国西部地区富足,人口受教育程度较高,文学阅读比率为 51.2％,南部则为 42.1％。调查结果还表明,文学读者更热衷参与文艺活动、志愿者活动、慈善活动,甚至对政治的关注度也更高。报告表现出对阅读人数的下滑趋势的担心,因为与电子媒介相比,纸质书籍更需要集中注意力,使得复杂的沟通和深入的思考成为可能。如果失去了这种智力活动,将会面临文化荒芜。

一、阅读媒介

虽然越来越多的美国人在电脑及手机上阅读,但电子阅读并非他们唯一的阅读媒介,比起数字媒体(电子书、有声书),2016 年,65％的读者仍然更喜爱纸质书籍。自从 2011 年以来,数字读者所占比例增加到 28％,然而使用电子书阅读器的读者基本持平,使用手机来阅读的读者增加了一倍,尤其是非白人及未接受高等教育的群体。[②]

电子书在美国的读者市场发展快速,2015 年,约 73％的出版商及作者出版了电子书,近 80％的出版商宣布在 2016 年上市电子书。尽管电子书在美国越来越流行,但据预测,2015 年电子书读者将略微减少。目前电子书读者有 9264 万,但是到 2021 年会下降到 8845 万。电子书阅读器主要包括亚马逊的 Kindle、巴诺的 Nook 以及 Kobo。[③]

有声书近年来热度持续上升,2011 年出版了 7200 种,而 2015 年则出版了 35500 种,其中励志类及宗教类尤其受欢迎,35％的听众喜欢这类有

① Bradshaw Tom, and Bonnie Nichols. Reading at Risk: A Survey of Literary Reading in America (Research Division Report #46)[M]. Washington, DC: National Endowment for the Arts, 2004.

② Pew Research Center. Book Reading 2016[EB/OL]. 2016-09. http://www.pewinternet.org/2016/09/01/book-reading-2016/.

③ U.S. Book Industry/Market-Statistics & Facts[EB/OL]. https://www.statista.com/topics/1177/book-market/.

声书。①

数字出版量不断提升,纸质出版从 2008 年开始下降,2012 年降至谷底后开始反弹,到 2015 年比原来的高点还有微升,可见阅读纸质书籍仍为 65% 的美国读者偏爱的阅读方式。②

二、文学阅读

表 6　美国成年人阅读文学作品的比例(%)

年份	1982	1992	2002	2008	2012
阅读文学作品的成人比例	56.9	54.0	45.1	47.0	45.1

表 7　2002—2012 年美国成年人每年至少读 1 本文学作品的比例(%)

文学样式	2002 年	2008 年	2012 年
小说或短故事	45.1	47.0	45.1
诗歌	12.1	8.3	6.7
戏剧	3.6	2.6	2.9

从表 6 来看,阅读文学作品的人数从 1982 年以来呈下滑趋势究其原因,互联网、电子游戏、电影等更快捷、娱乐性更强的获取知识和信息的方式渐渐取代传统的阅读活动,因为电子媒介需要的注意力集中的时间较短,获得满足感较快。新媒介对 18—24 岁的年轻读者影响较大。

SPPA 的数据表明,18 岁以上的美国人近半数喜爱文学(9600 万人),阅读文学作品是他们重要的休闲活动之一。阅读小说和短故事的人口达 9300 万,阅读诗歌的人数达 2500 万,阅读戏剧并观看戏剧和芭蕾舞表演的有 700 万人。美国人参与文学活动的形式多样,大约有 9% 的人听小说直播或小说录音,6% 的人听诗歌朗诵,7% 的人自己写小说,9% 的人通过互联网了解、阅读、讨论与文学相关的话题。多数文学作品读者在各

①　U.S. Book Industry/Market-Statistics & Facts[EB/OL]. https://www.statista.com/topics/1177/book-market/.

②　U.S. Book Industry/Market-Statistics & Facts[EB/OL]. https://www.statista.com/topics/1177/book-market/.

类文化活动中表现活跃。①

2002 年的 SPPA 调查数据显示,美国人中有 21％的读者一年读 1—5 本书,9％的读者一年读 6—11 本书,12％的读者一年读 12—49 本书,4％的读者年均阅读量高达 50 本以上。以上统计包括文学和非文学书籍。②根据人均阅读量 6 本来计算,在 2002 年度,美国人阅读书籍总计达 21 亿册。③

根据美国国家艺术基金会 2012 年对公众参加艺术活动的调查报告,美国女性的文学阅读比例高出男性读者 10 个百分点。白人的阅读比例 (52.2％)高于其他族群,其中墨西哥裔阅读比例最低(31％)。各个年龄段的阅读比例差异不大,其中 55—64 岁的人口阅读比例最高。此外,受教育程度越高,阅读比例越高,数据显示,获研究生以上学历的人,阅读比例高达近 70％。具体数字见表 8。

表 8　2008 及 2012 年美国成年人至少读一本文学作品的比例(％)④

人群分类		2008 年	2012 年
性别	男性	41.9	36.9
	女性	58.0	56.1
种族	墨西歌裔	31.9	31.0
	白人	55.7	52.2
	非裔	42.6	40.1
	其他	43.9	41.3

---

① Bradshaw Tom, Bonnie Nichols. Reading at Risk: A Survey of Literary Reading in America (Research Division Report #46)[M]. Washington, DC: National Endowment for the Arts, 2004: 29.

② Bradshaw Tom, Bonnie Nichols. Reading at Risk: A Survey of Literary Reading in America (Research Division Report #46)[M]. Washington, DC: National Endowment for the Arts, 2004:29.

③ Bradshaw Tom, Bonnie Nichols. Reading at Risk: A Survey of Literary Reading in America (Research Division Report #46)[M]. Washington, DC: National Endowment for the Arts, 2004:29.

④ How A Nation Engages With Art-Highlights from the 2012 Survey of Public Participation in the Arts[M]. Washington, DC: National Endowment for the Arts, 2013: 27.

人群分类		2008 年	2012 年
年龄	18—24 岁	51.7	47.6
	25—34 岁	50.1	47.7
	35—44 岁	50.8	45.1
	45—54 岁	50.3	44.6
	55—64 岁	53.1	52.0
	65—74 岁	42.3	43.8
	75 岁及以上	42.3	43.8
学历	初等学校	18.5	16.9
	高中同等学历	34.3	22.8
	高中毕业生	39.1	36.8
	本科同等学历	56.2	50.3
	本科毕业生	66.6	63.0
	研究生	71.2	69.5
所有成人		50.2	46.9

美国国家艺术基金会的调查报告显示美国人在阅读小说,但哪类小说更受欢迎?他们最喜爱的作家是谁?根据 2010 年哈里斯民意调查(Harris Poll)结果,在阅读文学作品的成年人中,有 79% 的人读小说,其中阅读悬疑、恐怖、犯罪小说的人占 48%,有 26% 的人阅读科幻小说,24% 的人阅读纯文学,21% 的人阅读爱情小说,11% 的人阅读插图小说,8% 的人阅读鸡仔文学(Chick Lit,年轻女性的时尚生活),5% 的人阅读西部小说。[①]

选择非虚构类书籍的读者中,31% 选读历史类书籍,29% 青睐自传,26% 阅读宗教、心灵提升类作品。少数读者选择政治类(17%)、自我提升类(16%)、时事(14%)、犯罪实录(12%)和商务(10%)。另外还有 29% 的读者选择其他非虚构类读物。

综合比较起来,各读者群的阅读偏好表现出差异性。18—33 岁年龄段的人阅读文学作品或插图书籍的比例较高。女性比男性更偏爱悬疑、恐怖、犯罪、爱情、鸡仔文学(以现代女性为受众)、宗教小说,男性则更热衷科幻、历史、政治、商务等书籍。

---

① Stephen King is America's Favorite Author. Mystery, Crime and Thriller Novels are the genre most read[EB/OL]. Harris Interactive. 2010-10-10. http://www.harrisinteractive.com/NewsRoom/HarrisPolls/tabid/447/mid/1508/articleId/578/ctl/ReadCustom%20Default/Default.aspx.

令人瞩目的是,从 2012 年至 2017 年,阅读诗歌的人数逐年增高,占比从 6.7％到 11.7％,现有 2800 万读者,是 15 年来 SPPA 调查的最高纪录。增长主要来自 18—34 岁年龄段的读者。美国国家艺术基金会研究和分析中心总监苏尼尔·艾思嘉(Sunil Iyengar)将此增长归因于 2005 年成立的"大声读诗"(Poetry Out Loud)项目以及社交媒体的推动。[①] 对诗歌兴趣的回归预示着美国读者群的阅读趣味回归高雅语言艺术的趋势。

三、类型小说

类型小说即通俗小说,为了迎合读者对某些题材的兴趣,写作特征明确,符合特定类型。美国类型小说发展很成熟,目标读者明确,分类细致。维基百科上将其归为 8 大类,包括:侦探、奇幻、爱情、科幻、西部生活、励志、历史、恐怖小说。[②] 美国"Writers write"(作家写作)网将最流行的 5 大类型小说细分为 42 个小类(见图 1)。该网站还把所有文学作品归为 17 大类。[③]目前,悬疑、惊悚、侦探类的题材是最热门的类型,近半数读者偏爱此类小说。33％的读者喜爱历史类,31％的读者喜爱自传、回忆录。[④]

近年来,街头文学在非裔美国青少年读者中流行,需求量大增,从中学生延伸至小学中高年级群体。街头文学多讲述粗砺的贫民窟生活,故事节奏快,反映美国城市黑帮生活和嘻哈文化。[⑤]

美国类型小说分类细致,种类繁多。如果作者要在出版社发表小说,须严格遵循分类写作指南。如果自出版(self-publishing)或以电子书的形式出版,类型要求则不像传统出版方式那么严格。某些美国大学也提供类型小说写作学位,比如爱默生学院(Emerson College)。

如图 1 所示,类型小说分为 5 大类:悬疑推理、惊悚、科幻、爱情故事、奇

---

① Sunil Iyengar. Taking Note：Poetry Reading Is Up—Federal Survey Results[EB/OL]. 2018-6-7. https://www. arts. gov/art-works/2018/taking-note-poetry-reading-％E2％80％94federal-survey-results.

② 维基百科(https://en.wikipedia.org/wiki/Genre_fiction).

③ The 17 Most Popular Genres In Fiction—And Why They Matter[EB/OL]. https://writerswrite.co.za/the-17-most-popular-genres-in-fiction-and-why-they-matter/.

④ U.S. Book Industry/Market-Statistics ＆ Facts[EB/OL]. https://www. statista. com/topics/1177/book-market/.

⑤ Brooks Wanda, Lorraine Savage. Critiques and Controversies of Street Literature：A Formidable Literary Genre[J]. The Alan Review, 2009, 36(2)：48-55.

第一章 中国现当代文学在美国的接受环境

幻小说,其中有 17 种最受读者青睐,简要介绍如下:

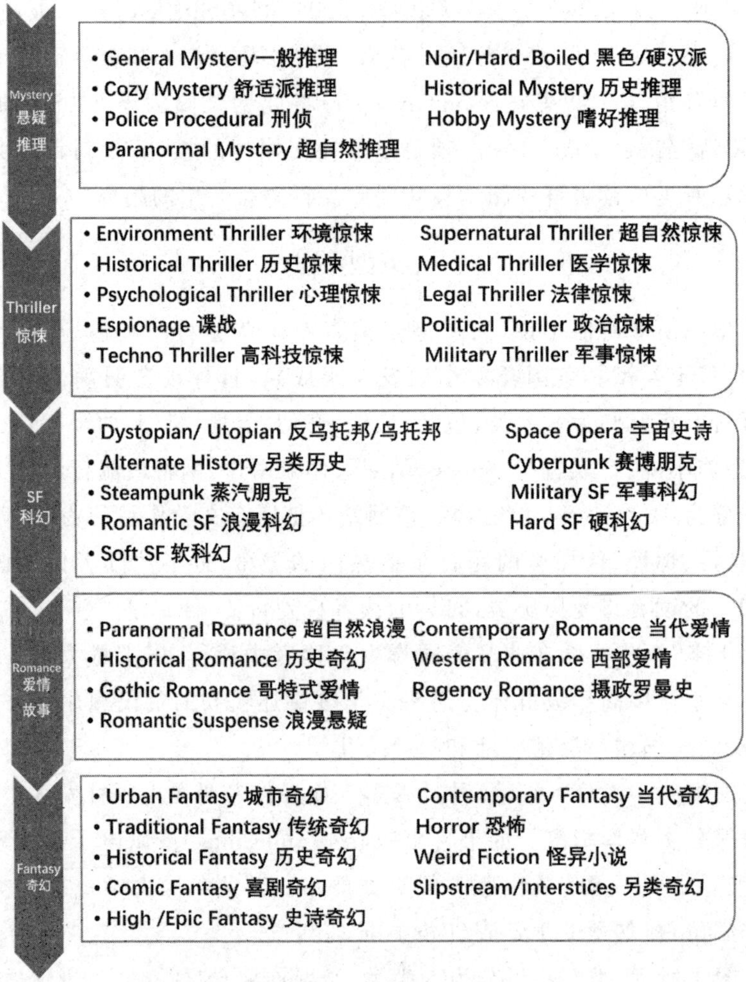

Mystery 悬疑推理
- General Mystery 一般推理
- Cozy Mystery 舒适派推理
- Police Procedural 刑侦
- Paranormal Mystery 超自然推理

Noir/Hard-Boiled 黑色/硬汉派
Historical Mystery 历史推理
Hobby Mystery 嗜好推理

Thriller 惊悚
- Environment Thriller 环境惊悚
- Historical Thriller 历史惊悚
- Psychological Thriller 心理惊悚
- Espionage 谍战
- Techno Thriller 高科技惊悚

Supernatural Thriller 超自然惊悚
Medical Thriller 医学惊悚
Legal Thriller 法律惊悚
Political Thriller 政治惊悚
Military Thriller 军事惊悚

SF 科幻
- Dystopian/ Utopian 反乌托邦/乌托邦
- Alternate History 另类历史
- Steampunk 蒸汽朋克
- Romantic SF 浪漫科幻
- Soft SF 软科幻

Space Opera 宇宙史诗
Cyberpunk 赛博朋克
Military SF 军事科幻
Hard SF 硬科幻

Romance 爱情故事
- Paranormal Romance 超自然浪漫
- Historical Romance 历史奇幻
- Gothic Romance 哥特式爱情
- Romantic Suspense 浪漫悬疑

Contemporary Romance 当代爱情
Western Romance 西部爱情
Regency Romance 摄政罗曼史

Fantasy 奇幻
- Urban Fantasy 城市奇幻
- Traditional Fantasy 传统奇幻
- Historical Fantasy 历史奇幻
- Comic Fantasy 喜剧奇幻
- High /Epic Fantasy 史诗奇幻

Contemporary Fantasy 当代奇幻
Horror 恐怖
Weird Fiction 怪异小说
Slipstream/interstices 另类奇幻

图 1　美国五大类型小说

注:此图参考美国"作家写作"(Writers Write)网站。http://www.writerswrite.co.za/the-17-most-popular-genres-in-fiction-and-why-they-matter/.

1.爱情小说(Romance):关于两个人的浪漫关系,以感情纠葛、情欲与理想主义为特征。作者让二人经历诸多波折终成眷属。这类小说有很多子类,包括超自然、历史、当代、奇幻、哥特式等。

2.动作探险(Action Adventure):任何将主角置于外在危险之下,以主人公的英勇顽强来缔造丰功伟绩的小说皆属此类。这类小说节奏快,紧张感分秒递增,总会有一个高潮令读者如释重负。

3.科幻(Science Fiction):任何把背景放在未来、过去或其他维度的小说均属此类。小说以科学概念以及先进技术理念为特点,作者需要花时间来构筑幻想世界。这类小说有很多子类。

4.奇幻(Fantasy):这类小说所构筑的王国与科幻小说不同,它包含天地万物。作者必须在建立幻想世界上倾注较多心力。神话、另类世界中的魔法概念是这类小说的主要特点,通常从欧洲中世纪的历史背景中汲取灵感。这类小说有很多子类。

5.幻想小说(Speculative Fiction):这类小说的背景与真实世界有重大差异,其内容与科幻、奇幻、恐怖、超自然、超级英雄、乌托邦、反乌托邦、末日幻想、后末日幻想、另类历史等小说流派交叠。

6.悬疑/惊悚(Suspense/Thriller):小说中的人物始终处于岌岌可危的状态。这类小说包含追捕与逃亡,书中总是有一个或多个阴暗人物,主角要逃脱其魔爪。主人公面临的危险可能来自内心和/或外部世界。故事背景与情节浑然一体。高科技惊悚是其子类。

7.青少年小说(Young Adult):读者群是青少年及青年(12—18岁),但是成人也阅读此类小说,通常都是成长小说(coming-of-age stories),或与奇幻和科幻小说交叉,讲述的是主人公面临变故与挑战。随着《饥饿游戏》《生命中的美好缺憾》《暮光之城》热销全球,这类小说也日益流行。

8.新成年(New Adult):这类小说的主人公是大学生,故事情节也是围绕大学生活的,探索的是第一次离开家独立生活所面临的挑战和不确定性。这类小说主要围绕性,介于浪漫与色情小说之间。其目标读者群是大学生群体。

9.惊悚/超自然/灵异(Horror/Paranormal/Ghost):恐怖小说,围绕追捕与逃逸,主人公必须征服超自然事物或鬼怪。小说中的反派人物都是撒旦式的恶魔。

10.推理/侦探(Mystery/Crime):也称作悬疑破案,其焦点是找到问题的答案,识别一个人的身份、破案。小说的特点是层层线索推进,紧张感攀升,直到疑点解开。此类小说有很多子类。

11.刑侦(Police Procedurals):属于悬疑类小说,以警察或侦探破案为主线,着重于警察工作的技术以及法医部分,分类并收集证据,也包括犯罪学的法律层面。

12.历史小说(Historical):这类小说以史实为背景,以重要的历史人物作为小说人物。历史爱情小说是其子类,以历史人物的感情纠葛为主线。

13.西部小说(Westerns):这类小说以美国旧西部为背景,故事线包含生存搏斗、爱情、冒险,故事主人公是那时的人物,比如牛仔、拓荒者、印第安人、山地人、矿工等。

14.家族故事(Family Saga):这类小说讲述的是绵延几代人的家族故事,围绕家族企业、并购、财产、历险、诅咒等展开,问题最终在当代背景下解决。

15.女性小说(Women's Fiction):这类小说围绕着女性主人公面对挑战、困难、危机的故事,包含主人公与男性、社会、经济、家庭、艺术、政治、宗教等的冲突。

16.魔幻现实主义(Magic Realism):在这类小说中,神奇事件是日常生活的一部分,人物不以此为奇。《百年孤独》是其中翘楚。

17.纯文学小说(Literary Fiction):这类小说关注人的处境,尤其是人物的内心世界及主题思想的探讨,而不是情节。这类小说很难销售,而且其热度在持续下降。

四、文学阅读活动

SPPA 的调查显示,2012 年,10％的美国人观看或收听介绍书籍及作者的节目,其中约 5％的美国人使用互联网观看或收听这一节目。该人群的受教育程度及家庭收入较高。其中,女性占 60％,76％是非拉丁美洲族裔的白人。7％的美国成年人在互联网上收听直播或录音的作品朗读,包括短篇小说、诗歌,其中女性读者居多。①

在美国,父母周末带孩子去图书馆是很常见的休闲活动。图书馆也常举办各种活动鼓励孩子读书。以加州戴维斯市图书馆为例,图书馆每周举行两次少儿听故事活动,参加 10 次这样的活动就会奖励一本书。另外一项

---

① Decade of arts engagement: findings from the survey of public participation in the arts, 2002—2012. NEA Research Report #58,2015.1[M/OL]. https://www.arts.gov/sites/default/files/2012-sppa-jan2015-rev.pdf.

活动是,只要小朋友能承诺2个月看10本书,就可以得到免费汉堡券。此外,戴维斯小学要求学生每周从校图书馆借一本书,要求学生每月交一份已读书目清单。图书馆或学术机构不定期邀请作者与读者见面,作者可以借此机会介绍新书,阅读书籍中的片段,谈谈自己的创作经历,拉近与读者的距离。作者还常在电视节目上露面,宣传新书。[1] 华人作家李翊云就曾受邀参加加州大学伯克利分校图书馆举办的"读书时间"(Reading Hour),朗读她的小说片段,回答读者提问。另外,美国民间还有很多自发举办的读书俱乐部,如书话(Book Talk),会员定期见面讨论读书心得。

五、创造性写作

美国读者对文学的热爱还体现在文学创作上。根据美国国家艺术基金会的调查报告,7%的美国人进行文学创作,200万人至少发表了一部作品。对多数人来说,文学创作并非为了牟取名利,单纯是为了个人心理满足。此外,成年人中有13%曾选修创造性写作(Creative Writing)课程,有些是小学或高中时就修读了此课程。[2] 很多大学的英语系都开设此课程,现任教于加州大学戴维斯分校的华人作家李翊云即授此课。

从图2可见,2002年18—24岁美国人选修创造性写作的人占16.9%,2012年增至23.6%。[3]

美国的创造性写作项目(Creative Writing Program)普遍存在于大学之中,有些中学也开设此课程。文学创作人才在欧美大学培养体系中处于较高的地位,文学写作与创意文案等可以拿到学位。自20世纪30年代,美国爱荷华大学率先创建创意写作项目,至今全美已有350多所大学开设了文学方向创意写作的MFA(艺术硕士)项目,拥有800余个创意写作系统。[4] 创造性写作有学士、硕士、博士项目。硕士项目包括文学课、写作工坊、技能

① Bradshaw Tom, Bonnie Nichols. Reading at Risk: A Survey of Literary Reading in America (Research Division Report #46)[M]. Washington, DC: National Endowment for the Arts, 2004: 15.

② Bradshaw Tom, Bonnie Nichols. Reading at Risk: A Survey of Literary Reading in America (Research Division Report #46)[M]. Washington, DC: National Endowment for the Arts, 2004: 4.

③ Decade of arts engagement: findings from the survey of public participation in the arts, 2002—2012. NEA Research Report #58, 2015.1[M/OL]. https://www.arts.gov/sites/default/files/2012-sppa-jan2015-rev.pdf.

④ 创意写作的国外产业链[EB/OL]. https://www.jianshu.com/p/a1a1e77e5b8e.

训练课(有时师生一对一面授)、参加作家的朗读会、完成一本书稿、给本科生上创造性写作或作文课。① 创意写作工坊不仅培养作家、评论家、编辑等,还对创意文化产业做出较大贡献,"好莱坞正是借用创意写作工坊的模式,由类型写作者分工合作,某某负责场景描写、某某负责对话描述……创意写作也逐渐从高校写作工坊成为一种社会文化服务体系"②。我国的创意文化产业也可以借鉴美国的做法。

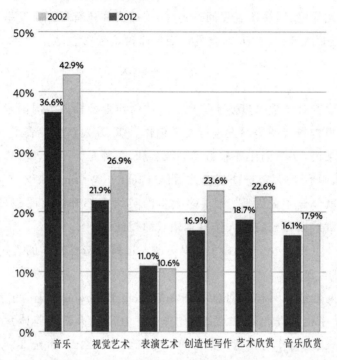

图 2　2002 年及 2012 年美国 18—24 岁青年选修各类艺术课程的比例

　　综上所述,美国社会重视、鼓励民众参与各类艺术活动,在公益场所举办各类读书活动,有着浓郁的文学阅读与创作传统,在培育文学、艺术爱好者的同时,也促成了全民族善思、内省的文化氛围。

---

　　① 　Tom Kealey.The Creative Writing MFA Handbook[M]. New York：Continuum International Publishing Group，2008：2.
　　② 　创意写作的国外产业链[EB/OL]. https://www.jianshu.com/p/a1a1e77e5b8e.

第三节　难以开启的心门：中国文学在美国读者市场的边缘化存在

　　当 1993 年葛浩文翻译的莫言的《红高粱家族》赢得一定的关注时，华裔作家谭恩美满怀希望地说："莫言将会叩开美国读者的心扉，就像米兰·昆德拉和加西亚·马尔克斯一样。"可是，那是一颗又老又硬的心，我不敢肯定中国人是否能够打开它。[①]

——约翰·厄普代克

　　中国新时期文学充满着走向世界的热望和焦虑。然而，英译中国当代文学作品的数量虽然有一定增长，轰动之作却几乎没有，流通量也极小；历史、社会、政治、文化等多种不利因素造成中国文学在西方被边缘化。有学者声称中国文学在美国的接受尚不能成为一个课题，因为中国文学在美国的阅读、研究仅限于大学东亚语言文化系的师生，而大众读者则兴趣阙如，所以中国文学在美国的影响甚微。由于美国是个多族群、多元文化、多元价值的社会，加之消费主义及流行文化大行其道，翻译文学的接受环境远不如法国、德国等欧洲国家。21 世纪以来中国当代文学作品虽然屡获国际大奖，然而其影响力却没有突破美国汉学界，没有进入普通读者的关注视野。汉学家、翻译家蓝诗玲评论说："读者们普遍认为中国当代文学是枯燥的政治说教……出版社的编辑们都认为中国当代文学完全是社会主义现实主义小说，可以不予考虑。"[②]

一、翻译文学在美国的边缘化存在

　　从销售情况可以看出中国文学在美国读者市场的边缘化程度。《中华读书报》2011 年的一篇文章用具体销售数字说明了这种现状。文中指出："中国文学作品在美国品种少，销量低，且没有什么名气，几乎无一进入大众视野。以最近三年在美国出书最多的中国作家莫言和毕飞宇为例，亚马逊北美店销售榜 2011 年 1 月 11 日的排名显示，毕飞宇的《青衣》排在第

----

① John Updike. Bitter Bamboo：Two novels from China [J]. New Yorker. 2005-05-09.

② Julia Lovell. Great Leap Forward [N]. The Guardian，2005-06-11.

第一章　中国现当代文学在美国的接受环境

288502 位,《玉米》排在第 325242 位,而莫言的《生死疲劳》和《变》,排位均在 60 万名之外.”①

其实,不仅仅是中国文学在美国市场遇冷,其他国家的翻译文学在美国的接受情况也远不及美国本土文学。反映以色列文化生活的纽约报纸《前进报》(Forward)上刊登了一篇当代希伯来文学在美国接受状况的文章②,试图回答为什么美国犹太人不喜欢阅读以色列文学。文中引用了希伯来文学教授艾伦·明茨(Alan Mintz)在论文集《翻译以色列:当代希伯来文学及其在美国的接受》里的观点。明茨探讨了以色列文学在美国接受的问题,即一小部分读者对以色列文学如获至宝,然而绝大多数读者却漠视它的存在。明茨写道:“文学能使人深入了解政治事件背后的实质问题,它打开一扇窗户,让外界听闻以色列人关于其自身问题的深谈,可惜很少美国人乐于倾听。”③明茨指出,20 世纪 70 年代以来,涌现了大批水平上乘的以色列小说,常获美国文学评论界好评,但这些作品却无法融入美国人的文化知识领域或美国犹太人的思维话语。对于以色列文学的接受问题,明茨将其归结为阅读习惯,即美国人不像欧洲人那样乐于接受翻译文学。而美国犹太人不喜欢阅读以色列文学却是由于他们想要看到更理想化的以色列,从而加强其身份认同。他们不愿阅读令人烦闷的自我道德审视、先知的姿态或是对以色列社会的负面描写,而这些正是典型的以色列文学。美国犹太人想要看到的是英雄的、浪漫的、田园诗似的犹太复国主义,或更容易识别的历史事件,比如建国、阿拉伯和以色列之间的冲突等,这些常出现在通俗小说里,然而,严肃的以色列文学探讨的却是其他主题,如代际紧张关系、普遍的孤独问题、艺术、压抑等。明茨评论说,美国犹太人对宗教和女权问题格外感兴趣,而现在的以色列作家笔端所及还没有满足这样的阅读趣味。

由此可见美国大众对翻译文学的态度,这从一个侧面说明了中国文学不受欢迎的原因。透过上述美国犹太人对以色列文学的看法,可以揣摩美国华裔对中国文学的期待,即希望看到中国理想、美好的一面,满足其民族自豪感。美国的华裔人口占美国总人口的 1.2% 。如果他们成为中国文学

---

① 康慨. 一少二低三无名:中国当代文学在美国[N]. 中华读书报. 2011-01-12(04).

② Naomi Sokoloff. Lost in Translation: Why the Diaspora Ignores Israeli Literature: Translating Israel: Contemporary Hebrew Literature and Its Reception in America[N]. Forward. 2002-06-21(13).

③ 康慨. 一少二低三无名:中国当代文学在美国[N]. 中华读书报. 2011-01-12(04).

的读者,中国文学也不至于陷入这般无人问津的地步。但问题是能够读中文的华裔就直接看中文小说了,不必去买翻译作品来看。美国加州的图书馆里有多种中文小说,包括《红楼梦》《三国演义》《水浒传》等古典小说、20世纪中国的战争历史小说以及中国台港等地的华文小说,如金庸和琼瑶小说等通俗文艺作品。加州戴维斯市的图书馆里竟有桐华的《步步惊心》的中文版,可见大洋两岸通俗小说传播的同步程度。

正如以色列文学那样,尽管作家真诚地道出了心声,但如果读者不愿倾听也是枉然。尤其是当两个完全异质的文化相遇后存在理解障碍或当读者对异域文化存有偏见时,文学的传播和接受就更加困难重重。中国文学在美国遇冷有多方面的原因,既有两国历史上文化政治分歧的因素,中西诗学、文学传统、审美价值的差异,也有美国出版界、大众读者自身的因素。本节仅概述美国出版界及大众读者对中国文学的态度,粗线条勾勒中国文学在美国的接受环境,其他影响中国当代文学在美国接受的因素将在第三章详述。

美国读者对翻译文学的冷漠体现在翻译书籍的出版发行量上。美国图书市场上,译作占的比例很低。根据纽约罗切斯特大学的学者们统计,在小说和诗歌领域,译作比例竟连 1% 都不到——大约只有 0.7%。[1] "时任瑞典学院常务秘书的贺拉斯·恩达尔公开抨击美国文坛,称美国文学过于孤立,过于自闭,翻译引进得不够,没有真正参与广泛的文学交流"[2]。美国出版界对翻译文学轻视的态度有多方面原因,主要原因是"翻译文学出版量的下滑。2008 年金融危机爆发之后,大量美国出版商破产、重组、裁员、减少开支,市场小、利润低的翻译文学受创甚重"[3];另外一个原因就是美国读者心理上的文化优越感,对他国文化、文学不感兴趣[4]。戴姆拉什(Damrosch)言道:"时至今日,外国作品仍较少在美国出版,很少广泛传播,除非作品反映美国人关注的话题或异域文化中的美国形象符合美国读者的心意。"("Even today, foreign works will rarely be translated at all in the United States, much less widely distributed, unless they reflect Amrican concerns and

---

① 康慨.《纽约时报书评》一百部年度图书中只有三本译著[N]. 中华读书报.2013-12-04(04).

② 康慨.《纽约时报书评》一百部年度图书中只有三本译著[N]. 中华读书报.2013-12-04(04).

③ 康慨. 百分之零点七!美国作家为何十七年无缘诺贝尔奖[N]. 中华读书报. 2011-01-12(04).

④ Stephen Kinzer. America Yawns at Foreign Fiction [N]. New York Times. 2003-07-26(B7).

fit comfortably with American images of the foreign culture in question.")①

美国西北大学出版社社长唐娜·希尔(Donna Shear)说道:"外界认为我们是大学出版社里出版文学译著的主体力量,但这在我们的出版计划里,只占很小的一部分。就是因为成本高,销售量极低,根本不赚钱。各个大学出版社的情况皆如此。这种趋势也蔓延到其他出版社。仅有少数美国的大型出版社还会出版外国翻译作品,比如:克诺夫出版社(Alfred A. Knopf)和诺顿出版社(W. W. Norton)等,然而更多出版社都不愿意这样做。20世纪四五十年代万神殿图书出版社(Pantheon Books)的一系列译著曾经轰动一时,直到70年代,许多大型出版社和大学出版社还欢迎外国作品。可是如今,这扇门几乎关闭了。"②

作家、出版界、文化评论家都对读者漠视翻译文学的现状感到可惜。美国国家艺术基金会的文学负责人克里夫·贝克(Cliff Becker)把这称作"国家危机"③。他认为作为一个超级大国的公民,有权参与国家的一系列决策。如果不能亲身体验他国的文化,甚至不能从书籍上去了解他国文化,这是非常危险的。他还例举了德国2002年购买了美国3782本图书版权,而美国只购买了德国150本图书版权的情况。他认为问题的主要原因是美国在电影、文学、政治等领域的主导地位造成的观念差异。④

二、大众读者的阅读心理

《纽约日报》上的文章《美国人厌倦外国小说》⑤深刻地剖析了美国出版商和读者对翻译文学的态度、成因及深层心理因素。该文作者史蒂芬·金泽(Stephen Kinzer)引述了《纽约客》小说编辑黛博拉·特雷斯曼(Deborah Treisman)的话:"美国太大了,每年出版的书籍量超过世界任何国家。翻译的作品虽获出版,但在激烈的竞争中显得默默无闻。一方面是因为美国文学是为美国人量身定做的,而很少有外国作品具备国际化视野;另外一方面是因为出版社对译著没有信心,因此很少投入精力宣传。唯一能让外国作

---

① David Damrosch. What Is World Literatur [M]. Princeton:Princetion University Press,2003:18.

② Stephen Kinzer. America Yawns at Foreign Fiction [N]. New York Times. 2003-07-26(B7).

③ Stephen Kinzer. America Yawns at Foreign Fiction [N]. New York Times. 2003-07-26(B7).

④ Stephen Kinzer. America Yawns at Foreign Fiction [N]. New York Times. 2003-07-26(B7).

⑤ Stephen Kinzer. America Yawns at Foreign Fiction [N]. New York Times. 2003-07-26(B7).

品获得关注的途径就是作品能获权威大奖。"①这的确是切中要害的评论。

通常来说,美国读者对外国作品关注较少。当然也有为数不多的几位外国作家在美国知名度很高,比如加西亚·马尔克斯和君特·格拉斯,他们在获诺贝尔奖之前在美国就很受欢迎。另外,埃及作家纳吉布·马哈福兹和葡萄牙作家若泽·萨拉马戈获得诺贝尔奖之后其作品也获得广泛阅读。② 莫言获诺贝尔文学奖以后,美国主流报纸、杂志对莫言作品的评论有所增多,但其作品尚未引起阅读热潮。

由于美国读者对翻译作品缺乏兴趣,各大出版社为了利润,转而关注具有轰动效应、能够迎合读者趣味的作品,他们渐渐对外国没有名气的作者失去兴趣。"有些出版商说他们没有懂外语的编辑,而且他们也不愿意信任外界有关哪本书能捕捉读者的兴趣的评论。有些出版商提到翻译的高成本及外国作家的写作方法不适应美国的文化,比如某些外国作家注重作品的哲理性和反思性,而美国读者更欣赏付诸行动的故事。"③

哈考特出版社的市场销售副总裁布朗先生进一步解释了翻译文学在美国不受欢迎的原因。他认为翻译文学的节奏、风格与原作很不同,就像看外国电影一样,观众进入一个陌生的世界,要去读字幕才能找到感觉;而美国人倾向于直接的、快捷的满足感,喜欢可读性强的作品,直接切入故事,而不是故事里又套着故事,也不喜欢在字里行间去寻找线索。④ 亥伯龙出版社(Hyperion Press)的主编威廉·斯特坎(William Strachan)评论说,美国人在语言上习惯用英语,从而延伸到对其他文化的厌倦。人们看到译著时常常会想:"这个主题与我无关。我不需要关注老挝等国家,反而那里的人需要关注美国。"⑤美国读者并非不愿意接受外国小说,前提是他们能感觉到作品与美国的相关性,比如他们希望在外国小说里看到美国人做男主角或女主角。此外,他们希望看到文化的关联性,比如戴思杰的《巴尔扎克与小裁缝》成为2002年畅销书的主要原因是,它宣扬西方文明的优越性,迎合了美国读者和观众的文化优越感。

① Stephen Kinzer. America Yawns at Foreign Fiction [N]. New York Times. 2003-07-26(B7).
② Stephen Kinzer. America Yawns at Foreign Fiction [N]. New York Times. 2003-07-26(B7).
③ Stephen Kinzer. America Yawns at Foreign Fiction [N]. New York Times. 2003-07-26(B7).
④ Stephen Kinzer. America Yawns at Foreign Fiction [N]. New York Times. 2003-07-26(B7).
⑤ Stephen Kinzer. America Yawns at Foreign Fiction [N]. New York Times. 2003-07-26(B7).

英国学者利维斯(Q. D. Leavis)在其著作《小说与大众读者》①里给那些想要进入美国市场的作家提出了建议。虽然该书出版于 1939 年,其后的几十年美国社会发生了很大变化,但她的很多观点仍然适用于描述当今美国大众读者。她总结了以下几点:美国一般知识分子读者(非文学研究者)喜欢文学性强且非常引人入胜的小说;不喜欢沉湎于凄惨的情感;不喜欢晦涩难懂、含蓄的写作方式;不喜欢压抑、前途灰暗、令人绝望的小说,无论其文学技巧如何高超。因此,诸如托马斯·哈代一类的作家通常不受大众读者喜爱。美国读者欣赏乐观的、百折不挠的精神;不喜欢悲观的、病态的东西,或与美国不相关、非美国式的作品;也不太喜欢讨论社会和政治问题的作品。此外,性描写不宜粗俗,不宜讨论伤害美国宗教情感的问题。如果作品中反映上帝对于苦难的人类给予恩惠和赐福,会受到读者欣赏。利维斯不无戏谑地说:"对美国读者来说,太阳必须天天升起。美国是一个年轻的国家,前途光明,在上帝的土地上无人能及。"②在电影《与魔鬼同行》里,弗兰基作为北爱尔兰共和军的特使前来纽约,他的使命是购买毒刺式导弹,以期改变与英军的力量对比。警察汤姆试图逮捕他,劝说他不必选择死亡,但弗兰基两次苦笑着说,这是一个爱尔兰的故事而不是一个美国式的故事。由此可见美国读者倾向乐观浪漫的人生故事,这也可以解释为什么引入美国的中国当代作品在美国和者寥寥:这些作品描述较多的是诸如贫穷、苦难的乡村生活这类内容,没有契合美国读者的兴趣点。

虽然当今美国社会中产阶级萎缩,贫富分化加剧,比起 20 世纪 70 年代以前的富足,很多美国人一再发出"美国梦"幻灭的喟叹,但是美国的主流社会仍然相信"美国梦"——凭着个人不懈的努力,成功迟早会来临,因此能体现这种价值观念的作品会获得欣赏。赛珍珠的《大地》出版后连获普利策奖和诺贝尔文学奖③,在美国大受欢迎,重要的一个原因是她讲述的是一个贫苦中国农民通过努力获得财富的故事,符合个人英雄主义的"美国梦"模式。

20 世纪 90 年代冷战结束以来,美国成为唯一的超级大国,其国民的优

---

① Q. D. Leavis. Fiction and the Reading Public[M]. London: Chatto & Windus london, 1939.

② Q. D. Leavis. Fiction and the Reading Public[M]. London: Chatto & Windus london, 1939: 28-29.

③ Bonnie S. McDougall. Fictional Authors, Imaginary Audiences: Modern Chinese Literature in the Twentieth Century[M]. Hong Kong: The Chinese University Press, 2003: 37.

越感和自我中心意识更加膨胀。很多美国人都认为,他们的一切都已经是最好的了,包括文学,那么为什么还要去读外国文学呢?虽然美国号称是文化的熔炉,倡导多元文化主义,但美国的白人文化仍代表了社会主流。虽然在美国可以看到墨西哥餐厅,能遇到说各种语言的出租车司机,但美国人并不那么具有世界意识,每个人仍固守着自己的生活方式。所以人们不再用"熔炉"来形容美国,而是用"沙拉碗"来形容这个移民国家。

美国作为超级大国的政治、经济地位,其席卷全球的文化产业,加之英语作为世界通用语的地位,给其国民无比的优越感,从而导致了美国读者对外国文学总体上不太热衷。另外,美国大众的价值理念趋于务实、高效,这也导致了他们的审美偏好趋于直截了当,注重行动胜于沉思和感伤。此外,由于翻译文学市场清淡,出版商出于追逐利润的本能,自然减少译作的出版,译作流通量减少,更加使翻译作品失去了与读者接触的平台,从而被冷落或遗忘。

然而,近些年美国人对外国文学的态度发生了微妙变化,原因是"9·11事件"以后,美国人对世界上一些国家对美国的仇视态度感到震惊和困惑,而且,伊拉克战争给美国经济造成的负面影响也使其重新审视美国的中心地位。2014 年 6 月 11 日,《纽约时报》上发表了《不再厌倦:美国人与外国小说》("Yawn No More:Americans and the Market for Foreign Fiction")一文,回应 2003 年的那篇《美国人厌倦外国小说》。作者萨斯奇雅·沃格尔(Saskia Vogel)指出,"9·11事件"以后的政治气候逐渐促使美国去了解世界上的弱小国家,播下了后来翻译热潮的种子。目前美国出版商翻译比较多的仍然是欧洲小说,对中东文学的译介兴致也较浓。但沃格尔也强调了出版外国小说需要筹措资金以及定位读者群的问题。文中展望了 2015 年美国书展(BEA),预示中国将有大规模图书展览,中国将是展会上尊贵的客人(guest of honor)。美国出版商态度的转变对于中国文学走向美国市场是一个良好的契机。

第二章　中国现当代文学在美国文学场域的传播

　　译本能否取得预期的效果基本上取决于译者使用的话语策略,但同时也取决于接受方的各种因素,包括图书的装帧和封面设计、广告推销、图书评论、文化和社会机构中怎样使用译本以及读者的阅读和教育体系内的教学。①

——劳伦斯·韦努蒂

第一节　文学传播的场域、资本、渠道、媒介

　　文学作品在跨文化旅行中,其传播与接受受到异域文学场域里诸因素的制约,同时还受到政治、经济场域及其他场域的影响,获得认可的关键因素在于能否获得场域里的资本。场域和资本的概念由法国社会学家皮埃尔·布迪厄(Pierre Bourdieu)提出,他定义的场域包含由各种客观关系组成的"一个网络或一个构型",网络中的机构被赋予了特定的权力(资本),"占有这些权力就意味着把持了该场域中利害攸关的专门利润的得益权"②。布迪厄把资本分为三类,"即经济资本(财产)、社会资本(主要体现为社会关系网络,尤其是社会头衔)以及文化资本(尤其是教育资历)"③。

---

①　Lawrence Venuti. Translation and the Formation of Cultural Identities[M]. Christina Schaffner and Helen Kelly-Holmes(ed.). Cultural Functions of Translation. Bristol：Multilingual Matters LTD.，1995：10.

②　布迪厄,华康德. 实践与反思[M]. 李猛,等译,北京：中央编译出版社,1998：211. 另见：耿强. 文学评介与中国文学"走向世界"——"熊猫丛书"英译中国文学研究[D]. 上海：上海外国语大学,2010：68.

③　布迪厄. 文化资本与社会炼金术[M]. 包亚明,译,上海：上海人民出版社,1997：189. 另见：耿强. 文学评介与中国文学"走向世界"——"熊猫丛书"英译中国文学研究[D]. 上海：上海外国语大学,2010：68.

文学场域里的各种客观关系如图 3 所示。用传播学的术语可将其分为四大类:1)文学作品传播者,包括作者、译者、出版社;2)流通渠道,包括读书俱乐部、公众图书馆、大学图书馆、实体书店及网络书店、文学网站等;3)传播媒介,包括纸质书、电子书或文学网站、报纸及杂志上的书评、书商的广告、广播电视宣传、改编成电影、文学课教学、社交媒体、博客、微博等;4)受众(书籍、报纸、杂志、电子书等的读者)。

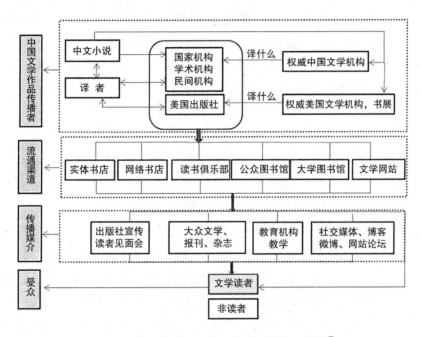

图 3　中国文学作品在美国文学场域里的传播①

一、传播者与传播方式

如图 2 所示,中国文学的翻译出版有以下几种方式:1)国家机构、学术机构、民间机构、权威文学机构(如作家协会、人民文学杂志社等)自主选材,组织译者出版;2)作者主动联系译者或译者联系作者,然后译者拿着翻译的

① 　Van Rees, C. J. & Vermunt. Event history and analysis of authors' reputations[J]. Poetics: Journal of Empirical Research on Literature, the Media and Arts, 1996, 23(5): 320.

样本亲自或通过其代理人联系出版社[①];3)美国出版社根据美国权威文学机构的文学评论,或在国际书展上选择要出版的书籍,然后联系译者翻译。因此,作者、译者、出版机构、权威文学机构都参与了文学译著的物质生产流程,扮演了中国文学传播者的角色。

根据英国伦敦大学亚非学院教授贺麦晓(Michel Hock)的介绍,在翻译版权接洽方面,西方代理人、译者或中国出版社都可充当中国作家的代理。通常,购买版权意向是在国际书展上达成的。买到翻译版权后,出版社聘请译者着手翻译。为了迎合市场趣味,初稿往往要修改或改写。如果某个作家的译作在市场上取得成功,西方出版社或中介将会和他(她)建立长期合作关系,签订合约,或支付定金预约新书。[②]

二、流通渠道

作品出版后即进入分销流通渠道。遍布在全国的各个读书俱乐部是出版商重要的销售渠道。美国的每月精选读书俱乐部(American Book-of-the-Month Club)就是影响力很大的读书俱乐部。该俱乐部成立于1926年,其图书评选委员会由五名作家和一名记者组成。全国各地的出版商把准备出版的优选的书籍样书发给评选委员会,委员会投票选出每月精选图书清单和扩展书单。这些书出版后,评选委员将他们推荐的图书和扩展书单寄送给其会员。会员如果不喜欢寄来的书,可根据扩展书单更换。由此可见,图书评选委员会起到将大众阅读品味标准化的作用。[③] 由于会员人数众多,每月精选读书俱乐部在21世纪仍然发挥着引导大众阅读的作用,但其作为文学仲裁人的地位随着诸如悦读(Goodreads)、书架快讯(Shelf Awareness)等网络书店和阅读网站的出现而削弱。读者购买书籍时既可以参考专业人

---

① 葛浩文介绍说:"向出版社推销一本书前,他通常把书翻译出100页,再附上一篇长序。"(华慧. 葛浩文谈中国当代文学在西方[N/OL]. 东方早报,2009-04-05. http://epaper.dfdaily.com/dfzb/html/2009-04/05/content_ 122968.htm)

② Michel Hock. Recent Changes in Print Culture and the Advent of New Media[M]. Kang-I Sun Chang(ed.). The Cambridge History of Chinese Literature (from 1937 to Present)[M]. Cambridge:Cambridge University Press,2010:700-701.

③ Q. D. Leavis. Fiction and the Reading Public[M]. London:Chatto & Windus,1939:22.

士的推荐，也可以参考网上读者的书评。① 如今，该读书俱乐部成立了网上读书俱乐部（BOMC2），要求会员每月订购一本书。②

除了读者俱乐部直接向其会员寄送新书以外，书籍将销至全国书店、公共图书馆、大学图书馆。对于中国小说的出版发行情况，葛浩文介绍说，由于中国小说销量不好，商业出版社通常不愿出版。在美国的惯例是，如果书籍两个星期卖不出去，出版商就会把书回收，商业出版社不会长久地出售销量很小的作品。另外，美国出版社通常先出精装本，如果销量不好，就不会出平装本。由于选修中国文学的学生对中国小说有需求（每年的购买量会有几百本），所以很多中国小说都是大学出版社出版的。③ 由于学术出版社的书对大众读者缺乏吸引力，而且精装本价格昂贵，所以这些客观因素都导致中国小说销售低迷。如果能出版物美价廉的简装本，装帧耐用，便于携带，而且在大型购书中心出售，或许能扩大读者群。

文学网站日益成为作品流通的重要渠道，比如网络小说的重镇"武侠世界"（Wuxia World）；学术团体、民间机构主办的网站，比如"纸托邦"（Paper Republic）。

三、媒介与文化资本

文学作品的传播媒介包含媒介组织、印刷媒介、出版商、报纸、杂志、图书、广播、电视、电影等。文学作品的传播效果受到流通渠道和传播媒介的影响。权威的传播媒介构成了场域里的文化资本。美国每年有大量新书出版，只有少量进入评价体系的文学书籍才能有机会获得读者关注。因此，权威的文学评论者在主流媒体或流通量大的文学杂志上撰文推荐，这对于新书在书海中脱颖而出非常重要。美国权威的文学杂志，比如《纽约客》《纽约时报书评》《柯克斯书评》《出版人周刊》，对公众较有影响力。提升影响力的另外一个价值符号是获得文学大奖，比如布克奖、诺贝尔文学奖、普利策奖

<hr>

① When the BOMC was the BMOC：The Beginnings of the Book of the Month Club[EB/OL]. http://www.newyorkboundbooks.com/tag/book-of-the-month-club/.

② Book of the Month Club[EB/OL]. 维基百科. http://en.wikipedia.org/wiki/Book_of_the_Month_Club.

③ 华慧. 葛浩文谈中国当代文学在西方[N/OL]. 东方早报，2009-04-05. http://epaper.dfdaily.com/dfzb/html/2009-04/05/content_122968.htm.

等。葛浩文指出，获得英国布克奖的书销量会很好。① 此外，出版商的广告宣传，大众传媒如《纽约时报》等报刊、BBC（英国广播公司）、PBS（英国公共电视网）上的介绍，阅读网站的大力推荐以及网上读者书评，对于新书的推广也起到重要作用。再有，教育体系内的教学对文学的欣赏和经典化意义深远。作品在文学场域里传播时，如果能获得以上文化资本，将有助于扩大其影响力和销售。还有一个提升小说知名度的途径就是将其改编成电影。电影作为文化价值再生产，与被改编的小说之间互增光彩。比如莫言在海外的知名度得益于电影《红高粱》，而畅销书《狼图腾》也给其同名电影增添了吸引力。葛浩文曾对《狼图腾》颇有信心，因为该书获得美国销量最大的刊物《国家地理》（每个月发行量上百万份）的热情赞美，被誉为"年度最佳图书"，而且已经出了平装本。②

但是葛浩文对于目前其他中国当代小说的销售不太乐观。尽管以《纽约时报》大幅版面报道莫言的《生死疲劳》，但是他认为这本书能卖上一两千本算是好的。原因一方面是由于这本书是精装本，每册卖 30 美元太贵；另一方面是书太厚，美国读者喜欢短篇。③ 由此可见，获得文学场域的资本并不一定保证使作品获得读者的青睐，因为文学场域还受到政治、经济以及其他场域的影响。

四、受众

文学传播的最后一个环节是受众，即读者。在研究传播效果时，需要对受众进行细分，"受众细分反映了大众传播从以传播者为中心真正转向以受众为中心"④。因此，为实现文学的有效传播，我们需要研究读者的人口、心理和行为等方面的特征，根据不同的读者群体确定不同的传播策略。

如前文所述，读者决定购买某书很可能是受某权威媒介的影响。权威书评已经使他们形成了对该书的先入为主的判断。根据霍尔的编码、解码

---

① 华慧. 葛浩文谈中国当代文学在西方［N/OL］. 东方早报，2009-04-05. http://epaper.dfdaily.com/dfzb/html/2009-04/05/content_122968.htm.

② 华慧. 葛浩文谈中国当代文学在西方［N/OL］. 东方早报，2009-04-05. http://epaper.dfdaily.com/dfzb/html/2009-04/05/content_122968.htm.

③ 华慧. 葛浩文谈中国当代文学在西方［N/OL］. 东方早报，2009-04-05. http://epaper.dfdaily.com/dfzb/html/2009-04/05/content_122968.htm.

④ 董璐. 传播学核心理论与概念［M］. 北京：北京大学出版社，2016：244.

理论,文学作品在翻译过程中被首次解码,并重新编码,译作在传播过程中被传播媒介根据社会主流价值观念再次解码,每次解码都受到当时主流社会价值观念和意识形态的无形干预,交织着文化与历史的深层原因。从美国媒体及文学杂志对中国文学的评论可以看出中国文学是如何被解码的。

诚然,受众会受到主流媒体报道的影响。然而,受众并非被动的接受者,"受众对媒介的使用是受自己的需求和目的所推动的"①。卡茨、格里维奇将与大众媒介相关的需求分成五大类:"认知需求(获得信息、知识和理解);情感需求;个人整合的需要(加强可信度、信心、稳固性和身份地位);社会整合的需要(加强与家人、朋友的接触);舒解压力的需要"。② 因此,了解不同读者群体的阅读心理,分析读者的需求与目的,从而制订有效的图书出版计划,或将是打开读者心门的一把钥匙。

第二节　20 世纪 80 年代以来中国现当代文学的译介主体

20 世纪 80 年代以来,国家宣传机构和国内知识分子一直把文学作为中国文化通向世界的桥梁,一直没有放弃将中国文学推向世界的梦想,赋予文学传播中国文化、树立中国现代化国际形象的使命,希望借助文学促进国家之间的理解,消除文化隔膜。因此,在历史的每个转折点,从中华人民共和国成立初期的《中国文学》杂志,到改革开放伊始的"熊猫丛书",再到 21 世纪文化中国战略下的大规模文学精品出版项目,国家机构积极承担起译介中国文学的重任。此外,学术机构、民间知识分子、西方汉学界及出版社也是中国文学译介的重要推动力量,他们从不同的文化、审美视角筛选着文学作品,在国家意识形态之外将更广阔的文学天地呈现给西方读者。

本节以文学译本的生产者——译介主体为研究对象,围绕各出版机构的翻译出版现状、译介目的与传播效果,探讨它们的利弊得失,反思由谁来译介中国文学这个问题。

一、官方宣传机构的实践:《中国文学》、"熊猫丛书"、*Pathlight*

官方主动组织译介始于 1950 年,由叶君健筹备创办英文版《中国文学》

---

① 董璐.传播学核心理论与概念[M].北京:北京大学出版社,2016:243.

② 董璐.传播学核心理论与概念[M].北京:北京大学出版社,2016:222.

杂志。1951 年英文版正式创刊,当时的英文全称为"Chinese literature:fiction, poetry, art"。译介的代表书目在本书绪论里已经提及,这里不再赘述。当时发行这本刊物的目的在于通过文学增进中西方的理解,宣扬意识形态和中国的政治路线,比如抗美援朝战争、土改和"大跃进"运动等。由于承载了太多政治意图,这本刊物的文学性价值不高,令西方读者产生了中国当代文学都是政治传声筒的刻板印象,这种看法至今仍留存在很多英美读者心中。但这本刊物作为 1949—1979 年间外国读者了解中国文学动态的唯一渠道,具有重要的社会、历史价值。西方汉学界由此对"毛泽东时代"文学产生极大的研究热情,"毛泽东时代"文学作为一个典型的文学现象,成为探讨文学与政治之间关系的一个经典话题。《中国文学》杂志于 2000 年停刊。

官方意识形态主导下的另一个文学外译行为是系列出版物"熊猫丛书"的规划、翻译与出版。自 1981 年起,"熊猫丛书"由专门负责对外宣传的中国外文局下设的《中国文学》杂志社翻译出版并面向海外发行,丛书主编为杨宪益。该丛书的宗旨是对外传播中国文化,树立中国积极正面的形象,让外界了解中国,扩大中国文学在世界的影响。虽然它是"国家机构的译介实践在本土语境中的文化生产,展示出从源语文化出发的国家机构译介行为的基本特征"[①],但在译介策略上体现了对译入语读者群及文学传统一定程度的重视。

上海外国语大学耿强的博士论文对"熊猫丛书"做了专题研究。根据他的统计,至 2009 年底,"熊猫丛书"共出版英文图书 149 种、法文图书 66 种。[②]"以中国现当代文学中的现实主义题材为主,出版的合集包括:《三十年代短篇小说》《五十年代小说选》《中国当代七位女作家作品选》《中国当代女作家作品选》《中国当代女诗人诗选》《当代优秀短篇小说选》《中国小小说选》《中国当代寓言选》,等等。出专集的古今作家有:陶渊明、王维、蒲松龄、刘鹗、鲁迅、李夫、茅盾、巴金、老舍、冰心、叶圣陶、沈从文、丁玲、郁达夫、吴组缃、李广田、闻一多、戴望舒、艾青、孙犁、萧红、萧乾、施蛰存、艾芜、

---

① 耿强. 文学译介与中国文学"走向世界"——"熊猫丛书"英译中国文学研究[D]. 上海:上海外国语大学,2010:45.

② 耿强. 文学译介与中国文学"走向世界"——"熊猫丛书"英译中国文学研究[D]. 上海:上海外国语大学,2010:46.

马烽、叶君健、刘绍棠、茹志娟、陆文夫、王蒙、玛拉沁夫、蒋子龙、谌容、宗璞、张贤亮、张承志、梁晓声、邓友梅、古华、汪曾祺、高晓声、王安忆、冯骥才、贾平凹、张洁、韩少功、霍达、池莉、刘索拉、残雪、凌力、铁凝、刘恒、舒婷、犁青、陈建功、郭雪波、刘震云、周大新、阿成、林希、刘醒龙、史铁生、马丽华、程乃珊、航鹰、金江、聂鑫森、扎西达娃、迟子建、益希丹增，等等"①。耿强收集的销售数字表明，该丛书在 1981—1989 年销量较好，其原因与《纽约时报》关注中国文学的原因相同，即中国刚刚对外开放，当时了解中国的渠道不多，"熊猫丛书"所透露的政治、文化动向引起英美读者的兴趣。耿强归纳说："这一时期，译者团队阵容强大，主要的中外译者包括杨宪益夫妇、沙博理、科恩（Don J. Cohn）、詹纳尔（W.J.F. Jenner）、关大卫（David Kwan）、白杰明（Geremie Barme）、弗莱明（Stephen Fleming）、葛浩文（Howard Goldblatt）、熊振儒、胡志挥、唐笙、王明杰等人。发行量较好的作品有《中国当代七位女作家作品选》《三部古典小说节选》、古华的《芙蓉镇》、张辛欣和桑晔的《北京人》、张洁的《爱，是不能忘记的》。其中戴乃迭等人译的《北京人》最受欢迎。"②上述提及的发行量较好的书在美国大学的图书馆都能找到。

1989 年以后，国内外政治形势、文化气候的变化，共同导致了"熊猫丛书"销售遇冷。"熊猫丛书"只好努力拓展其他销售渠道，"丛书甚至还通过中国驻各国领事馆免费赠阅，在国内各大涉外宾馆提供免费阅读。到 20 世纪最后两年，丛书还与北京外语教学与研究出版社合作推出了一系列双语对照本"③。

根据统计的销售结果，耿强总结说："仅有 10% 左右的'熊猫丛书'引起了英美读者的注意，一些读者对此表示出阅读的兴趣，而 90% 左右的译本并没有取得预期的接受效果。"④耿强将原因归结为政治和意识形态因素制

---

① 耿强. 文学译介与中国文学"走向世界"——"熊猫丛书"英译中国文学研究[D]. 上海：上海外国语大学，2010：46.

② 耿强. 文学译介与中国文学"走向世界"——"熊猫丛书"英译中国文学研究[D]. 上海：上海外国语大学，2010：48.

③ 耿强. 文学译介与中国文学"走向世界"——"熊猫丛书"英译中国文学研究[D]. 上海：上海外国语大学，2010：48.

④ 耿强. 文学译介与中国文学"走向世界"——"熊猫丛书"英译中国文学研究[D]. 上海：上海外国语大学，2010：88.

约着该丛书的选材范围,表现在"熊猫丛书"没有译介朦胧诗和先锋文学[①]。耿强还引用了美国汉学家林培瑞(Perry Link)的观点:"翻译人手太少,时间要求太紧,结果使翻译质量不能保证。"[②]林培瑞还指出了作者和读者因素:"'熊猫丛书'推出的 1949 年以后的作家由于受到当时中国现实的影响,其作品在美学上对西方读者没有多少吸引力,那些对中国这段历史不太了解的读者读不懂这些小说。"[③]此外,耿强还调查了"熊猫丛书"的销售渠道,该丛书在英美的代销商是专门负责销售有关中国的印刷品和音像制品的公司,一家是位于南加州的中国书刊社(China Books & Periodicals Inc.),另一家是位于波士顿的剑桥出版社(Cheng & Tsui Company),还有中国国际书店在英美的分支公司,即常青图书(英国)有限公司和常青图书(美国)有限公司。[④] 可以说销售渠道并不宽广。从图书装帧情况来看,丛书皆是平装本,而且封面设计缺乏吸引力。

尽管总体而言"熊猫丛书"的对外译介不是很成功,但是它仍做出了开拓性的努力,体现了知识分子的文化、美学追求。正如耿强在其博士论文中指出的,"熊猫丛书"选材时"没有完全遵循官方机构的政治或意识形态要求,选择了一些具有文学价值的作品"[⑤],比如 1981 年翻译了沈从文的《〈边城〉及其他》及张贤亮的《男人的一半是女人》《习惯死亡》《绿化树》。此外,该丛书重点翻译女性作家的作品,这固然与戴乃迭的女性意识有关,但同时也是考虑到中国女性作家较注重内心世界的刻画,符合欧美文学传统的特点,而且应该也考虑了西方女性读者群的阅读需求。

对于个别译本的评价,林培瑞除了对老舍的译者科恩(Don J. Cohn)有

①　耿强. 文学译介与中国文学"走向世界"——"熊猫丛书"英译中国文学研究[D]. 上海:上海外国语大学,2010:52.

②　Perry Link. Book Review of the Panda Books[J]. New York Times Book Review, 1986-07-06. 转引自耿强. 文学译介与中国文学"走向世界"——"熊猫丛书"英译中国文学研究[D]. 上海:上海外国语大学,2010:83.

③　Perry Link. Book Review of the Panda Books[J], New York Times Book Review, 1986-07-06. 转引自耿强. 文学译介与中国文学"走向世界"——"熊猫丛书"英译中国文学研究[D]. 上海:上海外国语大学,2010:83.

④　耿强. 文学译介与中国文学"走向世界"——"熊猫丛书"英译中国文学研究[D]. 上海:上海外国语大学,2010:54-55.

⑤　耿强. 文学译介与中国文学"走向世界"——"熊猫丛书"英译中国文学研究[D]. 上海:上海外国语大学,2010:64.

赞许之意以外,对丁玲和茹志鹃的小说、张贤亮的《绿化树》、古华的《浮屠岭和其他》的评价不高,总的批评意见是政治的"陈词滥调太多"。① 以上评论登载在《纽约时报书评》上,这些负面的评价自然不利于"熊猫丛书"在美国的接受。

相比之下,汉学家李欧梵对"熊猫丛书"给予了较多正面的评价。他发表于《纽约时报书评》的一篇文章专门评论张洁的《爱,是不能忘记的》,给予张洁作品很高的评价。② 他认为,张洁小说的描述新鲜而生动,处理的问题也是人类共同面临的问题,如爱情、婚姻、工作及情感。这部译作明显地"表现出了女性的敏感"。至于这部译作的翻译问题,李欧梵对比原文与译文发现"原文有一些煽情、描述上的陈词滥调与夸张的抒情,这些都能在译文中找到,尽管译文的风格经著名翻译家戴乃迭和詹纳尔的处理而变得柔和"③。从李欧梵的评价中可以看出译者使用了一些变通策略。

李欧梵发表于《亚洲研究学刊》(Jounal of Asian Studies)上的文章仍然给了"熊猫丛书"一些正面评价,也讨论了翻译的问题。他认为:"相对于外文局出版的过于意识形态化的读物,'熊猫丛书'出版的沈从文、老舍、萧红的小说给人面目一新的感觉。"④他还特别提及两部作品:讲述老北京民间故事的《北京传奇》和著名演员新凤霞的回忆录节选。他认为新凤霞欢快的文字风格令中外读者喜爱,戴乃迭的英文翻译透出对她的仰慕之情。文章中李欧梵对古华的《芙蓉镇》和《中国当代七位女作家作品选》评价也较高。

对于译文的语言,李欧梵高度评价了戴乃迭的译文,但也提出她的翻译风格仅适合某些作品,却不适合其他作品。这道出了译者风格和原作契合度的问题,给我们的启示是翻译团队成员的风格应该多样化。他批评一些本土译者的译文虽然表达正确,但缺乏感染力。因此,他呼吁更多的汉学

① Perry Link. Book Review of the Panda Books[J]. New York Times Book Review,1986-07-06. 转引自耿强. 文学译介与中国文学"走向世界"——"熊猫丛书"英译中国文学研究[D]. 上海:上海外国语大学,2010:83.

② 耿强. 文学译介与中国文学"走向世界"——"熊猫丛书"英译中国文学研究[D]. 上海:上海外国语大学,2010:84.

③ Leo Lee Ou-fan. Under the Thumb of Man[J]. New York Times Book Review,1987-01-18. 转引自耿强. 文学译介与中国文学"走向世界"——"熊猫丛书"英译中国文学研究[D]. 上海:上海外国语大学,2010:84.

④ Leo Ou-Fan Lee. Contemporary Chinese Literature in Translation—A Review Article [J]. Journal of Asian Studies,1985,44(3):561-567.

家,诸如爱德华·赛登斯蒂克(Edward Seidensticker)、霍华德·希伯特(Howard Hibbett)、威廉·赛博尔(William Sible)、约翰·内森(John Nathan)等高水平的学者型译者,加入到中国现当代文学翻译事业中来。①

值得注意的是,李欧梵还提出了节译的问题。戴乃迭翻译的《芙蓉镇》有删节现象。他不赞同这种为了可读性所做的删节。虽然他承认现当代小说有些结构上不够连贯,有些段落写得不太好,但是,"除非译者或学者对现代中国文学抱着吹毛求疵的态度或偏见(比如有些西方汉学家热爱中国古典文学,因此有反现代文学倾向),否则都应同时注重文本的文学价值及其历史语境"②。他还指出,美国大学里研究中国文学的学者、学生人数在增长,他们要求看到忠实于原作的译文。可见,李欧梵是站在学者研究的角度来看待删节的问题,他的批评是中肯的。然而"熊猫丛书"并不仅仅是面向海外汉学研究者,而是面向普通读者,因此更注重可读性。耿强在对"熊猫丛书"做了深入考察后提出,"熊猫丛书"的翻译实质是文学译介,而不是单纯的文学或文字翻译。"熊猫丛书"面临的挑战和困难来自当时中外文学和文化发展的不平衡现实,以及中国文学在主要西方国家读者中尚未被广泛接受的现实。③ 因此,为了实现文学的域外认可和接受,在翻译过程中,译者享有一定范围的翻译自由,以便生产出可读性强的译本。④ 关于删节、改写等问题,将在第四章深入探讨。

还有一些对"熊猫丛书"的评论发表于学术期刊,如《中国季刊》等,但由于学术期刊对大众读者影响不大,这里不再一一介绍。

由于海外销售低迷,2000年,《中国文学》杂志停刊,"熊猫丛书"转交给外文出版社,除对部分较受欢迎的译作重印外,没有再发行新书。⑤

11年以后,伴随着"中国文化走出去"的强烈呼声,《人民文学》杂志推

---

① Leo Ou-Fan Lee. Contemporary Chinese Literature in Translation—A Review Article [J]. Journal of Asian Studies, 1985,44(3):561-567.

② Leo Ou-Fan Lee. Contemporary Chinese Literature in Translation—A Review Article [J]. Journal of Asian Studies, 1985,44(3):561-567.

③ 耿强. 文学译介与中国文学"走向世界"——"熊猫丛书"英译中国文学研究[D]. 上海:上海外国语大学,2010:29.

④ 耿强. 文学译介与中国文学"走向世界"——"熊猫丛书"英译中国文学研究[D]. 上海:上海外国语大学,2010:30.

⑤ 耿强. 文学译介与中国文学"走向世界"——"熊猫丛书"英译中国文学研究[D]. 上海:上海外国语大学,2010:53.

出了英文版,名为 *Pathlight*(《路灯》),主编为李敬泽。该刊旨在将中国当代最优秀的小说和诗歌译介出去,因此分为小说和诗歌两个栏目。[①] 该杂志的办刊宗旨与"熊猫丛书"的出版宗旨相近,都是为了推动中国文学与文化走向世界舞台,扩大中国文化的影响力;但与"熊猫丛书"相异的是 *Pathlight* 关注当代文学新秀,看重作者与西方读者之间的对话关系,注重时代感。李敬泽表示:"把年轻的、有创作活力的、能与外国作家和读者产生对话关系的中国作家介绍给国外读者。鲁迅、沈从文就不介绍了,甚至比莫言更老的也不介绍了。"[②]此外,李敬泽强调刊物主题要"契合海外读者对中国文学的兴趣点"[③]。由此可见,该刊物有了更多文学译介的意识和读者群意识,关注读者和市场需求,而不只是把我们认为好的作品推荐出去。

为了更有效地实现跨文化传播,*Pathlight* 在装帧、设计和编排上与国际欣赏习惯接轨;编辑队伍由中国编辑、外籍编辑、译文审定者共同组成,在翻译上主要依靠母语是英语的外籍翻译家。[④]

李敬泽将他的读者定义为"专业读者",也就是与文学和文化相关,在出版界或新闻界、汉学界工作的外国读者。他希望这些读者会对杂志产生"放大"效应,即促进作品的单行本出版。[⑤]

在销售渠道方面,*Pathlight* 除了在中国的一些书店出售其纸质版,还在亚马逊及 iTunes 网上书店销售其电子版,同时也努力向国外大学图书馆输出该出版物。

二、官方机构与学术机构联手译介当代文学

中国在 2010 年启动了三项大规模的中国文学翻译工程。其一,"在北师大成立中国文学海外传播研究中心,与美国俄克拉何马大学合作,邀请世界优秀的汉学家、翻译家,启动中国文学海外传播工程,计划三年内出版 10 卷本《今日中国文学》英译丛书,把近 20 年来便于翻译、外国读者容易接受的优秀

① 春树. 一本给外国人看的中国文学杂志: *Pathlight* 照亮走出去的路[N]. 新周刊, 2012-12-05.
② 春树. 一本给外国人看的中国文学杂志: *Pathlight* 照亮走出去的路[N]. 新周刊, 2012-12-05.
③ 李舫. 中国当代文学点亮走向世界的灯[N]. 人民日报, 2011-12-09(19).
④ 李舫. 中国当代文学点亮走向世界的灯[N]. 人民日报, 2011-12-09(19).
⑤ 李舫. 中国当代文学点亮走向世界的灯[N]. 人民日报, 2011-12-09(19).

中国小说、诗歌、戏剧作品翻译成英文,在全世界出版发行"①。其二,"国家新闻出版总署、清华大学等主持的《20世纪中国文学选集》翻译项目,共6卷300万字,分为《长篇小说卷》《中、短篇小说卷》《诗歌卷》《戏剧卷》《散文卷》和《理论批评卷》,精选翻译鲁迅、茅盾、巴金、老舍、沈从文、曹禺、钱锺书、郭沫若、艾青、戴望舒、李金发、臧克家、丁玲、王蒙、冯至、卞之琳、王安忆、莫言、余华、胡风、周扬、朱光潜、李泽厚等中国经典作家或文学理论批评家的代表作品,向世界读者介绍20世纪中国文学全貌"②。其三,"中国作家协会启动'当代小说百部精品对外译介'工程"③。如此浩大之系统翻译工程,可谓气势恢弘。无论能否达到预期的效果,它对中国文学外译的梳理与汇总都具有重大的文献意义。在文学的传播途径上,"国家汉办计划将这些译成英文的中国优秀文学作品引入全球250余家孔子学院的课堂,成为外国人学习汉语,了解中国文化的'工具书'"④。

此外,"中国外文局外文出版社与香港中文大学、台湾大学合作的中文翻译网站'译道'正在建设之中,该网站专为翻译提供所有中国古代到现代文学作品的作者、译者介绍及翻译时间等信息,可以用中英文进行查询,建成之后会为文学对外翻译提供很多便利"⑤。

三、香港中文大学主办的《译丛》

对于中国文学在欧美的译介,香港中文大学主办的《译丛》(*Renditions*)功不可没,享誉海外汉学界。《译丛》创刊于1973年,创刊编辑为高克毅和宋淇⑥,其宗旨是将两千多年来中华民族的优秀文学作品译介给西方读者⑦,内

---

① 刘昊. 中国文学发动海外攻势,百余精品3年内出英文版[N/OL]. 北京日报,2010-01-15. 中国新闻网. http://www.chinanews.com/hwjy/news/2010/01-15/2073475.shtml.

② 刘昊. 中国文学发动海外攻势,百余精品3年内出英文版[N/OL]. 北京日报,2010-01-15. 中国新闻网. http://www.chinanews.com/hwjy/news/2010/01-15/2073475.shtml.

③ 刘昊. 中国文学发动海外攻势,百余精品3年内出英文版[N/OL]. 北京日报,2010-01-15. 中国新闻网. http://www.chinanews.com/hwjy/news/2010/01-15/2073475.shtml.

④ 刘昊. 中国文学发动海外攻势,百余精品3年内出英文版[N/OL]. 北京日报,2010-01-15. 中国新闻网. http://www.chinanews.com/hwjy/news/2010/01-15/2073475.shtml.

⑤ 王杨. 译介传播:推动文学"走出去"[N/OL]. 中国作家网,2010-08-13.http://www.chinawriter.com.cn.

⑥ 孔慧怡.《译丛》三十年[J]. 香港文学(Hong Kong Literary Monthly),2003,222(6):80-81.

⑦ 参见《译丛》官网. http://www.cuhk.edu.hk/rct/renditions/.

容包括古典和现代诗歌、散文、小说、民谣、戏剧、文学评论、翻译理论，囊括了我国港、台、大陆的优秀作品，其重要的读者群在欧美的大学圈子，与西方汉学界"唇齿相依"①，很多美国大学的中国文学读本均选自《译丛》。根据香港大学孔慧怡教授的介绍，《译丛》的稿源来自北美及欧洲汉学界，其经费来自基金会和学术机构。"自 20 世纪 80 年代中期开始，《译丛》也受到西方很多对中国文化感兴趣的一般读者的喜爱……读者除了参与文艺作品的感性探索之外，更希望通过《译丛》选择的材料，对中国文化得到知性的理解。"②由于该刊物一贯严谨、追求卓越的态度和独立于政治机构以外的纯粹学术性质，它在海外知名度很高，有一定的权威性。杨绛的《干校六记》就首发于《译丛》，由葛浩文翻译。"熊猫丛书"没有刊发的伤痕文学、知青文学、反思文学、朦胧诗、先锋文学等，《译丛》都有专栏译介，还相继出版了冰心专号、张爱玲专号、杨绛专号。《译丛》不仅推介中国古今文学作品，还涉及中国书画艺术，比如丰子恺的漫画等。每期的封面都是别具特色的中国书法、画作或民俗图片，文化气息浓郁。

《译丛》自创刊至今，已发行 70 余期。《今日世界文学》赞誉《译丛》是"同类刊物中最好的，内容充实，典雅美观"③。《中国季刊》(*China Quarterly*)声称《译丛》"适合中国文学的专家业者，也适合对中国了解甚少或一无所知的读者。能让读者感受到中国文学也很有趣，实在是件好事"④。

《译丛》的官方网站(http://www.cuhk.edu.hk/rct/renditions/.)上有自1973 年创刊以来各期杂志的目录，有些文章可以在线阅读。从目录上来看，《译丛》上刊载的现当代小说包括：杨绛的《干校六记》《走在人生边上》(节选)、凌叔华的《一件喜事》、林徽因的《秀秀》、冰心的《一个梦》、丁玲的《一颗没出膛的子弹》、王蒙的《坚硬的稀粥》、莫言的《养猫专业户》、残雪的《山上的小屋》、刘索拉的《寻找歌王》、迟子建的《葫芦街头唱晚》、刘心武的《黑墙》《公共汽车咏叹调》《如意》《她有一头披肩发》《白牙》《5.19 长镜头》、马原的《叠纸鹤的三种方法》、汪曾祺的《复仇》、遇罗锦的《一个冬天的童话》、张贤亮的《早安朋友》、叶辛的《孽债》、邓贤的《中国知青梦》、舒婷的《一代人的呼声》、余华的《十八岁出门远行》、张抗抗的《残忍》《牡丹园》《沙暴》、王安忆的《名旦之口》《叔叔的故

① 孔慧怡.《译丛》三十年[J]. 香港文学 (Hong Kong Literary Monthly)，2003，222(6)：80-81.
② 孔慧怡.《译丛》三十年[J]. 香港文学 (Hong Kong Literary Monthly)，2003，222(6)：80-81.
③ 此段评语参见《译丛》官网(http://www.cuhk.edu.hk/rct/renditions/.)。
④ 此段评语参见《译丛》官网(http://www.cuhk.edu.hk/rct/renditions/.)。

事《街灯底下》《雀鸠之战》等现当代作品①。

将《译丛》刊载的现当代作品目录和"熊猫丛书"相比，可见两者在选材上的差异，或者说两者是互补的。《译丛》作为独立的学术机构，注重作品的思想性和艺术性，在选材上别具慧眼，很多作品并不是作家的代表作，比如王蒙的《坚硬的稀粥》、张贤亮的《早安朋友》②。而"熊猫丛书"作为中国官方主持的外译丛书，在意识形态方面考虑得更多。然而，《译丛》的读者群主要是欧美汉学界，其影响力有限，而且限于杂志的篇幅，很多中长篇小说都是节选，不便于读者从整体上理解和欣赏原作。

四、英美出版社的译介活动

在中国文学的海外传播过程中，英美出版社虽然没有系统地、大规模地翻译中国小说，但是伴随着西方汉学家一个世纪以来的不懈努力，英美出版社出版的中国文学种类也相当可观，累计有 600 多部小说。概括来讲，西方汉学家自主译介的作品更注重文学价值，1949—1979 年期间的政治文学鲜有翻译，但"五四"以来的知名现代作家和 80 年代的知名作家的作品几乎都有译本。有些经典作品有多个译本，比如《骆驼祥子》《阿 Q 正传》等，详见附录 4。

从附录 4 可见，被译介到英语国家的中国现当代小说有 1100 多种。境内出版社包括中国文学出版社、人民文学出版社、外文出版社、香港中文大学出版社、联合图书出版公司，翻译出版的小说有 500 余种；英美出版社翻译出版的小说有 600 多种；其中大学出版社出版 270 多种，集中在哥伦比亚大学出版社、斯坦福大学出版社、夏威夷大学出版社、俄克拉何马大学出版社、印第安纳大学出版社、杜克大学出版社。其次是学术型或文学类独立出版社，比如长河出版社（Long River Press）、拱廊出版社（Arcade Publishing）、马里克出版社（Marick Press）、灯塔出版社（Beacon Press）、西风出版社（Zephyr Press）；专营中国图书的有长河出版社、中国书刊社（China Books & Periodicals Inc.）、剑桥出版社（Cheng & Tsui Company）等，但所占的比重并不大。大型商业出版社出版的中国小说较少，有 100 种左右，其中企鹅出版集团以及格罗夫出版公司

---

① 参考了《译丛》官网以及吕敏宏的《中国现当代小说在英语世界传播的背景、现状及译介模式》（载于《小说评论》2011 年第 5 期）。

② 这两部小说发表初期曾引发争议。

(Grove Press)出版的书籍相对较多。这与《出版人周刊》评论的 100 多本中国小说吻合度较高,可见只有大型商业出版社出版的书籍才会引起主流媒体的关注。

虽然出版的中国文学英译本种类齐全,但知名度高的作品却寥寥无几。在美国,大学出版社、学术出版社或纯文学类的独立出版社的读者群很小,有影响力的是大型商业出版社。美国有六大商业出版集团,产品占美国图书出版市场份额的 50% 以上,分别是阿歇特、哈珀·柯林斯、麦克米伦、企鹅、兰登书屋和西蒙与舒斯特。[①] 这类出版社有完备的行销渠道以及读者口碑,主流媒体也会给予关注与报道,编辑从营利的角度不遗余力地打造畅销书,其敬业精神在《狼图腾》英文版编辑碧娜·克姆莱尼(Beena Kamlani)的采访中可见一斑。详见第四章。

1949 年以前英美出版社出版的中国小说较少,本书绪论部分已对此做了介绍。改革开放以来,随着中美文化交流的升温,美国出版社开始关注中国文学,很多作品相继被翻译出版。然而,这些出版社主要是大学出版社、小型的独立出版社或专门发行中国图书资料的出版机构,传播辐射范围较小。一些代表作品包括珍妮·凯莱(Jeanne Kelly)和茅国权(Nathan Mao)合译的钱锺书的《围城》,1979 年由印第安纳大学出版社出版。汉学家蓝诗玲评价该译本虽然大部分是令人满意的,但不够优秀,缺乏想象力,因为译文没能再现钱锺书横溢的才华和讥诮的智慧。[②]老舍的《骆驼祥子》有两个译本,1945 年伊万·金的译本(*Rickshaw Boy*)在美国很受欢迎,但他对书中内容及结局改写较大,曾令老舍不满;简·詹姆斯(Jean M. James)的译本比较忠实,该译本 1979 年由夏威夷大学出版社出版。该译者还翻译了老舍的《二马》(*Ma and Son*),1980 年由旧金山的中国资料中心(Chinese Materials Center)出版。此外,专门出版中国图书的美国机构还有洛杉矶的"中国书刊社"(China Books & Periodicals Inc.),曾出版关大卫(David Kwan)翻译的郑义的《老井》(*Old Well*,1989)和金介甫(Jeffrey Kinkley)翻译的《流逝》(*Lapse of Time*,1988)。大学出版社中哥伦比亚大学出版社、印第安纳大学出版社、美国西北大学出版社和夏威夷大学出版社出版的中国小说较多,比如:萧红的《呼兰河传》由葛浩文

---

① 参见维基百科(https://zh.wikipedia.org/wiki/%E5%85%AD%E5%A4%A7%E5%87%BA%E7%89%88%E5%95%86.)。

② Julia Lovell. Great Leap Forward[N]. The Guardian,2005-06-10.

翻译，1979 年由印第安纳大学出版社出版；威廉·莱尔（William A. Lyell）翻译的鲁迅小说集《〈狂人日记〉及其他故事》（*Diary of A Mad Man and Other Stories*），1990 年由夏威夷大学出版社出版；王安忆的《长恨歌》（*Song of Everlasting Sorrow*）由白睿文（Michael Berry）和陈毓贤（Susan Chan Egan）合译，2008 年由哥伦比亚大学出版社出版。

近些年，随着中国作家频获国际大奖，中国电影频频亮相国际舞台，美国一些大型出版社也出版了一些知名度较高的中国小说，其中企鹅出版集团以及格罗夫出版公司出版的书籍较多。此外，兰登书屋旗下的出版社如克诺夫出版社、锚图书出版社（Anchor Books）、古典书局（Vintage Books）、万神殿图书出版社等，都出版了一些较有知名度的中国作家的作品。比如：锚图书出版社出版了余华的《活着》（*To Live*，2003，白睿文译）以及《在细雨中呼喊》（*Cries in the Drizzle*，2007，艾伦·巴尔译）；万神殿图书出版社出版了《许三观卖血记》[*Chronicle of a Blood Merchant*，2004，安德鲁·琼斯（Andrew F. Jones）译]以及《兄弟》[*Brothers：A Novel*，2009，罗鹏（Carlos Rojas）和周成荫（Eileen Cheng-yin Chow）合译]；西蒙与舒斯特出版社（Simon and Schust）出版了美国读者感兴趣的作家——韩寒、卫慧、棉棉的作品，还包括小白的《赛点》、徐晓斌的《羽蛇》。哈珀·柯林斯（Harper Collins）出版社出版了张玮的《古船》、沈从文的《边城》、小白的《租界》、苏童的《妻妾成群》《米》、王朔的《玩的就是心跳》等几部作品。麦克米伦出版社出版了《北京人》，其旗下的托尔出版社（Tor Books）（以出版科幻类为主）出版了刘慈欣的《三体》《死神永生》《黑暗森林》。亥伯龙出版社（沃尔特·迪士尼公司下属的成人大众类图书出版品牌）出版了苏童的《我的帝王生涯》（*My Life as Emperor*，2005，葛浩文译）。

企鹅出版社近年来加大了中国文学的出版力度，不仅将鲁迅的《阿 Q 正传》和张爱玲的《色·戒》纳入企鹅经典丛书，还以 10 万美元买下了《狼图腾》的版权，并出版了王刚的《英格力士》，王晓方的《公务员笔记》①。企鹅出版集团旗下的维京出版公司（Viking Press）出版了《红高粱家族》（*Red Sorghum*，1993，葛浩文译）和《天堂蒜薹之歌》（*The Garlic Ballads*，1995，葛浩文译）。

---

① 周海伦（Jo Lusby）. 寻找中国的村上春树（上）[N/OL]. 瞭望东方周刊，2011-11-14. http://www.sina.com.cn.

企鹅出版集团中国区总经理周海伦指出："我选择小说唯一的标准是，我自己必须喜欢这本书。这是一个非常个人的主观标准。出版业很多时候是一门艺术，不是科学，取决于你自己喜欢，并且相信会有一个读者群。"①她选择《狼图腾》是因为"这本书表达的自由理念及人的责任等非常浓烈；它是一个非常'中国'的故事，但传达的主题却是全球化的"②。她选择英国作家保罗·弗伦奇（Paul French）的小说《午夜北京》（*Midnight in Peking*），是因为"这本小说会具有国际影响"③。她选择王晓方的《公务员笔记》是由于它的"局内人视角"④。可见她选材的标准是作品的国际性、与世界读者的相关性以及满足读者的探奇心理。当然文学价值也是她考虑的一个因素，她打算出版盛可以的《北妹》，因为她的这部作品"与众不同""不热闹、但文字很美"⑤。

企鹅出版集团作为世界大型图书出版商，在选择作品时非常强调读者市场的趣味。比如在选编当代中国短篇小说集时，为了契合美国读者的阅读趣味，他们特别聘请了驻北京的美国翻译艾瑞克·亚伯拉罕森（Eric Abrahamsen）。艾瑞克对记者说："我选的和中国人自己选的作品会有所不同，也许你们认为好的我不一定选；我选的你们也许会觉得有点意外。但毕竟是给英语世界的读者选读物，企鹅出版集团自然重视我这个美国人的感觉。"⑥

五、民间知识分子主办的英译文学刊物：《Chutzpah! 天南》

中国文学对外传播过程中，对民间知识分子的人文、民生关怀也是多方位、多角度译介中国作品时不可忽视的一隅。欧宁主编的《Chutzpah! 天南》就是一个品味独特的双语杂志，有着学术杂志的高品位，但却并不孤高寡趣，

①　周海伦（Jo Lusby）. 寻找中国的村上春树（上）[N/OL]. 瞭望东方周刊，2011-11-14. http://www.sina.com.cn.

②　周海伦（Jo Lusby）. 寻找中国的村上春树（上）[N/OL]. 瞭望东方周刊，2011-11-14. http://www.sina.com.cn.

③　周海伦（Jo Lusby）. 寻找中国的村上春树（上）[N/OL]. 瞭望东方周刊，2011-11-14. http://www.sina.com.cn.

④　周海伦（Jo Lusby）. 寻找中国的村上春树（上）[N/OL]. 瞭望东方周刊，2011-11-14. http://www.sina.com.cn.

⑤　周海伦（Jo Lusby）. 寻找中国的村上春树（上）[N/OL]. 瞭望东方周刊，2011-11-14. http://www.sina.com.cn.

⑥　老外的中国情结：艾瑞克的文化"切换"[EB/OL]. 中国网，china.com.cn，2008-01-25. http://www.china.com.cn/book/txt/2008-01/25/content_9590331.htm.

而体现着时尚、新颖的特点,贴近当下社会人生。现代传媒集团的邵忠对此刊的评价是"开阔的国际视野,精致的视觉质感,素净的版面风格,深度的阅读体验……它是献给这个喧嚣时代的一份低调沉着的礼物"①。杂志问世以来,主编欧宁去各地宣传,一度掀起阅读热潮。

《天南》杂志原是广东民间文艺家协会创刊于 1982 年的民间文学杂志,2005 年被现代传播集团购入并改为一本书评杂志(英文杂志名为 *Modern Book Reviews*),从 2011 年起它的英文名称改为'Chutzpah!',被重新定义为一本新型文学双月刊开始运作。Chutzpah,源自希伯来语,原意是指'无所顾忌',在传入英语世界后又发展出'大胆创新和打破常规的行为'的含义,它与原来的'天南'共同构成了这本杂志的中英文刊名。《Chutzpah! 天南》的创刊旨在探索文学杂志的新观念和新形式,重塑这个时代的文学阅读体验"。②

刊物主编欧宁是艺术家,活跃在各种文化领域的策展人,毕业于深圳大学国际文化传播系。该刊与海内外高品位文学杂志有很多互动,比如英国的《格兰塔》、法国的《巴黎评论》。副主编阿乙是一位小说家。《Chutzpah! 天南》的译者团队来自"纸托邦",译者是英语母语者或幼时移民到英语国家的华裔。

刊物风格类似英国的文学杂志《格兰塔》,每期都有一个主题,比如"亚细亚故乡""离散之味""钻石一代——25 位 89 后诗人、小说家和艺术家"等;每一期在同一主题下涵盖小说、散文、评论、摄影作品等多种文类。2011 年 4 月还增设了《游隼》(*Peregrine*)英文副刊。每一期都凝结了编辑团队对文学和社会之间关系的思考。文学不是为了艺术而艺术,而是参与到社会焦点问题的讨论,体现了"文学在行动"的精神。这种文学理念体现在创刊号中"亚细亚故乡"主题(讨论乡村问题)头几页刊登的台湾诗人吴晟的诗歌手稿《我不和你谈论》:

我不和你谈论诗艺

不和你谈论纠缠不清的隐喻

请离开书房

我不和你谈论人生

不和你谈论深奥玄妙的思潮

二十世纪八十年代以来中国现当代小说在美国的译介与传播

---

① 邵忠. 文学浪潮的回归:邵忠读《天南》[EB/OL]. http://www.chutzpahmagazine.com.cn/CnNewDetails.aspx? id=60.

② 见《Chutzpah! 天南》的官方网站(http://en.chutzpahmagazine.com.cn/EnAbout.aspx.)。

请离开书房

我带你去广袤的田野

去看看遍处的幼苗

如何沉默地奋力生长

我带你去广袤的田野

去触摸清凉的河水

如何沉默地灌溉田地

正如刊物的英文名所喻示的，它打破了传统文学刊物的常规。它不仅跨文类，还跨国界，以文学为载体，探讨当前社会的焦点议题。它是一本可以携带着去旅行的文学杂志。《Chutzpah! 天南》杂志的办刊理念或可成为中国文学的一种推介模式：借助一个兼具时尚、精雅特色的杂志平台，将文坛新作结合社会焦点问题呈现给读者，让读者在美文、美图中品味中国，让文学以润物细无声的力量去感染读者，培育新型文学阅读时尚。

很可惜的是，由于资金问题，该杂志于 2014 年 2 月停刊。它从创刊到停刊历时 3 年零 10 个月，一共出了 16 期。欧宁总结说："一本杂志取得成功既要有好的内容还要有好的营销。"他将停刊原因归于"编辑部缺少发行和营销人员"。[①] 虽然刊物最终因经营不善而停刊，但欧宁仍然认为："文学要市场化，靠国家扶持并不是文学的正路，文学还是要经受市场的检验。"[②]《Chutzpah! 天南》停刊引人深思纯文学刊物的未来，尤其需要思考的是没有国家资助的民间纯文学刊物在新媒体和网络文学夹击下如何生存。

六、"纸托邦"翻译网站以及其他中国文学译介组织

1. "纸托邦"（Paper Republic）

"纸托邦"是一个由民间人士自发组织的热爱中国文学的海外译者联盟，《Chutzpah! 天南》和《路灯》（Pathlight）两家杂志的译者多来自此翻译团队。其网站为"纸托邦"（Paper-Republic.org），创办于 2007 年，其创办人之一兼现在的网站管理者是艾瑞克·亚伯拉

① 《天南》停刊，名总编谈纯文学杂志怎么活[N]. 北京晚报，2014-02-26.
② 《天南》停刊，名总编谈纯文学杂志怎么活[N]. 北京晚报，2014-02-26.

罕森。随着对外汉语教学的迅速发展,国外有一批新生翻译力量出现,"这些人大都是中国文学爱好者,一般是英语国家大学或研究院近年的毕业生,相当一部分人有英文写作才华。"①这个网站荟萃了英语国家的各路翻译人才,包括葛浩文(Howard Goldblatt)、蓝诗玲(Julia Lovell)、安德鲁·琼斯(Andrew J. Jones)、威廉·莱尔(William A. Lyell)、杜博妮(Bonnie McDougall)等知名学者兼译者。网站上发布作者和译者的个人资料、代表作、中国图书市场、畅销书排行榜、翻译基金、奖励、翻译工具等资源,还包括外界对文学翻译的评论。作者、出版商可以借助这个平台寻找理想的译者。

艾瑞克·亚伯拉罕森谈道,网站的创办有两个目的:常驻中国的外国译者可以常去那里沟通交流;同时外国的编辑、记者、学生可借此平台来了解中国文学。网站的内容主要分为两个部分:译者名录以及译者的博客平台;中国书籍、中国作者及译著的数据库。他计划将此网站作为一个事业来发展,但目前它仍然是一个公共空间,或只是在此品牌下做一些有趣的项目。网站的编程由他本人完成,所有工作都是自愿性质,因此限制了网站的发展。他最大的心愿是将中国文学的译本录入此网站,提供准确的已经译完以及尚未完成的作品信息。当然这是一项大工程。②

目前纸托邦网站推出短读翻译项目(short-form reading materials)③,将翻译新作在网上发表,免费给读者阅读。纸托邦还与 GLLI(Global Literature in Libraries Initiative,世界文学图书馆项目)合作,在 2017 年 2 月 1 日至 28 日连续每日发表一篇博文,介绍纸托邦并推介中国文学。④

2. 利兹大学的"当代华语文学研究中心"

该中心"旨在连接中国当代文学领域的作家、译者、出版商、文学经纪人以及学者,促进他们之间更加密切的联系与交流,从而推动英语世界的中国当代文学写作"⑤。该中心与纸托邦有密切关系,每月推荐一位华语作家并开展一系列丰富多彩的活动,包括翻译比赛和线上活动,比如"白玫瑰翻译竞赛",涵

---

① 王杨. 译介传播:推动文学"走出去"[N]. 文艺报,2010-08-13.

② Andrea Lingenfelter, Eric Abrahamsen. Translating the Paper Republic: A Conversation with Eric Abrahamsen[J]. World Literature Today, 2014 (May-August): 65.

③ https://paper-republic.org/pubs/read/.

④ https://glli-us. org/2017/02/28/the-glli-pr-collaboration-on-chinese-literature-feb-2017-list-of-all-28-posts/.

⑤ https://writingchinese.leeds.ac.uk.

盖小说、非虚构作品以及诗歌。2018 年的翻译竞赛文本是孟亚楠的儿童小说。参赛选手的选拔面向英国中学生中的汉语学习

者,组委会特别要求译者回答一些问题,包括如何向那些对中国文学完全陌生的读者解释小说中的文化信息。① 该网站还提供一些中国当代文学译文以及书评。

3. "中华频道"(China Channel)

《洛杉矶书评》(*Los Angeles Review of Books*)推出了新的华语图书评论网站"中华频道"(China Channel)②,提供中国当代文学的书评、访谈、译文及关于中国文化的报道,以扩大其影响力。该网站由亨利·卢斯基金会(Henry Luce Foundation)资助,也得到美国加州大学尔湾分校梁氏美中学院(UCI Long US-China Institute)的资助。

4.翻译文学线上杂志

《渐进线》(*asymptotejournal.com*)、"语言无边界"(*wordswithoutborders.org*)等翻译文学线上杂志,登载世界各地的翻译文学,也包括译自中文的短篇故事、散文和诗歌等。

小结

综上所述,中国文学翻译已经汇集了政府、学术机构、民间知识精英、英美汉学界译者、英美出版社等多方面的力量,他们正在多角度、多层次地翻译中国现当代文学。国家宣传机构注重作品对于中国的意义,即作品是否

---

① 利兹大学当代华语文学研究中心(https://writingchinese.leeds.ac.uk/translation-competition/).

② "中华频道"网站(https://chinachannel.org.)

能代表中国和中国文学形象,关注作品的思想内涵,以介绍中国的历史和现实、符合主流价值观念作为选材依据;民间学术机构则注重审美艺术性和文化内涵,学术气息浓厚;英美出版社出版的往往是在中国已经颇有名气的作家作品,更关注读者市场和作品的销售前景。从上述译介主体的选材策略上可以发现一个问题:目标读者群仍然不够明确。从本书第一章讨论的内容可知,很多美国作家都锁定一个读者群,而目前中国文学作品在翻译选材方面主要是权威的文学机构决定的。为了让中国文学走近大众读者,有必要建立欧美读者市场调研团队和海外拓展营销团队,既要扩展出版发行的渠道,也要注重图书种类的多样化和趣味性,以满足不同读者群的阅读需求。

对于译者,目前的共识是选用母语为英语的译者,但这样的人才还不是很多。随着海外汉语教学的蓬勃发展,这个问题会慢慢得以缓解。在翻译观念上,"熊猫丛书"为了促进译本在英美世界的接受而采取变通性翻译策略,仍值得当今文学译介者仿效。此外,《天南》和《路灯》两本英文杂志的办刊思路值得借鉴。在视听传媒文化近乎取代文学阅读的时代,文学要走出困境,需要像欧宁那样具有国际视野的策展人来精心包装,也需要借助大众传媒及行销策略,扩大文学的影响力,向西方读者展示富有时代气息的、多元立体的当代中国及其文学。

随着中国文化影响力的提升,英美文化机构为了研究中国,也为使其国人了解中国,也在积极开展文学传播。他们把中国当代文学当作展示中国社会的风情画卷,力图从官方新闻报道的中心位置延展开来,了解中国社会的方方面面。此外,英美中国文化爱好者、翻译爱好者也是文学译介的重要力量。这些译介力量宛若涓涓细流,终将汇聚成传播中华文化的浩荡江河。

第三节　英语世界的中国现当代文学研究

葛浩文曾谈道:"通过对中国文学的研究和推广,能够使中国当代作家观照到世界文学发展的趋势,写出顺应世界文学思潮的作品,而得到国际社会广泛的承认,也可以使中国当代作家深深感受到自己将被重视,自己的作品也将成为世界性作品,从而产生强大的创作欲望;其次,从西方读者的角度出发,通过学者们对中国当代作家和作品的研究和推广,可以使西方读者渐渐喜欢中国文学,并在他们心中扎下根,从而真正了解中国当代文学,了解中国以及中国人当今的生活方式和状态。"①葛浩文的观点道出了海外中国文学研究对中国作家创作以及中国文学在西方传播与接受的重要性。本节旨在梳理英美汉学界在中国现当代文学研究方面的历史与现状。

1979 年,中国与西方世界隔绝数十载后,再度敞开国门,西方汉学研究者踏上中国的土地,实地感受中国,并与作家面对面地交流。他们用西方的批评理论研究中国文学,拓展了国内文学界的研究视野和研究方法,与国内文学研究起到互补、互证、争鸣的作用。虽然西方的批评理论并不一定完全适用于中国的文学研究,而且汉学家们是从文化他者的角度从外部来考察中国及其文化,因此他们的论断有时会偏离中国的历史文化语境,但总体来说,他们的研究成果对于丰富和完善中国文学、文化研究起到了重要的借鉴作用。同时他们在国际上介绍和传播中国文化,恰如其分地体现了讲好中国故事,要奏响"交响乐"的现实意义。

美国汉学界对中国现当代文学的研究起源于 20 世纪 50 年代。夏志清运用英美新批评理论评述中国 1917—1957 年间的中国小说,其权威著作《中国现代小说史》②超越政治立场,从文学审美的角度阐述了钱锺书、张爱玲、沈从文、萧红等人的文学经典地位,在西方汉学界的中国现代文学研究领域开风气之先,并引发了研究热潮。根据王德威的《英语世界的现代文学研究之报告》,"在北美汉学界,60 年代末至 80 年代出现了一系列专门考察单个作家的学术专著。比如奥尔格·朗(Olga Lang)专门研究巴金,西奥多·哈特斯(Theodore Huters)研究钱锺书,格雷戈里·李(Gregory Lee)研究戴望舒,梅仪慈(Yi-tsi Mei Feuerwerker)研究丁玲,兰伯·沃哈(Ranbir Vohra)研究老舍,马利安·高利克(Marin Galik)研究茅盾,金介甫研究沈从文,葛浩文研究萧红,威廉·莱尔研究鲁迅等"③。这些学者把他们的作品编入文学选集,作为大学里的教材,扩大了这些作家的知名度,进一步巩固了这些作家的经典地位。

---

① 葛浩文.中国现代文学研究的方向:从美国学者的研究谈起[M].弄斧集.台北:学英文化事业公司,1984:161.
② 夏志清.中国现代小说史[M].香港:香港中文大学出版社,2001.
③ 王德威.英语世界的现代文学研究之报告[J].张清芳,译.海南师范大学学报(社会科学版),2007(3):1-5.

美国汉学家多以文学选集或文学史综述的形式介绍中国文学。一些文学选集是美国大学文学课的参考书，它们是普及中国文学的有效途径。其中影响广泛的是刘绍铭和葛浩文选编的《哥伦比亚中国现代文学读本》，时间跨越"五四"以来到 90 年代的中国大陆和台港作品，包括诗歌、小说，但不包括戏剧。作品的译本多选自刘绍铭、夏志清、李欧梵选编的《中国现代中短篇小说选》和《译丛》杂志，翻译质量较高。此外还有杜迈克编辑的《当代中国文学：后毛泽东时代小说与诗歌》①以及《现代中国小说世界》②（收录了先锋小说）。另外，宋淇和闵福德主编的《山峰上的树：新中国作品选集》（1984）及美籍华人学者许芥昱（Kaiyu Hsu）和丁望（Ting Wang）合编的英译本《中华人民共和国文学》（1980）也是美国大学里的文学读本。《中华人民共和国文学》长达 976 页，收录、论述了 122 位作家的 208 篇作品，对1949—1976 年间的小说创作做了全面的介绍。文学史方面，杜博妮和雷金庆（Kam Louie）主编的《二十世纪中国文学》③，介绍了 1900－1989 年间的中国文学。另外，2010 年出版的两卷本《剑桥中国文学史》，由美国著名汉学家孙康宜和宇文所安主持，汇集了英美权威汉学家参与编撰，介绍了中国上下三千年的文学样貌。该书的现当代文学部分由奚密和贺麦晓撰文，涵盖了伤痕文学、朦胧诗、寻根文学、先锋文学、城市文学、身体写作、新媒体写作等重要文学流派及台湾和香港文学，相关代表性作家都有简要评述。

西方汉学界对中国现当代文学的传播除编著文学史和文学选集外，还撰写了大量的学术著作，透过他们的评论，可以透视中国文学在西方文学场域是如何被解码的。

汉学家杜博妮的《虚假的作者，想象的读者：二十世纪中国现代文学》提出了为什么中国现代作品缺乏吸引力的问题，并试图运用西方文学批评理论给出答案。她的观点是："大部分作品都显得严峻、庄严、自我意识明显，缺乏中国古典作品的文学价值。作家站在中国知识分子的立场发出呼声，缺乏自我

---

① Michael S. Duke. (ed.). Contemporary Chinese Literature: An Anthology of Post-Mao Fiction and Poetry[M]. Armonk, NY: M.E. Sharpe, 1985.

② Michael S. Duke. (ed.). Worlds of Modern Chinese Fiction[M]. Armonk, NY: M.E. Sharpe, 1991.

③ Bonnie S. McDougall, Kam Louie. The Literature of China in the Twentieth Century[M]. NY: Columbia University Press, 1997.

批判意识。他们执着于大众的社会命运,但这样做也不足以保障知识分子的精英地位。"①书中的第三章,"书写自我:现代中国小说作家与读者的共谋",批评中国作家在作品中"投射了作家的自我辩解、自怜、自认为重要、自欺欺人、自我吹捧、自我放纵,中国读者和国外的专家学者能够容忍,而外国普通读者却不认同"②。她根据中国作家与读者的关系,作者与小说主人公之间的关系与距离,考察作家的创作心态,具体分析了鲁迅、郁达夫、丁玲、浩然、汪浙成、温小钰、王安忆、张贤亮的小说。她认为尽管中国现代作家在西方现代文学中获得启示或某种程度上的指引,但他们的写作动机却是非文学的,而且夸大了文学的政治功能,以为文学能改变中国社会。由于中国读者的热烈响应,作家的自我意识更加膨胀。杜博妮从文学审美的角度来评判作家的创作动机,认为中国的现代作家凌驾于读者之上,作品里的说教令人反感。由此可见杜博妮与夏志清的文学批评是一脉相承的,他们把作品中"感时忧国"的抒情话语都斥为政治说教的陈词滥调。不过杜博妮也反思了这种观点的文化土壤:英美素有"反知性主义"③的传统。她解释说"反知性主义"在文学上表现为反对"文学是启蒙教育大众的工具",也反对"文学是关于知识分子的或是知识分子专属的"。这种观点反映出社会大众的平等意识。但是,反知性主义在欧洲大陆并不常见。因此,杜博妮评论说:"这也许说明了为什么张贤亮、阿城的作品在法国比在英国更受欢迎。"④

英美文学界一贯抨击中国作家对待文学的功利态度,但却忽视了中国"文以载道"的文学传统所深植的文化土壤。在内忧外患的时代,从"先天下之忧而忧""天下兴亡、匹夫有责"到"五四"以来鲁迅等作家用文学启蒙大众、改造国民性,这种中国知识分子的使命意识,是千百年来主流社会欣赏的文人传统。把这称作"作者和读者的共谋"是对那个时代的文学的误读。这种由于文学传统导致的误读延续至今,从英美文学评论界对《狼图腾》的批评集中在小

---

① Bonnie S. McDougall. Fictional Authors, Imaginary Audiences: Modern Chinese Literature in the Twentieth Century[M]. Hong Kong: The Chinese University Press,2003:38.

② Bonnie S. McDougall. Fictional Authors, Imaginary Audiences: Modern Chinese Literature in the Twentieth Century[M]. Hong Kong: The Chinese University Press,2003:45.

③ 反知性主义是指对知识、知识分子以及知识的追求持敌态度,认为教育、哲学、文学、艺术、科学不实用。见维基百科(http://en.wikipedia.org/wiki/Anti-intellectualism)。

④ Bonnie S. McDougall. Fictional Authors, Imaginary Audiences: Modern Chinese Literature in the Twentieth Century[M]. Hong Kong: The Chinese University Press,2003:37.

说中冗长的说教上即可见一斑。杜博妮还从女性主义视角批评中国现代小说里女性都处于劣势，因为小说中的女性或者没有文化，或者是学生。但这种论断只是陈述了一种社会现实，并不能由此来批判男性作家的写作心理。由此可见，抽离了中国的社会历史语境，单凭西方批评理论来审视中国现代文学是失之偏颇的。

但是杜博妮反思了西方文学评论的局限性，由于西方文学评论产生于西方的文化土壤，因此她认为西方文学理论在某些方面并不适用于中国文学批评，并进一步提出在跨文化交流过程中，西方文学理论也要做修正。①

英美国家和欧洲大陆对知性主义的不同看法形成了汉学家对中国小说大异其趣的批评。杜博妮的批评代表了英美学界对"五四"时期作家居高临下式的说教的反感，德国汉学家顾彬则对中国当代作家缺乏社会责任感提出尖锐的批评。他在《中国日报》上发表评论文章《作家更需要社会责任感》指出："从德国知识分子的角度来看，真正的作家是语言的奴仆，愿意为其牺牲一切；他应该忘记市场和个人成功，只为自己的作品而活……中国当代作家从整体上来看，并没有履行真正的作家的义务。"②顾彬批评了作家的功利心态③。他还批评说："尽管有些中国作品可能在德国畅销，但他们的读者不是德国的知识分子、学者、作家，而是那些对文学本身不感兴趣，只是热衷于作品里的性和犯罪描写的人。"④由此可见，顾彬作为学者对作品文学性、思想性的重视。

透过他们的批评，可见西方主流诗学并非一个统一的文学体系，欧美各国的文学理念不尽相同。"五四"以来，中国作家学习和模仿欧美文学，进而把西方文学当成一个整体的概念，并没有深入考察某种文学思潮发生的社会背景，以及对于当今西方社会是否仍然适用，因此导致作家们对西方文学的概念是片面的或过时的。此外，西方汉学界对中国作家、作品的态度倾向于从政治立场的角度来评判，杜博妮反思过这种冷战思维影响下的文学批评，她指出："那些 1949 年以前支持左翼及 1949 年以后与政府站在一起的作家，都被西方汉学家视作捞取政治资本的人，而反左翼正统思想的作家则被当作文学天才，文

---

① Bonnie S. McDougall. Fictional Authors，Imaginary Audiences：Modern Chinese Literature in the Twentieth Century[M]. Hong Kong：The Chinese University Press，2003：67.

② Wolfgang Kubin. Writers need more social conscience[N]. China Daily，2010-10-09(5).

③ Wolfgang Kubin. Writers need more social conscience[N]. China Daily，2010-10-09(5).

④ Wolfgang Kubin. Writers need more social conscience[N]. China Daily，2010-10-09(5).

学批评的内容被缩小到表露意识形态的小部分文本。"①这种对作家的政治立场和道德操守的批判，仍是西方汉学界及主流媒体对中国当代文学批评时常见的思考逻辑，顾彬的上述批评以及莫言获诺贝尔文学奖后西方主流媒体表露出的怀疑和批判②就是典型的例子。

值得赞赏的是，有些美国学者以中国当代作家、作品为研究对象，致力于深层次理解和鉴赏中国文学。陈建国的《彼岸的美学：魅影、怀旧及当代文学实践》，研究文学与文化哲学的互动关系，尤其是文学与认识论和美学的关系，是对当代中国文学创作的哲学思考。比如，他观察到余华小说对于现实的思辨——人们受各自经验所限，无法了解真正的现实，而且语言对思考的禁锢导致理解上的偏差，在此哲学理念下，余华小说中使用描述性语言而不做价值判断。他指出中国当代小说创作不再去实践现代主义和后现代主义的文学技巧，而是渴望表达人类在既定思考模式和社会秩序面前不幸的际遇和无可奈何的依赖。③ 他以余华、莫言、陈村、史铁生等人的作品为例探讨了现实、生死、鬼魂、人对精神自我的追索等哲学命题。他的研究有助于西方读者从哲学的高度去理解中国当代小说的主题与创作理念。

20世纪80年代以来，北美的中国现当代文学研究经历了一系列理论范式转向：从结构主义到后结构主义，从历史主义到新历史主义，从现代派新批评到后现代、后殖民批评。与早期专注于作家作品不同，伴随着80年代以来文学研究的文化转向，越来越多的研究开始偏离传统的文学视角，运用各种批评理论，从先锋文学、朦胧诗、"文化大革命"时的样板戏、期刊、宣传画、流行音乐、电影等一些文学、文化现象入手，来探讨中国历史、社会问题，很少讨论具体作家作品。即使提到文学作品，也只是蜻蜓点水般地点评几位代表性作家，比如鲁迅、张爱玲、徐志摩、郁达夫、莫言、余华、韩少功、阎连科、王安忆等。文学研究的目的不再是加深对文学作品的理解，而是加深对现代中国社会、历史、文化的理解。文学退隐为文化研究的背景，或是论辩时的依据。比如美女作家的身体写作引起美国主流媒体及学术界的关注。鲁晓鹏用福柯的生命政

① Bonnie S. McDougall. Fictional Authors, Imaginary Audiences：Modern Chinese Literature in the Twentieth Century[M]. Hong Kong：The Chinese University Press，2003：28.

② Miles Yu. Mr. Don't Speak Speaks[N]. The Washington Times，2012-10-18.

③ Jianguo Chen. The Aesthetics of the "Beyond"：Phantasm，Nostalgia，and the Literary Practice in Contemporary China[M]. Newwark：University of Delaware Press，2009：13-28.

治理论分析了这一文化现象。① 学术著作《从美女恐到美女热：中国女作家批评研究》，则是从女性主义角度研究身体写作，认为卫慧和棉棉的小说跨越了精英文学和通俗文学的界限，是女性作家对女性魅力、女性身体和欲望的自我书写。② 张旭东的《改革时代的中国现代主义：文化热、先锋文学及新中国电影》③，以批评文化思想话语的方式对 1979—1989 年期间涌现的中国文学、电影和思想话语做了批评性阅读。陈小眉在其著作《西方主义：后毛泽东时代中国的话语政治》里研究 20 世纪 80 年代中国的西方主义和西方的东方主义之间的悖谬关系。她通过《河殇》的热播，深入全面地剖析了一定时期的媒体、知识分子、文学评论界如何借用西方主义的内涵来服务各自的意识形态立场。80 年代官方话语中的西方主义是帝国主义和腐化的资本主义，而《河殇》背后的知识分子话语中的西方主义却是美化西方的。知识分子借用美化的西方主义来表达政治改革和经济改革的诉求。陈小眉敏锐地指出："如果西方歪曲东方是帝国主义，东方也可以'反帝国主义'地利用西方主义来实现自己的政治目的。在这个层面上，无论是东方主义还是西方主义指向的都不是真实的他者，而是一种权力关系。投射出来的他者是正面或是负面，取决于本土矛盾纠结的政治、经济、社会局面。"④她还通过 80 年代莎士比亚的《威尼斯商人》和易卜生的戏剧在中国的改编，巧妙地颠覆了文化帝国主义和后殖民主义的负面意义，指出"在本土再现西方他者往往被冠以'文化帝国主义'行径，但这种文化帝国主义也可以被理解为一种强大的反官方话语，中国知识分子一贯利用它来表达被压抑的政治和意识形态立场"。⑤ 她还通过朦胧诗是否是西方现代主义影响的产物所引发的争议来批判中国知识界的两种西方主义倾向。朦胧诗的朦胧意象本来是中国诗学的传统，庞德将其理念融入西方现代主义

---

① Sheldon H. Lu. Chinese Modernity and Global Biopolitics: Studies in Literature and Visual Culture[M]. Honolulu: University of Hawaii Press, 2007: 53-67.

② Xin Yang. From Beauty Fear to Beauty Fever: A Critical Study of Chinese Female Writers Born in the 1970s[D]. Eugene: University of Oregon, 2006: 4-8.

③ Xudong Zhang. Chinese Modernism in the Era of Reforms: Cultural Fever, Avant-Garde Fiction, and the New Chinese Cinema[M]. Durham: Duke University Press, 1997.

④ Xiaomei Chen. A Theory of Counter-Discourse in Post-Mao China [M]. New York: Oxford University Press, 1995: 48.

⑤ Xiaomei Chen. A Theory of Counter-Discourse in Post-Mao China [M]. New York: Oxford University Press, 1995: 50.

诗学,80 年代被引介入中国。反西方的中国诗人和评论界认为朦胧诗是西方现代主义影响的产物,据此来批判朦胧诗,认为它是腐朽的资本主义产物;而亲西方的学者却认为西方现代主义诗学填补了中国现代诗歌理论的空白。陈小眉因此总结说,这是对朦胧诗和西方现代主义的误读。① 陈小眉的著述揭示了文化研究的复杂性,即某一种理论并不能解释问题的方方面面,她启示我们去辩证地、批判地看待各种复杂的文化现象。正如杜博妮所反思的西方文学理论并不完全适用于中国的文学研究,文化研究理论也是如此。另外,她所探讨的朦胧诗争议及西方戏剧在中国的改编,揭示了文学作品在异域被接受时所牵涉的政治、意识形态、文化等复杂因素。

全球传媒时代的到来引发了传媒研究热,出现了从文化生产的角度来审视文化、文学文本及文学现象的新趋势。② 清华大学教授王宁观察到,在英语学术界占主导地位的文化研究完全被诸如种族、性别、大众传媒、大众文化以及消费文化等非文学现象所主宰,它对文学研究实行挤压和排斥策略,并且越来越远离文学传统。③而当代美国汉学研究的重心在于透过文学作品观察中国社会现实、思潮、历史与人类命运等宏观课题,属于结合社会历史、文化、政治、社会心理、美学、哲学、大众传媒、人类学等多学科的比较文学研究和文化研究,其研究的关键字可以概括为:全球化、消费主义、文化生产、族群、性别、地缘政治、创伤、暴力、历史、殖民、东方主义、城市、生命政治(biopolitics)等。因而斯坦福大学的王斑这样看待上述研究转向:"把政治意识引入文学研究,并不会破坏文学艺术美。这种研究方法表明文学文本不像是一段乐曲仅供星期天的午后沉思冥想,而是一个论坛、一个竞技场,上演着全球化世界里日常生活的挣扎。"④

王斑的文章《现代中国文学研究》,从宏观的社会、历史、政治的角度总括现代中国文学的一般趋势和作品里探讨的二元对立。整篇文章中仅提到先锋文学的几个代表作品的名字,其他都是由文学思想、文学思潮等延伸出的对中

---

① Xiaomei Chen. A Theory of Counter-Discourse in Post-Mao China [M]. New York:Oxford University Press,1995:70-71.

② Xiaoping Wang. Three Trends in Recent Studies of Modern Chinese Literature and Culture [J]. China Perspectives,2009(4):118-126.

③ 王宁. 全球化、文化研究和中西比较文学研究[J]. 中国比较文学, 2001 (2):3-16.

④ Ban Wang. Studies of Modern Chinese Literature[M]. Jonathan D. Spence. (ed.). The Search For Modern China. New York: W. W. Norton & Company, 1999: 378-389.

国社会、历史、文化的论述。他关注的是中国文学现代性的演变导致的文化效应。他指出，文学追求现代性的结果是文学主题的日常化。他还归纳了文学追求现代性过程中表现出的二元对立，包括英雄主义和个人庸常生活之间的冲突，政治群体对于乌托邦的渴望和个体对现世功利的渴望，革命的激情与家庭生活之间的矛盾，大众文化景观与个体审美情趣的差异，超越平庸的渴望和随波逐流的诱惑。文章另外两节讨论了热门研究话题："普遍性、文化、地缘政治"和"创伤、暴力、历史"。他对于"世界文学"和"普遍性"的看法颇有见地。他指出，虽然有学者认为所谓的与世界文学传统保持一致，意味着与欧美文学传统靠拢，即欧洲中心主义或西方中心主义，但在后现代的多元价值理念下，对文本的解读是多样化的。"具有'普遍性'的文本须是超越狭隘的个体处境与文化，对于他人具有意义与相关性"。①

王德威在《英语世界的现代文学研究之报告》中介绍了美国汉学界对中国文化研究的现状，从中可以了解当代美国汉学界文化研究的多样性、广泛性，在此转述如下：美国汉学学者中，王德威研究历史、暴力及文学表现，李欧梵研究城市文化，周蕾做殖民研究，唐小兵研究历史意识、个人的责任及社会变迁，刘禾研究跨语际实践，贺麦晓研究文化生产，张英进、鲁晓鹏研究电影，安德鲁·琼斯（Andrew F. Jones）研究流行音乐，王瑾研究流行文化，钟雪萍研究性别、中国的男性魅力和中国现代性的历史课题，邓腾克（Kirk A. Denton）研究思想史，王斑研究当代文学实践中美学价值观念和政治暗示之间的复杂关系，林培瑞做政治研究，岳刚做人类学研究。②

值得注意的是，由于多媒体时代的来临和中国电影在海外大放异彩，中国电影研究展现出旺盛的生命力。电影在诸多新兴学科中脱颖而出，成为最受欢迎的学科，"电影研究常在各种会议、研究计划和课堂中吸引了人们极大的热情，大大超过了文本研究。个人的电影研究、文集、批评访谈，以及百科全书式的资料（如张英进主编的资料）如雨后春笋般出现，

---

① Ban Wang. Studies of Modern Chinese Literature[M]. Jonathan D. Spence. (ed.). The Search For Modern China. New York: W. W. Norton & Company, 1999: 378-389.

② 王德威. 英语世界的现代文学研究之报告[J]. 张清芳，译. 海南师范大学学报（社会科学版），2007(3): 1-5.

均证明了它强大的生命力"①。

综上所述,美国汉学家对中国现当代文学史的梳理、文学选集的编撰、文学作品的译介及教学与研究,对中国文学的传播和推广做出了重要贡献。随着文学研究的文化转向,学者们倾向于把文学现象作为研究契机,专注于文化批判,虽然这有助于美国知识界理解中国社会、历史和文化,但在促进文学作品的阅读与欣赏方面并没有太大的社会效应。总之,学者们发表于学术期刊的文章对社会大众影响不大,对大众有影响力的还是发表于《纽约客》《纽约时报书评》《出版人周刊》(*Publisher Weekly*)等大众杂志和主流报刊上的书评。

第四节　中国文学在美国大学里的讲授

还有一股传播中国文学的力量在悄然壮大,那就是学习汉语的美国人。根据 2014 年美国明尼苏达大学语言习得中心的统计,全美有 762 所大专院校设有汉语课程。②"以前美国人学习最多的东方语种是日语,但进入 21 世纪,美国东西海岸的一些大学学汉语的人数有赶超日语的势头。哥伦比亚大学汉语专业已经是该校最大的外语专业,学生已超过了 400 人。南加州大学东亚语言系中学习中文的学生有 200 人到 230 人,人数是 5 年前的 2 倍"③。许多高校把中文专业设在东亚研究系或东方语言系。因此,美国大学的中文课程设置往往并非单纯的语言教学,而是具有较强的综合性。课程设置中综合课最多,其次是文学课,听说读写等语言课比重较小。美国大学中文专业学生仍以华裔居多,据统计占 50% 至 70%,他们大多是从中国或东南亚移民的华裔二代。④ 美国人学中文的比例还不是很高。他们学习中文往往出于对中国的好奇,而并不倾向于把与中文相关的工作作为未来

① 王德威. 英语世界的现代文学研究之报告[J]. 张清芳,译. 海南师范大学学报(社会科学版),2007(3):1-5.

② 明尼苏达大学语言习得中心,http://carla.umn.edu/lctl/db/result.php.

③ 汪楚仁. 美国大学教中文成风[N/OL]. 环球时报,2003-05-14(15). http://www.people.com.cn/GB/paper68/9188/853512.html.

④ 汪楚仁. 美国大学教中文成风[N/OL]. 环球时报,2003-05-14(15). http://www.people.com.cn/GB/paper68/9188/853512.html.

的职业。[①] 但随着中国经济实力的强大以及全球化经贸的发展，越来越多的美国工作岗位要求熟练使用汉语，"给整个美国汉语教学界注入了十足的信心"[②]。

2012 年，笔者利用在美国进修的机会，对一些美国大学中开设的中国文学课程情况进行了调查，希望由此可以帮助读者了解中国文学在海外的传播面貌。调查结果概述如下：

根据加州大学戴维斯分校的奚密教授介绍，该校近年来中文专业的学生在 40～70 人之间波动，目前有 45 人。每个学年，选修汉语语言和文学课的学生约有 1000 名，大多数是华裔或亚裔，仅有少数西方人面孔。但由于这些华裔在美国长大，他们对中国的传统文化观念很生疏、隔膜，只有极少数人识汉字，因此文学教材都是英译本。该校要求全校学生毕业前必须选修一门外语，通常是在暑期班学习，仅要求能简单交流。通常美国学生多会选修西班牙语，因为美国的墨西哥裔人口所占比例较大（2011 年统计数字为 10.8％）。该校 2013 年暑期共有 9 名学生选修中文，非华裔的有 3 人。当问及他们为什么要选修中文，回答是想去中国旅游或喜欢中国的功夫电影。

从美国汉语专业课程设置来看，中国古典诗歌、明清小说、戏剧、现当代文学等均有相关课程可选；也有古今文类融为一炉的文学课程，如加州大学戴维斯分校的"中国最优秀的作家：文本与语境"。授课讲义由教授自拟，因此在作家、作品的选择上随着不同教授的喜好而有一些差异。在现当代文学课上，香港和台湾的作家与大陆作家平分秋色。为方便美国学生更好地了解作品的历史语境，奚密教授在其自编的讲义的第一页列出了中国朝代的公元纪年表，并给出汉语拼音和韦氏拼音。在讲述屈原、荆轲刺秦等作品时还绘出战国时的地图。由于学生中能阅读中文的非常少，因此所有作品都是英译的。为了让学生理解作品的思想价值，讲义重点介绍中国的核心价值理念并与西方相近的理念进行对比，比如儒家思想、老庄哲学、佛家思想、侠义精神、士为知己者死等传统观念。在课堂提问时，注重引发学生理

---

① 汪楚仁. 美国大学教中文成风［N/OL］. 环球时报，2003-05-14（15）. http://www.people.com.cn/GB/paper68/9188/853512.html.

② 胡泽曦. 美国汉语教育进入加速发展期［N］. 人民日报，2018-05-21（21）.

解作品中人物的思想和行为。对于古典作品，奚密教授选择了《燕太子丹》、庄子的《齐物论》(节选)、屈原的《九歌》、《史记》里的《伍子胥传》、《桃花源记》序、李白的《月下独酌》、王维的《送友人》、苏轼的《临江仙》、杜甫的《旅夜书怀》、孟浩然的《春晓》、中国禅的故事、《莺莺传》、《鱼玄机和她的侍女绿翘》、《聊斋志异》里的《聂小倩》。她在介绍现当代作品前，给出近代中国大事记；选择了鲁迅的《药》、沈从文的《萧萧》、张爱玲的《金锁记》、萧红的《手》、白先勇的《谪仙记》、西西的《像我这样的女人》、莫言的《神嫖》、阿城的《节日》，商禽、陈黎的诗。

　　美国大学的文学课程以授课为主，伴以 5 分钟的课前阅读测验、课上讨论、课后作业、期末论文等。课堂上注重挖掘思想内涵，解读社会历史风俗、意识形态，由于是译本，并不注重语言风格的分析。除自编讲义外，中国文学课通常选用以下文学读本：

　　(1)宋淇和闵福德主编的《山峰上的树：新中国作品选集》(1984)[①]

　　(2)许芥煜和丁望主编的《中华人民共和国文学》(1980)[②]

　　(3)刘绍铭和葛浩文选编的《哥伦比亚中国现代文学读本》[③]

　　(4)刘绍铭、夏志清、李欧梵选编的《中国现代中短篇小说选》[④]

　　(5)杜博妮和雷金庆主编的《二十世纪中国文学》[⑤]

　　(6)邓腾克(Kirk A. Denton)主编的《中国：旅人的文学伴侣》[⑥]

　　从俄亥俄大学教授的授课内容来看，他们对中国现当代作家的筛选与国内大学基本一致，通常按照时间顺序和主要的文学流派来分类，依次为晚清文学，"五四"文学、鲁迅、浪漫主义文学(徐志摩、郁达夫)、女性作家(丁玲、凌叔华、萧红、张爱玲)、乡土文学、战争文学、毛泽东时代文学、后毛泽东

----

　　① Stephen C. Coong and John Minford. (eds.). Trees on the Mountain: An Anthology of New Chinese Writing[M]. Hong Kong: The Chinese University Press, 1984.

　　② Kai-yu Hsu, Ting Wang (eds.). Literature of the People's Republic of China [M]. Bloomington: Indiana University Press, 1980.

　　③ Joseph S. M. Lau, Howard Goldblatt[M]. (eds.). The Columbia Anthology of Modern Chinese Literature, Ting wang. New York: Columbia University Press, 2007.

　　④ Joseph S. M. Lau, C.t. Hisa and Leo Ou-Fan Lee. (eds.). Modern Chinese Stories and Novellas, 1919-1949[M]. New York: Columbia University Press, 1981.

　　⑤ Bonnie McDougall, Kam Louie. (eds.). The Literature of China in the Twentieth Century[M]. NewYork: Columbia University Press, 1997.

　　⑥ Kirk A. Denton. Traveler's Literary Companions[M]. Berkeley: Whereabouts Press, 2008.

时代文学、台湾文学。在作品的选择上与中国大学的文学教材存在一些差异，比如重点赏析的作品有萧红的《手》、张爱玲的《封锁》、凌叔华的《中秋晚》、丁玲的《我在霞村的时候》、沈从文的《萧萧》、施蛰存的《梅雨之夕》、刘恒的《狗日的粮食》、苏童的《逃》、余华的《十八岁出门远行》、莫言的《老枪》、张大春的《四喜忧国》、朱天文的《世纪末的华丽》等。

美国柯尔比学院的汉语系开设了"中国作家笔下的现代中国社会"课程①，课程简介用语犀利，引导学生关注中国作家是怎样通过文学作品和电影来呈现中国从20世纪20年代到80年代以来的种种政治和社会危机。其主题包括中国对现代性的反应、农村革命、台湾的乡土文学、"文化大革命"及其影响，也包括女性作家的自我表达。

电影作品选择了由桑弧导演的《祝福》（1956）、陈西禾导演的《家》（1956）、水华导演的《林家铺子》（1959）、谢晋导演的《芙蓉镇》（1985）、侯孝贤导演的《好男人，好女人》（1995）、田壮壮导演的《蓝风筝》（1992）、陈凯歌导演的《黄土地》（1985）等。

俄克拉何马大学的"二十世纪中国文学与文化"的课程大纲里指出，该课程目的在于使学生熟悉20世纪中国的主要文艺思潮和文学活动，使学生了解中国人在历史变迁下的生活、工作、思考、感受、爱、彷徨、绝望、忍受和死亡，以及他们如何在旧社会的废墟上建立新的文化和社会。透过跟随时代而改变的信仰、心理和社会关系交织的网络去透视意象、人物、性别关系和作品主题。该课程旨在令学生理解并欣赏现代中国文学和文化，在比较的视角下，将中国人的经历与西方建立关联。授课的形式是按时间和专题选择有代表性的作品。该课程所选的文学作品与俄亥俄大学有一部分重合，比如都选择了鲁迅的《狂人日记》、沈从文的《萧萧》、凌叔华的《中秋晚》、施蛰存的《梅雨之夕》、郁达夫的《沉沦》、张爱玲的《封锁》、丁玲的《我在霞村的时候》。授课讲义按照主题来分类。第一个主题是"历史巨变之间"，选择了鲁迅的《呐喊自序》（1922）、《狂人日记》（1918）、《伤逝》（1925）；第二个主题探讨"现代中国的城市和乡村"，选择了穆时英的《上海狐步舞》（1932）、《白金的女体塑像》（1934）、吴祖缃的《官官的补品》（1932）、沈从文的《萧萧》（1929）和《三个男人和一个女人》（1930）、叶圣陶的《遗腹子》

---

① 柯尔比学院网页（http://www.colby.edu/～kabesio/hell.html.）。

（1926）；第三个主题"心理主题的诞生"选择了施蛰存的《梅雨之夕》和《春阳》、郁达夫的《沉沦》；第四个主题"中国女性：传统与现代"选择了凌叔华的《中秋晚》（1928）、许地山的《春桃》（1934）、张爱玲的《封锁》（1943）、丁玲的《我在霞村的时候》（1940）、鲁迅的《祝福》（电影片段，1956）；第五个主题"新时期中国文学"选择了余华的《十八岁出门远行》（1986）、苏童的《逃》（1991）；第六个主题"创伤与记忆"选择了汪曾祺的《尾巴》（1983）和《陈小手》（1983）、刘恒的《狗日的粮食》（1986）、莫言的《铁孩》（1993）、残雪的《山上的小屋》（1985）、韩少功的《领袖之死》（1992）。

美国大学的中国文学课的教学目的是让美国学生更好地理解中国的历史、文化，很多学生也是抱着这样的目的选修相关课程的。教材多选用刘绍铭和葛浩文选编的《哥伦比亚中国现代文学读本》。教师根据个人喜好选作家、作品，多选择短篇小说，或是长篇的节选，皆是译本，而且对现代文学的关注多于当代文学，历史情怀浓厚。在作品选择上倾向于人文关怀色彩浓厚、与西方文学精神贴近的作品，注重表达个性解放、追求自由的作品。选材视角和海外汉学的研究主题趋于一致，如历史与创伤，现代性，女性命运，人类在战争、社会变革、劫难下的命运，对苦难的承受、人性的展露等。教授们无论是播放电影还是讨论作品，都坚持用历史的眼光去回顾中国，希望向西方社会展示更多具有文化内涵的作品。比如奚密教授在课上播放京剧版的《金锁记》，斯坦福大学的王斑教授播放《神女》《青春之歌》《舞台姐妹》《红色娘子军》等早期电影，但学生们都不感兴趣。王斑教授介绍说："学生比较喜欢九十年代以后的《十七岁的单车》和《饮食男女》等与自己生活更接近的电影，比如少年犯罪、都市伦理剧、都市情爱戏，有关吸毒、犯罪、叛逆心理之类的电影。而华裔学生则喜欢提升中国形象、增强民族气概的电影，如《花木兰》及一些功夫片。"[1]王斑解释说："尽管加州的亚裔占百分之二三十，而伯克利的亚裔占到百分之五十，但还是有种族歧视现象。"[2]

伯克利大学的安德鲁·琼斯教授介绍说，作为网络时代的大学生，中文专业的学生不仅对中国文学不了解、不感兴趣，对其他国家和地区的文学也

① 王斑. 海外中国研究的冷战与东方主义余绪——在常熟理工学院"东吴讲堂"上的讲演[J]. 东吴学术，2012(6)：32-40.

② 王斑. 海外中国研究的冷战与东方主义余绪——在常熟理工学院"东吴讲堂"上的讲演[J]. 东吴学术，2012(6)：32-40.

不热心。他们所知的欧洲经典文学作品多半是高中时接触的，对其他文学作品了解甚少。在他的课上，如果不是指定必读的作品，学生不会自主自发地阅读其他作品。① 由此可以想象美国中文专业的学生对中国文学的了解多来自教授选定的作品或教授推荐的参考书。

据报道，美国现有约 40 万学生学习汉语，数量比 2015 年增长了一倍②。美国汉语教育发展过程中，孔子学院发挥了重要作用。国家汉办网站的数据显示，目前美国共有 110 所孔子学院，501 个孔子课堂（2018 年）。随着选修中文的学生人数逐渐增多，尽管他们对中国文学的了解尚不深入也不全面，但毕竟有过思考、有过印象，他们中的一些人可能会成为阅读、研究和传播中国文学的重要力量。

---

① 见附录 1：安德鲁·琼斯（Andrew F. Jones）教授访谈。
② 胡泽曦. 美国汉语教育进入加速发展期[N]. 人民日报，2018-05-21(21).

第三章　翻译是罪魁祸首？——影响文学译介的因素

第一节　作者错过读者：诗学、文化差异导致审美落差

中国作家写作时，其心目中的读者是中国读者，而不是西方读者。中西方诗学差异导致审美落差是中国现当代文学在美国遇冷的一个重要因素。本节围绕英语世界对中国现当代文学的批评，从语言、叙事模式、文化价值观念等方面考察中国现当代文学在美国读者市场的接受情况，以此作为"跨文化改写"相关章节的文学理论依据。

一、西方主流诗学对中国当代文学的批评：叙事与语言

英美现代叙事学注重心理现实主义，关注人的深层意识的描写，注重塑造立体的、复杂的、发展变化的圆形人物，主张淡化传统小说家提倡的"故事""情节"概念，强调叙事结构的艺术性。美国主流媒体及大众文学杂志上的文学评论，大都按照现代小说理念及英美新批评理论对小说进行文本批评，侧重于评价小说的人物塑造、叙事结构、作家的语言风格，同时介绍作者的生平及其他作品，很少堆砌各种批评理论。比如美国著名评论家厄普代克评价苏童小说时，从小说的叙事结构出发，指出"该小说虽然不长，但故事中燮帝国灭亡的过程太缓慢，直到主人公从帝王沦为流浪汉，他才成为西方小说里有着渴望和奋斗精神的主人公，在贫穷和危难中追求他的梦想——成为走钢丝的卖艺人"①。他的评价体现了美国主流诗学对叙事节奏和小说主题的期待。由于西方文学名著中反映个人成长和奋斗历程的居多，从

---

① John Updike. Bitter Bamboo：Two novels from China[J]. New Yorker，2005-05-09.

《奥德赛》到《浮士德》，从《红与黑》到《卡斯特桥市长》，从《嘉莉妹妹》到《伟大的盖茨比》，这种文学理念在信仰"美国梦"、强调个人奋斗的美国尤为明显，符合这种价值观念的小说会得到关注和欣赏。

纵观英语世界对中国现当代文学的文本批评，焦点大都集中在人物塑造、心理描写、叙事结构及语言。比如对于《狼图腾》的评价，英国国际出版顾问保罗·理查森谈道："英国的小说更注重个体世界的探索和经历，而中国的作品更关注社会的、集体的层面。我们完全知道小说主角陈阵做了什么，但对于他真正感受到了什么，我们却没有直接体会。"①《纽约时报星期天书评》对该书的文学价值评价不高，比如人物缺乏复杂性和深度，缺乏人物背景及人物意志和动机的多样性。对于该书的叙述结构，该文章批评说："整本书读起来仿佛是一场冗长的辩论，反复论述游牧民族的优越性和盲目的现代化的危险。"②从而可见英美主流诗学注重小说的叙事结构、人物内心的细致描摹以及对人性复杂性的探索。

葛浩文也指出，中国文学在西方的接受不太理想，多是因为人物塑造缺乏深度。中国的小说是由故事和人物行动推动的，很少深入探索人物内心。他指出，美国的书评注重人物内心活动，是否能"使人物从纸上跃然而出并留在读者心中"③是西方文学批评衡量作品价值的标准之一。他肯定了几部古典小说在人物塑造方面很出色，比如《红楼梦》《浮生六记》，还包括中国大陆的几位女作家和台湾地区作家，如萧红、黄春明、白先勇、朱氏姐妹等人的作品。

《公务员笔记》与《跑步穿越中关村》的译者艾瑞克·亚伯拉罕森接受访谈时，论及很多中国作家过于执着对中国当今社会进行阐释并传达自己的思想，反而损害了故事本身。作为一位文学读者，他对于作者的观点或宏观的社会变迁并不十分感兴趣；他也不愿看到小说中的人物是人类苦难的化身。他只想看到个体在社会变迁中是如何生存下来的。这是他选择翻译

① 《狼图腾》勇闯中国小说国际书市"难卖"关［N/OL］. 中国日报，2011-12-22. http://www.chinadaily.com.cn/zgzx/2009-09/08/content_8668314.htm.

② Pankaj Mishra. Call of the Wild［N/OL］. New York Times Sunday Book Review，2008-05-04（BR11）.

③ Pankaj Mishra. Call of the Wild［N/OL］. New York Times Sunday Book Review，2008-05-04（BR11）.

《跑步穿越中关村》的主要原因。从主人公敦煌身上，读者能感受到北漂的年轻人在社会边缘挣扎求存的感受，可触可摸。[①] 由此可见西方个体主义思想对于文学审美的影响，也可以推断出西方读者自主解读文本的偏好以及他们对概念演绎的反感。读者想知道个体的经历和个体的感受，至于对于社会的评判，读者心中自有阡陌，不需要作者给出诠释。当访谈者提到《跑步穿越中关村》令她想起《骆驼祥子》，艾瑞克·亚伯拉罕森认为虽然《骆驼祥子》是一座丰碑，但作品中仍然透射出过多的作者意图。

对于新生代作家在叙事方面的表现，葛浩文表示担忧："中国的新生代作家仍然不注重人物塑造，他们在冲破藩篱，大胆实验一些新的东西，但还是追求流行和轰动效应，语言的艺术性、准确性对他们来说还是遥不可及的梦。"[②]艾瑞克·亚伯拉罕森提及中国文学崇尚鸿篇巨制，但作品中很多是细节的堆砌，语言缺乏实验性，使他的翻译工作过于平淡、缺乏挑战。他喜爱的文字是燃烧着的、发光的，承载着故事的灵魂。[③]

对于当代中国作家的创作语言，很多汉学家都指出了不足，认为当代中国作家的语言还需锤炼。德国汉学家顾彬的评价极其尖锐："许多当代中国作家所运用的汉语都过于简单（baby Chinese），懂汉语的外国人都不用查字典"[④]。以莫言为例，能看出持不同诗学观点的学者对莫言的语言呈两极化评价。马悦然的评价透出对莫言的喜爱，他认为莫言的写作透出"乡巴佬的质地，与沈从文和曹乃谦文气相仿"[⑤]。旅美学者刘再复赞扬莫言的语言富有"野性与生命力"[⑥]；尽管刘再复褒扬莫言的小说"没有匠气，没有痞气，甚至没有文人气，更没有学者气"[⑦]，但是莫言的优点似乎也是他的缺点。好几位学者提到莫言语言不够精雅、精练，甚至是粗俗的。奚密教授表示，虽

① Andrea Lingenfelter, Eric Abrahamsen. Translating the Paper Republic：A Conversation with Eric Abrahamsen[J]. World Literature Today, 2014 (May-August)：62.

② Ge Haowen. A Mi Manera：Howard Goldblatt at Home—A Self-Interview[J]. Chinese Literature Today, 2011, 2(1)：97-104.

③ Andrea Lingenfelter, Eric Abrahamsen. Translating the Paper Republic：A Conversation with Eric Abrahamsen[J]. World Literature Today, 2014 (May-August)：63.

④ Wolfgang Kubin. Writers need more social conscience[N]. China Daily, 2010-10-09.

⑤ 陈文芬. 黑孩的诗心：莫言中短篇小说的独特美感[J]. 明报月刊, 2012(11)：32.

⑥ 刘再复. 中国大地上的野性呼唤[J]. 明报月刊, 2012(11)：48-49.

⑦ 刘再复. 中国大地上的野性呼唤[J]. 明报月刊, 2012(11)：48-49.

然她敬仰莫言,但莫言较欠缺古典文化素养。① 葛浩文也认为莫言有时用语"粗俗"(bawdy),"莫言想用粗话时就用粗话。他使用大量的形容词和长句,具有很强烈的画面感。描写场景时,他把工具箱里能用的都用上了"②。中国的文学评论家对莫言也有类似批评。文学评论家李建军指出,莫言的作品中"没有中国文学的含蓄、精微、优雅的品质,缺乏那种客观、冷静、内敛的特征"③。陈思和总结莫言的缺点时也曾指出:"他的某些长篇小说显得精炼不足,尤其是来自民间的粗俗语言,要翻译成西方规范的语言相当困难。"④

有关对中国当代作品语言方面的批评,厄普代克的评论文章较有代表性,被广泛引用和讨论。他批评莫言、苏童的小说在性、分娩、疾病、暴力、死亡等身体细节方面描述得百无禁忌,并傲慢地断言这是中国小说没有经过维多利亚鼎盛时代礼仪熏陶的结果。⑤ 他举出实例,批评葛浩文翻译的《我的帝王生涯》有些部分是字对字直译的,有些表达缺乏新意。国内学者对厄普代克尖刻的评价多持批判的态度:中国是礼仪之邦,我们为什么要经过维多利亚时代的礼仪教化? 但是他的评价也并非无的放矢,与其说这是他一个人的偏见,不如说透过他的解读方式可以了解至少一部分美国读者的阅读感受。从余华的《兄弟》在美国翻译出版时所做的减"色"处理,可见美国读者的阅读风尚。虽然余华描写厕所偷窥是为了批判恶俗而有意为之,但是审丑到了极致,确实有些令人难以接受。王侃在文章《中国当代小说在北美的译介和批评》中解释了这种翻译策略背后的社会原因:"20 世纪 60 年代末以来美国的女权运动及其理论成果对于本国的话语秩序、文化格局与出版制度的深刻影响,使其对'纯文学'或'严肃文学'中涉及女性身体的描写必须符合'思无邪'的硬性规定。"⑥除女权主义的因素以外,由于大多数美国人笃信基督教,其宗教情感使其对性抱着严肃的态度,反对粗俗的性描

---

① Didi Kirsten Tatlow. In 3 Awards,3 Ways of Seeing China [N]. The International Herald Tribune, 2012-10-18. http://chinhdangvu.blogspot.com/2012/10/in-3-awards-3-ways-of-seeing-china.html.
② Steven Moore. China's Mo Yan wins Nobel in Literature [N]. The Washington Post,2012-10-12. http://www.highbeam.com/doc/1P2-33758062.html.
③ 李建军. 直议莫言与诺奖[N]. 文学报,2013-01-10.
④ 陈思和. 莫言的创作成就及其获奖的意义[J]. 明报月刊,2012(11):27.
⑤ John Updike. Bitter Bamboo:Two novels from China[J]. New Yorker,2005-05-09.
⑥ 王侃. 中国当代小说在北美的译介和批评[J]. 文学评论,2012(5):168.

写。中国社会对性话题一直都很忌讳,中国传统文学和现代文学对此话题表达得都很含蓄,甚至很隐晦。但为什么当代文学在海外被贴上"性"的标签呢? 在此,我们有必要梳理一下中国作家创作理念的变迁,其实从《纽约时报》对于中国文学的报道上即可探寻到这个变化的轨迹。

移居美国的《革命之子》的作者梁恒在 1987 年发表于《纽约时报》的一篇文章中指出:"中国作家还过不了自我审查这一关,即心中的道德律。他们在表达自我情感时不能深入剖析内心的阴暗或性欲冲动,担心令自己和家人蒙羞;虽然他们口口声声说要创作纯文学,但儒家传统令他们始终先想到的是社会和民族,因此作品仍然是感伤的、直白的、说教的。"①梁恒还认为作家写作时的诸多顾忌,使其难以达到他们梦寐以求的国际声誉。但是,随着 80 年代出版社逐步走向市场化,出版社为了迎合大众阅读口味,大胆出版了爱情小说、侦探小说、武侠小说、英美的情色文学等。《纽约时报》记者蒂莫西·董(Timothy Tung)报道了这一现象:1986 年湖南文艺出版社出版了英国作家 D.H.劳伦斯的《查泰莱夫人的情人》,销售 14 万册;随后广州花城出版社出版了劳伦斯的另一部作品《儿子与情人》②。这些小说的引入构筑着作家对于世界文学的片面想象。《纽约时报》上的另一篇文章介绍了美国记者与中国作家会谈时的情景,作家们讨论中国台湾地区作家李昂的《杀夫》③时,很多作家大胆表示:"若要获得关注,必须要引起争议。"④对此,中国作家协会副主席陈建功曾评论说:"有时中国作家仅仅是为了吸引外国读者而故意写一些令人震惊的内容。"⑤与老作家相比,20 世纪 80 年代涌现出的新一代作家可以说已经摆脱心中的道德律了。到了 90 年代末以及进入 21 世纪,除了一些政治话题外,已经没有所谓的禁忌题材了。余华接受《纽约时报》记者采访时坦言,自 1989 年以后,他开始重新思考作家和社会的关系,从 80 年代的精英文学试验转为大众美学:使用电影式的简洁与粗

---

① Judith Shapiro, Liang Heng. Letter from China-Young Writers Test the Limits[N]. New York Times, 1987-01-11(A3).

② Timothy Tung. Chinese Writers[N]. New York Times, 1987-08-30(Section 7).

③ 这部小说曾因其性描写及涉及的社会伦理问题引起争议。

④ Seymour Topping. Thaw and Freeze and Thaw again: The Cultural Weather in China[N]. New York Times,1987-12-27.

⑤ Ben Blanchard. Chinese writers fail to find global voice. Reuters,2009-04-23. http://uk.reuters.com/article/2009/04/23/uk-china-literature-idUKTRE53M06620090423.

白的幽默。[①] 作家对世俗传统前卫的、肆无忌惮的挑战固然是一种为艺术而探索的姿态，但在文学的域外接受这一层面，需要考虑接受国的文化土壤。《兄弟》在法国出版时被忠实地翻译出来，而且较受欢迎；但在美国出版时则被过滤了一些性话语。虽然《纽约时报》和《华尔街日报》都对此书发表了书评，着重介绍了此书对当今中国社会的批判，但这本书在大众读者中仍没有产生轰动效应。余华在接受《羊城晚报》记者采访时说："在法国、德国，我的书销售最好的应该是《兄弟》，到今年三月份，已经销售了四万册，大大超过《活着》，德国《兄弟》仅精装本就卖了两万本，明年春天还要出平装本。但是在美国，迄今为止销售最好的仍然是《活着》。《活着》出版 10 年了，现在每年还能卖三千多本。"[②]由此可见，西方各国读者的阅读趣味不尽相同。

《兄弟》的法文版译者何碧玉（Isabelle Rabut）在第三届"东方与西方：国际作家、翻译家、评论家高峰论坛"研讨会（2018）上指出，《兄弟》在法国受到热捧，已卖到五万册，评论者无人批评其语言粗俗。律师、经济学家纷纷撰文阐述此书的社会意义。笔者问及何以美国读者与法国读者对此书反响不同，她解释说有读者把余华比作 16 世纪的法国作家拉伯雷。拉伯雷在其巨著《巨人传》中，一点也不忌讳对色情、暴力、人体器官等的展现。这也许说明了法国读者包容性的历史原因。她还提及作家池莉在法国颇受欢迎，在美国却默默无闻。这些都说明了文学译介效果受译入语文化土壤的影响颇大。

在对海外汉学家的访谈中可以了解到，西方出版社的编辑在作品审稿中发挥了重要作用，这和中国的情形大不一样。中国出版社的编辑往往从打字错误或政治审查的角度为作品把关，对作品的构思、结构布局等则较少进行干预，尤其对于有名气的作家，更是尽量保持其作品原貌。而西方文学理念认为小说创作是一种技艺，需要反复修改，作者乐于与出版社的编辑一起改进作品。此外，中国出版社出书速度快，这对于作者、编辑及排版都形成压力。诸多因素导致中国当代文学在品质上略显粗糙。

---

① David Barboza. A Portrait of China Running Amok[N]. New York Times, 2006-09-04(A25).
② 黄咏梅，陈霄. 余华：中国记者捕风捉影混淆事实 美国读者不知鲁迅[N]. 羊城晚报，2011-10-24.

二、文化隔膜

"传统中国诗学注重含蓄,讲究'不着一字,尽得风流'。需要读者发挥想象力才能填补语义空白点,但这对不了解中国文化的外国读者产生很大的阅读障碍。很多外国读者反映看不懂《红楼梦》,因为小说中有很多语义模糊之处及空白点,需要联系当时的社会背景,反复揣摩书中的文字谜及模糊的暗示。翻译时如果只翻译文字而不解释背景信息,难免令读者知难而退。如何弥合文化概念的鸿沟是翻译的一个难题。电影《大腕》中的葛优绞尽脑汁用蹩脚的英文让外国导演了解'喜丧'的概念。现实中确实有很多外国读者对中国人的处世方式、家庭伦理、人生哲学等不理解或不赞同。中国式思维讲究悟性,而西式思维讲究推理与逻辑。翻译时忽视中西思维模式的差异,不注重思维模式的转换,将会导致译文失败。"①在《再读张爱玲缘起》中,刘绍铭先生记录了《金锁记》在美国课堂中的反响:"唯一例外的是张爱玲。班上同学,很少自动自发参加讨论。若点名问到,他们多会说搞不懂小说中复杂的人际关系,因此很难琢磨作者究竟要说些什么。"②

正如西方的传统绘画艺术注重描摹的准确性,而中国山水画则注重神韵与写意,中西方传统诗学的差异也在于此。亚里士多德在《修辞学》中曾强调语言的准确性,而中国传统文化却"强调意义的不可言说"③,因而含蓄隽永是中国修辞美学的一大特征。华裔作家严歌苓指出:"中文是一个这样美丽、古老、含蓄的语言,如果用中文写得那么直白的话,就不可能是好文章。中国老说文贵于曲,人贵于直。在英文来说,你过于曲的写法,过于含蓄就不行,人家就看不太懂。我的英文小说远不如中文老成、含蓄。英文中的我是幽默的、直接的,有时是生猛的。这是两种不同的个性特质。"④严歌苓的这番话语实为经验之谈。她的写作实践告诉我们,译者需要对中西方诗学的差异有明确的意识,需要发挥想象力弥合这种差异。

---

① 崔艳秋. 中国文学海外译介:读者导向及文化导向原则下的变通策略[J]. 译林,2011(10/12):161-170.

② 胡韵涵.《金锁记》英译本为何反响不佳?[J]. 安徽文学,2008(7):290-291.

③ 曹顺庆. 中西比较诗学(修订版)[M]. 北京:中国人民大学出版社,2010:233.

④ 严歌苓解剖"宴会虫"灵感来自《焦点访谈》[EB/OL]. 北京文艺网,2009-11-18. http://www.artsbj.com/Html/news/zhzxzx/wx/81066693014954_2.html.

此外，中美价值观念差异也会导致小说不被欣赏。正如上述的英国国际出版顾问保罗·理查森对《狼图腾》的评价："英国的小说更注重个体世界的探索和经历，而中国的作品更关注社会的、集体的层面。"①中国的集体主义观念和美国的个体主义观念是两种文化显著的差异。比如电影《给爸爸的一封信》，李连杰扮演的特工接到任务时正值他的妻子病危，但他的上司拒绝了他回家探望妻子的请求，要求他以国家利益为重。外国观众对此很不理解，因为他们认为家人是最重要的，然而中国观众并不觉得上司多么不近人情，因为他们从小接受的教育就是国家和集体的利益高于个人利益。此外，当今中国社会有人把有房有车当作人生目标，把收入高低当作择业的标准，这些都不是美国的主流价值观念。旅美作家沈宁在文章中指出："美国中产阶级很少有中国都市人那种暴发户的心态。美国以炫富为题材的作品几乎没有，因为没有人看。"②由此可以推断，一些反映中国社会追逐功利、拜金炫富的小说很难令美国大众读者喜爱。

三、中国当代小说的主题与美国读者阅读需求之间的差距

为什么多数中国小说缺乏吸引力？什么样的题材能符合译入语的内在需求和文学生态？这个问题困扰着中国对外出版界。美国学者如葛浩文、奚密及香港作家也斯(梁秉钧)认为，当代小说主题多集中在 1949 年以来作家所经历的社会现实，缺乏广度与多样性。③ 出版商把来自中国和亚洲其他国家的作品统统归为"伤痕"或"苦难"文学，即人们对历史造成的苦难和贫穷的承受。葛浩文也指出中国当代文学过于单一，有些成功的作品不断地被模仿，比如魔幻现实主义，因此，他建议在内容和形式上应再多样化一些。④ 目前在美国出版的小说确实是历史题材居多，这有多方面的原因：其一，20 世纪 80 年代以来涌现的大批作家目前是中国文坛的主力，他们的青春岁月正值"文化大革命"时期，对于那个狂热荒谬的时代，他们有着切身体

---

① 《狼图腾》勇闯中国小说国际书市"难卖"关[N]. 中国日报，2011-12-22. http://www.china-daily.com.cn/zgzx/2009-09/08/content_8668314.htm.

② 沈宁. 中国文学距离世界有多远[J]. 海内与海外，2005(7)：25-28.

③ Didi Kirsten Tatlow. In 3 Awards，3 Ways of Seeing China[N]. The International Herald Tribune，2012-10-18. http://chinhdangvu.blogspot.com/2012/10/in-3-awards-3-ways-of-seeing-china.html.

④ Ge Haouen. A Mi Manera：Howard Goldblatt at Home—A Self-Interview[J]. Chinese Literature Today，2011，2(1)：97-104.

会或切肤之痛，这自然是他们创作的源泉；其二，中国人倾向于借古讽今，习惯于在历史中寻找借鉴和答案，不太注重对未来的想象力，政府文学机构或学术机构偏重作品的思想性和历史内涵，对科幻、侦探、武侠等通俗文学没有给予应有的重视；其三，"文化大革命"回忆录在美国畅销，出版商出于对利润的追逐，对中国小说的兴趣点仍然是毛泽东时代和 20 世纪初期的历史小说。企鹅出版公司中国区的总经理周海伦曾认为，"局内人视角"会是出版热点，并积极出版王晓方的《公务员笔记》，①然而《公务员笔记》的译者、驻北京的艾瑞克·亚伯拉罕森接受采访时说："读者对于这类题材（关于政府部门腐败的故事）也已失去兴趣，现在不知道读者想要读哪种类型的中国小说。"②

旅美作家沈宁则认为，写什么不重要，重要的是怎么写。他一针见血地指出，中国当代文学的弊端在于演绎概念。他比较了中国的战争题材小说和好莱坞的战争电影，指出中国的战争小说仍然是演绎概念，而美国的战争题材则注重表现真实的人情、人性。他毫不遮掩地指出文学作品的消遣、娱乐性本质，以及美国出版界以市场为导向的现实："美国主流书评的标准很简单，以畅销排座次，卖得多，看的人多，这书就好，反之就不好……不流行就没有影响力，美国很多大学教授当然有不同的看法，但对主流社会并无影响力。"③由于美国生活节奏快，快餐文化流行，小说好读、好懂、故事性强才能吸引读者，反之，文字艰涩、追求前卫的表现形式而增加阅读难度的作品则会无人问津。④

随着中美综合实力的此消彼长，美国读者的大国优越感心理发生了微妙变化，中国文学在美国的接受环境也在发生变化，表现在美国出版社对外国小说从漠视到兴致渐浓。这对于中国文学的海外传播是一个良好的契机。2015 年《北京晚报》报道了亚马逊自 2014 年底在中国设立专门团队，负责寻找和发现优秀中文作品，组织翻译并出版了 7 部中国文学作品的英

① 周海伦(Jo Lusby). 寻找中国的村上春树(上)[N/OL]. 瞭望东方周刊，2011-11-14. http://www.sina.com.cn.
② Yu Lintao. Literary Pens Sparkle——The eighth Mao Dun Literature Prize rewards accomplished writers[J]. Beijing Review,2011-09-08：40-41.
③ 沈宁. 中国文学距离世界有多远[J]. 海内与海外，2005(7)：25-28.
④ 沈宁. 中国文学距离世界有多远[J]. 海内与海外，2005(7)：25-28.

译本,包括《陕西作家短篇小说选》、冯唐的《北京,北京》、蔡骏的《生死河》、韩寒的《1988:我想和这个世界谈谈》、路内的《少年巴比伦》、林哲的《外婆的古城》以及南派三叔的《大漠苍狼:绝地勘探》。亚马逊的自主选材翻译体现出美国读者市场的一种潜在需求,亚马逊的选材计划与中国官方出版社的选材存在较大差异,也体现了美国读者市场不同的阅读趣味。

综上所述,中美诗学及文化价值的差异、作家的创作动机和表达方式与读者的期待视野不能重合,致使作者和读者失之交臂,这是中国现当代小说在美国缺乏影响力的原因之一。由于美国读者不喜欢翻译文学,如果中国作家能用英语创作,对于中国文学在美国的接受或许会有所改观,但是目前要求中国作家用英语来创作是不现实的,要求中国作家把西方读者当作目标读者,去体察读者可能存在哪些阅读障碍也不现实,因为大多数中国作家尚不具备学贯中西的国际视野,所以中西诗学和文化传统等方面的差异要靠谙熟两种文化的译者来弥合。这使得翻译的跨文化改写成为必要。此外,为打造经典之作,作家应以更广阔的胸襟,致力于表现普遍人性,致力于塑造立体的复杂的人物个性,避免用既定的价值观念去演绎人物形象,还需要在语言和叙事技巧上精心锤炼,才能突破语言和文化的隔膜,赢得世界读者。

第二节　文化政治因素与文学作品的接受

有关本国历史和现实生活题材的文学作品在异域的境遇,受到多方面因素的制约。正如中国的寒山诗[①]在 20 世纪 60 年代风行美国缘于其自由不羁的精神符合嬉皮士的反文化风潮,海外出版的带有鲜明意识形态色彩的“文化大革命”回忆录在 20 世纪 80 年代畅销美国,当时的政治文化因素起着重要作用。可以说曾经在美国造成轰动并产生较为深远影响的中国故事当数海外华人作家的“文化大革命”回忆录。1980 年以来,海外华人写成的“文化大革命”回忆录在美国前后共出版 29 部作品,其中的代表作品如郑念的《上海生与死》、张戎的《鸿:三代中国女人的故事》、闵安琪的《红杜鹃》、梁恒的《革命之子》、戴思杰的《巴尔扎克与小裁缝》等,都一度成为畅销书。截至 2007 年,《上

---

① 寒山是唐朝诗人,因其诗歌中的禅宗思想,及其体现的自由不羁的生活方式和人物形象,在美国文坛的“垮掉的一代”和嬉皮士之中引起共鸣,曾引起阅读风潮。

海生与死》销量突破 100 万册；《鸿：三代中国女人的故事》的销量突破 1200 万册。这类作品在美国出版界、学术界、文学界及普通读者中都引起了热烈反响，好评如潮。这些书的广泛阅读与传播使得"文化大革命"回忆录成为受美国出版商追捧的题材。这类书的作者以受害者的身份或胜利者的姿态，用西方社会的价值观念评判中国，把他们个人的故事普遍化、扩大为一个时代的缩影，成为西方读者了解那段历史并想象当代中国的蓝本，不得不说其片面的个人叙事给中国以及中国文学造成了一定的负面影响。

虽然也有价值观念相异的回忆录在美国相继出版，但并没有形成广泛的影响力。体现出坚定的共产主义信念的"文化大革命"回忆录，如翻译大师杨宪益的《白虎：杨宪益自传》（*White Tiger：An Autobiography of Yang Xianyi*）、著名学者乐黛云与卡罗琳·威克曼（Carolyn Wakeman）合著的《致风暴：一个中国革命女人的艰辛历程》（*To the Storm：The Odyssey of a Revolutionary Chinese Woman*），分别由华盛顿大学出版社和加州大学出版社出版，却没有受到学术界以外的关注。此外，国内著名作家巴金所写的《随想录》、杨绛所写的《干校六记》等虽然被译介到海外，但没有引起很大反响，寥寥无几的评论反映出美国读者对这类作品的淡漠。由此可见，出版商仅对契合其意识形态的作品感兴趣。

"文化大革命"回忆录受到读者追捧与当时的政治文化背景密不可分。早在冷战之前的 20 世纪 30 年代，苏联作家沃·格·克里维茨基（W.G. Krivitsky）的《我是斯大林的特工》[①]和维克托·克拉夫琴科（Victor Kravchenko）的《我选择自由：一名苏联官员的政治和私人生活》[②]即已开劳改营文学之先河。1970 年诺贝尔文学奖得主索尔仁尼琴的《伊凡杰尼索维奇的一天》是个文学流派集大成的作品。这类作品披露了劳改营或监狱中的悲惨生活。二战以后，在冷战思维指导下，西方社会对于社会主义国家一直心存恐惧，反共情绪由来已久，加上美国国内左翼力量与保守势力发生的角逐，着意表现社会主义国家政治高压的作品通常都会受到关注，以附和并强化一定读者群对于社会主义国家的偏颇想象。

---

① W.G Krivitsky. I Was Stalin's Agent[M]. London：H. Hamilton，1939.

② Victor Kravchenko. I Choose Freedom：A Personal and Political Life of a Soviet Official[M]. New York：C. Scribner's Sons，1946.

根据美国读者市场调查（2002 年），美国最畅销的非小说类作品为人物传记、自传或回忆录①。文学评论家和回忆录小说家哥内克（Gornick）在她的《形势与故事》中指出，"30 年前有故事可说的人坐下来写小说，现在的人们去写回忆录"。她还总结了回忆录热的原因，比如全球化使得读者想要了解其他国家，而阅读回忆录是学习语言与文化的好途径。现代主义文学、先锋文学等专注于探索人的内心世界，显得晦涩难懂，而普通读者想要读的是好故事，因此他们把目光投向非小说类作品。② 中国观众所熟悉的电影《艺妓回忆录》就是改编自美国作家阿瑟·高顿的同名作品，曾在美国畅销书排行榜上保持了两年之久。

由此可见，回忆录作为一种文学流派，无论在学术界、文艺界还是在普通读者群中都被广为认同。"文化大革命"回忆录因其意识形态和局内人的视角，更迎合了读者的猎奇心理和政治文化想象。

下文以《上海生与死》《干校六记》《鸿：三代中国女人的故事》为案例，分析文化政治因素对作品域外接受的影响并探究美国读者的阅读心理。

一、《上海生与死》与《干校六记》在美国的不同境遇

1.《上海生与死》走红：多重因素的推动

《上海生与死》讲述的是主人公郑念在"文化大革命"期间的监狱生活，体现了知识女性对时局的观察与思考，同时也是其内心情感的真实写照，情理兼具。郑念出生于中产阶级家庭，受过良好的教育，在英国留学时认识了后来成为国民党外交官的丈夫。此后她丈夫担任英国壳牌石油上海分公司的总经理，她自己也是该公司高层管理人员，因此在"文化大革命"期间遭到迫害，入狱六年半。

1986 年 7 月，在壳牌石油公司友人的帮助下，郑念将《上海生与死》交由伦敦的格拉夫顿图书公司（Grafton Books）出版，版税为 3 万英镑。美国的格罗夫出版社则以 2.5 万美元购得此书在美国的发行权。该出版社意识到"文

---

① http://stephenslighthouse.com/2010/09/04/u-s-book-consumer-demographics-bowker/.

② Vivian Gornick. The Situation and the Story: The Art of Personnal Narrative[M]. New York: Farrar, Straus and Giroux, 2001:89.（转译自：Geng Zhihui. Cultural Revolution Memoirs Written and Read in English: Image Formation, Reception and Counter-Narration [D]. Twin Cities: Minnesota University, 2008.）

化大革命"回忆录的市场商机,遂将此书精心包装并大力宣传。① 1986 年 12 月该书入选《纽约时报》每月读书俱乐部,这是该出版社成立 44 年以来首次获此殊荣。②

　　该书封面上印着《纽约时报书评》的评价:"这是一部代表勇气和足智多谋的引人入胜的故事"。封底是《时代周刊》的评价——"这是一个不平凡的女人不平凡的故事"。封底的另一则评论来自《华盛顿邮报》:"这是一个扣人心弦,震撼人心的回忆录,记载了她在寒冷、饥饿、疾病、恐惧、羞辱中表现出来的勇敢、坚韧、执着的正直品格。"③在该书的第二页印有各大报刊对它的评价。《纽约时报》上克里斯多夫·李曼-赫普特(Christopher Lehmann-Haupt)评价说:"这本书并不令人压抑,阅读她的思考逻辑令人振奋。即使用英语写就,她的思想仍表达得明晰锐利,让人想起武术搏击,为自己赢得时间并将审问者的逻辑化为己用。"该书出版以来获得出版界和学术界好评,名列《纽约时报》畅销书排行榜达 9 周。

特别值得一提的是该小说中所突出表现的宗教因素。郑念作为基督教

---

　　① Geng Zhihui. Cultural Revolution Memoirs Written and Read in English：Image Formation，Reception and Counter-Narration [D]. Twin Cities：Minnesota University，2008：36.

　　② Edwin McDowell. Memoirs of a Chinese，71，Selected by Book Club[N]. New York Times，1986-12-16.

　　③ Nien Cheng. Life and Death In Shanghai[M]. New York：Grove Press，1986.

徒,她在爬入牢房的小蜘蛛身上感受到上帝的恩慈,在祈祷中平复丧女之痛和恐惧。基督教福音派把郑念在狱中几次死里逃生的经历与她的基督教信仰联系起来,认为那些是神迹的见证,对此书大力宣传,从而使其在福音派读者中产生共鸣。

由于出版界、学术界、文艺界的如潮好评,基督教群体运用多种媒介所做的大力推荐,《时代周刊》等主流媒体的重磅宣传,《上海生与死》在普通读者中产生热烈反响。郑念的回忆录成为从小学到高等教育的读本,被视为研究亚洲的经典资料。很多老师、学生写信给她。①

郑念的《上海生与死》获得巨大成功的原因是多方面的。首先,作为监狱日记形式的回忆录对读者有很大的吸引力,加上中国"文化大革命"的特殊历史背景,在冷战思维的驱使下,读者对这类题材很感兴趣。"文化大革命"回忆录作为一种传记文学,读者相信其内容的真实性,看重作品的社会历史价值,对文学价值的要求尚在其次。

其次,西方社会向来崇尚个人英雄主义,崇尚勇气。西方价值体系中的正直、勇敢、追求真理、个人英雄主义等要素尤为突出。《上海生与死》中体现的正是西方崇尚的美德,追求正义、真理,不做违心之事,不畏惧矛盾冲突,为信仰不惜牺牲生命。故事虽然凄惨,但阅读时的心情却是振奋的。读者敬佩她在执拗的、无声的反抗中所体现的智慧和勇气。另外,作品中流露出的知性、智慧和高贵的人格,加之她对政治、历史的知性分析,达观的人生态度,虔诚的宗教信仰,勇敢斗争的精神,使这部作品更能在读者间产生共鸣。

再次,郑念严密而明晰的思维逻辑也为西方读者所欣赏。郑念曾在英国学习经济学,并追随外交官丈夫在世界游历。她在青年时期的海外学习及生活经历使她深受西方文化的熏陶,这造就了她的国际化视野和得体的言辞表达,这些优势加上她缜密的逻辑思维,明晰、细腻的写作手法,批判思辨式的对话和心理描写等,令西方读者很容易产生共情。

另外,我们还应注意到美国读者群体的阅读心态和阅读目的在这部作品的广泛传播中起到推波助澜的作用。现任教于圣约翰大学圣班奈迪克学院的中文教授耿志慧在她的博士论文《"文化大革命"回忆录的英语写作与阅读:形

---

① Geng Zhihui. Cultural Revolution Memoirs Written and Read in English: Image Formation, Reception and Counter-Narration [D]. Twin Cities: Minnesota University, 2008: 43.

象塑造、接受与反叙事》①中,从读者群体的角度讨论了"文化大革命"回忆录盛行的原因。比如女性读书俱乐部、宗教团体、美国右翼政治力量等通过这类作品来阐释自己的立场,进行话语操控;学者对文本的社会历史价值感兴趣;普通读者则被人物戏剧性的命运和面对灾难性打击时表现出的勇气与执着所震撼,盛赞这些作品在人类的苦难史上写下了新篇章。耿志慧还观察到阅读此类回忆录给读者带来的心理安慰作用,即美国读者在阅读异域的苦难中忆苦思甜,暂时脱离庸常的生活压力,增加自身的幸福感。②

由此可见,《上海生与死》中反映出的意识形态倾向、文化价值观念、基督教的宗教信仰都是此书赢得读者青睐的主要原因。郑念作品中的意识形态倾向、基督教信仰、机智的逻辑思辨,能够被美国读者认同欣赏,并由此获得赞助人(出版社)的大力包装、宣传及主流媒体的推荐,从而赢得读者的口碑。另外,海外"文化大革命"回忆录直接用英语写作,其地道流畅的语言也是不容忽视的一个因素。

2.《干校六记》:含蓄和恬淡的隔膜

在国内反思"文化大革命"的作品中,首推杨绛的《干校六记》和巴金的《随想录》。在《干校六记》这部随笔式的回忆录里,杨绛回顾了自己和丈夫被下放到贫瘠的农村两年来的经历。但对于她经历的痛苦往事,她只是用婉曲、平淡的语调来叙述"干校"的日常事件,以一种达观、超然的心态面对自己的遭遇。

《干校六记》和《随想录》都没有列入国家组织出版的"熊猫丛书"(见耿强博士论文附录)。《干校六记》的中文版 1981 年由三联出版社首次出版。该书共有三个译本,第一个 *A Cadre School Life*:*Six Chapters*,香港联合国际出版公司(Jointing International)1982 年出版,白杰明(Geremie Barme)翻译。另外一个版本 *Six Chapters from My Life "Downunder"*,葛浩文翻译。从标题上来看,葛浩文的译本更能清晰地向读者传达这本书的含义,而"Cadre School",字面意思是"干部学校",读者无法体会当时的"干校"是知识分子接受劳动改造的地方。1981 年,葛浩文的译本在《译丛》杂志上首次发表,1984年华盛顿大学出版社将此书出版。这两个译本在亚马逊网站上都可以买到。

---

① Geng Zhihui. Cultural Revolution Memoirs Written and Read in English:Image Formation,Reception and Counter-Narration [D]. Twin Cities:Minnesota University,2008.

② Geng Zhihui. Cultural Revolution Memoirs Written and Read in English:Image Formation,Reception and Counter-Narration [D]. Twin Cities:Minnesota University,2008:104-105.

该网站上仅对葛浩文的译本有一则评论,评价此书"品味非凡"。此外,《现代中国语言文化》(*Modern Chinese Language and Culture*)对于此书的这两个译本有一篇评论文章。① 该书还有第三个译本 *Six Chapters Of Life In A Cadre School：Memoirs From China's Cultural Revolution*,由西景出版社(Westview)1986 年出版,译者章楚(Djang Chu)。总体而言,三个译本出版后基本上都默默无闻,本书仅以葛浩文的译本为代表进行讨论。

从装帧上来看,《干校六记》这本书的封面没有"文化大革命"的暗示,也没有任何时代、地域的标记,仅从其灰冷的色调上可以判断这本书压抑、悲凉的气氛。这本书在美国读者市场没有获得关注。它在图书的装帧、宣传、出版社的影响力和文学评论等方面都显得默默无闻。1988 年企鹅出版社出版的《上海生与死》把郑念的照片作为封面,注重回忆录作者的个人魅力,突显自传的性质。另外,封面设计突显该作为畅销书的鲜明特色和《时代周刊》的热烈评价。1995 年出版的《上海生与死》用一只蝴蝶象征蜕变,更用中文字来突显这本书的异国情调。相比之下,《干校六记》显得缺乏亮点。

  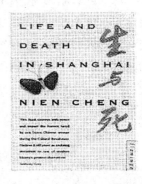

The 1995 Flamingo Paperback Edition

3.中西价值观念的冲突

《上海生与死》体现着西方的价值观念,而《干校六记》却是典型的中国知识分子的心灵写照,体现着中国传统价值观念。两部作品深层次的思想价值取向,也决定了两部作品迥异的接受命运。由于两者意识形态色彩不同,《上

---

① Edward Gunn. A Cadre School Life：Six Chapters. By Yang Jiang. Translated by Geremie Barme. Six Chapters from My Life "Downunder"[J]. Modern Chinese Language and Culture, 1986, 2 (1)：99-103.

海生与死》更容易被出版商看好并大力宣传。而《干校六记》由华盛顿大学出版社出版,通常由大学出版社出版的书比较不受普通读者青睐。此外,出版社和大众媒体也没有对《干校六记》大力宣传,因此该书没有进入美国大众读者的视野。

《干校六记》中那种平淡的叙述固然和当时的政治环境有关;此外,在老庄思想的影响下,"无为而治"的自然观和人生理念也渗透到中国文人身上,他们在逆境之中往往选择独善其身,对于苦难不愿牵连也不迁怒于他人,反思之余,仍回归于自身道德情操方面的修炼。这种深层的达观和深沉的内敛与西方人所倡导的张扬个性和大胆追求幸福权利的价值观大相径庭。

辜正坤教授在谈到中西方所崇尚的美德方面的差异时,指出中国人认为最好的美德是仁、义、礼、智、信,把仁放在第一位,西方人却认为最好的美德是勇敢、节制、公正、谨慎、刚毅、慷慨、诚实,把勇敢放在第一位①。老子认为"勇于敢则杀",意味着胆大妄为则往往招来杀身之祸。中国知识分子提倡"上善若水"的道德观念,在外来压力面前往往采取处柔、示弱或顺其自然的策略,像水一样灵活适应环境而不去正面对抗。杨绛的随笔反映出的逆来顺受、压抑隐忍正是中国相当一部分知识分子的真实写照,透露出"达则兼济天下,穷则独善其身"的人生哲学以及顺应天命的超脱。由于中西价值观念的差异,中国传统思想中的圆融、和为贵、避免正面冲突等理念,如果含蓄地暗示在作品里则很难为西方读者理解。反之,如果把这种价值观念明确地表达出来,则有助于西方社会理解中国人独特的处世方式。比如在《上海生与死》中,郑念提到一个朋友老胡,他深谙老子的示弱、处柔、在乱世中保命的策略,但却从不出卖自己的良心。老胡在"文化大革命"前夕给她忠告,劝她耐心等待,"一年的时间对中国人意味着什么? 只不过是几千年历史的一瞬。时间对于我们中国人的意义和欧洲人是不一样的……好好保重自己,如果你活得够长,你会看到中国的变化"②。言语之间流露出"留得青山在,不怕没柴烧"的长远眼光。中国传统文化中的为人处世策略以及时间观念就在老胡的语言中浅显地表达出来,这种中西价值观念的对比,会有效提示读者意识到这种文化差异,从而减少对作品的误读。

---

① 辜正坤. 中西文化比较导论[M]. 北京:北京大学出版社, 2007:125.

② Nien Cheng. Life and Death In Shanghai[M]. New York: Grove Press, 1986:46.

4.中西文学传统的差异

中国文学传统的因素也影响着作品域外接受的效果。孔子评价《诗经》时提出"乐而不淫,哀而不伤,怨而不怒"的诗艺主张,这种讲求温柔敦厚、中正和平的中庸哲学一直被奉为品评作品境界的标准,因此传统文学都讲究含蓄、克制。汉学家金介甫这样评价《干校六记》:"低调,虽是纪实作品,但文学意味很浓。"①虽然《干校六记》的文学价值颇高,但这种含蓄、恬淡、白描式的叙述方式,对于不了解中国特定社会历史环境的西方读者而言,存在一定的理解障碍;而且由于笔触平淡,冲突趋缓,缺乏宣传的噱头,出版商也便没有大力包装、宣传,更无法在普通读者中产生热烈反响,其影响力仅限于汉学界。而传统西方小说注重条分缕析式的人物心理刻画,推崇行为动机的逻辑性,这也是《上海生与死》获得读者认同而《干校六记》未受关注的一个原因。

二、《鸿:三代中国女人的故事》:回忆录还是小说?

《鸿:三代中国女人的故事》②出版以来,位列英国畅销书排行榜 63 周。根据 BBC(英国广播公司) 2007 年 11 月 16 日的报道,该回忆录销售已经超过 1200 万册。《泰晤士报》宣布该书获得平装非小说类作品中销量之最。该书 1992 年获英国 NCR 图书奖、最佳非虚构作品奖,次年获英国年度最佳图书奖。1993 年,米莎·索瑞尔(Mischa Sorer)将张戎和她的《鸿:三代中国女人的故事》制作成 60 分钟的电影,在 BBC"直通车"(omnibus)精选栏目上播出。③

这本回忆录讲述的是跨越中国百年历史的家族故事。张戎的外祖母曾是军阀的姨太太。

---

①　[美]金介甫,查明建,译.中国文学(1949—1999)的英译本出版情况述评(一)[J].当代作家评论,2006(3):67-76.

②　Jung Chang. Wild Swans:Three Daughters of China [M]. New York:Simon & Schuster,1991.

③　Geng Zhihui. Cultural Revolution Memoirs Written and Read in English:Image Formation,Reception and Counter-Narration [D]. Twin Cities:Minnesota University,2008:63.

军阀去世后,根据当时的习俗,妾的女儿将被大夫人收养。为避免失去自己的女儿,她逃回故乡,将女儿藏在朋友家中,后来嫁给这个朋友的公公夏医生。夏医生为了她与家人决裂,带着她们母女俩远走辽宁锦州。张戎的母亲在动乱的年代成长,经历了军阀割据、伪满洲国、国民政府时代的黑暗,成长为中共地下党员。在母亲的羽翼下,张戎的路走得平坦、幸运。在下放宁南做赤脚医生后不久,被调回工厂做电工,1973 年作为工农兵大学生在四川大学外语系读书,毕业后留校当助教。1977 年作为第一批公派留学生去英国深造。在书的结尾部分,张戎坐在飞机上满怀希望地展望在英国的新生活。

在文学界,英国小说家马丁·埃米斯(Martin Amis)曾推荐《鸿:三代中国女人的故事》入选"圣诞节丛书",他认为该书成功的一个原因是将私人生活、家族故事和 20 世纪中国历史做了无缝对接。由此可见这部小说能给西方读者带来新鲜感和信息,不仅可以吸引大众读者,也可以满足文学素养较高者的阅读期待。① 哥伦比亚大学的资深研究学者詹姆斯·西摩(James D. Seymour)还特别强调了该书的社会历史价值,即它可以让学者们了解中国是如何步入共产主义革命的社会历史。②

梅尔·戈德曼(Merle Goldman)在《亚洲学刊》上撰文指出,该书讲述的是"三代女人在中国历史巨变之际的苦难经历,是平凡而伟大的中国女性生动而丰富的故事,它的魅力超越了时代与地域"③。朱迪斯·夏皮罗(Judith Shapiro)进一步指出,这部书的独特魅力在于历史的跨度和三代中国女人与历史的互动,"如果没有母亲和外婆的故事,而只有张戎自己的故事,这部回忆录将会失色很多。它把笔触伸向了旧中国,从而新颖地构建了历史"④。

亚马逊网站热情洋溢地推荐此书,说它"融合了回忆录亲密的阅读体验和

① Geng Zhihui. Cultural Revolution Memoirs Written and Read in English: Image Formation, Reception and Counter-Narration [D]. Twin Cities: Minnesota University, 2008: 74.

② James D. Seymour. Review of Wild Swans, by Jung Chang[J]. Library Journal, 1991(9): 205.(转译自 Geng Zhihui. Cultural Revolution Memoirs Written and Read in English: Image Formation, Reception and Counter-Narration [D]. Twin Cities: Minnesota University, 2008)

③ Geng Zhihui. Cultural Revolution Memoirs Written and Read in English: Image Formation, Reception and Counter-Narration [D]. Twin Cities: Minnesota University, 2008: 76.

④ Judith Shapiro. Concubines and Cadres: Review of Wild Swans by Jung Chang[N]. The Washington Post, 1991-09-08, Final Edition. (转译自 Geng Zhihui. Cultural Revolution Memoirs Written and Read in English: Image Formation, Reception and Counter-Narration [D]. Twin Cities: Minnesota University, 2008.)。

广角式的历史见证,是 20 世纪中国三代女人爱与勇气的故事,生动地记录了毛泽东对中国的影响,并向世人敞开了透视当代女性经历的窗口"①。总括起来张戎这本书取得巨大成功的原因如下:

1.女性读者群的支持

耿志慧提到女性读者对《鸿:三代中国女人的故事》中的母系视角尤为推崇。以美国的女性读书团体"书话"(Book Talk)为例,它成立于 1993 年,成员们每个月见一次面。每次讨论一本书,她们选书的重要考量是平装书(美国出版商出书时通常先出精装本,如果销量好,再出平装本)。在她们 10 多年来阅读的上百本书中,《鸿:三代中国女人的故事》是她们喜爱的书目中的品种之一。美国的读书团体中多数是女性读者,她们青睐由女作家写就的"文化大革命"回忆录。耿志慧还观察到,在 37 个读者群体中,她们对于此类题材的书只选一本来读,并不交叉阅读比较,由此可见,仅凭一本回忆录来探讨那时的中国,读者的理解难免是片面的。②

美国国家艺术基金会(National endowment of the Arts) 2002 年所做的读者群调查显示,女性读者在购书群体中占 59%,男性读者占 37%。③ 在回忆录的众多读者中,也是女性读者居多。作家海伦·巴斯(Helen M. Buss)在她的《重新占领世界:当代女性的回忆录》中指出,回忆录将历史手法和文学话语结合起来,在私人与公众、个人经历与政治大环境之间建立了关联。女性作者的回忆录让人们领略到男性叙事遮蔽下的女性生活及其与历史和文化之间的关系。④

由于得到女性读者的支持,英美华人女作家在海外文坛成就斐然,除张戎、郑念外,汤亭亭、谭恩美、李翊云、聂华苓、严歌苓等女作家知名度较高。汤亭亭的《女勇士》(*The Woman Warrior*)和谭恩美的《喜福会》(*The Joy Luck*

---

① http://www.amazon.com/Wild-Swans-Three-Daughters-China/dp/0743246985/ref＝sr_1_1?ie＝UTF8&qid＝1394292976&sr＝8-1&keywords＝wild＋swans＋three＋daughters＋of＋china.

② Geng Zhihui. Cultural Revolution Memoirs Written and Read in English:Image Formation, Reception and Counter-Narration [D]. Twin Cities:Minnesota University,2008:78.

③ http://arts.gov/sites/default/files/ReadingAtRisk.pdf.(美国国家艺术基金会网站)

④ Helen M. Buss. Repossessing the World:Reading Memoirs by Contemporary Women[M]. Waterloo:Wilfrid Laurier University Press,2002.(转译自 Geng Zhihui. Cultural Revolution Memoirs Written and Read in English:Image Formation,Reception and Counter-Narration [D]. Twin Cities:Minnesota University,2008.)。

Club)中都探讨了母女关系。这两位女作家都是在美国出生的第二代华裔,与来自中国文化背景的母亲存在误解和冲突。母女关系在移民、身份构建、与主流社会隔阂的童年、母亲对女儿的中国式期望等矛盾中发展变化,交织着伟大的女性力量。《女勇士》中的母亲终日在唐人街的家庭式洗衣房里劳作,把自己看作生活在"白鬼子"当中的异乡人。《喜福会》中的母亲总是按照中国传统观念来要求女儿,希望女儿获得她眼中的成功。当女儿了解了母亲过去的心灵创伤后,开始理解了如今看来顽固的母亲,母女最终达成谅解。

2.异域的、悲剧的审美效应

在德州圣安东尼奥市的帕罗奥图(Palo Alto)大学讲授世界文学的艾伦·沙尔(Ellen Shull)在她的《亚洲女人活的历史:最近出版的两本书评论》中写道,对于那些想要了解神秘的远东地区的人,最近出版的两个关于朝鲜和中国的回忆录,可以提供一些线索。她进一步说,"两种叙事都具有令人魅惑的异域情调,但读者仍能认同人类个体为了家人而承担含辛茹苦的生活,理解和同情这两个在动荡的社会环境下生存的家族"。在她的评论中,中国被看作是"神秘难测的"和具有"魅惑的异域情调",这通常是西方读者对中国的印象——陌生而不同。①《纽约时报》书评栏目编辑詹姆斯·卡琳(James Caryn)指出,《鸿:三代中国女人的故事》这样的作品讲述的是"发生在异域的奇特的人生故事,它能将读者从舒适的壁炉带到遥远的中国"。卡琳提到了这类回忆录给读者带来的心理治疗作用,"让读者从庸常苦恼的日常生活中暂时解脱出来,以旁观者或是作者心腹好友的身份,获知秘辛,沉浸在与自己的生活迥异的氛围中"②。另外,读者通过对比他人的苦难经历,可以获得对自身境遇的满

① Ellen Shull. Living History with Asian Woman: A Review of Two Recent Books[J]. The English Journal, 1997,86(4):85-86.(转译自 Geng Zhihui. Cultural Revolution Memoirs Written and Read in English: Image Formation, Reception and Counter-Narration [D]. Twin Cities: Minnesota University, 2008.)

② James Caryn. Reading: Books to Free the Minds of the Winterbound: Review of Wild Swans by Jung Chang[N]. The New York Times, 1991-12-15(A10.5). (转译自 Geng Zhihui. Cultural Revolution Memoirs Written and Read in English: Image Formation, Reception and Counter-Narration [D]. Twin Cities: Minnesota University, 2008.)

足感。^①

亚马逊网站上关于此书共有 546 个评论,395 名读者给了 5 颗星,100 个读者给了 4 颗星,亚马逊读者约翰·罗宾森(John Robinson)写道:"这是一个真实的故事,它让我感到身为美国公民,能生活在自由和开放的社会多么幸运。那些对美国生活牢骚满腹的人应该去读读这本书。"2000 年 2 月,读者罗恩·布伦娜(Ryan Brenner)评论说,"我为能生在自由的土地上满怀感激",对此 170 名读者参与投票,有 162 名读者选择同意。至今这个评论仍作为亚马逊网站上关于此书的置顶读者评论。从以上读者反馈可见,这本书契合了读者的文化优越感,也体现了出版商选书的功利性。

3.中国民俗与耸人听闻的细节

为了建构一个具有异域情调但却吸引人的中国,张戎除了提供历史和政治背景,在阴郁压抑的故事中还穿插了民间传说和当地风俗。比如在介绍红卫兵破坏旧文化时,张戎细致地描述了四川的茶馆。为了让读者更好地理解,她将茶馆与西方的酒吧或咖啡厅做对比。她还用牛郎织女的故事来比拟父母在异地干校分居的孤寂生活,并解释银河、牛郎星、织女星来加深读者理解。此外,书中描绘了主人公外婆裹足的细节。张戎对细节的处理给读者留下深刻的印象。亚马逊上有 22 个读者提到缠足这个旧习俗。读者弗兰茨(Frantz)对该书的评论是:"10 多年过去了,但张戎外婆裹足那一幕仍深印脑海。她对细节别具匠心的处理使得她家族的历史成为中国革命和苦难的历史。"朱迪斯·夏皮罗在《纽约时报》评论中指出了《鸿:三代中国女人的故事》中耸人听闻、追求轰动效应的一面。她评论道,"人们听到过很多当代中国的故事,大多数里面都包含一些编造出的迫害细节和虐人致死的残酷折磨"^②。她细数了《鸿:三代中国女人的故事》中很多这样恐怖的细节,比如吃人心以泄恨,父亲吃掉自己的婴孩充饥,倒卖侍妾,为情、为荣誉、为政治原因自杀等。

---

① James Caryn. Reading: Books to Free the Minds of the Winterbound: Review of Wild Swans by Jung Chang[N]. The New York Times, 1991-12-15(A10.5); (转译自 Geng Zhihui. Cultural Revolution Memoirs Written and Read in English: Image Formation, Reception and Counter-Narration [D]. Twin Cities: Minnesota University, 2008.)

② Judith Shapiro. Concubines and Cadres: Review of Wild Swans by Jung Chang[N]. The Washington Post, 1991-09-08, Final Edition. (转译自: Geng Zhihui. Cultural Revolution Memoirs Written and Read in English: Image Formation, Reception and Counter-Narration [D]. Twin Cities: Minnesota University, 2008.)

她总结道："如果人们对本世纪中国人的悲惨生活有丝毫怀疑，这部回忆录将彻底打消他们的疑虑。"①从上述评论中可见张戎刻意追求耸人听闻以吸引读者的倾向。

豆瓣读书网上有读者对该回忆录的真实性表示怀疑，"如果作者的笔触可以更加冷静，我会更喜欢这本书。我感觉作者把自己出国以后形成的一些思想加到了当时自己的心理活动中。这一点我不太喜欢"②。也有读者质疑书中细节的真实性，认为这本书应作为小说来读，而不是传记。③

《鸿：三代中国女人的故事》这部作品如此火爆有诸多方面的原因：它同时具有"旧中国"和"文化大革命"的噱头，可以说它适应了美国当时的国内外政治环境，满足了不同读者的阅读趣味。保守政见者看到了攻击自由派人士或左翼改革力量的证据；女性读者看到了跨越百年历史长河的女性的坚韧和勇气；社会历史学研究者看到了中国现当代社会的历史画卷；文学评论家看到融合民俗、历史、政治的回忆录；普通读者看到了异域文化并在两种社会制度比较之下获得了心理满足。

然而如前所述，也有海外读者认为该书颇有耸人听闻之嫌，仿佛作者冒用了"回忆录"之名而行"小说"之实，骗取了读者的信任。

三、读者的意识形态与审美心理对文学异域传播的影响

"文化大革命"回忆录在美国的畅销、阅读与接受揭示了文学作品在异域获得认可的多方面复杂因素，既有政治气候、文化思潮方面的原因，也包括读者宗教信仰、价值观念取向、读者群的阅读目的及其对文本意义的操控，以及作品文学性、趣味性等方面的原因。首先，赞助人（出版社）出于逐利的目的，对契合读者意识形态和阅读需求的作品大力包装、宣传，接下来主流媒体的推荐则起到了推波助澜的作用。另外，读者群体的人际传播对作品的接受也起着重要作用。

---

① Judith Shapiro. Concubines and Cadres: Review of Wild Swans by Jung Chang[N]. The Washington Post, 1991-09-08, Final Edition. （转译自 Geng Zhihui. Cultural Revolution Memoirs Written and Read in English: Image Formation, Reception and Counter-Narration [D]. Twin Cities: Minnesota University, 2008.）。

② http://book.douban.com/review/3299231.

③ http://book.douban.com/review/3299231.

从意识形态因素来看,《上海生与死》既契合美国国内对社会主义国家的成见,又符合西方价值体系中对个人英雄主义的追求。此外,作品中流露的基督教信仰也使其在基督教福音派读者中产生强烈共鸣。从读者阅读心理来看,《鸿:三代中国女人的故事》凭借其跨越百年动荡历史的三代女性的生存经历,引起读者对女性命运的关注和对中国社会历史的兴趣。书中明白晓畅的民俗描写和一些耸人听闻的细节描写,增加了作品的异域情调,满足了读者的猎奇心理。另外,这两部小说鲜明的意识形态立场迎合了西方读者的文化优越感,适应了不同读者群的审美需求,其扣人心弦的情节、地道纯熟的语言,勾勒出一个疯狂的、遥远而陌生的时代,使读者在悲剧审美中解读中国的苦难历史、"怪异"的社会现象、"离奇"的民俗,同时获得了情感与心理的满足。

海外"文化大革命"回忆录的畅销,最关键的原因在于其意识形态倾向,而不在于其文学价值。有些美国学者已经意识到,从少数畅销的"文化大革命"回忆录来理解中国具有很大的片面性。这些回忆录的广泛传播,已经在美国广大读者中产生了一定程度的负面影响,加重了西方人对中国的偏见。西方读者往往认为海外华人作家的作品反映了真实的中国。然而,海外"文化大革命"回忆录的作者多是逃离中国的知识分子,他们的目标读者是西方读者;他们以受害者的身份或胜利者的姿态写书,用西方的价值理念来审视中国,在他们眼里中国已经是他者了,因此作品中流露出的道德思想、价值观念以及政治或宗教信仰,在很大程度上是在向欧美文学传统靠拢或者说是与其合流。从深层的内涵来看,这些作品能在多大程度上保持中国的民族文化特点尚有疑问。

就性质而言,"文化大革命"回忆录是劫后存活下来的人们,痛定思痛所表达出来的认识和情感。在世界范围内,一个民族经历劫难后著书反思屡见不鲜。中国人面对劫难的真实心态和深刻反思所形成的作品理应构成世界文学的一幅珍贵图景,然而可惜的是,我们从杨绛《干校六记》中所感悟出来的"上善若水""无为而治"的道德境界和价值理念,这些具有民族特点的东西往往是西方人所不能够理解和接受的。如何打破文化隔膜,让西方读者理解中国人的思维模式和价值观念,可能仍是中国当代文学乃至中国文化走向世界需要突破的瓶颈之一。

值得注意的是,畅销版的"文化大革命"回忆录的目标读者是西方读者,因此作品的行文中会详细地解释中国文化现象,有时会用西方文化现象做类比,因此可读性较好。这种写作策略和技巧值得中国文学译者借鉴。

第四章　文学翻译的跨文化改写

　　几千年来形成的那种翻译标准，其实是随着翻译对象的变化而变化的。我们所处的翻译语境，与传统已有很大差异。从前的翻译对象，不是宗教典籍就是人文社科经典，在以这些对象为主的翻译活动中，翻译观念理所当然是忠实于原文。但二战以后，许多前殖民地国家先后独立，国与国之间、民族与民族之间的交往日益频繁，文化交往的内容不断扩大，不再局限于宗教、文化和文学典籍的传播，特别是经济成为文化交往的基础和主流部分，在此情况下，翻译的功能问题就大大凸显了，而忠实性则往往退居其次。因此，今天我们必须确立一种多元的、历史的翻译观念。同样，翻译的标准也不是唯一的、固定不变的。如果在文化功能的意义上讨论标准问题，翻译在读者（受众）中的效果、翻译对象的传播力就是翻译标准了。[①]

——谢天振

　　20 世纪 80 年代以来，随着人文学科研究领域的文化转向，以及全球化带来的日益频繁和多样的跨文化交流，翻译学也经历着两种转向，即从以源语文本为中心转向以译入语文本为中心，从语言学研究转向文化研究。随着翻译的多元系统论和德国功能学派广为翻译学界认同，翻译研究渐渐摆脱"忠实"和"等值"的框架而转向研究"交织在源语与目标语文化符号网络的文本（What is studied is text embedded within the network of both source

---

　① 谢天振，宋炳辉. 从比较文学到翻译研究——关于译介学研究的对话[J]. 渤海大学学报（哲学社会科学版），2008(2)：39-46.

and target cultural signs)"①。进入 21 世纪以来,随着"中国文化走出去""中国文学走向世界"的呼声日益高涨,译本在异域文化中的境遇、译语读者的文化期待等课题成为文学跨文化传播的研究热点,从而也为翻译批评提供了全新的视角,即文化传播效果的维度。学者谢天振认为:"如果在文化功能的意义上讨论标准问题,翻译在读者(受众)中的效果、翻译对象的传播力就是翻译标准了。"②如果从文学传播力的角度来评价译文,我们关注的将是大众读者而不是学术界的知识精英,这使得大众读者、可读性、文学性成为译者首要思考的问题。关注可读性是为了赢得世界读者,从而让中国文学跻身世界文学。哈佛大学的大卫·戴姆拉什(David Damrosch)在其著作《什么是世界文学?》中将世界文学分为三种基本模式,即经典作品、现代杰出作品、现代一般文学或流行文学。他所说的"现代一般文学或流行文学"是指作品被翻译成多种语言,在世界书籍市场上流通,拥有世界范围内的读者,体现了现代文学市场的作用。由此可见,成为世界文学的要素之一是文学作品在异域具有传播力。

在中国文化走向世界的时代背景下,如何能让西方读者易于理解和接受我们的文化变得日益重要。这使我们再次反思翻译的标准,应该以译入语读者接受为准还是以忠实原文为准?中国古典名著《红楼梦》的全译本分别出自翻译大家大卫·霍克斯及杨宪益、戴乃迭夫妇之手。相较于杨氏夫妇忠实的译本,很多学者倾向于大卫·霍克斯读者导向的、归化式的译本,因为他的译本更受母语读者的青睐。莫言获诺贝尔文学奖后,海外汉学界认为葛浩文可读性极好的、颇有改写争议的译文居功甚伟,但是,仍有很多海内外学者对改写持反对意见,从《狼图腾》译文的争议可见一斑。因此,我们有必要深入探讨是否应提倡跨文化改写以及译者改写空间的问题。

第一节 作为一种改写的翻译

译者在翻译活动中存在主观上想要忠实原文,而实际上却仍然会背离原文的现象。译者所在的政治、意识形态、文化、诗学体系必然会影响译者的翻

---

① Susan Bassnett. Translation, History and Culture [M]. London: Pinter Publishers, 1990:11-12.
② 谢天振,宋炳辉. 从比较文学到翻译研究——关于译介学研究的对话[J]. 渤海大学学报(哲学社会科学版),2008(2):39-46.

译选择，而且译者必然要考虑读者的接受以及文本功能的实现。此外，译者自身有成功的渴望，也需要"政治正确"（politically right），这导致了译者的筛选过滤行为，比如删除、一笔带过、含糊其词、详细阐释等改写现象。因此，勒菲弗尔认为翻译都是改写，译者对文本的操控"本质上应被视为一种文化上的必然"[①]。乔治·斯坦纳（George Steiner）在《巴别塔之后》（*After Babel*）中强调指出："翻译总是对原文的一种阐释，因此翻译并不是原文的一个褪色的复制品，而是一种更广范围的转化。译者负有公正对待原文的伦理责任，但可以采取各种策略来实现其目标。"[②]

随着翻译研究从等值理论转向功能理论，从语言研究转向文化研究，学者对于译者的创造性叛逆不再仅用"忠实"的标准予以否定，而是正视其积极意义并重视其研究价值。翻译的标准从一元转向多元，目的语读者在翻译中的地位逐渐高于源语。比如，德国功能派翻译理论家认为实现文本功能是译者最应关心的问题，其理论核心是目的论。"目的论的一个重要优点在于该理论允许同一原文根据不同的译文目的和译者接受的翻译委托，而译成不同的译文。"[③]在目的论框架下，决定翻译目的的最重要因素之一便是受众，即目标读者。功能派学者曼塔利（Holz-Mäntarri）提出"翻译行为"理论（1984），她把翻译行为和翻译实质归结为一种有目的、重结果的跨文化交际活动。"译者的职能不是单纯地翻译词语、句子或文本，而是引导潜在的合作，跨越文化障碍，促进功能性的交际。"[④]因此，译者需要考虑接受者的文化背景知识、对译文的期待及交际需求。德国功能派翻译理论家诺德进一步提出翻译活动中的"忠诚"原则，这里的忠诚不是语言学意义上的等值，而是对参与翻译活动的各方的人际关系的规约，"译者应同时对原文和译文环境负责，对原文信息发起人和目的语读者负责"[⑤]。由上述理论可见译者在跨文化交际中"一仆多主"的地位，

---

① 谭载喜. 西方翻译简史[M]. 北京：商务印书馆，2009：243.

② George Steiner. After Babel：Aspects of Language and Translation[M]. Oxford：Oxford University Press，1975. 转引自[美]大卫·丹穆若什. 什么是世界文学？[M]. 查明建，等译. 北京：北京大学出版社，2015：187.

③ [英]杰里米·芒迪. 翻译学导论——理论与实践[M]. 李德凤，等译. 北京：商务印书馆，2007：113.

④ [英]杰里米·芒迪. 翻译学导论——理论与实践[M]. 李德凤，等译. 北京：商务印书馆，2007：109.

⑤ Christiane Nord. Scopos，Loyalty，and Translational Conventions [J]. Target，1991，3(1)：91-109.

或者从另一个角度来说,翻译的标准是因具体的交际目的而定的,忠实于原文并不是唯一的标准。因此,译者为实现文本的功能并达成委托人的意图,进行偏离原文的改写是正当的。

埃文-佐哈尔的翻译多元系统论为翻译改写进一步提供了理论依据。他认为翻译策略取决于翻译文学在多元系统所占据的地位。"如果翻译文学占据了主要地位,译者则不会受限于目标语的文学模式,而更愿意突破常规的束缚。他们经常会拿出一篇在充分性上与原文非常相配的译文。另一方面,如果翻译文学处于次要位置的话,译者则会倾向于在译文中使用现有的目标文化模式,拿出'不具充分性'的翻译作品。"①这里的充分性是指与原文信息对等。概括说来,如果翻译文学在译入语文学系统中处于边缘地位,翻译题材的选择应由译入语文化需求而定,译文的规范由译入语文化里的准则决定。②王宏志的《重释"信、达、雅"——20 世纪中国翻译研究》,通过晚清翻译外国小说的行为及模式进一步说明了上述观点。西方文学在中国译介初期,为了让当时的中国读者接受陌生的文学和文化,译者往往将外国小说改头换面,这种现象被称为"暴力"的改写。③

把"翻译作为一种改写"进行深入理论探讨的是翻译文化学派代表人物之一的安德烈·勒菲弗尔。受多元系统理论和翻译的操纵学派影响,他注重考察影响文学文本被接受与否的具体因素,如"权力、意识形态、机构组织以及操控之类的问题"④。"处于权力位置上的人,正是勒菲弗尔所说的'重写'文学、操纵大众消费的那种人。此种重写的动机可以是意识形态性的(顺应或反叛主流意识形态),也可以是诗学的(顺应或反叛主流诗学)。"⑤勒菲弗尔认为,翻译不再是简单的语言文字转换,而是对原文的一种重写。无论重写的意图

---

① [英]杰里米·芒迪. 翻译学导论——理论与实践[M]. 李德凤,等译. 北京:商务印书馆,2007:155.

② [英]杰里米·芒迪. 翻译学导论——理论与实践[M]. 李德凤,等译. 北京:商务印书馆,2007:158.

③ 王宏志. "暴力的行为"——晚清翻译外国小说的行为及模式. 重释"信、达、雅"——20 世纪中国翻译研究[M]. 北京:清华大学出版社. 2007:159-189.

④ Andre Lefevere. Translation, Rewriting, and the Manipulation of Literary Fame[M]. London and New York: Routledge, 1992:2.

⑤ [英]杰里米·芒迪. 翻译学导论——理论与实践[M]. 李德凤,等译. 北京:商务印书馆,2007:180.

如何，都反映了特定的意识形态和诗学。① 他主张将文学创作与接受置于文化及历史的大背景下进行考察并进一步阐释翻译的操控行为，即译者有意识地或下意识地在原作诗学和目的语诗学之间过滤筛选，对原作内容进行取舍，甚至改写原作，使译文适应译入语的诗学和意识形态。②

勒菲弗尔的观点并非对理论的演绎，而是建立在文学译介的实际案例上的描述性论断。他分析了德国（当时的"民主德国"）戏剧家布莱希特的《大胆妈妈和她的孩子》在美国的译介历程，从意识形态、诗学和赞助人的角度分析了早期译本偏离原作的原因，指出正是早期版本适应美国受众的改写"为布莱希特在美国文学中搭建了一座桥头堡"③，在其确定其经典地位之后，译者曼海姆的译文才更接近原文。他把对原创作品的翻译、评论、改编、导读等文字称为"折射"，是通过不同的媒介解读之后，影响大众对作品的解读与接受的文字。"折射"过程也就是传播过程。翻译文化学派的另外一位著名学者道格拉斯·鲁滨逊指出："文本对等往往是文本诠释上的一种虚幻目标，一般只适用于没有太大趣味的文本类型，如科技和学术文本。对于大多数更具挑战性的源文本，则需译者更富有创造性。"他认为，翻译是译者"对源文本的直觉体验"，"译者的个人经历，包括情感的、动机上的、态度的、社会关系上的经历，不仅是许可的，而且是不可避免的"。④ 操纵学派的观点让我们认识到译者改写原文的主、客观因素，让我们深入理解对于在目的语文化系统中处于劣势的翻译文学为争取接受而进行改写的必要性。

勒菲弗尔将原著在目的语文化中从默默无闻到确立经典地位称之为"进化过程"，其间经历过多个译本，从较多改写到比较贴近原作。巴斯奈特也认为，"不同时期的翻译也都是为了满足不同时期的文化需要以及满足特定文化里不同群体的需要"。⑤ 由于目的语文化系统在不断变化，翻译文本也在逐渐进化，因此，对译本的评价也应该结合当时的历史文化语境。

把文学翻译放入接受美学的视野来讨论，强调了受众对译本的调节作用，

① Susan Bassnett, Andre Lefevere. Constructing Culture: Essays on Literary Translation[M]. Clevedon& London: Multilingual Matters Ltd., 1998: 133.

② Andre Lefevere. Translation, Rewriting, and the Manipulation of Literary Fame[M]. London and New York: Routledge, 1992: Ⅶ-Ⅷ.

③ 谢天振. 当代国外翻译理论导读[M]. 天津: 南开大学出版社, 2009: 257.

④ 谭载喜. 西方翻译简史[M]. 北京: 商务印书馆, 2009: 247.

⑤ 谭载喜. 西方翻译简史[M]. 北京: 商务印书馆, 2009: 222.

也为翻译改写进一步提供了理论支撑。美国著名翻译家奈达曾提出"翻译即交际",也提出了"读者反应论""对等论""功能对等论",反复强调了读者接受的重要性。他认为理想的译文是让目的语读者像源语读者那样去理解和欣赏译文,因此他提倡归化式的翻译,实质上是为了促进表达、提高交际效果的改写式翻译。接受美学理论的代表人物姚斯(Hans Robert Jauss)认为:"文学作品不经阅读就没有任何意义,也没有生命力,正是读者的阅读理解才赋予了作品无穷的意义。"[①]接受美学的理论强调了读者阅读的重要性。可以说,没有读者的阅读,翻译就失去了价值。因此,争取读者的接受应是文学翻译者重点关注的问题之一。如果必要的改写可以增进理解与接受,促进可读性,这样的尝试是值得鼓励的。

在现阶段,外国人对中国文化的了解还远远不足,文学作品的翻译应服务于文化传播这个目的,满足西方读者希望通过阅读文学作品了解中国的目的。从文化传播的角度来衡量文学翻译,用适度的改写来促进文化传播也就不足为怪了。

其实,中外文学交流中一直存在着改写和创造性误读现象。且不说晚清时期林纾对英国文学的改写,20世纪80年代初期,莎士比亚戏剧在中国上演时也经历了改编和中国式解读,比如把《威尼斯商人》中基督教和犹太教之间的宗教、种族冲突省略,而重点突出新兴资产阶级的代表安东尼奥和封建剥削阶级的代表夏洛克之间的阶级冲突。为了表现文艺复兴时期的人文精神,即追求自由、人权、个性,抵制封建专制,剧中美化了鲍西娅和杰西卡。该剧在中国观众中产生热烈反响,主要是因为改编后该剧的主题思想和刚刚经历过"文化大革命"的中国大众产生心理契合,对人文精神的向往使得鲍西娅成为中国观众心目中自由和美好生活的化身。由于中国传统观念认为"无商不奸",因此夏洛克的下场符合中国观众的审美期待。然而这种改编在一定程度上背离了莎士比亚的初衷。原作中犹太人夏洛克因宗教和种族问题而受压迫的悲剧命运对于该剧的复杂性和完整性是至关重要的[②]。虽然如此,剧本改编顺应了中国当时的主流意识形态,促进了莎剧在中国的接受,从文化传播的角度来

---

① 谢天振. 翻译的理论建构与文化透视[M]. 上海:上海外语教育出版社,2000:340.

② Xiaomei Chen. A Theory of Counter-Discourse in Post-Mao China [M]. New York:Oxford University Press,1995:49-56.

看,改编是成功的。

老舍的《骆驼祥子》也是一个改写后获得成功的案例。《骆驼祥子》的第一个译本发表于 1945 年,由美国人伊万·金翻译。他在翻译时省掉了 1500 字关于车夫派系的介绍,而且把老舍对于两性关系的含蓄表达明显化,当然描写并不粗俗。更重要的是他把原来的悲剧结局改为喜剧:小福子没有死,祥子和她共同走向新生活。该译作在美国成为畅销书。其畅销原因固然与当时的社会历史背景有关——二战期间,美国与国民党政府来往密切,民众对中国态度友善,乐于了解中国文学、文化。此外,伊万·金迎合美国大众阅读心理的改写是译作成功的关键。从而可见,"大众意识形态与主流文化所形成的权力话语,犹如一只无形之手左右和支配着译者"①,翻译作品社会价值的实现,要求译者的审美选择与社会文化需求一致。

然而,当涉及翻译的跨文化改写这个问题时,翻译界始终有一种强烈的声音反对译者对源语文本进行操纵,这主要出于固守源语文化本位的意图。劳伦斯·韦努蒂更是主张直译或异化,认为这是抵制文化帝国主义的翻译策略。虽然这种对抗文化殖民的初衷很好,但是对可读性的忽视很可能导致翻译文本无人问津,从而起不到任何文化传播的作用。中国作家网上一篇文章表达了对改写的顾虑:"许多中文作品的文体内容和表达方式与译介国读者的社会习惯和审美要求不太符合,除了少数极受欢迎作家的作品外,很难出现畅销书或长销书,这让国外翻译家和推介者很伤脑筋。但若按照译介国读者的习惯加以改写,则要冒戕害原文独特风貌和作者深层思考的风险。"②这种顾虑有一定道理,但也体现了很多人对文学译介的理想化认识。在翻译的跨文化交际活动中,信息并不会像传真机一样丝毫无损,总会有一定程度的失真。而且,我们并不主张文学翻译中的极端功能主义和极端的操控,比如为了让读者接受,而任意篡改原文的内容,使原文和译文不存在任何语言结构上的相同、相似或关联之处。当然,为了特定读者群的改编,如儿童文学的改写,不在我们讨论范围之内。本书所提倡的改写是基于可读性的、有限度的、局部的改写,并不提倡改动原作的风格和思想性。

---

① 吕俊. 翻译研究:从文本理论到权力话语[J]. 四川外国语学院学报,2002(1):106-109.

② 王杨. 译介传播:推动文学"走出去"[EB/OL]. 中国作家网(http://www.chinawriter.com.cn)2010-08-13.

第二节　译者的改写空间

在"跨越边界：第一届作家、翻译家、评论家高峰论坛"（2016）上，资深翻译家燕汉生谈及他翻译《狼图腾》的法文版，有些内容进行了粗线条的翻译，有些内容进行了细线条的翻译。翻译狼马大战时，他把原文读了两遍，然后就不看原文，凭借记忆与想象去译，下笔如有神。他认为激情创造灵感。他和原《北京周报》法语专家李莎（Lisa Carducci）合作翻译的《狼图腾》法文版获得了法语国家与地区翻译"金字奖"。截至 2009 年 2 月，《狼图腾》法文版已销出两万三千册，3 月进入袖珍本市场，总体销量良好。为了让法语地区的读者更好地理解和接受原文，译者与作者协商，删去了文中的论述部分，将该书作为纯文学作品介绍给读者，得到了法语社会的认可，取得了良好的效果。①《狼图腾》的英文版也做了类似的删节。由此可见西方出版社对作品可读性的重视。

译者改写的空间有多大？金庸作品《书剑恩仇录》的译者格雷厄姆·厄恩肖（Graham Earnshaw）认为删节尚可（他删除了很多武打细节），但不可以增加内容，否则就分不清哪些是作者写的，哪些是译者写的，这里凸显了版权意识。毕竟翻译不同于文学创作，译者不可以自创情节，但是否可以扩写细节？比如增加心理活动描写，增加背景细节？葛浩文在翻译实践中有一些扩写细节的例子，比如《丰乳肥臀》开篇增加了对神父的描写②。虽然篇幅不大，但能反映出他（或编辑）的读者意识。

吉迪恩·图里的描述性翻译研究为我们的讨论提供了方法论依据。图里认为，翻译首要的目标是在目标文化的社会和文学系统中占有一席之地，这决定了译者所使用的翻译策略。③ 为此，图里提出了翻译的标准化法则，即"在翻译中，从原文获取的文本关系经常会被修改，有时甚至会被彻底忽略，去附和某个目标文化全体作品所提供的习惯性选项。"④这里所说的习惯性选项就

① 《狼图腾》法文版被认可，获翻译"金字奖"［EB/OL］. 中国翻译协会网站，http://m.i21st.cn/elt/4291.html，2009-05-13.

② Mo Yan. Big Breasts & Wide Hips［M］. New York：Arade Publishing，2011：1.

③ Gideon Toury. Descriptive Translation Studies and Beyond［M］. Amersterdam/Philadelphia：John Benjamins Publishing Company，1995：13.

④ Gideon Toury. Descriptive Translation Studies and Beyond［M］. Amersterdam/Philadelphia：John Benjamins Publishing Company，1995：267-274.

是代表主流诗学的文学元素。劳伦斯·韦努蒂曾指出,"大多数英语评论者都喜欢流畅的译文,这样的译文用现代标准英语译成,自然而地道"①。因此,适应目的语的文学规约是改写的原则之一。出于读者阅读习惯的考虑,译者要在保存原作文化精神和思想内涵的前提下,尽量顺应西方主流诗学。但在意识形态层面,我们要保持自己的文化特色,以清晰易懂的方式引导外国读者理解中国人的思维习惯、价值观念等。

吕敏宏在其专著《葛浩文小说翻译叙事研究》中分析了葛浩文译的《呼兰河传》《红高粱家族》《荒人手记》,探讨了小说翻译的重写叙事空间,总结了葛浩文翻译策略中的易化原则②。吕敏宏指出,由于中西方不同的审美习惯和语言差异,译者在叙述话语的翻译再创造空间最大,在故事层面的再创造空间最小,但"译者可以通过素材挖掘、事件重组等手段重建小说情节,延伸小说的虚构性"。她刻意区分"改写"与"重写"。认为翻译行为是"重写"而不是"改写"。她认为"重写与原文之间有一种温和协调的合作关系,而改写则隐含着对原文的挑战和怀疑"。③虽然本书并不沿用"重写"这一术语,但笔者对于翻译改写的概念与吕敏宏的"重写"一致,即译者带着与作者合作的心态,发挥主体性,润色并改善原著。

根据第三章第一节讨论的中美诗学、文化差异,译者的改写空间包含以下几个层面。

一、源语小说语言与结构方面的瑕疵

第三章第一节详述了西方汉学家对中国当代文学创作语言的批评意见。葛浩文认为当代小说家有时有些粗心,有前后不一致,或错漏之处,有些部分没有深思熟虑,但是中国的编辑,或慑于作者名气或没有权力大幅度修改作品,所以并没有为小说质量把好关。④"纸托邦"翻译网站的负责人艾瑞克·亚伯拉罕森在一定程度上赞同顾彬的观点,即中国小说需要做一些整形手术

---

① [英]杰里米·芒迪.翻译学导论——理论与实践[M].李德凤,等译.北京:商务印书馆,2007:222.

② 吕敏宏.葛浩文小说翻译叙事研究[M].北京:中国社会科学出版社,2011:234,148.

③ 吕敏宏.葛浩文小说翻译叙事研究[M].北京:中国社会科学出版社,2011:4.

④ Ge Haowen. A Mi Manera: Howard Goldblatt at Home—a Self-Interview[J]. Chinese Literature Today, 2011, 2(1):97-104.

才能在国际市场上闪亮登场。他还指出写作技巧在中国不是很完善或是很受重视，很多小说出版后还有词汇误用或一些常见的错误，这些都不应该出现在译文里。① 虽然这些批评伤害了中国作家的自尊心，但是对于那些在创作上追求精益求精的作家，这些批评意见值得认真对待。

二、弥合中美诗学与文化差异的改写②

根据英美读者期待作家与读者平等交流的阅读心理，在作者开始说教时，译者应做降调处理。另外，注重心理探索是西方小说的特点，而中国小说则遵循情节驱动式写作，这是中西诗学传统的主要差异之处。为使译文为读者欣赏，译者应发挥想象力，着重阐释人物心理变化，增强逻辑感。

苏珊·巴斯奈特和安德烈·勒菲弗尔曾在他们合编的《翻译、历史与文化》(*Translation*, *History and Culture*)一书的前言中说："理想的翻译可以看成是两种不同文本(文化)间的美满婚姻，它将两者领到一起，和谐共处，同甘共苦。"为了达成文化间的美满联姻，译者在读者导向和文化导向的原则下，可以有如下变通策略。

1.阐释

作者在写作时会把读者的接受能力和认知语境考虑进去，在字里行间流露出写作意图。如果作者认为读者会对某种知识或意境不熟悉并且会影响读者对作品的理解，他就会把这方面写得详细一些，比如中国历史中朝代的接续、年号，特定的历史背景、地名等。

2.引导

由于文化差异，文学作品中的人物形象在海外读者心中会发生变形甚至是误读。《红楼梦》《西游记》等名著中的人物即被海外读者诠释得花样百出，这不是解构主义者有意要颠覆传统形象，而是文化差异导致的理解障碍。这就需要译者具有学贯中西的素养，站在译文读者的角度，体察读者的文化心态、价值观念等，预见可能存在的误读并加以阐释和引导。

李雪涛教授，指出"文学作品从形式到内容，不仅提供了信息，反映了现

---

① Chitralekha Basu. Right to Rewrite? [N]. China Daily. 2011-8-19http://www.chinadaily.com.cn/cndy/2011-08/19/content_13146218.htm.

② 崔艳秋. 中国文学海外译介：读者导向及文化导向原则下的变通策略[J]. 译林(学术版)，2011，Z1：162-170.

实,而且文学的内涵会丰富得多。我觉得一定要让西方读者认识到中国经典文化的这种独特审美,这一点是要强调的。也就是说,西方的读者是需要引导的,而这一点到现在我们做得还是很不够,大部分西方汉学家也没有做到"①。

为了促进译本在海外的接受,译者应有使命感,引导外国读者正确地理解中国文化。这种引导包括增加价值判断的形容词让外国读者了解到原作者的意图,对于艰涩难懂之处加入译者的阐释,适当地补充背景知识,引导读者了解中国人的价值观念、风俗、信仰等。虽然这有悖于"文学作品的含义是开放的,允许多角度的解读"这种观念,但翻译本身就是一种解读,而且应该是符合当代主流观念的解读。"每个时代都是(用)染上了当代成见的三棱镜来观察文学的,这些成见包括时代社会的变化,也包括不同文化之间的关系的动态发展。经过一段时间,有生命力的原著又需要新的译作出现。"②正如王岳川先生提出的"诠释孔子形象时,要把政治的孔子还原成文化的孔子,要把忠君的孔子还原成仁爱的孔子"③,以此来使孔子的形象更富有时代意义。

3.语用等效

然而译者的自由度应该如何把握?语用等效就是一个很好的标准。语用等效包括语言语用等效与社交语用等效。这是语用学对翻译可供借鉴的地方。不论译者采取何种翻译方法,只要满足了预期的表达效果,就应该算作好的译文。使用语用等效原则,可以使译者更灵活地处理风格、语体、修辞等问题,译出佳作。

4.叙事逻辑上适应英语读者的阅读习惯

汉语有时被认为是意合式语言,句子之间的逻辑关系不像英语那么严谨。如果按照汉语原文的顺序来译,则会令英语读者觉得表述松散、没有重点、不符合逻辑,从而否定汉语原作的艺术价值。因此,译者应以恰当的口吻,地道的表达方式,严谨缜密的叙事逻辑来再现原作神髓,从而使作品为外国读者喜闻乐见。

翻译的目的和策略与时代赋予它的使命密切相关。在现阶段,翻译承载

① 顾彬,李雪涛. 中国对于西方的意义——谈第61届法兰克福国际书展[J]. 中华读书报国际文化专刊, 2009-12-02(17).
② 乐黛云. 比较文学原理新编[M]. 北京:北京大学出版社,1998:38.
③ 李佳. 守正创新与文化输出——王岳川谈中国文化立场与文化身份[N]. 中华读书报国际文化专刊, 2010-06-02(22).

着传承中国文化,让世界了解中国,让中国古老的文明与智慧为世界文化增添异彩的使命。翻译是一件需要沉下心来做的事情。中国文化对外传播也需要细水长流,潜移默化。埃及翻译家阿齐兹翻译的老舍的《茶馆》,有120页剧本对白,但却有130页的关于中国文化的序言,介绍为什么会有"茶馆"的诞生。这130页的铺垫提醒所有的跨文化译者,文化交流不是简单的词对词互换,更多的是心灵上的沟通。为达到最佳沟通效果,译者应具有学贯中西的素养,兼顾读者的逻辑思维习惯与审美需求,在表达效果上追求语用等效。对于涉及文化及修辞特质的内容,译者应站在读者的角度做出适当的阐释,尽量排除理解障碍,引导读者形成对中国文化的正面认识,同时发挥译语优势,追求译作的审美价值。

三、审美移情

葛浩文的翻译原则是:不仅让故事好读,还要让译入语读者有机会像源语读者那样欣赏译作,让读者在愉悦、敬畏、愤怒等情感体验上与原文读者相称。① 可见葛浩文的翻译理念和奈达的功能对等翻译理论一致。注重表达效果,追求读者的审美愉悦感应是改写的一个原则。为了达到最佳阅读体验,译者可以发挥想象力,审美移情,让表达更加生动。

四、增强小说可读性的易化处理以及叙事层面的改写

吕敏宏在其专著《葛浩文小说翻译叙事研究》中分析了葛浩文译的《呼兰河传》《红高粱家族》《荒人手记》,探讨了小说翻译的重写叙事空间,总结了葛浩文翻译策略中的易化原则②。

(1)文化省译,包括某些与意识形态相关的敏感词汇。

(2)通过事件重组,对小说结构进行局部调整。

(3)删去非叙述评论,使小说情节单一化,结构更加紧凑。

(4)通过对句子的长短、段落的长短、叙事时间和故事时间之间的关系的调整,调整小说节奏,使译文表现出一种普遍适应的节奏,以适合各个层次的读者。

---

① Ge Haowen. A Mi Manera: Howard Goldblatt at Home—a Self-Interview[J]. Chinese Literature Today, 2011, 2(1):97-104.

② 吕敏宏. 葛浩文小说翻译叙事研究[M]. 北京:中国社会科学出版社,2011:148,234.

(5)增加解释性文字，力求小说情节连贯。

(6)加快叙事节奏，略去"卫星事件"。

法国叙事学家罗兰·巴尔特（Roland Barthes，又译罗兰·巴特）根据叙事功能，把叙事单元分为核心的（nuclei）单元和起催化作用的（catalyses）单元。"核心单元引发、维持或结束一种可能性，这种可能性直接影响着故事的进程……起催化作用的叙事单元是从属性质的，环绕在核心单元周围，但不定义核心事件的属性，与核心单元发生关联但却处于比较晦暗的位置，它是非连续的，不必交待因果的。"[①]罗钢的《叙事学导论》将其阐释为核心事件和卫星事件[②]。卫星事件穿插在核心事件之间，放缓了叙事节奏，"开辟了一个安全的、供休憩的、奢侈的空间，虽说是奢侈的，但不是多余的，尽管其功能很微小"[③]。吕敏宏比较了《红高粱家族》的中英文版本后指出，"英译本省去了大量无关紧要的卫星事件，使译本的结构相对于原作而言更加简洁清晰。译者凭借自己敏锐的文学嗅觉，在处理一些卫星事件时，充分认识到它们的审美动机而予以保留"[④]。在《天堂蒜薹之歌》的译本中也有卫星事件的删节现象，详见本章第四节。

现代小说注重心理世界的真实，注重读者的阅读感受。亨利·詹姆斯提倡最大限度地降低小说家的叙述声音，同时加大故事与叙述之间的距离，使"故事"自我上演，增加小说的戏剧性，并实现小说艺术的独立性。为此，詹姆斯主张作者应尽量"采用小说人物的眼光，客观地展示处于人物观察下的现实"，"以最经济的手段创造最大限度的戏剧张力"[⑤]。比如张贤亮的《习惯死亡》，原来有三个人称（我、你、他）叙事，英文版只保留了第一人称和第三人称叙事。

《呼兰河传》是萧红的自传体小说，书中的成人叙述与儿童视角构成复调结构。吕敏宏批评葛浩文的译文将原文中模糊型叙事视角和叙事话语方式处理为清晰的成人叙述，忽视了"叙述话语方式与文本深层意蕴之间的关系"，将

---

① Roland Barthes and Lionel Duisit. An Introduction to the Structural Analysis of Narrative[J]. New Literary History，1975，6(2)：237-272.

② 罗钢. 叙事学导论[M]. 昆明：云南人民出版社，1994：82-83.

③ Roland Barthes and Lionel Duisit. An Introduction to the Structural Analysis of Narrative[J]. New Literary History，1975，6(2)：237-272.

④ 吕敏宏. 葛浩文小说翻译叙事研究[M]. 北京：中国社会科学出版社，2011：148.

⑤ 申丹，韩加明，王丽亚. 英美小说叙事理论研究[M]. 北京：北京大学出版社，2005：119.

原来的大量简单句整合成复合句,流失了原文的口语体和儿童稚气活泼的风格。① 葛浩文句式的调整源于英语的行文习惯,但是牺牲了原文的文体特征,也失去了应有的趣味性,这是译者应该引以为戒的。

从以上改写方法可见,葛浩文非常重视读者的阅读体验。作者为了追求陌生化的叙事效果,给读者新奇的阅读体验,运用现代小说叙事空间化的特点,时空交错,给人扑朔迷离的感觉。但译者作为读者,在阅读时已经重新建构,把原来肢解开来的故事建构成一个按自然顺序排列的故事,为了使读者快捷地把握故事脉络,译者把自己理解的故事序列在译文中呈现出来。有人质疑这种易化的译法减少了译文读者的阅读乐趣,试问,有多少普通读者愿意研读一部难懂的小说来消磨时光?谢天振将汉学家译者的归化译法及篇章层面的改写或删节归结为译介中的“时间差”和“语言差”问题②。由于西方读者对中国文化并不熟悉,减少他们的阅读障碍,有助于其对译本的接受。吕敏宏也认为,为争取更多的读者,扩大小说的国际影响力,改写是一种“权宜之策”。考虑到美国大众读者对中国文化并不熟悉,适度的易化是必要的。因此,读者对源语文化的熟悉程度是翻译改写的一个重要依据。

从以上改写原则可见,提倡翻译的跨文化改写,不是倡导自由改写或大幅度的重写,而是根据译入语主流诗学做局部的调整,改写致力于小说的可读性和读者的审美体验,并不损伤原作的整体结构、思想内涵与风格。为了可读性所做的适度改写将在案例分析章节中详述。但是,我们是否要鼓励为了适应目的语读者的价值取向而改写小说的结局?《狼图腾》的删头去尾引起一片讨伐的声浪,但如果原作者授权译者改写或原作者乐于为译语读者提供不同的版本,就可以免去任何争议了。“由此可见,译者的改写行为是否正当取决于原作者的立场。莫言对于英文版的删节或改译不以为忤,甚至愿意为海外读者提供不同的版本,这种开放的文化心态令人赞赏。”③

严格意义上来说,文学翻译是一种改写,因为绝对忠实的译文是不存在的,何种层面的改写取决于译者与编辑的翻译理念与文学理念。对于翻译质量的评价也是会随着时代以及具体的社会文化语境的变化而变化的。正如安

① 吕敏宏. 葛浩文小说翻译叙事研究[M]. 北京:中国社会科学出版社,2011:99-100.
② 王志勤,谢天振. 中国文学文化走出去:问题与反思[J]. 学术月刊,2013(2):21-27.
③ 崔艳秋. 开启大众读者的心门:对中国文学在美国走出困境的思考[J]. 中国比较文学,2016(2):200-212.

德烈·勒菲弗尔所说,"'好的'翻译只能是特定时间、特定空间、特定情境下的翻译"①。

辜正坤曾提出翻译标准的多元互补论,指出翻译的绝对标准是原著,最高标准是最佳近似度,但实际翻译实践中,又根据不同的场合,比如不同的文本类型、不同的翻译目的、不同的读者群而产生若干具体的标准,"但译文价值的实现依赖于价值接收者(欣赏者),而价值接收者的判断标准是因人而异的"②,由此可见,翻译的具体标准是多元而复杂的,文学翻译尤其如此。针对不同的读者群与翻译目的,译者的翻译策略及译文的评价标准存在较大差异。为了"中国文学走向世界"这一现实目标,为了争取更多世界读者,提升中国文化的影响力,文学翻译标准应以读者和文化传播为导向,注重整体风格等效,注重可读性,这些理应是文学批评的标准之一。

目前翻译界的翻译批评仍偏重忠实性的学者式批评,往往是纠错式的文本、文化批评。当然这种批评方式对于形成严谨的翻译态度是有帮助的,但如果不分析误译和漏译的比例有多大、由何种原因造成,而是以偏概全地指责则会影响译者的积极性,而且也是不公正的。

在现阶段,译者应放下"忠实原文"的包袱,以编辑的眼光甚至文学创作的角度审视原文,与原作者共同修订甚至在原作的基础上再创作,从而共同打造文学精品,提升作品在异域的影响力。这是译者主体性的体现,也是译者对于文化传播的积极贡献。

在全球化和消费主义时代的大背景下,文化的对话与融合是必然的趋势,而文学作品作为一种文化商品,需要兼顾读者市场需求。在现阶段,翻译承载着传承中国文化,把中国文学推向世界的使命。由于中国文学在英美读者市场中尚处于边缘位置,在中国文学力图跻身世界文学、争取更多世界读者的形势下,在保留原著精神风貌的前提下,顺应目的语诗学的适度改写值得鼓励。虽然改写似乎是对读者市场的妥协,但这是中国文学在西方文学系统中的地位和现状决定的。西方文学在中国的传播历史表明,翻译策略的选择将随着读者的接受程度而改变。可以预见,当中国文学在西方社会被普遍接受以后,

---

① [美]大卫·丹穆若什. 什么是世界文学?[M]. 查明建,等译. 北京:北京大学出版社,2015:187.

② 辜正坤. 翻译标准多元互补论 [J]. 中国翻译,1989(1):16-20.

翻译作品将可以更充分地呈现中国文学的形式和内容。

第三节　译者·编辑·叙事美学:《狼图腾》改写的文学规约

《狼图腾》中文版于 2004 年出版,引发阅读热潮。2007 年,其英文版获曼氏亚洲文学奖,译文的大量删节曾引发较大争议。本节将中英文版细细比照,找出删节的具体内容,并从其英文编辑的采访文章、编辑的选书原则、英语创造性写作指南、西方文论中找出改写背后的文学规约,同时将读者反馈与文学规约对照分析,分析读者的阅读心态以及叙事审美原则,从而为中国文学在英美译介提供参考。

一、《狼图腾》英译本引发的争议

德国波恩大学汉学家顾彬把姜戎的《狼图腾》、苏童的《河岸》、毕飞宇的《玉米》在国际文坛上的声誉归功于葛浩文的译义。他认为:"葛浩文对原作的改写使得英译本能够很体面地面对西方读者。……葛浩文用他自己的话总结了作者可能要说的话,抚平了原文中的缺陷。他有时把几段话略去,把一些文化承载词的注释删掉,使小说对西方读者来说,可读性更好。最终的译文与原文显著不同。"①可见,葛浩文在翻译过程中实践着跨文化改写。

然而,葛浩文对于顾彬的溢美之词及译者跨文化改写的权力表现出矛盾纠结的心态。他在《当代中国文学》(*Chinese Literature Today*)上发表了一篇自我访谈②,以中文名葛浩文采访了 Howard Goldblatt (他的英文名)。针对他从事翻译以来外界关注的问题,比如他对中国当代文学的看法、对顾彬评论的回应、他的翻译原则、翻译的过程、对翻译教学的意见等自问自答。他谈到了译者难以同时取悦读者和作者,并详细说明了他和姜戎就《狼图腾》几处译文的分歧和他如是译的原因。《狼图腾》的中、英文版皆是国内畅销书,这是颇为罕见的。英文版在国内的畅销引发了一系列关于译文的争议,涉及译者

---

① Chitralekha Basu. Right to Rewrite? [N]. China Daily. 2011-08-19. http://www.chinadaily. com.cn/cndy/2011-08/19/content_13146218.htm.

② Ge Haowen. A Mi Manera: Howard Goldblatt at Home—a Self-Interview[J]. Chinese Literature Today, 2011, 2(1):97-104.

的文化立场、译者对源语文本的操控、译者跨文化改写的权力等问题。

《狼图腾》获曼氏亚洲文学奖后，葛浩文主动问姜戎对他的译文有什么不满意的地方，从而引发两人长时间的激烈讨论，问题的焦点是第一页的一句话：

A fear of wolves is in your *Chinese* bones.（你们汉人就是从骨子里怕狼。）

姜戎认为应该译成"Han"，而不是"Chinese"，因为蒙古族人、藏族人、苗族人都是中国人，虽然他们是少数民族。葛浩文的解释是"Han"这个词汇对于西方读者是很陌生的，虽然西方人也知道中国有少数民族，但美国读者往往认为，蒙古族人就是蒙古人，汉族人就是中国人。在美国，虽然也有按照种族来区分的，比如华裔美国人、非裔美国人，但却没有蒙古族中国人（Mongol Chinese）、藏族中国人这样的术语，因此译成"Chinese"更顺耳。而且在开篇第一页，抛出民族身份认同这样敏感的话题，容易吸引读者的注意力。此外，葛浩文坚持认为，"如果老牧民会讲英语，他也会这样说的"[1]。"由此可见，葛浩文在译这个词时没有站在中国人的国家民族立场，而是代表了西方读者的看法。"但是这样选词却触怒了中国读者，因为他把民族身份认同的问题转向了国家身份认同。这里引起的争议是译者可否为了便于读者理解或吸引读者而简化或篡改概念，尤其是重要的文化概念，译者翻译时的文化立场应该是源语文化还是译入语文化。

第二个争议是关于"阿爸"的译法。阿爸是蒙古族人对长者的敬称，葛浩文译为"Papa"。姜戎认为"Papa"的意思是"爸爸"，中国人只有一个家庭伦理意义上的爸爸，这个称呼不能泛指非父子关系的男性长者，因此他建议用拼音"Aba"来译这个词。但葛浩文认为这样会令西方读者联想到瑞典摇滚乐队ABBA，还以为译者把这个名字拼错了。为了使译文的可读性好，葛浩文没有使用音译加注释的译法。他感觉"Papa"是一个合乎情理的折中译法。虽然"Papa"这个词的字典释义是"父亲"，但在语境中，读者也不会误解。而且他还举例说谁也不会把"Papa Hemingway"或"Papa Doc Duvalier"当作自己的爸爸。葛浩文还提到，闽南人会用"阿爸"来称呼父亲。从以上分析来看，方

---

① Ge Haowen. A Mi Manera: Howard Goldblatt at Home—a Self-Interview[J]. Chinese Literature Today, 2011, 2(1):97-104.

第四章　文学翻译的跨文化改写

言、习俗等在跨文化传播时,面对不同的受众,产生的歧义是很复杂的,有时也是难以避免的。在这里还是要尊重母语为英语的译者对译文联想意义的把握。

第三个争议是关于"牵"的翻译:

熊可牵,虎可牵,狮可牵,大象也可牵。蒙古草原狼,不可牵。

动词"牵",葛浩文译为"tame",但姜戎认为应译为"pull",有些读者建议用"tug"。其实,"tame"的内涵意义远比"pull""tug"丰富。中国的读者往往认为只有字面直译才是忠实的,才能保证"原汁原味"。

以上争议牵涉到翻译批评的标准、译者的文化身份、译者阐释与表达的自由度(即译者的主体性)以及跨文化改写等翻译研究的课题。产生争议的主要原因是中国读者的翻译观念仍停留在传统的"信、达、雅"的翻译标准。由于历史的原因,严复的"信、达、雅"一直被奉为圭臬,中国读者总觉得忠实于原文的译文是最好的,而直译是最忠实的,因为他们无从想象直译所带来的文本误读,就像上文所讨论的"阿爸"的音译"Aba"。从这种意义上来看,按照译者的国别来划分翻译文学的国别是有道理的,比如杨宪益夫妇译的《红楼梦》归为中国文学,而大卫·霍克斯的译本则归为英国文学,虽然这种归类方法存在很大争议,但它着重强调了译者在跨文化交际中的主体性,即译者的阐释赋予了译文别样的意识形态立场及文化气息,因为无论译者怎样刻意地想要隐身,他自己的文化身份立场、审美观念、知识背景及其心目中的读者等因素制约着他对文本的理解、对词语的选择和语义的构建。谢天振指出:"译者的创造性叛逆有多种表现,但概括起来不外乎两种类型:有意识型和无意识型。"①译文是译者对原文的解读,而读者对译文还有多重解读。当代文化研究之父斯图亚特·霍尔的编码解码理论解释了文化传播过程中,受众解读的多样性。他认为:"编码的信息一经传送,编码者便对其失去了控制权。从信息的组成到信息被阅读和理解,每一个环节都是多元决定的。信息在编码过程中可能受职业标准、行业机制和规则、技术设备、个人观念等左右;受众在解码的过程中依赖于文化、政治倾向,以及更宽广的权力框架。"②由此可见,希望文学作品能

① 谢天振. 译介学[M]. 上海:上海外语教育出版社,1999:146.

② Stuart Hall. Encoding,Decoding[M]. Simon During. (ed.). The Cultural Studies Reader. London:Routledge,2007:90-103.

原汁原味地传达到目的语文化中是多么难以实现，直译并不能解决这个难题。

在自我访谈中，葛浩文提到自从 2007 年《狼图腾》英文版出版以来，他的邮箱里总是隔些天就会出现记者、读者、学术论文写作者提出的问题——为什么要删除后记的 3 万字和每个章节前的史料部分。在北京召开的汉学研讨会上，与会学者公开批评他的《狼图腾》译文。有人把他比作外科医生，把不喜欢的部分切除。一位不懂汉语的法国评论家在网站上发帖说，英译的中国小说一贯被删改，批评的矛头明显指向他。对此，他甚是不悦，本来他不喜欢回应外界批评，但这次他终于忍不住要为自己辩解：当他把根据 50 万字的原文译成的初稿提交给企鹅出版社的编辑时，编辑回复说："您的译文令我叹服，尤其是考虑到翻译这部长篇小说的工作量。现在要做的工作是让这本书对西方读者来说更具可读性，主要是策略性的删节。至于删节的程度，我最初的判断是三分之一，书中有很明显的词语重复、段落重复，某些观点、概念可以省略。"葛浩文解释说："实际上没有删那么多，删节最大的是加在小说结尾部分的虚构但冗长的论述。诚然，英文版比中文版、日文版、法文版都短，但这不是由我决定的。谁拥有版权，谁就有删改权。"[①]由此可见，葛浩文实在是无辜地背负着恶名。

二、《狼图腾》英文版编辑

《狼图腾》英文版[②]由纽约的企鹅出版集团（Penguin Group）出版。葛浩文在译者序中感谢企鹅出版社的周海伦（Jo Lusby）和丽萨·丹屯（Liza Darnton）给予他帮助，尤其是编辑碧娜·克姆莱尼（Beena Kamlani）娴熟及富有创造力的编辑工作。

碧娜·克姆莱尼是企鹅集团维京出版社和企鹅出版社的资深编辑，曾在哈珀出版社（Harper & Row），兰登书屋（Random House）任编辑，在纽约大学任副教授（1992－2011），讲授编辑技巧。现在纽约市亨特学院（Hunter College，NYC）任教。如上所述，葛浩文声称《狼图腾》的删节是编辑的建议。

其实，编辑为打造畅销书而与作者结成创作伙伴关系是美国商业出版社

---

① Ge Haowen. A Mi Manera：Howard Goldblatt at Home—a Self-Interview[J]. Chinese Literature Today，2011，2(1):97-104.

② Jiang Rong，Howard Goldblatt (Translator). Wolf Totem[M]. New York：Penguin Books，2009.

多年来的传统。英美出版界的编辑在作品的修订、润色中起着重要作用,其中不乏优秀的编辑成就作者的事例。20世纪初,美国编辑李普利·希奇科克(Ripley Hitchcock)大刀阔斧地删节重组《大卫·哈鲁姆》(*David Harum*)从而缔造畅销书神话;毕业于哈佛大学的著名编辑麦克斯威尔·柏金斯(Maxwell Perkins)对于海明威(Ernest Miller Hemingway)、菲茨杰拉德(Francis Scott Key Fitzgerald)、托马斯·沃尔夫(Thomas Clayton Wolfe)等作家的声名鹊起功不可没。他们为美国编辑界树立了严谨敬业的榜样。类似的著名编辑还有帕斯卡·科维奇(Pascal Covici),塞特兹·康明斯(Saxe Commins)。美国20世纪20年代到40年代,编辑被认为具有点石成金的能力。①

另外一个经典的例子是庞德编辑《荒原》。艾略特(Thomas Stearns Eliot)曾在自己的名作《荒原》(*The Waste Land*)的扉页,将这首获奖的长诗献给"艾兹拉·庞德——卓越的匠人"(For Ezra Pound, il miglior fabbro)②。其中有一个重要的原因就是庞德担任过这部长诗的编辑,对原诗曾做过大刀阔斧的修改,艾略特本人亦对此深表感激③④。庞德删去的章节里不乏精彩的段落,但功成名就的艾略特在晚年也始终尊重庞德的修改,没有在任何一部选集或全集中恢复自己的最初稿样,这也说明了艾略特内心对庞德删改的接受⑤。

美国出版社的编辑主要有五种类型:(1)组稿编辑或策划编辑(acquiring editor);(2)开发编辑(developmental editor);(3)逐行编辑(line editing);(4)文字加工编辑(copy editor);(5)生产编辑(production editor)。

组稿编辑,更确切地称为采购编辑,负责选书并与作者签订合同,确保出版商有利可图。组稿编辑选书会事先了解以下信息:(1)作者的知名度;(2)与销售部门保持密切联系,获知目标市场需求;(3)咨询分公司权益经理(sub-

---

① Marc Aronson. The Evolution of the American Editor[M]. Gerald Gross (ed.). Editors on Editing. New York: Grove Press, 1993: 11-13.

② Thomas Stearns Eliot. The Waste Land[M]. New York: Horace Liveright, 1922.

③ Allyson Booth. Dedication. In Reading The Waste Land from the Bottom Up[M]. New York: Palgrave Macmillan, 2015: 37-39.

④ Mark Ford. Ezra Pound and the drafts of The Waste Land[EB/OL]. 2016-12-13. https://www.bl.uk/20th-century-literature/articles/ezra-pound-and-the-drafts-of-the-waste-land.

⑤ 远人. 比艾略特更伟大的先锋(外一篇)[J]. 青年作家, 2017 (6): 83-90.

sidiary rights manager），了解哪种类型小说更受读者欢迎，包括故事情节、背景以及哪种类型已经退出流行；（4）时下热点；（5）题材的新颖度，新想法，新声音。此外，考虑到行销，如果作者能在电视脱口秀上侃侃而谈，编辑购书的意愿会增强。当然，编辑也会重点考虑作品的叙事声音、节奏、人物、情节、文采等文学性因素。①

开发编辑的职责是与作者进行创造性合作，策划选题与书稿大纲。开发编辑的工作有时在组稿编辑之前，即书稿酝酿阶段。因为编辑更了解市场，当编辑有了一个选题构想，他们去联系意向作者，共同谋划此书。开发编辑需要深谙写作的艺术，包括故事的谋篇布局、人物性格发展、象征、张力、节奏等，但编辑并不参与写作，只是给作者提建议，帮助作者完成写作任务。当书稿完成或大纲形成，开发编辑会提交采购委员会审核，通过审核则支付作者预付款，签订合同。上述情况下，开发编辑与组稿编辑的职责重叠。还有一种情况是，出版社已经购买某书的版权，但组稿编辑认为此书仍需要进行大的调整，这时出版社也会委托开发编辑提出修改意见与作者讨论。②《狼图腾》即属于这种情况。通常开发编辑是从宏观角度对书稿提出改写建议，但落实到各段、各句的细部改写等则交由逐行编辑来完成。有些出版社开发编辑兼任逐行编辑。

逐行编辑的职责是作为书稿的第一个挑剔的读者，将阅读中的感受、困惑、疑问等提出来与作者探讨，包括段落结构、句子衔接、选词等语言技巧。逐行编辑需要过硬的写作基本功，有些编辑本身就是作家。他们会对书稿中的内容提出增删建议，重点放在表达的清晰度、事实和信息是否足够、段落组织的逻辑性、作者的叙述语气对于目标读者群是否恰当。但编辑不会越俎代庖，只会提出问题是什么，由作者自行修改。③ 比如编辑认为某处会让读者不悦，他/她会细致描述这个问题：

"I also think you might rework some passages that readers may find dated

① Richard Marek. How Books Are Chosen：What Goes into Making an Editorial Decision[M]. Gerald Gross (ed.). Editors on Editing. New York：Grove Press，1993：83-89.

② Paul D. McCarthy. Developmental Editing：A Creative Collaboration[M]. Gerald Gross (ed.). Editors on Editing. New York：Grove Press，1993：134-142.

③ Maron L. Waxman. Line Editing：Drawing Out the Best Book Possible[M]. Gerald Gross (ed.). Editors on Editing. New York：Grove Press，1993：153-168.

and possibly insulting; see checked passages on pages···"①

至于拼写问题、细节的前后一致性、标点符号、语法、参考文献格式等问题则交由文字加工编辑把关,然后再交给生产编辑排版。

各类型编辑工作各有侧重点,大型出版社编辑分工较细,小型出版社的编辑往往身兼多种编辑角色。

笔者本拟采访碧娜·克姆莱尼以了解《狼图腾》编辑的过程细节,但未能如愿。本节将根据网上搜索的克姆莱尼的访谈文章,了解她的工作原则、工作方法,文学写作理念,了解美国编辑的文学审美原则、文学传统,从而了解《狼图腾》改写背后的文化、诗学理念。

1. 克姆莱尼的工作理念

作为一名开发编辑(developmental editor),克莱姆尼拿到的文稿都是需要较大改动或悉心编辑的。有一次她与作者合作把一本 2000 页的书稿删减至 800 页,并且保持了主要故事的完整性,作者对最后的书稿也很满意。一篇文稿要改至三稿、四稿,直到故事脉络清晰、连贯。由此可见美国编辑的敬业以及其对书稿涉入之深。②

"当我拿到文稿时,我不会立刻着手编辑,我会广泛地记笔记,有时密密麻麻地记 15～20 页。读的时候我会放下我的想法和整体印象。将原稿仔细阅读至少一次后,我才开始逐行编辑。编辑前,我会反复阅读相关章节,确认作者的意图及需要如何修改才能达到此意图。"③

当问及如果她和作者陷入僵局,她是否会自己写一段作为范例,她回答说,编辑通常不会替作者去写,而是引导作者澄清思路。④ 由此断定,《狼图腾》中的删节由编辑决定,改写的执行者则是译者葛浩文,其他改动则可能

① Maron L. Waxman. Line Editing: Drawing Out the Best Book Possible[M]. Gerald Gross (ed.). Editors on Editing. New York: Grove Press, 1993: 166.

② Jerry Gross. What a Good Editor Will Do for You[J/OL]. Writers Digest, 2008-03-11. http://www.writersdigest.com/qp7-migration-all-articles/qp7-migration-career-advice/what_a_good_editor_will_do_for_you.

③ Jerry Gross. What a Good Editor Will Do for You[J/OL]. Writers Digest, 2008-03-11. http://www.writersdigest.com/qp7-migration-all-articles/qp7-migration-career-advice/what_a_good_editor_will_do_for_you.

④ Jerry Gross. What a Good Editor Will Do for You[J/OL]. Writers Digest, 2008-03-11. http://www.writersdigest.com/qp7-migration-all-articles/qp7-migration-career-advice/what_a_good_editor_will_do_for_you.

是译者自己的判断，也可能是编辑的建议。

克姆莱尼指出：“编辑不能仅仅是发现问题，比如发现结构、情节、人物、小说的节奏和动机问题或故事本身存在的问题，还要深入思考现有的材料并提出解决方法。编辑至少要知道如何与作者针对存在的问题展开建设性的对话。好的编辑不会越界，不会让作者采取自我防卫，而是带着‘能做什么’的态度面对作品。这样的对话是给人能量的‘鸡汤’，使得作品在二稿、三稿中所需进行的强化、凸显、增删、节制、锤炼、放大等修改工作能顺利实施。因此编辑与作者的早期对话非常重要，就像为马拉松做准备一样。”①

“一个好的编辑不是要把作者批得体无完肤，更不是要把作者的书变成自己的书，更不是要成为合作者。好的编辑是要犀利地发现作品中的金块，并把糟粕也变成金子。我认为我的工作是给作者提供 spa 服务，即细心滋养作品，与作者携手打造好的作品，我热爱这种工作，我希望我的工作能体现这种热爱。”②

2. 克姆莱尼眼中的好作品

“我不希望一部作品给我的感觉是作者懒惰，作品没有真正的焦点，重复、松垮、中途更改故事路线，情节线孤立，与主要情节不相关，语言含糊，感觉作者对全书没有深思熟虑。我希望看到的是对语言的热爱，措辞考究，比喻富有巧思、有趣、新颖。我喜欢对话能显示出对人们真实对话的倾听，一个景象、一个焦点、一种热切让读者能看到、听到、感受到笔下的世界。当我觉得作品像是一个精心培养的、聪明的孩子，我对写作过程的敬意会油然而生。”③

3. 克姆莱尼对小说写作的建议

“为读者洒下‘面包屑’，而且‘面包屑’都事出有因。不要一次把真相都揭示出来，将故事戏剧化，不要一览无遗。每一句对白都是必要的，但人物没说的话和已说出来的话同样重要。如果读者不知情，会吊起他们的胃口。想想是什么使读者愿意一页接一页地读下去。写作时，不要重复以前的内

---

① Meet Beena Kamlani[EB/OL]. https://whenwordscountretreat.com/about-beena-kamlani/.

② Jerry Gross. What a Good Editor Will Do for You[J/OL]. Writers Digest，2008-03-11. http://www.writersdigest.com/qp7-migration-all-articles/qp7-migration-career-advice/what_a_good_editor_will_do_for_you.

③ Meet Beena Kamlani[EB/OL]. https://whenwordscountretreat.com/about-beena-kamlani.

容,相信读者能记得。"①

克姆莱尼自己也是作家,她的创作理念以及对文学的高标准要求必然会体现在《狼图腾》的编辑过程中。从编辑自述中可窥见《狼图腾》改写的端倪,纵览微观英译本的改写,也可体察编辑的文学创作理念。

三、《狼图腾》英文版删节面面观

笔者细心比照了《狼图腾》的中、英版本,梳理出中、英文版的差异之处,发现英文版删节部分达90多页,至少有原著的四分之一。删节最显著的是每章开头的史料部分,以及结尾处的"理性探掘——关于狼图腾的讲座与对话"(删除44页,仅保留有故事情节的几段话)。此外,正文中也有多处大段删节。

删节可分为以下几大类:(1)每个章节前的史书引证;(2)文化省译;(3)历史宣讲;(4)卫星人物、卫星事件;(5)叙事中的抒情;(6)作者的臆想;(7)知识性细节;(8)可信性考量;(9)考虑读者的阅读感受。

1.每个章节前的史书引证

姜戎遍寻中外史书,将《资治通鉴》《草原帝国》《萨满论》等史书上关于狼的零星记载置于每一章的引言部分,佐证了狼与蒙古族、与长生天、与其他少数民族的关系;通过狼的传奇故事渲染狼的神秘感;以文史互证的方式找到蒙古族狼图腾崇拜的历史渊源。

2.文化省译

姜戎在书中提及很多中国典故,由于这些插曲与情节无关,译本中都略去了。典故如苏武牧羊、烽火戏诸侯、空城计,东郭先生和狼;历史人物如董存瑞、黄继光、杨根思、王昭君、鲁迅、陈寅恪、李白诗歌、红色娘子军等;作者重复提及的儒家传统、农耕、仁治等也被略去。英文版第123页还省译了关于狗的成语。

3.历史宣讲

英文版中删除了较多作者借助人物对话发表的他对人类进化史、中国历史、世界历史的看法,包括农耕文明的发展与衰落的宏论(有部分删节),

① Susanne Marie Poulette. My Takeaways from the Unicorn Writers' Conference[EB/OL]. 2015-08-28. https://thewritersloop.me/tag/beena-kamlani/.

关于劳动创造人类的辩论,人类进化、历史、文明发展;由狼马大战联想到的人类战争,由动物界的弱肉强食联想到的人类进化史;对历史事件与屯垦戍边政策的浩论等。世界历史包括奥斯曼帝国的建立,欧洲列强的发家史,西方海狼的隐喻等,此类删节较多。

4.卫星人物、卫星事件

《狼图腾》中有一些与情节关联不大的人物与事件,比如人物宫布(英文版第135—136页)、杨克为保护水鸟与包顺贵起冲突(英文版第234页),与情节无关的细节,比如古时候狼祸害牲畜的传说(英文版第113页)。这种类型的删节并不多。

5.叙事中的抒情、议论

在故事紧张进行的过程中,作者插入了较多的心理描写、抒情和议论,从而拖慢了故事节奏。

6.作者的臆想

作者在描写的时候,加入了很多臆想部分,不太经得起推敲,而且使故事拖沓。比如狼与人类文明的关系,从狼叫声联想到号角声、蒙古歌,从而推论出人从狼叫声获得灵感;从小狼害怕被放在笼子里,联想到英雄安泰和大地母亲盖娅的神话故事。作者臆测狼嗥带着哭腔的原因,是出于精神恐吓或哀兵必胜的战略思想。这些臆想会令读者对故事的可信性产生质疑。

7.知识性细节

文中有很多知识性细节,专业术语,比如马鞍、嚼子、驯马、养马、骟马技术,比如天鹅做巢(英文版第230—231页),这些细节的加入更像是科普读物或探索频道(Discovery)纪录片,冲淡了小说的故事性。

8.可信性考量

文中有一些夸大的描写,比如小狼的心理描写,编辑考虑到可信性问题将其删除。

9.考虑读者的阅读感受

为使小说能被更多读者接受,英文版对血腥场面的细节描写以及民族意识形态浓烈之处做了删除。

英文版中的删节部分详见表9(并未包含所有删节之处)。

表 9　英文版中的主要删节之处

1.每个章节前的史书引证	《汉书·匈奴传》、《魏书·蠕蠕匈奴徒何高车列传》、《史记·大宛列传》、《周书·突厥》、《乌护汗史诗》、《中国古代史纲》、《蒙古秘史》、波斯《史集》、《成吉思汗十三翼考》、《黑达事略》、《资治通鉴》、《世界征服者史》、(法)《草原帝国》、《萨满论》、《中国通史简编》、《草原文化与人类历史》、(英)《世界史纲》、《唐代政治史述论稿》、《而已集·略论中国人的脸》、《后汉书·西羌列传》
2.文化省译：历史人物、诗词、典故	苏武牧羊(P73)、烽火戏诸侯(P203)、鹬蚌相争(P15)、东郭先生(P273)、董存瑞、黄继光、杨根思(P60)、王昭君(P189)、鲁迅(P315)、陈寅恪(P304)、空城计典故(P5) 红色娘子军、天鹅湖芭蕾舞(P231) 岳飞的《满江红》(P14) 李白诗歌(P283-284)
3.历史宣讲：对于人类历史的宏论(穿插于人物对话中或主人公思绪的延伸)	金兵与蒙古兵作战历史(P21) 游牧民族的军事才能(P62) 人类进化的过程(P317) 人物对话中的历史宣讲(P135) 世界历史:奥斯曼帝国的建立,欧洲列强的发家史,西方海狼的隐喻(P135);突厥骑兵的狼性得以征服东罗马和古埃及(P153) 对于人类进化、历史、文明发展的议论(P171) 关于劳动创造人类的辩论(P197,共 7 段文字) 民族精神的衰落与屠杀狼之间的关系(P186) 由狼马大战联想到的人类战争,动物界的弱肉强食(P56) 儒家思想,维护农耕社会"水可载舟,亦可覆舟"(P253)
4.卫星事件、卫星人物,突兀的插叙	卫星人物官布(P135-136) 杨克为保护水鸟与包顺贵起冲突(P234,P235) 毕利格老人讲述老狼的故事(P113) 乌力吉的话(P149) 张继原的生平与草原事迹(P143) 插叙:毕利格老人的介绍(P10 第 5 段后半部分,第 6 段) 在人物对话中插入小狼的行动(P189) 蚊灾事件中插叙了很多零散的草原记事(P280-283)
5.叙事中的抒情及议论	狼马大战中的抒情(P55,P56) 小狼想要逃脱囚笼,对狼精神的抒情及议论(P139)
6.作者的臆想	狼害怕被放在笼子里,联想到英雄安泰和大地母亲盖娅的神话故事(P327) 狼对人类的影响:人学习狼的部分,比如狼叫与号角声(P242);狼叫声的多重比拟,蒙古歌与狼叫的关系(P257); 狼与人类文明的关系(P62、P74) 生命的真谛不在于运动,而在于战斗(P173) 草原人的生命通过狼回归大自然(P203) 由狼粪到狼烟、烽火台等臆想(P203-206) 狼烟事件后陈阵望着草原,联想到太平洋海战(P283-284)

7.知识性细节	(P191—194),马鞍、嚼子、驯马、养马、骟马技术,天鹅做巢(P230—P231),小狼做窝的细节(P221)
8.可信性考量	饿狼肚子破了,还在吞食马尸(P49)
9.考虑读者的阅读感受	狼马大战的血腥场面,删去两段内容(P50、P55倒数第二段) 马被狼残食后的狼藉场面(P56) 由狼联想到的日本法西斯主义、南京大屠杀(P56) 日本的武士道精神(P60)
10.简化景物描写	简化景物描写(P229)
11. 书末后记	"理性探掘——关于狼图腾的讲座与对话"删除44页

虽然,译本中删除了作者的历史宣讲,但是作者的核心理念——将儒家的和平主义、重视教育与狼图腾精神结合起来重塑国民精神,以及狼与草原生态平衡的关系的论述,在译文中被完整地保留下来。可见,删节并没有改变原书的精神实质。

四、翻译·改写·叙事美学

《狼图腾》首先是一部小说,但它糅合了很多政治、历史的元素,因此亚马逊网站将其归为类型小说里的历史小说以及政治小说,同时也将其归入纯文学类。姜戎是一个历史学家,他对狼的崇拜使他穷尽所能,将一切有关狼的俗谚、典故、传说、中外神话故事(如英雄安泰和大地母亲盖娅的神话故事)、中外史书记载、游牧民族相关历史、战争、狼的身体、智慧,与人类文明、兵法等交错糅合。这部文化内容丰厚的小说中夹叙着人类历史、中国历史、世界文明史,还夹杂了很多技术性知识,因而作品文体特征模糊。

企鹅集团是商业出版社,其书籍是面向大众读者的。由于作品的自然生态主题具有世界性意义,出版社出于打造全球畅销书的需要,弱化了《狼图腾》的民族色彩与意识形态色彩,旨在将其改造成一个具有普适意义的故事,从而赢得更多世界各地的读者。因此编辑从小说的要素及写作原则来裁夺素材取舍。英文版体现出简洁朴实的文风以及冷静的叙事声音,由于编辑和译者都是美国人,从英文版中的删改可探究美国读者的审美心理。

本节根据克姆莱尼的编辑理念、美国奇幻作家娥苏拉·勒瑰恩倡导的创造性写作的基本要素,以及《小说面面观》《写作的零度》等文学批评论著,探寻

第四章 文学翻译的跨文化改写

《狼图腾》英译本删节背后的文学规约、动机与审美趣味，从文学、意识形态的角度解析编辑、译者删改行为的心路历程。

勒瑰恩所著《奇幻大师勒瑰恩教你写小说》(*Steering the Craft：A Twenty-First-Century Guide to Sailing the Sea of Story*)于1998年问世，市场反应热烈，稳定销售至今；而她本人亦在写作工坊任教，她的著述代表了美国人的阅读和写作风尚。美国编辑通常都接受过创意写作的训练，他们便是在这样的文学规约下实践着创作原则。从这个角度来看，勒瑰恩的创意写作指南在一定程度上代表着美国作者、读者的文学规约，也可由此分析译者改写的依据。

1. 叙事节奏(Pace)与题材的取舍

为使故事节奏紧凑，故事线明晰，英文版中省去了很多卫星事件(指非核心事件及情节)、次要人物的插叙事件，删除了作者在叙事中穿插的大量议论、抒情与联翩臆想。

英语小说追求文笔精简。"情节里的每个动作和字眼都应关系重大，有个着落；应该文笔经济简约，不事渲染。纵然它错综复杂，也应结构紧凑，并无任何与主题无关的内容。"(Every action or word in a plot ought to count; it ought to be economical and spare; even when complicated it should be organic and free from dead matter.)[①]

勒瑰恩指出故事中题材的取舍需要符合饱满(crowding)与跳脱(leaping)原则。故事应该按照一定的轨道推进，"饱满和跳脱必须和焦点及轨道相关"[②]。"饱满是指故事充实，里面充满发生的各种事件；故事能持续推进，不会松松垮垮的，漫无方向地陷入旁枝末节；故事还要能环环相扣，前后呼应……不过跳脱也同样重要，字里行间必须留白，声音周遭应静默无声。列出清单不等于描写刻画，唯有相关细节才得以保留。"[③]这段话说明小说的选材应沿着既定的故事线，焦点部分应丰富细致，但细枝末节部分则应舍弃，而且

---

① E.M.福斯特.小说面面观[M].朱乃长，译.北京：中国对外翻译出版公司，2002：235.

② 娥苏拉·勒瑰恩.奇幻大师勒瑰恩教你写小说(Steering the Craft：A Twenty-First-Century Guide to Sailing the Sea of Story)[M].齐若兰，译.新北市：木马文化事业股份有限公司，2016：218.

③ 娥苏拉·勒瑰恩.奇幻大师勒瑰恩教你写小说(Steering the Craft：A Twenty-First-Century Guide to Sailing the Sea of Story)[M].齐若兰，译.新北市：木马文化事业股份有限公司，2016：208-209.

不要解释得太详细,应给读者足够的想象空间,否则读者会失去阅读的乐趣。

关于"跳脱"的重要性,克姆莱尼曾提到:"作者常常低估读者,他们过度解释以图清晰明了。但是,这种倾向往往使得作品枯燥乏味。读者不想要被告知,他们不知道的东西自然而然成为悬念,读者想要惊奇。一旦悬念消失,通常读者就觉得没必要读下去了。"①写作技巧中有一条重要的原则是展示而不要告知(Show rather than tell)。从这个角度来看,《狼图腾》原著中多处出现的议论和抒情在译文中被删除,也是为了"留白"和避免重复,让读者自己去思考。

E.M.福斯特②提出的一些写作原则也可为译文中删除作者的臆想做注脚。"人物不可沉思默想得过于长久。他们不能在自己心理的那个梯子上爬上爬下地浪费时间"③,因为更多读者是出于好奇心来阅读小说,他们想知道后来发生了什么,因此删除冗长的内心独白是为了加快叙事节奏,让小说更加引人入胜。

2.叙事视角(叙事声音)

《狼图腾》采用第三人称全知视角,作者自由穿行于小说人物的心理角色,包括狼的心理角色中。陈阵是主人公,也是主要的观点人物,作者借陈阵之口置入观点,但也会瞬间切换到画外音评论,使得视角切换频繁。英文版中视角相对集中在第三人称内视角,减少了画外音。

维多利亚时代的小说多采用第三人称(全知的作者)叙事方式,但现代小说多采用第一人称或有限的第三人称来叙事,这或许源于"怀疑一切"的现代哲学精神使得人们对于作者洞察一切的绝对权威产生了怀疑并以逆反方式进行批判。"疏离的作者是一九〇〇年前后流行的叙事声音,作者从来不曾进入角色的内心世界,他可能会详细地描绘人物与地方,但在涉及价值和判断时,则只会间接暗示。"④罗兰·巴尔特主张"零度的写作",即"中性的""白色的""无风格的写作","这种中性的新写作存在于各种呼声和判决的环境里而又毫

---

① Q & A with Editor Beena Kamlani. Posted by Writers' League Staff[EB/OL]. 2011-03-31. https://www. google. com. hk/amp/s/writersleagueoftexas. wordpress. com/2011/05/31/q-a-with-editor-beena-kamlani/amp/

② 《小说面面观》的作者 E.M.福斯特,以小说《印度之旅》享誉世界。

③ E.M.福斯特. 小说面面观[M]. 朱乃长,译. 北京:中国对外翻译出版公司,2002:231.

④ 娥苏拉·勒瑰恩. 奇幻大师勒瑰恩教你写小说(Steering the Craft: A Twenty-First-Century Guide to Sailing the Sea of Story)[M]. 齐若兰,译. 新北市:木马文化事业股份有限公司,2016:131.

不介入其中"，他认为作者的"不介入""不在""沉默"才使作品具有了超越时间的价值①，因为作者的评论或判断、其刻意追求的文学风格为作品打上了时代的烙印，也剥夺了读者思考的空间。亨利·詹姆斯也提倡让故事自我上演，加大故事与叙述之间的距离，减少叙事声音。② 勒瑰恩也建议"作者应练习进入角色去推动故事，透过他们的眼睛看世界，不置评、不说教"③。由此可见，疏离的叙事声音是当前英美小说的新常态。下述各例中画线部分为译者省略未译的部分。

[1]陈阵不敢在此神圣之地多停留，生怕惊扰了死者的灵魂、亵渎了草原民族的神圣信仰，便恭恭敬敬地向老人鞠了一躬……。他注意到最后一段车辙印七扭八歪，仿佛还在眼前颠簸。陈阵用自己的步幅大致量了量死者的最后一程，大约有40～50米，它浓缩了草原人动荡、坎坷的人生旅程。人生如此之短促，而腾格里如此之永恒，从成吉思汗到每个牧人，毕生中向天呼喊的最强音就是：长生天！ 长生天！ 长生腾格里！ 而草原狼却是草原人的灵魂升上长生腾格里的天梯。④

He had no hcart to loiter at that sacred place, fearful of agitating the soul of the deceased and of desecrating the sacred beliefs of the grassland people; so, with a respectful bow to the old man, he led his horse away from the burial site. (英文版第64页)

[2]汉语中有几十种骂狗的话：狼心狗肺，猪狗不如，狗屁不通，狗娘养的，狗仗人势，狗急跳墙，鸡狗升天，狗眼看人低，狗腿子，痛打落水狗，狗坐轿子不识抬举，狗嘴里吐不出象牙，狗拿耗子多管闲事，肉包子打狗有去无回……西方人也不懂中国人为什么总拿狗来说事儿。⑤

We have dozens of curses based on dogs: "rapacious as a wolf and savage as a dog"; "A dog in a sedan chair does not appreciate kindness"; "You cannot get ivory from a dog's mouth"; "Only busybody dogs catch

---

① [法]罗兰·巴尔特. 写作的零度[M]. 李幼蒸，译. 北京：中国人民大学出版社，2008：48-55.
② 申丹，韩加明，王丽亚. 英美小说叙事理论研究. 北京：北京大学出版社，2005：119.
③ 娥苏拉·勒瑰恩. 奇幻大师勒瑰恩教你写小说(Steering the Craft：A Twenty-First-Century Guide to Sailing the Sea of Story)[M]. 齐若兰，译. 新北市：木马文化事业股份有限公司，2016：186.
④ 姜戎. 狼图腾[M]. 武汉：长江文艺出版社，2004：40.
⑤ 姜戎. 狼图腾[M]. 武汉：长江文艺出版社，2004：123.

rats"; "Throw a meaty bun at a dog, and it won't come back"... (英文版第196页)

从以上译文中可见,译者省译了部分关于狗的俗语,使表述简洁。最后一句话是关于中西文化差异的评论,与上下文脱节,作者的介入感明显,因此译者也删除了。

[3] 尽管几个月来,小狼常常做出令陈阵吃惊的事情,但是此时,陈阵还是又一次感到了震惊。小狼学狗叫不成,转而改学狼嗥,一学即成,一嗥成狼。那狼嗥声虽然可以模仿狼群,但是长嗥的姿态呢? 黑暗的草原,小狼根本看不见大狼是用什么姿态嗥的,可它竟然又一次无师自通。小狼学狗叫勉为其难,可学狼嗥却是心有灵犀一点通。真是狼性使然。小狼终于从学狗叫的歧途回到了它自己的狼世界。小狼不鸣则已,一鸣惊人! 小狼长大了,从此长成一条真正的草原狼。陈阵深感欣慰。①

Over several months, the cub had done many things to surprise Chen, but this amazed him. Since he hadn't been able to imitate the barking of dogs, the young wolf had turned instinctively to the sounds a wolf makes, and mastered it at once. But how had the posture come to him? That was something he could not have seen, certainly not in the dark of night.(英文版第361页)

[4] 然而,随着小狼的嗥声一声比一声熟练、高亢、嘹亮,陈阵的心像被小狼爪抓了一下,突然揪紧了。偷来的锣敲不得,可是偷来和偷养的小狼却自己大张旗鼓地"敲打"起来了,唯恐草原上的人、狗、狼不知道它的存在。陈阵暗暗叫苦:我的小祖宗,你难道不知道有多少人和狗想打死你? 有多少母狼想抢你回去? 你为了躲避人挖了一个洞,把自己藏起来,你这一嗥不就前功尽弃了吗? 这不是自杀吗? 陈阵转念一想,又突然意识到,小狼不顾生命危险,冒死高嗥,肯定是它让它的爸爸妈妈来救它。它发出自己的声音以后,立刻本能地意识到自己的身份——它不是一条"汪汪"叫的狗,而是野外游荡长嗥的那些"黑影"的其中一员。荒野的呼唤在呼唤荒野,小狼天性属于荒野。陈阵出了一身冷汗,感到了来自人群和狼群两个方面的巨大压力。②（539字）

---

① 姜戎. 狼图腾[M]. 武汉:长江文艺出版社,2004:242.
② 姜戎. 狼图腾[M]. 武汉:长江文艺出版社,2004:242-243.

Each howl the cub made was more natural, louder and more resonant than the one before; and each one pierced Chen's heart. A stolen gong will never ring out, they say, but this stolen and human-nurtured wolf rang out with no help from the thief, <u>in triumphant self-assertion.</u>（增译）Then Chen realized that the cub was howling to be found: he was calling for the wild to which he belonged. Chen broke out in a cold sweat, feeling suddenly hemmed in between man and wolf.（151 单词,英文版第 361 页）

例[4]的英译把臆测的小狼的心理描写删除,保留更具纪实性的部分。中文画线部分在译文中被高度浓缩为一句话——Then Chen realized that the cub was howling to be found: he was calling for the wild to which he belonged.译文略去了原著中有关小狼呼唤父母的情感猜想,将原文的"向父母求救"置换为"寻求被荒野中的同类发现"。

改写者将故事情节中的议论及抒情删除,减少叙事者(作者)的声音,将叙事声音尽量限定为第三人称有限视角,使读者更能专注于故事情节,不受置入的议论干扰。减少对于狼的心理描写,使叙述更具有可信性。

3. 叙事语气(tone)

作者在以某一种视角或声音叙事的过程中,流露出某一种语气、神态,读者在阅读中逐步形成对叙事者的观感,比如叙事者是否值得信赖,是否可亲、可敬等。根据作者的个性或作者希望营造的阅读感受,小说的叙事语气可以是多种多样的,如市井的、庄重的、严肃的、异想天开的、自信的、乞求的、直接了当的、诡秘的、轻快的、滑稽的、居高临下的、喜剧的、戏谑的、沉重的、讽刺的、亲密的、热情的、悲伤的……①很多读者甚至仅凭小说的叙事语气就决定是否喜欢一本书。

相较于中国现代小说,英语小说的叙事声音偏冷静,不喜夸大的抒情(unqualified enthusiasm),因为冷静的叙述声音能产生更大的张力。英语小说的这种特点可以归结为反知性主义(anti-intellectulism)②,反滥情主义(anti-

---

① 参见维基百科[https://en.wikipedia.org/wiki/Tone_(literature)]。

② 参见第二章第三节,杜博妮解释说"反知性主义"在文学上表现为反对"文学是启蒙教育大众的工具"这种观点。

sentimentalism)①美学思想。受理性主义熏陶的现代英美读者认为读者和作者是平等的,读者有独立思考的自由,不想被教化,他们将过度渲染感情视为"滥情主义"。

《狼图腾》是草原生态的挽歌,作为历史学家,姜戎借陈阵和杨克之口做了大量的有关汉蒙关系、农耕与游牧文明优劣的辩论和演讲,因此作品难免给人一种说教的感觉。而且,这种论述多次出现,令人感觉累赘。此外,作者对游牧民族以及对狼的崇拜、赞美之情溢于言表。为了渲染狼的神秘性与优越性,作者将狼与很多事物关联起来,令人感觉牵强,不可信。比如,狼眼的颜色与雾灯,狼眼的形状与吊睛白额大虎和女鬼的眼睛,狼的叫声与号角的关系,等等。此外,作者在叙事过程中还穿插了大量抒情话语。

考虑到英语读者的阅读感受,英文版大段删除了上述内容。

(1)对"夸大的抒情"的改写

[1](杨克想起了狼。)此刻,那一条条凶恶的草原狼,竟然显得特别可亲可敬,它们用最原始的狼牙武器,在草原上一直顽抗到原子时代,能让他最后看上一眼草原处女天鹅湖的美景。②

这段抒情文字在英文版中被删除,狼会欣赏天鹅湖吗?狼会有"顽抗"保护自然的意识吗?域外读者可能会对此段文字不以为然。

[2]陈阵终于看清了这片边境草原魅力的处女地,这可是中国最后一片处女草原了,美得让他几乎窒息,美得让他不忍再往前踏进一步,连使他魂牵梦萦的萨克顿河草原都忘了。陈阵久久地拜服在它的面前,也忘记了狼。③
(P153)

例[2]的英文版为:At last Chen laid eyes on virgin grassland, possibly the last of its kind in all of China, and breathtakingly beautiful.(第240页)删除了画线部分的文字使英文翻译显得更加冷静客观。

[3]而这种性格,对狼来说却是普遍的,与生俱来,世代相传,无一例外。而将具有此种性格的狼,作为自己民族的图腾、兽祖、战神和宗师来膜拜,可以

---

① 英国18世纪曾盛行感伤主义小说,其特征是着重情感表现,树立道德典范人物,从而感染读者以达到教化读者的目的。由于其过度渲染情感而被后世读者抨击。参见:朱卫红.《多情客游记》与感伤主义小说的伦理价值[J]. 外国文学研究,2007(05):74.

② 姜戎.狼图腾[M].武汉:长江文艺出版社,2004:183.

③ 姜戎.狼图腾[M].武汉:长江文艺出版社,2004:153.

第四章 文学翻译的跨文化改写

想见,它对这个民族产生了何等难以估量的影响。都说榜样的力量是无穷的,而图腾的精神力量远高于榜样,它处在神的位置上。①

小狼还没睁开眼睛就循着气味逃回荒野,作者由此阐发议论和感慨。英文版中这段文字被删除。

(2)对"可信性"的强化

说故事的声音能不能令人信服,这是读者选读一本书的先决条件。读者需要信任作者,如果读者对作者的观点不以为然或感觉作者的感情不真实,夸大其词,则会产生厌弃心理。《狼图腾》中有多处删节对域外读者来说属于可信性问题。

[1]小狼的瞳仁瞳孔相当小,像福尔摩斯小说中那个黑人的毒针吹管的细小管口,<u>黑丁丁,阴森森,毒气逼人。陈阵从不敢在小狼发怒的时候与小狼对视,生怕狼眼里飞出两根见血毙命的毒针</u>。②

上例中,画线部分被删除,也许是出于可信性的考虑,即消除影响可信性的文字表述。

[2]陈阵听得毛骨悚然。虽然他自己完全相信哈所长的科学结论,但此后,草原狼却更多地以飞翔的精怪形象出现在他的睡梦中。他经常一身冷汗地从梦中惊醒。他以后再也不敢以猎奇的眼光看待草原上的传说。<u>他也开始理解为什么许多科学家仍然虔诚地跪在教堂里</u>。③(画线部分被删除)

很多中国人把宗教当作迷信,相信科学的唯物主义者往往不信宗教;但在西方社会宗教情感是很神圣的,不等同于迷信,因此上例画线文字会令西方读者费解或不以为然,若不删除会有画蛇添足之嫌。

[3]几朵蓬松的白云,拂净了天空。老人抬眼望着冰蓝的腾格里,满目虔诚。<u>陈阵觉得只有在西方的宗教绘画中才能看到如此纯净的目光</u>。④

Patchy clouds floated above. The old man gazed up into the icy blue of Tengger, a look of devotion on his face.(英文版第16页)

画线部分在译文中被略去,因其也有画蛇添足之嫌,在译者看来,虔诚本身就是一种宗教情感。

---

① 姜戎. 狼图腾[M]. 武汉:长江文艺出版社,2004:139.
② 姜戎. 狼图腾[M]. 武汉:长江文艺出版社,2004:270.
③ 姜戎. 狼图腾[M]. 武汉:长江文艺出版社,2004:39.
④ 姜戎. 狼图腾[M]. 武汉:长江文艺出版社,2004:12.

（3）对意识形态色彩的弱化

考虑到不同读者群的民族情感，英文版中删除了作者表达民族情绪的部分，比如由狼的自杀式报复行动联想到日本的武士道精神及其与法西斯主义的结合。

考虑到域外读者的历史认知，英文版中有一些细节改动，比如"北京从前是蒙古人的大都，也是当时世界的首都啊"①，英文将"世界的首都"翻译为"International city"。又如列宁被译成"Russian dictator"（英文版第 267 页）等。

毕利格老人大笑道：再过一年，我都不敢到北京去见你们的家长了，我把你们俩都快教成蒙古野人了。杨克喷着酒气说：汉人需要蒙古人的气概，架长车冲破居庸关阙，冲向全球。陈阵放开喉咙连叫三声阿爸！阿爸！阿爸！将酒壶举过头顶，向毕利格老酋长敬酒。老人连灌三大口，乐得连回三声：米尼乎，米尼乎，米尼赛乎（我的孩子，我的孩子，我的好孩子）。②

With a burst of laughter, Bilgee said, "I'd be afraid to go see your parents in Beijing a year from now, since by then I'll have turned you into Mongol savages."

"We Han could use a heavy dose of Mongol spirit," Yang Ke said, the smell of liquor strong on his breath.

At the top of his lungs, Chen Zhen shouted "Papa" three times, raised the flask in his hand above his head, and toasted the "Venerable Tribal Leader". Then old man took three drinks from his flask and responded, "*Minihu*, *minihu*, *minisaihu*" (My child, my child, my good child).（英文版第 52—53 页）

译者将杨克的话省译，略去了诗词典故以及富有宣传口号特色的话语，弱化了其民族对比心态。

（4）对血腥场面描写的删节

考虑到应以冷静客观的叙事声音为主导，也考虑到读者的阅读感受，一些对血腥场面的描写在译文中被删掉，比如狼马大战的血腥场面，马被狼残食后

---

① 姜戎.狼图腾[M].武汉：长江文艺出版社，2004：164.
② 姜戎.狼图腾[M].武汉：长江文艺出版社，2004：34.

的狼藉场面,饿狼肚子破了,还在吞食马尸等。

4.小说结构

英文版中结构调整较显著的是删除每章前引用的史料记载,删除书末附录的"理性探掘——关于狼图腾的讲座与对话"。此外,还有一些细部的调整,包括删除与情节无关的插叙;为使段落结构清晰、主题一致,对段落进行拆分或整合等。此外,为使内容集中,也会将散落在不同页码上的信息集中在一起,比如:将原著第 43 页倒数第二段合并到第 39 页,使内容中的丧葬仪式部分更集中,也使第 43 页巴图与狼作战部分在情节上更紧凑。

值得注意的是,为使读者了解来龙去脉,针对第一章陈阵回忆起第一次遭遇草原狼的惊险经历,英文版增添了原文没有的一些故事背景:一是两年前陈阵作为知识青年从北京来到内蒙古;二是内蒙古的呼伦贝尔草原的地理位置——大兴安岭的西南。这些背景介绍对于外国读者理解作品来说是必要的铺垫,对于故事情节的发展以及气氛的渲染也大有裨益。

5. 语言风格的一致性

《狼图腾》整体来看是一部小说,但作者借助陈阵、杨克之口发表了其对人类社会和历史的宣讲,又穿插了很多常识性的信息,使得文体风格不像虚构作品,反而读起来像科普读物或历史书,因此英文版中删除了技术性说明文字以及西方读者已经熟知的历史及文化人类学常识等。

(1)删除技术性强的文字

小狼的眼睛是小狼脸上最令人生畏和着迷的部分。小狼的眼睛溜溜圆,但是内眼角低,外眼角高,斜着向两侧升高。如果内外眼角拉成一条直线,与两个内眼角的连接线相接,几近 45 度角,比京剧演员化妆出来的吊眼还要鲜明,而且狼眼的内眼角还往下斜斜地延伸出一条深色的泪槽线,使狼眼更显得吊诡。陈阵有时看着狼眼,就想起"柳眉倒竖"或"吊睛白额大虎"。狼的眉毛只是一团浅黄灰色的毛,因此,狼眉在狼表示愤怒和威胁时起不到什么作用。狼的凶狠暴怒的表情,多半仗着狼的"吊睛"。一旦狼眼倒竖,那凶狠的威吓力决不亚于猛虎的白额"吊睛",绝对比"柳眉倒竖"的女鬼更吓人。更为精彩的是,小狼一发怒,长鼻两侧皱起多条斜斜的、同角度的皱纹,把狼凶狠的吊眼烘托得越发恐怖。

小狼的眼珠与人眼或其他动物的眼睛都不同,它的"眼白"呈玛瑙黄色。都说汽车的雾灯选择为橘黄色,是因为橘黄色在雾中最具有穿透力。小狼的瞳仁瞳孔相当小，像福尔摩斯小说中那个黑人的毒针吹管的细小管口，<u>黑丁丁，阴森森，毒气逼人</u>。陈阵从不敢在小狼发怒的时候与小狼对视，<u>生怕狼眼里飞出两根见血毙命的毒针</u>。①（458 字）

His eyes were the most fearsome and yet the most fascinating part of his face. They were round, but slanted upward and outward, and were more striking than the eyes painted on the face of a Beijing Opera performer. The inner corners of his eyes slanted downward to form a dark tear-duct line, giving them an especially eerie appearance.

The cub's eyebrows were a light gray-yellow mass of fur, not particularly effective in showing anger. For that, the eyes held the key. Most terrifying were the furrows that formed alongside his nose when he was angry.

The cub's eyes differed fundamentally from those of humans or other animals. The "whites" were more an amber yellow, which, Chen felt, had a penetrating power over human and animal psychology. The cub had small irises, dark and forbidding, like the tiny opening in the blowpipe used by the black man in one of Sherlock Holmes's stories. When the cub was angry, Chen dared not look him in the eye.（166 个单词，英文版第 399—400 页）

上例中，英文版删除了技术性文字以及夸张渲染的部分，使得叙述简洁、客观。类似的例子还有对天鹅作巢（第 230 页）等细节描述的删省。

此外，大段的说明文字团块（expository lump）是小说创作的大忌。勒瑰恩指出，"无论在任何类型小说中，技巧纯熟的作家绝不会让说明文字在故事中形成团块，他们会将资讯拆开后精雕细琢，形成一个个建构故事的小砖块……如何把资讯埋在故事中，其实是可以学习的技巧……我们练习的是如何不着痕迹地说明事情。"②为避免大段说明性文字，译文删去了正文中的说明文字（第 16 页第五段部分文字），改用地图来表征额仑草原的地理位置，使之一目了然，增强了解读效果。

---

① 姜戎. 狼图腾[M]. 武汉：长江文艺出版社，2004：270.
② 娥苏拉·勒瑰恩. 奇幻大师勒瑰恩教你写小说（Steering the Craft：A Twenty-First-Century Guide to Sailing the Sea of Story）[M]. 齐若兰，译. 新北市：木马文化事业股份有限公司，2016：177.

（2）简洁、朴实的文风

为使文风简洁利落，译者对原文中重复的、繁复的或枝节性的描写采取了合译、缩译。

[1]冲到花前，杨克惊得像是秋翁遇花神、花仙那样快要晕过去了。在一片山沟底部的冲击沃土上，三四十丛芍药花开得正盛。每丛花都有一米高，一抱粗。几十支小指那样粗壮的花茎，从土里密密齐齐伸出来，伸到一尺多就是茂密的花叶，而花叶上面就开满了几十朵大如牡丹的巨大白花，将花叶几乎完全覆盖。整丛花像一个花神手插的大白花篮，之间密密匝匝的花朵，不见花叶，难怪远看像白天鹅。杨克凑近看，每朵花，花心紧簇，花瓣蓬松，饱含水分，娇嫩欲滴；比牡丹活泼洒脱，比月季华贵雍容。他从未在纯自然的野地里，见过如此壮观、较之人工培育更精致完美的大丛鲜花，几乎像是天鹅湖幻境里的众仙女。①

When he reached the flowers, Yang Ke nearly fainted. Thirty or forty patches of flowers were blooming in wild profusion in the rich soil. The bushes stood three feet tall. He went up for a closer look. The pistils were in clusters, the petals sprinkled with water, delicate and more handsome than ordinary peonies, more sumptuous and graceful than Chinese roses. Never before had the natural world presented him with such unspoiled beauty.（英文版第279页）

此处中国神怪小说里秋翁花神的故事被隐去，有关花茎的粗细、花瓣状貌的描写被省去，将花喻为天鹅、仙女等的比喻句也被删去。译者更注重写实性描写，略去了神话色彩和渲染的笔墨。

[2]陈阵终于看清了这片边境草原魅力的处女地，这可是中国最后一片处女草原了，美得让他几乎窒息，美得让他不忍再往前踏进一步，连使他魂牵梦萦的萨克顿河草原都忘了。陈阵久久地拜服在他的面前，也忘记了狼。

眼前是一大片人迹罕至、方圆几十里的碧绿大盆地。盆地的东方是重重叠叠、一层一波的山浪，一直向大兴安岭的余脉涌去。绿山青山、褐山赭山、蓝山紫山，推着青绿褐赭蓝紫色的彩波向茫茫的远山泛去，与粉红色的天际云海相汇。盆地的北西南三面，是浅碟状的宽广大缓坡，从三面的山梁缓缓而下。

---

① 姜戎. 狼图腾[M]. 武汉：长江文艺出版社，2004：179.

草坡像是被腾格里修剪过的草毯，整齐的草毯上还有一条条一片片蓝色、白色、黄色、粉色的山花图案，色条之间散点着其他各色野花，将大片色块色条，衔接过渡得浑然天成。①

一条标准的蒙古草原小河，从盆地东南山谷里流出。小河一流到盆地底部的平地上，立即大幅度地扭捏起来，每一曲河湾河套，都完成了马蹄形的小半圆或大半圆，犹如一个个开口的银圈。整条闪着银光的小河宛若一个个银耳环、银手镯串起来的银嫁妆；又像是远嫁到草原的森林蒙古姑娘，在欣赏草原美景，她忘掉了自己新嫁娘的身份，变成了一个贪玩的小姑娘，在最短的距离内绕行出最长的观光采花路线。河湾河套越绕越圆，越绕越长，最后注入盆地中央的一汪蓝湖。泉河清清，水面上流淌着朵朵白云。②

At last Chen laid eyes on virgin grassland, possibly the last of its kind in all of China, and breathtakingly beautiful. Spread out before him was a dark green basin, dozens of square miles, with layers of mountain peaks to the east, all the way north to the Great Xing'an range. Mountains of many colors—dark and light green, brown, deep red, purple-rose in waves as far as one could see, to merge with an ocean of pink clouds. The basin was surrounded by gentle sloping hills on three sides. The basin itself looked like a green carpet manicured by Tengger; patterns of blue, white, yellow, and pink mountain flowers formed a seamless patchwork of color.（将中文第一段和第二段合并，缩译）

A stream flowed down from a mountain valley to the southeast, twisting and turning as soon as it entered the basin, each horseshoe twist like a silver band, the many bands lengthening and curving until the stream drained into a blue lake in the center of the basin. Puffy white clouds floated atop the clear water.（省译了中文的拟人部分，见英文版第240－241页）

类似的例子还有将小狼做窝的细节缩译为"another sign of intelligence"等。

---

① 姜戎. 狼图腾[M]. 武汉：长江文艺出版社，2004：153.
② 姜戎. 狼图腾[M]. 武汉：长江文艺出版社，2004：153.

（3）生动性叙述

原著中多处将间接引语转换成直接引语，使表达更生动。将对话分段处理，符合英语习惯。此外，译者娴熟地套用英语中常用的比喻句，使表达更生动。比如：

［1］咋就抖个不停？

You were shaking like a leaf.

［2］整个马群就像轰轰隆隆飞砸下山的滚木石。

Like avalanche crashing down a mountainside.

五、《狼图腾》的读者接受效果与启示

《狼图腾》受到美国《国家地理旅行者》杂志的热情赞美，杂志评价这部作品"令人兴奋，姜戎及葛浩文优美的文笔是明显的……这部半自传体小说是文学的胜利之果，但更重要的是，它增进了跨文化联系与理解"（Electrifying, … The power of Jiang's prose (and of Howard Goldblatt's excellent translation) is evident … This semi-autographical novel is a literary triumph, but even more impressively, it is a triumph of cross-cultural connection and understanding)[①]。该书以多种形式出版传播，精装书、平装书、大众市场纸皮书、有声书以及电影等应有尽有。亚马逊上有97个读者评论，74个正面评价，23个负面评价，评分为4.2分（满分5分）。

几乎所有读者都肯定了作者借此书所传达的保护生态环境这一全球共同的问题；认为作品中描写的草原牧民生活及其与草原狼的关系具有新鲜感；读者对于在全球化背景下，游牧民族保留传统生活方式的执着表示同情；对于书中流露出的智慧哲思感到折服，声称"到了23世纪人们还会读此书"。有的读者由狼与生态平衡的关系反思美国明尼苏达州的捕狼行为，反思美国对自然环境的破坏以及排挤原住民等行为。还有读者喜爱此书是出于对成吉思汗帝国神话以及蒙古族的好奇。很多作者对译本文笔很满意。

负面评价主要集中在书中的说教及重复。有7位读者批评该书说教意味浓厚，言辞激烈，咄咄逼人（Jiang Rong's writing is unnecessarily polemical

---

① Don George. Wolf Totem — Trip Lit: Great Books, Great Journeys[J/OL]. National Geographic Travellers. 2008.4. https://www.nationalgeographic.com/traveler-magazine/trip-lit/wolf-totem/.

and too often strident if not didactic），读者频繁使用的字眼是 didactic，preach，lecture，sermon。有 8 位读者认为该书重复论述的部分较多，建议删掉 150 到 200 页。有 3 名读者提出作者借陈阵和杨克之口长篇大论发表其对历史的看法，导致他们的对话没有真实感，因为人们在日常生活中不是以这样的方式谈论历史的。还有读者认为作者对狼的捕猎技巧热情赞美，近乎泛神崇拜，令人难以置信。有 3 位读者对狼行为的真实性表示怀疑，比如狼的自杀性报复，认为作者不应该把狼的行为用人性来类比。有 4 位读者认为故事节奏缓慢，有 2 位读者批评该书人物刻画呈一维线性发展，没有深度。从以上读者反馈，可见编辑和译者在删节过程中已经充分考虑到读者的阅读心理，但即便英文版将原作删除了近三分之一的内容，仍然有上述批评，如果完全按照中文版来翻译，必将招致更多的负面评价。

从销售情况来看，亚马逊北美店销售榜 2011 年 1 月 11 日的排名显示，《狼图腾》排到了第 84187 位，[①]。目前亚马逊网站上最新数据显示，该书在纯文学类书籍中的排名为第 26870 位，类型小说历史类的排名为第 1742 位，在政治类小说中排名第 1841 位，可以说并没有引起很大反响。

虽然《狼图腾》英文版销售量达几十万册[②]，但中国读者是不可忽视的群体。根据 2008 年《燕赵都市报》的报道，《狼图腾》在北京畅销，一位英语系的学生告诉记者："《狼图腾》的题材很特殊，它和传统的中国文学不同，而与欧洲的移民文化和美国西部文学有很强的共鸣，因此读英文版更易于找到中西方原生态文化的相通之处。"[③]还有很多大学生购买此书是出于对译者葛浩文的崇拜，他们声称："读这位著名汉学家的译作，既能学习纯正的英文书写范式和翻译技巧，又能体会到不因翻译而打折扣的中国文化魅力。"[④]此外，一些外企为公司员工集体购买英文版《狼图腾》，一方面是由于这本书对于营造企业文化具有积极作用，另一方面是为了提高员工的英语水平。[⑤]

① 康慨. 一少二低三无名：中国当代文学在美国［N］. 中华读书报，2011-01-12(4).
② 吕敏宏. 论葛浩文中国现当代小说译介［J］. 小说评论，2012(5)：8.
③ 英文版《狼图腾》上市两周热销量居榜首［N/OL］. 燕赵都市报，2008-03-26. http://www.chinanews.com/cul/news/2008/03-26/1203548.shtml.
④ 英文版《狼图腾》上市两周热销量居榜首［N/OL］. 燕赵都市报，2008-03-26. http://www.chinanews.com/cul/news/2008/03-26/1203548.shtml.
⑤ 吴海虹. 英文版《狼图腾》热销［N/OL］. 东南快报，2008-03-31. http://yule.sohu.com/20080321/n255826719.shtml.

然而,尽管西方读者肯定此书的思想价值,但在阅读体验上他们对此书仍是褒贬不一。英国国际出版顾问、英国中国出版有限公司总裁保罗·理查森谈到了文化上的障碍。他说:"《狼图腾》是一本大部头,对于缺乏相应文化和历史背景的西方读者来说,需要极大的毅力才能坚持读完……两国截然不同的文学传统也给西方读者最终接纳该书造成了困难。"①上述评论凸显了中西文学理念的差异给读者带来的阅读障碍。

另外,不同类型的读者对此书的观感存在较大差异。大众读者感觉此书重复过多,建议再精简;西方汉学家则从学术研究的角度对删节抱持批判的态度,期待更忠实的文学翻译。从顾彬对《狼图腾》译文的批评可见学者型读者的立场:"作者在书中的某些思考、反思汉族的问题,葛浩文都删除了,德文版同样如此……这本书是给对文学不忠实的人看的。"②

需要注意的是,英文版读者群中不容忽视的力量是中国的英语学习者。企鹅出版社的中国区总经理周海伦介绍说:"我们目前原版书的目标读者已经不再是外国人,而是中国人……中国有一批年轻、城市化的白领,希望可以提高英语水平。"③周海伦对于目标读者的预测值得译者深思其翻译策略,比如译者翻译时不仅要考虑西方读者的文化立场,也要考虑中国读者的民族情感。

从上述读者反馈可见读者的阅读目的及文学观念对作品接受有很大影响。中国读者出于学习英语、了解西方文化的目的,出于对葛浩文翻译风格的喜爱而热烈追捧此书;美国一般读者从知识性、趣味性、可读性、西方文学审美传统的角度来评判小说;而学者型的读者,则希望译作在文化、意识形态、文学性等方面更加忠实原作。因此,对于第一类和第二类读者,葛浩文的改写力度可以更大些,比如删除更多重复性的说教。但第三类读者则期待更忠实的译文,使之有助于学术研究。因此,译者需要明确自己的目标读者,根据译本要实现的功能来选择翻译策略。

综上所述,英文版的删改是基于作品的市场定位、英美文学规约与读者的阅读心态而展开的,从中可见编辑和译者严谨、敬业的工作态度,以及他们为

---

① 梅佳.《狼图腾》勇闯中国小说国际书市"难卖"关[N/OL]. 中国日报, 2011-12-22. http://www.chinadaily.com.cn/zgzx/2009-09/08/content_8668314.htm.

② [德]Wolfgang Kubin. 从语言角度看中国当代文学[J]. 南京大学学报, 2009(2):72-73.

③ 周海伦(Jo Lusby). 寻找中国的村上春树(上)[N/OL]. 瞭望东方周刊, 2011-11-14. http://www.sina.com.cn.

使译本融入目的语意识形态及价值体系所做的努力。从亚马逊读者反馈来看,《狼图腾》作为大众小说,其删节性翻译策略是成功的。编辑的介入体现了赞助人在文学传播中的地位与作用。编辑基于文学技巧的内容调整无可厚非,但在意识形态倾向方面,不仅要考虑西方读者的认知,也要顾及中国读者的民族情感与历史认知,毕竟中国读者也是英文版读者中不可忽视的群体。

《狼图腾》的删节反映出中美文学传统的差异、美国编辑的审稿原则与文学规约,这种删节也有助于我们反思中国文学创作上的一些共性问题,这对中国小说的创作与外译具有借鉴意义。

第四节　译者与作者的共谋:政治、审美与《天堂蒜薹之歌》的改写①

什么才是好的文学翻译? 忠实于原作是否是一个颠扑不破的真理? 对于这个问题,作者、译者、文学评论家以及翻译学者莫衷一是。译者应是原作忠实的仆人还是作者的创作伙伴? 文学翻译的历史证明,译者对于作者的声誉有着制控的力量。译者作为特殊的读者,在其积极阅读的过程中,对于作者的创作心理会进行细腻的解构与还原,同时要揣摩译文的美学效应。最理想的状态是作者与译者共同构建译文,达到对原著的最佳诠释并且兼顾译文在异域读者中的接受效果。葛浩文翻译的《天堂蒜薹之歌》(*The Garlic Ballads*)②就是译者与作者共谋的一个最佳范例。

《天堂蒜薹之歌》写于1988年,是莫言最直接进行社会批判的小说。《纽约时报》书评将其与《第22条军规》和《愤怒的葡萄》相比较。③ 莫言在该书扉页坦露心迹:"小说家总是想远离政治,小说却自己逼近了政治。小说家总是想关心'人的命运',却忘了关心自己的命运。这就是他们的悲剧所在。"伦敦大学伯贝克学院(Birkbeck, University of London)的汉学家蓝诗玲(Julia

---

① 崔艳秋,洪化清. 译者与作者的共谋:政治、审美与《天堂蒜薹之歌》的改写[J]. 亚太跨学科翻译研究,2018(1): 64-75.

② Mo Yan. Howard The Garlic Ballads[M]. Goldblatt (translator). New York: Viking. 1995.

③ Richard Bernstein."Books of the Times: A Rural Chinese Catch-22 You Can Almost Smell. [N/OL] New York Times. 1995-06-12. https://www.nytimes.com/1995/06/12/books/books-of-the-times-a-rural-chinese-catch-22-you-can-almost-smell.html.

Lovell)指出,莫言的《天堂蒜薹之歌》(1989)和《酒国》(1992)并没有将中国呈现为一片政治意义上的净土。蓝诗玲赞扬莫言作品在政治允许的条件下让更多人发出内心的呼声,有时甚至挑战政治界限①。

这样一部社会批判意识鲜明、意识形态色彩浓厚的作品问世时,美苏冷战尚未结束,译者的意识形态倾向会对译文产生何种操控? 译文在读者群体中接受度如何? 从亚马逊网站上对于该作品的读者反馈来看,多数读者从意识形态以及异域文化的角度理解这部作品。这本书共有 81 条评论,总得分是3.5分(满分 5 分)②。同样,在英文悦读(Goodreads)网站上,88%的人喜欢这本书,1768 个打分的平均得分是 3.71(满分 5 分)③。因此,可以说译文取得了一定的反响,也得到了广大读者的认可。有读者提及他们是上《政治学》或《比较政治学》这类课程时选读了这本小说。读者整体的感受是"压抑""过于残酷,缺少温情"。大多数读者认为译文"无懈可击""流畅优美""没有翻译的痕迹"。也有读者赞赏此书的文学性,"可看、可听、可闻","能闻到高马的汗味……整本书弥散着大蒜的味道……可以感受到四婶的痛苦,令人哽咽"。《旧金山纪事报》(San Francisco Chronicle)评价此书是"一部具有政治力量和抒情美感的作品(a work of considerable political power and lyrical beauty)"(China Daily,2012)④。外国人网(eChinacities.com)2014 年推荐的 5 部优秀英译本中国文学作品中就有《天堂蒜薹之歌》⑤,它俨然成为莫言在《红高粱家族》之外的代表作。

《天堂蒜薹之歌》以说书人张扣的唱词为引子,讲述的是天堂县大蒜丰收却遭遇滞销,官僚主义的乡村干部无视种植者的诉求造成群体事件,愤怒的蒜农打砸县委大院,肇事者因而被捕入狱的故事。小说中穿插了高马和金菊的爱情悲剧,揭示了 20 世纪 80 年代初传统农村陋习以及农民艰辛的生存状态。该书 1988 年首次在《十月》杂志第 1 期上刊载,同年由作家出版社出版;后该

---

① Julia Lovell. Mo Yan's Creative Space[N/OL]. The International Herald Tribune,2012-10-16. http://iht.newspaperdirect.com/epaper/viewer.aspx

② https://www.amazon.com/Garlic-Ballads-Novel-Mo-Yan/dp/1611457076.

③ https://www.goodreads.com/book/show/251392.The_Garlic_Ballads.

④ http://www.chinadaily.com.cn/life/2012moyan/2012-12/10/content_16001884.htm.

⑤ https://www. echinacities. com/expat-corner/5-Well-Translated-Chinese-Novels-to-Hibernate-With-This-Winter.

书繁体字版由洪范书店在台湾出版①。葛浩文的英译本以台湾洪范版为蓝本，同时参考了该书较早的版本，1995 年由企鹅维京出版社出版。该书在大陆再版已是 2001 年，由北岳文艺出版社出版。葛浩文对该书有多处改写，本文尝试将英文版(1995 年)与繁体(1989 年)和简体(2001 年)两个中文版本相对照，将改写之处一一梳理，试析其改写策略及其折射出的意识形态与诗学动因，进而反思译者的主体性问题。

一、英文版改写之处

1.结尾章节的删除

相比中文版，英文版删去了原书最后一章的报纸报道、述评、社论部分。此章节中大幅引用报纸内容，交代了天堂县渎职官员所受到的处分，政治宣传的意味浓重。民间说书艺人张扣"舍得一身剐，敢把贪官拉下马"的悲壮诉求似乎得以实现，但是结尾处用一则小道消息轻描淡写地暗示，被撤职官员被调到其他县继续担任领导职务，这是对官方报道的解构，喻示着乡民付出的血与生命的代价付诸东流，为该书增添了沉重的无力感。该故事结局原是古典小说青天大老爷还民一个清明世界的套路，但是加了一个四两拨千斤的讽刺结局，道出了当时对失职官员的典型处理办法，反映了当时的某些社会现实。而作者又反复强调这是一则小道消息，与前文义正辞严的官方报道形成鲜明对照，让人对事实的真相产生些许不确定猜想，从而构成了现代小说的开放式结尾。无论如何，这都是中国读者期待的一个完整的故事。而英文版以中文版的第二十章直接结尾，叙述主人公高马越狱未遂，饮弹而亡，倒在皑皑白雪之中，使原书的悲剧氛围达到高潮；情节由此戛然而止，仿佛电影的最后一个定格画面，给人强烈的印象，社会批判和控诉的意味极浓，符合西方读者对中国社会状况的想象，尽管许多想象与事实并不相符。美国史密斯大学教授桑禀华(Sabina Knight)比较了两个版本后认为："按照葛浩文意见而改写的结尾体现了西方资产阶级文化对写实和个人的重视。改写前的结尾强调政府的集权控制，相对地小说中的各个人物就显得不重要了。"②这也说明，翻译的取舍原则是权衡了受众需求后采取的适应性策略。

① 莫言. 天堂蒜薹之歌[M]. 台北：洪范书店，1989.
② 刘绍铭. 翻译与归化[N]. 时代周报，2012-02-23.

美国人崇尚个人英雄主义,相信通过自我奋斗能实现梦想。① 在美国读者眼中,这部小说更像是个人追求幸福,力抗荒谬的社会却悲壮失败的故事。高马爱上邻家女孩方金菊,但金菊却被父母包办嫁给一个年老光棍,交换条件是对方把妹妹嫁给金菊瘸腿的哥哥。高马企图以婚姻法为依据与农村的包办婚姻抗争,他到县办公室告状但却有理无处诉;他企图携金菊私奔,却在方氏一家的堵截中被打得头破血流;他要把蒜薹卖掉换钱、把金菊迎娶过来,而蒜薹价格大跌。高马追求幸福的努力在顽固的农村传统势力的压迫下显得如此的虚弱无力,愤怒之下他加入了冲击县政府大院的行列,并因此被捕入狱,以致令金菊绝望自杀。他对生活彻底失去信念,复仇之火促使他逃狱。他在即将逃出监狱大门时饮弹身亡,从而使他悲剧式的抗争之路画上句点。高马的故事符合美国小说和好莱坞电影里所宣扬的个人英雄主义和永不妥协的奋斗精神。亚马逊网站上就有英译本读者提到,该书的结尾虽然令人悲伤但却富有诗意,令人难忘。

英文版删除结尾章节可以说是有得有失。中文版的最后一章是对当时中国官场惯例的讽刺与揭示,在官方话语和民间话语的混和复调声中,混沌终结,是一个令人沮丧的结局,也算是给读者的一个交待,在结构上是完整的。对于中国读者来说,这是一个典型的中国故事。英文版的结局给读者强烈的印象,悲剧审美意味浓厚,是符合西方读者阅读习惯的故事,但失去了讽刺效果,剥夺了读者了解当时中国官场现实的机会。笔者认为,英文版可将最后一章作为后记予以保留,并将社论的部分进行简化处理。

2.淡化意识形态色彩

为了方便读者理解,葛浩文对于政治意识形态的细节部分做了淡化处理。比如第十章张扣的唱词:

仲县长你手按心窝仔细想,

你到底入的是什么党,

你要是国民党就安枕高睡;

你要是共产党就鸣鼓出堂。②

葛浩文的译文是:

---

① 范文静. 解析好莱坞电影的美国文化价值[J]. 电影文学,2014(24):13-14.

② 莫言. 天堂蒜薹之歌[M]. 台北:洪范书店,1989:185.

"County Boss Zhong, put your hand over your heart and think

As government protector, where is the kindness in your soul?

If you are a benighted official, go home and stay in bed;

If you are an upright steward, take charge and do some good."[①]

译文把原文中的"国民党""共产党"这些政治术语置换成上下文中具体的含义,如果直译,不了解中国历史的英美读者不能体会这两个政党在中国大陆读者心目中所代表的含义。这里译者考虑到读者的背景知识,做出了易化处理。也可以看出葛浩文尊重原文的意识形态倾向,但并不全盘接受,他有意识地省略政治和意识形态敏感的词语,以适应读者所处时代的主流话语环境。又比如下文黑体字的处理:

自从他受尽酷刑被放出来后,便享受着小偷、乞丐、算命先生们——这些社会渣滓对他的特别优待。小偷们为他偷来了几张苇席和几包卖花短绒,为他打了一个柔软的地铺,乞丐们讨来饭食也分给他吃。在他养伤的日子里,就是这群人照顾了他,使他感受到了人与人之间的温暖与真诚,这种发自内心的**对下层人的热爱**,促使他不顾安危,高唱着蒜薹之歌,为老百姓鸣不平。[②]

"Ever since his release from the lockup, where he had been subjected to a barrage of physical abuse, he had earned the veneration of local thieves, beggars, and fortune-tellers—the so-called dregs of society. The thieves stole a rush sleeping mat and enough cotton wadding to make him a nice soft bed, and the beggars shared their meager bounty with him. Over the long days and weeks, he was on the mend, these were the people who cared for him, restoring in his mind a long-**dormant faith in human nature**. So, subordinating his own safety to a love for **his outcast companions**, he sang a ballad of garlic loud and long to protest the mistreatment of the common people."[③]

原文中张扣"对下层人的热爱",具有明显的阶级观念,这在 20 世纪 80 年

① Mo Yan. The Garlic Ballads[M]. Howard Goldblatt (translator). New York: Viking, 1995: 135.

② 莫言. 天堂蒜薹之歌[M]. 台北:洪范书店, 1989: 365.

③ Mo Yan. Howard. The Garlic Ballads[M]. Goldblatt (translator). New York: Viking, 1995: 277.

代中国作家的作品中是常见的,但美国读者的阶级意识并不强烈,译文中弱化了这层意思,使之更贴近目标读者的理解路径。

3.删除"卫星事件"

罗钢在《叙事学导论》中写道:"事件就是故事'从某一状态向另一状态的转化'。"①。从叙事学的角度看,有的事件对于剧情十分必要,有的事件则相对意义性薄弱一些。法国叙事学家罗兰·巴尔特(Roland Barthes,又译罗兰·巴特)在其《叙事作品结构分析导论》("An Introduction to the Structural Analysis of Narrative")一文中把必要的事件称为"核心事件",把意义弱一些的称为"卫星事件"②。西摩·查特曼(Seymour Chatman)在《故事与话语》(*Story and Discourse:Narrative Structure in Fiction and Film*)里用图形进一步阐述了叙事中"核心事件"(kernels)与"卫星事件"(satellites)的关系③。与中国大陆2001年出版的中文版《天堂蒜薹之歌》相比,1995年的英文版第十八章略去了狱警给犯人剃头以及死囚猥亵女狱警的情节。莫言原文中创作这些情节的审美动机可能是要剖析人性,即死囚临死前的心理特征,而葛浩文删除的动机可能是这部分与故事核心内容没有关联,属于无关紧要的情节。葛浩文这样做有其理论依据。俄国形式主义代表人物托马舍夫斯基曾指出,"有情节作品的主题是许多由此生彼,相互联结的事件在一定程度上统一的系统……情节不仅要有时间的特征,而且还要有因果的特征"④。"细节应当与情节进程相协调……每个具体细节或每个细节总体的引入都应具备其理由(有其动机)。每一细节的出现,都应使读者感到是出于必需。"⑤。由于死囚与故事主人公没有关联,而且死囚的犯罪动因也没有交代,这些细节对于故事主题没有深化的意义,还拖缓了叙事节奏,令读者感觉结构松散。死囚事件

① 罗钢. 叙事学导论[M]. 昆明:云南人民出版社,1994:75,83.

② 罗钢. 叙事学导论[M]. 昆明:云南人民出版社,1994:83. 又见:Roland Barthes & Lionel Duisit. An Introduction to the Structural Analysis of Narrative. New Literary History,1994,6(2):237-272.

③ 罗钢. 叙事学导论[M]. 昆明:云南人民出版社,1994:84. 又见:Chatman, Seymour. Story and Discourse:Narrative Structure in Fiction and Film[M]. Ithaca and London:Cornell University Press,1978:53.

④ 什克洛夫斯基,等. 俄国形式主义文论选[M]. 方珊,等译. 北京:生活·读书·新知三联书店,1989:111,125.

⑤ 什克洛夫斯基,等. 俄国形式主义文论选[M]. 方珊,等译. 北京:生活·读书·新知三联书店,1989:125.

固然有其审美功能,但在叙事链条上前不着村,后不着店,对于人物塑造和主题深化作用不大,是个可有可无的"卫星事件"。因此,葛浩文将其删除是有其叙事美学动因的。

另外,笔者也发现,洪范书局 1989 年的中文版第十九章开篇处以张扣唱词作为引子,而正文与引子毫不相关,描写的是高羊从监狱里被带到法院,对于张扣在狱中发生了什么则没有正面描写,而第二十章却讲述张扣出狱后被奉为英雄,因此情节上不够连贯。葛浩文的英译版在张扣的唱词后增加了几句张扣在狱中被毒打的描写,将张扣这个强项人物刻画得更加鲜明。通过对比,笔者还发现 2001 年的大陆版本则增添了英译版里的上述内容。葛浩文在"译者后记"中提到,他曾和莫言充分讨论他改写的部分,虽然他并没有详细例举出做了哪些改写。由此可以推断,莫言接受了葛浩文的建议,再版时增添了过渡情节。

County Chief, your hands aren't big enough to cover heaven!

Party Secretary, your power isn't as weighty as the mountain!

You cannot hide the ugly events of Paradise County,

For the people have eyes—[①]

从这里的改写案例可见葛浩文严谨的翻译态度及其翻译再创作的能力。翻译时他能够跳出字词层面的转换,发挥其想象力和文学审美判断力,从篇章叙事的角度,从情节的连贯性、细节的必要性斟酌取舍,并根据情节发展,合理地增添细节,增加作品的艺术感染力,可以说以上改写是成功的。

4.文化省译

作品中的文化省译现象体现在对中国特有的一些物件或术语的省略。比如第十九章,法官"一拍惊堂木",译文为"banging the table with his fist"。"惊堂木"这个文化承载词在译文中被省掉了。如果要译出这个词的文化含义,就需要另加注释。葛浩文的译文中注释很少,由此可见他的翻译策略是以趣味性、故事性取胜,而不深究一些文化细节。

葛浩文省略的细节还包含一些中国特殊历史时期的专有名词。如青年军官陈述农民要缴纳的各项费用的金额,包括农业税、提留税、县城建设税、计量

① Mo Yan. The Garlic Ballads[M]. Howard Goldblatt(translator). New York: Viking, 1995: 259.

器检查税、交通管理税、环境保护税、化肥农药等①,葛浩文将其统统略译为
"fees, taxes, fines, inflated prices for just about everything they need"②。
当青年军官批评县政府机构臃肿时,提到国家正式干部、招聘干部、勤杂人员
等③,如下面所示,葛浩文翻译时把这些专有名词都略去了,仅用人数来替代。

Before Liberation only about a dozen people were employed by the dis-
trict government, and things worked fine. Now even a township government
in charge of the affairs of a mere thirty thousand people employs more than
sixty people! And when you add those in the communes it's nearly a hun-
dred, seventy percent of whose salaries are paid by peasants through town-
ship fees and taxes.④

青年军官指控县长仲为民应受到法律制裁时援引的法律条款⑤,在翻译
时被葛浩文略去⑥。

这些细节可以说无关宏旨,与主题、情节的推动关联不大,但对于烘托青
年军官作为辩护人的专业精神、他对农村事务的了如指掌和他以事实为依据
的雄辩口才还是有帮助的,属于托马舍夫斯基定义的"求实细节印证"⑦。对
于普通读者而言,这些细节会令其感觉琐碎乏味,影响读者对作品的欣赏。葛
浩文对于上述细节做了模糊处理或直接删去,从作品文学性上来看可以说无
伤大雅;当然如果专业的读者想借此考察当时中国农村的税费情况、政府部门
的人员设置以及法律条款等,则会稍感遗憾,因为上述省译减损了作品的史料
性价值。

统观原文和译文,省译现象不多,葛浩文只是局部地、小范围地调整,实现
着他的文学审美观,并未改动原作的主题思想和核心事件。译本中即使删去

---

① 莫言. 天堂蒜薹之歌[M]. 台北:洪范书店, 1989:356.

② Mo Yan. The Garlic Ballads[M]. Howard Goldblatt(translator). New York:Viking, 1995:
268.

③ 莫言. 天堂蒜薹之歌[M]. 台北:洪范书店, 1989:356.

④ Mo Yan. The Garlic Ballads[M]. Howard Goldblatt(translator). New York:Viking, 1995:
269.

⑤ 莫言. 天堂蒜薹之歌[M]. 台北:洪范书店, 1989:369.

⑥ Mo Yan. The Garlic Ballads[M]. Howard Goldblatt(translator). New York:Viking, 1995:
271.

⑦ 什克洛夫斯基,等. 俄国形式主义文论选[M]. 方珊,等译. 北京:生活·读书·新知三联书
店,1989:125.

了最后一章,也没有改变原书的悲剧题旨。因此,他的译文从整体风格和思想上仍是忠实于原文的。就文化方面的省译而言,除了对一些中国特有的物件以及给读者产生阅读障碍的概念进行了概括性的省译处理之外,葛浩文在翻译俗语时是一丝不苟的,尽量保持着原有的意象。比如,"雁过拔毛"——plucking the wild goose's tail as it flies by;"过了这个村就没有这个店了"——this is the last village on your trip,等等。

二、改写的意识形态和诗学动因

企鹅出版社作为商业出版社,其目标读者群是大众读者,故事的可读性及销路是其选材的重要因素。在 20 世纪 80 年代冷战思维下,《天堂蒜薹之歌》强烈的社会、政治批判意识以及对农民苦难生活的厚重描写,符合美国读者的意识形态倾向及其对于"共产主义中国"的想象。而且,主人公高马作为悲剧英雄的抗争故事符合美国读者崇尚个人奋斗的阅读心理。因此,这部书能够吸引译者、读者和出版社。但结尾处政治说教意味浓重,会令读者反感,而且以大幅官方报道作为结尾不符合美国小说的结构模式,因此译者翻译时将原作结尾删除,有助于美国读者接受。

哈考特出版社的市场销售副总裁布朗先生指出,美国人倾向于获得直接的、快捷的满足感,喜欢可读性强的作品[1],过于冗长乏味不利于作品的接受。因此,译文中有必要简化一些烦琐的细节性陈述,删除卫星事件,将可能造成阅读障碍的文化承载词做解释性翻译。而且为了叙事需要,贴近读者的阅读习惯,也可以增添过渡情节,以此来再现一个好读的故事。

三、译者:原作者的创作伙伴

译者主体性是指"作为翻译主体的译者在尊重翻译对象的前提下,为实现翻译目的而在翻译活动中表现出的主观能动性,其基本特征是翻译主体自觉的文化意识、人文品格和文化、审美创造性"[2]。受传统翻译观的影响,译者向来奉原作为圭臬,谨小慎微地保持着"忠仆"的本分,这压抑了译者的主体性,

---

① Stephen Kinzer. America Yawns at Foreign Fiction. *New York Times*,2003-7-26. http://www.nytimes.com/2003/07/26/books/america-yawns-at-foreign-fiction.html.

② 查明建,田雨. 论译者主体性——从译者文化地位的边缘化谈起[J]. 中国翻译,2003,24(1):22-23.

也减损了翻译文学的价值。翻译研究的"文化转向"使得翻译研究的重心从原作转向译作及目的语读者,肯定了译者作为翻译主体要向读者负责的理念,为译者主体性提供了学理上的支撑。翻译的操纵学派认为"翻译就是文化改写"①,一语道破翻译在文化交流中的真正使命。当然,这里的改写程度取决于两种文化的异质程度。

翻译是文化交流活动,译作是译者与原作者(原作)交流的结果,也是译者的个性化阐释行为。正是这种阐释行为,才使作品在异域的旅行中得到更多读者的理解,获得生生不息的生命力和存在的意义,因此"译者和原作者都是翻译的主体,他们是平等的"②。为了延续作品的生命力,译者应充分发挥主体性,在作品理解、阐释、文本重构方面勇于扮演创作伙伴的角色。葛浩文即是充分发挥主体性的译者。他认为译者的职责不仅仅是忠实的传译,有时还担当编辑或研究助手的角色,原因是不管作者名气多大或技巧多么娴熟,都需要另一双眼睛客观地、整体地审视作品。③ 在葛浩文看来,翻译是"蓝色铅笔下的编译(blue pencil translating),喻指译者在翻译过程中对作品进行删除、改编以及内容变换等编辑行为"④。

葛浩文在《天堂蒜薹之歌》的"译者后记"中指出,此英文版中的改写是与作者共同商讨完成的;他还对编辑热情、不懈的工作表示感谢。⑤ 其实,在翻译改写背后,出版社编辑往往是隐形的策划者,比如对《狼图腾》的大幅删改就是编辑授意的。⑥ 虽然我们无法细化哪些改写是编辑的意图、哪些是葛浩文的自发性改写,但编辑和葛浩文共同的文化身份、他们所浸濡的文学传统以及所处的文学接受环境是一致的,因此他们的文学价值观具有相通性。出版社以委托人身份赋予译者翻译目的,因此译者和编辑是合作者的关系,他们共同担负着改写或创译的角色,都是原作者的创作伙伴。

---

① Susan Bassnett, Andre Lefevere. General Editors' Preface[M]. Translation, Rewriting & Manipulation of Literary Fame. London & New York: Routledge, 1992: vii-viii.

② 查明建,田雨. 论译者主体性——从译者文化地位的边缘化谈起[J]. 中国翻译, 2003, 24(1): 23.

③ Ge Haowen. A Mi Manera: Howard Goldblatt at Home: A Self-Interview[J]. Chinese Literature Today, 2011, 2(1): 94-107.

④ 邵璐. 拨开文学翻译与传播中的迷雾[N]. 社会科学报. 2016-10-20(5).

⑤ Mo Yan. The Garlic Ballads[M]. Howard Goldblatt (translator). New York: Viking.1995: 287.

⑥ 刘绍铭. 翻译与归化[N]. 时代周报, 2012-02-23.

小结

　　葛浩文在翻译过程中主动与原作者莫言合作,从文学鉴赏甚至是文学创作的角度评价原文,积极与作者一起润色原著,对原作中结构上的一些瑕疵予以改进。莫言对于译者对其原作的改写或删节不以为忤,甚至愿意为海外读者提供不同的版本,这种开放的心态和文化情怀令人赞赏,也值得作家学习。译著在很大程度上能够促成作者的海外声誉,可以说这种圆满是译者与作者共谋的结果。如果作者和译者均能站在世界文化的高度,以其高深的文学修养打造翻译文学精品,他们的共同努力将使中国的文学之声在异域久久回响。

第五节　　重塑经典:《阿 Q 正传》英译本中鲁迅风格的再现①

　　《阿 Q 正传》是现代文学巨擘鲁迅的代表作,属于最早译介到英语世界的中国现代小说,共有 5 个英文译本;2009 年企鹅出版社组织重译,并将之纳入"企鹅经典丛书"。由于该小说的经典地位,以及译本较多、便于比较,本节以它作为案例来分析译者的翻译策略及表达效果。

　　《阿 Q 正传》的译本包括:1926 年上海商务印书馆出版的美籍华人梁社乾的译本,题为"The True Story of Ah Q";1941 年美国哥伦比亚大学出版社出版的旅美学者王际真的译本,收录于他的译作《阿 Q 及其他故事:鲁迅选集》(*Ah Q and Others:Selected Stories of Lusin*);1954 年北京外文出版社出版的杨宪益和戴乃迭的译本(1977 年诺顿出版社翻印此译本),1981 年美国印第安纳大学出版社出版《鲁迅小说全编:呐喊,彷徨》(*The Complete Stories of LuXun:Call to Arms;Wondering*),此译本收录于该书中;1990 年美国夏威夷大学出版社出版的斯坦福大学中文教授威廉·莱尔的译本,收录于他的《〈狂人日记〉及其他故事》(*Diary of a Madman and Other Stories*);2009 年"企鹅经典丛书"出版的伦敦大学中国文学与历史教授蓝诗玲的译本,收录于她的《〈阿 Q 正传〉及其他故事:鲁迅小说全集》(*The Real Story of Ah-Q and*

①　崔艳秋. 重塑的经典——评《阿 Q 正传》的补偿性风格传译[J]. 当代外语研究,2015(2):68-73.

第四章　文学翻译的跨文化改写

Other Tales of China：*The Complete Fiction of Lu Xun*）。

其中杨宪益夫妇、蓝诗玲、威廉·莱尔的译本较有影响力，这三个译本在译介策略上各有侧重，各有所长。美国《时代周刊》对蓝诗玲译本给予较高的评价，认为她的译本是迄今为止可读性最好的译本。文章中将鲁迅比作中国的奥威尔，声称他的作品嵌入了民族的文化基因，提供了让外国人了解中国文化的线索，并盛赞这本小说"可能是有史以来最经典的企鹅经典"①。

然而澳大利亚汉学家、新南威尔士大学教授寇志明（Jon Eugene Von Kowallis）对《时代周刊》给蓝诗玲译本（下称蓝译）的溢美之词不以为然。虽然他也承认蓝译比杨宪益夫妇的译文更加顺畅，但他认为蓝诗玲的译文为了可读性而对原作做了简单化处理，提出"可读性并不是构成省略重要的（或有趣的）细节的正当理由"②，"为了可读性而把小说的棱角磨平"，使鲁迅的"现代性"语言风格（这里主要指他的拗涩的白话文）和讽刺意味大大受损③。他对蓝诗玲译文的批评集中于注释的处理、风格传译（语域特征）、高文化承载词的处理及译文的时代性。本节主要从译文的语体风格、可读性、地域性和时代性特征诸方面评述蓝诗玲、杨宪益夫妇和威廉·莱尔的译本。

一、语言风格层面

1.简洁的文风与注释的处理

文化承载词是翻译的难点。在对其归化或异化处理上，体现着译者的文化翻译理念。比如大卫·霍克斯将《红楼梦》里的"怡红院"译为"The House of Green Delights"，将"红"转译为"绿"，就是顾虑到西方读者对于红色的负面联想而改为怡人的绿色。随着翻译研究的文化转向，学界普遍认为这样做不利于外国读者了解中国文化。翻译文化学派的代表人物苏姗·巴斯奈特强调翻译对于文化的意义，认为对源语中的文化因子，应该移植，保留文化差异性，尊重他族文化。④ 后殖民主义翻译理论家强调文本的跨文化转换必然牵

---

① J. Wasserstrom. China's Orwell [J]. Time International，2009(22)：43-44.

② 寇志明，罗海智."因为鲁迅的书还是好卖"：关于鲁迅小说的英文翻译[J]. 鲁迅研究月刊，2013（2）：38-50.

③ 寇志明，罗海智."因为鲁迅的书还是好卖"：关于鲁迅小说的英文翻译[J]. 鲁迅研究月刊，2013（2）：38-50.

④ 段峰. 苏姗·巴斯内特文学翻译思想述评[J]. 四川大学学报（哲学社会科学版），2006(2)：92.

涉不平等的权利关系,认为归化处理是强势文化对弱势文化的同化,有文化霸权主义倾向。① 因此,很多学者赞同用直译加注释的方法来移植源语文化。威廉·莱尔的翻译策略即体现出这种文化翻译观。莱尔在注释中解释了一些中西文化差异,比如对阿Q行刑前穿上白背心的描写,他即在注释里解释丧葬时穿白色衣服是中国礼仪;又比如描述阿Q爬出城墙逃走,他在注释里解释了中国城墙的用途。他实际上是让读者边阅读边学习中国文化。莱尔的译文在翻译文化现象时,不仅使用脚注,正文内也颇多阐释,如什么是"精神胜利法",为什么"精神胜利法"会成为传统中国的国民性,而且还配了插图,甚至用示意图来解释民间赌博的规则。学界对莱尔的译本多予嘉许,认为他翔实的注释是一种"解殖民策略",旨在提升弱势文化,促进读者对弱势文化的理解。② 虽然,莱尔对于文化传播的苦心值得称颂,但是,他巨细靡遗的阐释方法使译文显得庞杂,艰涩。见例[1]。

蓝诗玲则采用了不同的翻译策略,她在《〈阿Q正传〉及其他故事:鲁迅小说全集》(*The Real Story of Ah-Q and Other Tales of China:The Complete Fiction of Lu Xun*)的译者序里写道:"为了使译文更加流畅,我将脚注和尾注减到最少,同时将中国读者认为是想当然的背景信息以最少的字数融入正文中。力求译文的整体内容准确,避免由于过多注释中断读者的阅读进程;力求给读者仿佛读原文而不是读译文的阅读体验。仅对于某些文化意义丰富的个别词汇,我才会详细解释。"③

从蓝诗玲的解释中可以看出她对读者审美进程和阅读体验的重视,而且她注重简洁的文风和译文整体内容的准确。她把解释性的内容融入正文,避免读者在注释与正文之间往复,使阅读变得顺畅。比如她将"宣德炉"译为"A valuable Ming incense-burner",是解释性译法,去除了"宣德"这个专有名词。而杨氏夫妇和莱尔均将其译为"Xuan De incense-burner",再用脚注解释"宣德"(Xuan De)的含义。诚然,从信息足额翻译的角度来看,蓝诗玲确实对一些词做了简化处理。比如她将"历史癖与考据癖"译为"relentless quest to

---

① Douglas Robinson. Translation and Empire:Postcolonial Theories Explained [M]. Beijing:Foreign Language Teaching and Research Press,2007:50.

② 黄开甲. 莱尔《阿Q正传》译本中的解殖民策略[D]. 长沙:湖南大学,2011:27-28.

③ Lu Xun. The Real Story of Ah-Q and Other Tales of China:The Complete Fiction of Lu Xun. [M]. Julia Lovell (translator). Londen:Penguin Classics,2009:xliv-xlv.

第四章 文学翻译的跨文化改写

further human knowledge"；杨氏夫妇译为"a passion for history and re-search"，相对更为具体；而莱尔的译文"weakness for historical research cou-pled with an addiction to textual criticism"，虽然冗长但更加精确。

对于文化承载词的译法，应秉持文化翻译观，促进异质文化的对等交流。但直译加注释是否是唯一的或最好的译法？蓝诗玲为了读者阅读顺畅而把注释融入正文的做法虽值得借鉴，但前提必须是信息完整。比如她把"而立之年"译为"at the age of thirty—the year in which Confucius enjoined men to 'stand firm'"，不用注释也达成了信息的足额翻译。

2.作家个性语言与可读性

在风格传译方面，寇志明批评蓝诗玲没有体现出鲁迅的"现代性"语言风格，即他特有的拗涩文风，比如"精神的丝缕还牵着已逝的寂寞时光"这种略带生硬的白话文①。他认为蓝诗玲"简洁直白的文风与鲁迅的风格完全不同"，这一点笔者持保留意见。虽然鲁迅的文风带有个别文言词和欧化的句法，但整体而言是简洁直白的，而且文白夹杂这种风格并不是鲁迅刻意追求的。在白话文刚刚盛行之际，和鲁迅同时代的、由文言文熏陶长大的作家或多或少都带有这种文风。因此，对于原文的时代特征，译者不必刻意再现，而应该用当代英语进行顺畅的传译。另外，寇志明还特别提到翻译中的语域问题，他指出《狂人日记》的前言是文言文，蓝诗玲和杨氏夫妇都没有特别体现这种特征，只有莱尔的译文用古雅的英语来传达高语域②。其实高语域不一定要用古英语来传达，使用大词和正式语体也能实现这种语域特征，而且有助于体现译文的时代性和可读性。莱尔在其译本的前言部分提到，为了体现鲁迅文白夹杂的语言风格，他用古英语加斜体来突显文言文，还力求押韵。另外，为了体现白话文，他会设想如果鲁迅的母语是美式英语，他会怎么说。③ 整体而言，他采用了文化异化加语言归化的翻译策略。然而这种尝试是否成功呢？

例[1]：夫"不孝有三无后为大"，而"若敖之鬼馁而"，也是一件人生的大

---

① 寇志明（Jon Eugene Von Kowallis）．"因为鲁迅的书还是好卖"：关于鲁迅小说的英文翻译[J]．鲁迅研究月刊，2013（2）：39.

② 寇志明（Jon Eugene Von Kowallis）．"因为鲁迅的书还是好卖"：关于鲁迅小说的英文翻译[J]．鲁迅研究月刊，2013（2）：45.

③ Lu Xun. Diary of a Madman and Other Stories[M]. William A Lyell（translator）. Honolulu：University of Hawaii Press，1990：xl.

哀,所以他那思想,其实是样样合于圣经贤传的,只可惜后来有些"不能收其放心了"。

Now bear in mind, gentle reader, *Of three things which do unfilial be/ The worst is the lack posteritie*. And then too, if you also remember how the classics tell of the exemplary concern of Ziwen, in those days of yore, lest the ghosts of the Ruo'ao clan go hungry, woman and man—a great human tragedy, indeed! —then you'll see right off quick that Ah-Q's thinking was, as a matter of fact, thoroughly in accord with the sagacious morality of our classical tradition. Unfortunately, however, after his thoughts started galloping off in this direction, Ah Q completely *lacked the art to reign in his unbridled heart*. (莱尔译)[①]

As the saying goes, "There are three forms of unfilial conduct, of which the worst is to have no descendants", and it is one of the tragedies of life that "spirits without descendants go hungry". Thus his view was absolutely in accordance with the teachings of the saints and sages, and it is indeed a pity that later he should have run amok.(杨宪益、戴乃迭译)[②]

For in the words of one or other of the ancient sages: "There are three ways of betraying your parents, of which dying without descendants is the most serious." Or then again:"Those without descendants will become hungry ghosts." His thinking on this point was, therefore, fully in line with scripture; a pity then, that his approach to resolving the difficulty erred on the unorthodox side.(蓝诗玲译)[③]

莱尔间或使用第二人称和读者对话,而鲁迅一贯使用第三人称,偶尔用第一人称,却不曾使用第二人称。从这一点来看,他的译文也不完全忠实。三个译文中莱尔的译文最长,也最难懂。他将文言部分用斜体表示,这固然能凸显

① Lu Xun. Diary of a Madman and Other Stories[M]. William A Lyell (translator). Honolulu: University of Hawaii Press, 1990:124.

② Lu Xun. Call to Arms[M]. Yang Xianyi & Gladys Yang (translators). Beijing: Foreign Languages Press, 2010: 163.

③ Lu Xun. The Real Story of Ah-Q and Other Tales of China: The Complete Fiction of Lu Xun [M]. trans. by Julia Lovell. London: Penguin Classics, 2009:93.

第四章 文学翻译的跨文化改写

鲁迅文白夹杂的风格,但是用古英语来翻译中国古文这种做法本身就不可取,因为这样会使阅读变得艰涩,这也是翻译界的共识。莱尔想要把中国古典文化传播出去的初衷固然好,但实践的效果却不理想。他使文化翻译观走向极端,忽视了译文的连贯性和可读性。而且,还应考虑的是,这样晦涩斑驳的译文会不会令读者对鲁迅的创作风格产生负面印象。

上例中杨宪益夫妇的译文中规中矩,对原文结构非常忠实,译文也清晰易懂;而蓝诗玲的译文适当添加了一些过渡词,逻辑关系更明显,符合英语的修辞特点,最后一句改写了原文,起到承上启下的作用。

在评价蓝诗玲译文时,寇志明没有提及蓝诗玲在传达鲁迅幽默、简洁的风格时所做的创造性努力。在译者序里,蓝诗玲提到"自始至终,我都努力向读者(不包括汉学研究者)介绍鲁迅在中国的经典地位。他是一位风格独特的小说家与思想家,他的思想超越了他小说中所描绘的社会政治环境"①。她还指出,"汉语和英语有很大差异,找到鲁迅风格的对等译法对我来说是很大的挑战"②。比如,原文中多次出现"举人老爷",如果重复使用一种译法,将会令读者误以为鲁迅语言单调,因此她交替使用了"Mr. Provincial Examination""provincial examination laureate""such a grandee""local bigwig"。"由此可见,蓝诗玲在风格传译上实践着尤金·奈达的功能对等理论。"③她用英语中的修辞手法建构鲁迅语言大师的地位。奈达曾提出,为了实现功能对等,译者可以使用补偿手段。比如,原作中的某处比喻没办法移植到译入语中,译者可以在其他恰当的地方使用比喻,从而从整体上让读者感受到原作者的修辞风格。④ 为了再现鲁迅的幽默讽刺笔法,蓝诗玲灵活使用夸张、比喻、矛盾修饰法、渐降修辞、反语等手法。为使译文行文精简,她使用句法手段,如多处使用破折号和冒号、独立主格结构、排比句、句子重组等方式使表达紧凑。

例[2]:谁知道他将到"而立"之年,竟被小尼姑害得飘飘然了。这飘飘然的精神,在礼教上是不应该有的,——所以女人真可恶,假使小尼姑的脸上不

---

① Lu Xun. The Real Story of Ah-Q and Other Tales of China: The Complete Fiction of Lu Xun. [M]. Julia Lovell (translator). Londen: Penguin Classics,2009:xliv.

② Lu Xun. The Real Story of Ah-Q and Other Tales of China: The Complete Fiction of Lu Xun. [M]. Julia Lovell (translator). Londen: Penguin Classics,2009:xliv.

③ 崔艳秋. 重塑的经典——评《阿 Q 正传》的补偿性风格传译[J]. 当代外语研究,2015(2):68-73.

④ 刘重德. 西方译论研究[M]. 北京:中国对外翻译出版公司. 2003:160.

滑腻,阿Q便不至于被蛊,又假使小尼姑的脸上盖一层布,阿Q便也不至于被蛊了……

Who could tell that close on thirty, when a man should "stand firm", he would lose his head like this over a little nun? Such light-headedness, according to the classical canons, is most reprehensible; thus women certainly are hateful creature. For if the little nun's face had not been soft and smooth, Ah Q would not have been bewitched by her; nor would this have happened if the little nun's face had been covered by a cloth.

Note: Confucius said that at thirty he "stand firm". The phrase was later used to indicate that a man was thirty years old. (杨宪益、戴乃迭译)

Yet here he was, at the age of thirty—the year in which Confucius enjoined men to "stand firm"—losing his head, in a thoroughly un-Confucian way, over a nun. What abominable creatures women truly were; if only that nun's face had not been so bewitchingly smooth, or if it had been modestly veiled, Ah-Q would not, in turn, have submitted to being bewitched. (蓝诗玲译)

杨氏夫妇的译文理解和表达皆精当,在忠实原文方面无懈可击。蓝诗玲则发挥了想象力,致力于简练和生动,在动词运用上尤见功力。她把注释内容融入正文,对"而立之年"进行了足额翻译,仍比杨氏夫妇的正文少13个字。此外,她使用副词、大词,讽刺阿Q借用冠冕堂皇的正统话语把自己行为合理化的假道学心理。另外,"Yet here he was, at the age of thirty—the year in which Confucius enjoined men to 'stand firm'—losing his head, in a thoroughly un-Confucian way, over a nun."使用了渐降修辞,使句子起伏错落有致,重心最后落到"over a nun",幽默感十足。

英国翻译家彼得·纽马克指出,所有翻译问题,归根结底,是怎样用译文语言写得好的问题。泰特勒(Tytler)早在1790年就表达了同样的观点,"好的翻译应该是能把原文的优点,全部移植到译文中去,使译文读者就像原文读者一样既能清楚理解,又有强烈感受"[①]。由于蓝诗玲措词浓墨重彩,运用多种修辞手法,因此更能让读者体会到鲁迅讽刺幽默的风格。见例[3]。

---

① 刘重德. 西方译论研究[M]. 北京:中国对外翻译出版公司. 2003:12.

例[3]哪知道第二天,地保便叫阿 Q 到赵太爷家里去;太爷一见,满脸溅朱,喝道:

"阿 Q,你这浑小子! 你说我是你的本家么?"

阿 Q 不开口。

赵太爷愈看愈生气了,抢进几步说:"你敢胡说! 我怎么会有你这样的本家? 你姓赵么?"

阿 Q 不开口,想往后退了;赵太爷跳过去,给了他一个嘴巴。

"你怎么会姓赵! ——你哪里配姓赵!"

The following day, the local constable summoned Ah-Q to the Zhao's.

"You stupid bastard, Ah-Q", the honorable Mr. Zhao roared, his face blotching crimson at the sight of him. "Did you, or did you not, say you were related to me?"

Ah-Q said nothing.

"How dare you!" Mr. Zhao bore furiously down on him.

"When has anyone ever called you Zhao?"

Still nothing from Ah-Q, who was starting to look very interested in the room's escape routes. Mr. Zhao charged forward again and slapped him round the face.

"You scum! Do you look like a Zhao?"(蓝诗玲译)

上例中动词的选择和人物语言非常精彩,夸张中显出幽默。"bear furiously down on sb."令人联想出"狂怒地向某人逼近","Charge forward"是指急速向前发动攻击。面对一个微不足道的阿 Q,赵太爷本无必要这样大动肝火,因此译文的用词使赵太爷霸道蛮横的神态跃然纸上。最后一句"You scum! Do you look like a Zhao?"尽显赵太爷蔑视的口吻。这样生动的描述给读者带来了阅读乐趣。

对于鲁迅全集的译本,亚马逊英文网站上的读者书评多是关于鲁迅及《阿 Q 正传》故事本身的,对译文文笔评价较少。值得注意的是对蓝诗玲的译本,有读者评价道:"蓝诗玲的译本非常流畅、清晰、引人入胜。长达 25 页的序和附录部分的注解提供了较多背景信息。"有一位署名为 Piet de Groot 的读者特别提到了他喜欢鲁迅的文风,认为这本书不仅可以窥见那个时期的中国,而且还可以分析作品的文学技巧和风格。从读者反馈来看,蓝诗玲的风格等效译法是成功的。

3.译文的地域性特征

寇志明认为翻译应使用全球化的标准英语,即不用具有明显时代特征和地域特征的词汇。他在文章中提及,1950 年杨宪益夫妇就认识到这一点,并在他们的翻译实践中努力体现平白的英文风格,这使得他们的译文在国际上得到了广泛接纳;他还提到杨氏夫妇曾对莱尔译文中的美式口语颇有微词。[①] 寇志明同时也对出版于 2009 年的蓝诗玲的译文中"陈腐的英式英语习气"感到失望[②],并列举了蓝诗玲在翻译《呐喊》时所使用的英式英语。

关于标准化语言,纽马克曾提出,它包括任何常用的比喻、习语、格言、公告、社交用语、感叹用语、时间和尺寸的通常说法及各类技术术语。[③] 寇志明对于蓝诗玲译文中一些英式表达的批评固然中肯,但比起莱尔的美式俚语,她译文所体现的地域特征无伤大雅。莱尔在他的译者序里说,他会设想如果鲁迅的母语是美式英语,他会怎么表达。因此,他在人物对话和故事叙述时都使用了美式口语,给译文打上了强烈的地域烙印。莱尔还使用了美式口语特有的"wanna""gotta""gonna",这种翻译方法最终导致的是对鲁迅风格的误读,读者仿佛在读美国作家的作品。

例[4]但阿 Q 又说,他却不高兴再帮忙了,因为这举人老爷实在太"**妈妈的**"了。

粗体部分蓝诗玲译为"A pain in the damned neck",这是一句通用习语,指"讨厌的人或事"。莱尔译为"a bit too fuckin";杨氏夫妇译为"turtle's egg",源自中国典型的骂人话"王八蛋"。有人认为杨氏译法保持了中国的民俗风味,但是"turtle's egg"在英语中不是骂人的话,如果不加注解,读者很难领悟到乌龟在中国文化中的特殊含义。正如电影《非诚勿扰》征婚广告中的"三无伪海龟"译为"three-no fake turtle",让人哑然失笑,让外国读者费解。又比如阿 Q 与王胡、小 D 说话时,为表达出他的蔑视,蓝诗玲使用了"You stupid bastard","You scum!"等俚语;而莱尔译文中则使用了"Jackass",

① 寇志明(Jon Eugene Von Kowallis)."因为鲁迅的书还是好卖":关于鲁迅小说的英文翻译[J].鲁迅研究月刊,2013 (2):44.

② 寇志明(Jon Eugene Von Kowallis)."因为鲁迅的书还是好卖":关于鲁迅小说的英文翻译[J].鲁迅研究月刊,2013 (2):44.

③ 刘重德.西方译论研究[M].北京:中国对外翻译出版公司,2003:26.

"motherfucker"等美式俚俗语。相比之下,蓝诗玲的译法地道、贴切,而且不粗俗,比较符合标准英语的特点。

虽然标准英语可以消弭译文的地域特征,但在表现独特风格或人物个性化语言方面就显得逊色。比如某些带有浓厚地域特色的作品,如果译成标准化英语则会失去其风格特征,因此带有地域色彩的译文不失为一种补偿性译法。曾有学者尝试用美国德州农民的语言来译莫言作品中的方言,虽然作品会被打上地域的烙印,但在语言生动性方面会有一定的补偿效果。

4.译文的时代特征

作品的时代感除体现在译文的措辞上,还体现在译者的历史观、社会观和文学观上。比如,《阿 Q 正传》序言里鲁迅讲述为何将小说命名为"正传"时,曾提到过"正史"。蓝译为"hallowed court history"(神圣的宫廷历史),保留作者对"正史"的讽刺意味;杨氏夫妇和梁社乾都译为"authentic history"。正史是指《史记》《汉书》等以帝王本纪为纲的纪传体史书,清乾隆年间诏定二十四史为正史,因此蓝译更加准确。正史并不一定是"真正的历史",尤其在以海登·怀特为代表的新历史主义观念的定义下,历史仅是一种叙事,是史学家将史料按照一定的逻辑和意识形态整理出来的权威话语的产物。由此看来,把正史译成"authentic history"未必妥帖。可见译者所处的时代也会给译文带来局限。

例[5]据阿 Q 说,他的回来,似乎也由于不满意城里人,这就在他们将长凳称为条凳……

According to Ah-Q, his return was also due to his dissatisfaction with the townspeople because they called a long bench a straight bench.(杨宪益、戴乃迭译)

As Ah-Q told it, he had come back because the people in town got on his nerves：with their "narrow benches".(蓝诗玲译)

杨氏译文中的"dissatisfaction"语体风格比较正式,而"get on one's nerve"则更口语化。蓝诗玲译文总体表现出来的简洁、生动的口语体叙事,能够体现出当代英语尚简的特点。比如她用"smell a rat"来翻译"蹊跷",用"gave him a wide berth"来翻译"敬而远之"。她把"和尚动得,我动不得?"译为"Sauce for the goose, sauce for the gander",这是一个英语习语,字面意思是"给母鹅的酱汁也该给公鹅",表达了"你有我也得有"的含义,即贴切又生动。这些习语使叙事更贴近日常用语,也符合鲁迅白话文的风格。

二、兼顾西方叙事美学的改写

蓝诗玲在译文中融入现代小说的叙事技巧,注重叙事视角、戏剧张力、读者反应及心理现实主义的探索。比如例 6 中她对现场气氛的烘托处理比直译效果更好。可以说,她的译文更具有现代感。

例[6](据阿 Q 说,他是在举人老爷家里帮忙。)这一节,听的人都肃然了(1)……(但阿 Q 又说,他却不高兴再帮忙了,这举人老爷实在太"妈妈的"了。)这一节,听的人都叹息而且快意,(2)……(据阿 Q 说,他的回来,似乎也由于不满意城里人,这就在他们将长凳称为条凳……什么假洋鬼子,只要放在城里的十几岁的小乌龟子的手里,也就即刻是"小鬼见阎王"。)这一节,听的人都赧然了(3)……(你们可看见过杀头吗? ……他摇摇头,将唾沫飞在正对面的赵司晨的脸上。)这一节,听的人都凛然了(4)……

杨氏夫妇的译文用了一贯的句式:

(1)This part of the story filled all who heard it with awe.

(2)This part of the story made all who heard it sigh...

(3)This part of the story made all who heard it blush.

(4)This part of the story made all who heard it tremble.

小说家亨利·詹姆斯提倡最大限度地降低叙述声音,同时加大故事与叙述之间的距离,使"故事"自我上演,增加小说的戏剧性。[①] 杨氏夫妇的译文虽然遥相呼应形成排比,但有作者跳出来评论之嫌,显得突兀,对气氛渲染的效果颇有损伤,而且表达单调。蓝译对以上四处作了不同的处理,将以上四句评论轻巧自然地融入叙述中。

(1)As Ah-Q told it, he had started out helping in the household of a local bigwig who had passed the provincial-level civil service examination.(An awed hush fell over his audience as this detail was revealed.)

[将有关气氛变化的叙述放入括号中,仿佛是剧本中的场景描写,给人临场感。]

(2)A delicious sigh of happy regret now rippled through his audience.

---

① 申丹,韩加明,王丽亚.英美小说叙事理论研究[M].北京:北京大学出版社,2005:119.

［这句把观众反应自然地嵌入进来，动词"ripple"可谓神来之笔。］

(3)Pit the Fake Foreign Devil against a ten-year-old beggar from town, and he'd be mincemeat. At which disrespect, every listener blushed.

［这句把听众的反应与上文自然衔接起来，保持读者连贯的审美体验。这种处理体现出读者意识。］

(4)He shook his head excitedly about, stars of spittle moistening the face of Zhao Sichen opposite. **His listeners' wonder was now edged with dread.** Looking about it, Ah-Q suddenly raised his right hand then sliced it down on to the outstretched nape of a rapt hairy Wang.

［这一句中黑体部分体现了观众的情绪波动达到高潮。译者没有使用括号插入的手法，因为在这里 Ah-Q 与听众已经产生了互动。］

小结

翻译的操控学派认为翻译是一种改写，无论改写的意图如何，都反映了特定的意识形态和诗学①。译者在翻译过程中会受到目的语主流诗学的影响，在原文和目的语之间做出选择与妥协。蓝诗玲的译文恰好诠释了上述观点。但是，杨氏夫妇采取了源语文本为主的翻译立场，莱尔的译文则体现出向美国读者介绍中国文化的意图，有很明确的读者意识。译者对文本功能的不同立场导致了不同的翻译策略，从而使译本的风格呈现多重样貌，并适应不同读者的阅读需求。杨氏夫妇忠实于原文的译法和莱尔解释性的译文对于希望借助文学作品来研究中国语言文化的读者是最佳选择；而对于大众读者，蓝诗玲的译本更值得推荐。从文学传播的角度来评价，蓝诗玲基于文学性、可读性以及重塑鲁迅在西方文学中的经典地位的补偿性翻译是成功的。

随着中国文学频获国际大奖，国外出版社纷纷加大对中国文学作品的出版发行力度。蓝诗玲翻译的《鲁迅全集》和张爱玲的《色·戒》，都被收录在象征荣誉的"企鹅经典丛书"中。借助企鹅出版社面向全球的发行渠道和可读性好的译本，中国文学有望获得越来越多的世界读者。

---

① Susan Bassnett, Andre Lefevere. Constructing Culture: Essays on Literary Translation[M]. Clevedon& London: Multilingual Matters Ltd., 1998: 133.

第五章　全球化与消费主义语境下的中国文学译介

第一节　世界文学的核心要素

　　我们要以全球化和比较的视角重写当代文学传统，实现文化的对话与融合；重新审视 20 世纪的文学，重塑经典，重新解读经典，从读者接受与市场反馈及文学评论界的认可等方面综合考虑，选择经典作品。"①

——王宁

　　在全球化的今天，"世界文学""人类性""国际化"成为中国文学界、文化界、学术界关注的焦点，一个普遍的焦虑是中国当代文学如何能跻身世界文学，能为其他国家的读者理解和欣赏。然而，世界文学的含义是什么？世界文学具有哪些特点？200 多年前，歌德在阅读中国的《花笺记》等作品时受到启发，提出了"世界文学的时代已快来临"这一论断，由此创造了"世界文学"（Weltilierature）这个新词。② 歌德心目中的世界文学"提倡作家和艺术家通过讨论、互评、翻译和个人交往的方式来增进国际交流和学术交流。他希望借文化了解来提高宽容度"③。他所主张的宽容度，在现代批评话语中

---

　　① Wang Ning. Globalizing Chinese Literature：Toward a Rewriting of Contemporary Chinese Literary Culture[M]. Jie Lu（ed.）. China's Literary and Cultural Scenes at the Turn of the 21st Century. London & New York：Routledge，2008：53-68.

　　② 爱克曼. 歌德谈话录[M]. 朱光潜，译. 北京：人民文学出版社，1978：113.

　　③ 简·布朗. 歌德与"世界文学"[J]. 学术月刊，2007(6)：32-38.

被"多文化主义取代",讲究同中存异,在差异中感知共性。①

　　世界文学是相对于民族文学而产生的概念。对于本民族而言,世界文学是外国文学,是他者。各个国家文学系统中的世界文学谱系是不同的,而且是随着时代变化的,只有满足本国的需求与价值理念的外国作品才会被引入。比如 20 世纪 50 年代及七八十年代在中国一度被作为经典的革命文学《牛虻》,在欧美国家却籍籍无名。哈佛大学的大卫·戴姆拉什(David Damrosch)认为,"世界文学总是既与主体文化的价值取向和需求相关,又与作品的源文化相关,因而是一个双重折射的过程,可通过椭圆这一形状来描述:源文化和主体文化提供了两个焦点,生成了这个椭圆空间,其中,任何一部作为世界文学而存在的文学作品,都与两种不同的文化紧密联系,而不是由任何一方单独决定。"②这个形象的比喻告诉我们,跻身世界文学不能仅是一国单方面的美好心愿,还需要该国的文学与他国文化有关联性,能够契合他国读者的需求。正如戴姆拉什所言,世界文学"不是一套文本的经典,而是一种阅读的方式,一种以超然的态度进入与我们自身时空不同的世界的形式"③。这个定义将阅读提高到令人瞩目的位置,说明了读者在构建世界文学体系中的积极作用。

　　戴姆拉什认为,歌德提出的世界文学"在很大程度上指文学流通的国际性,同时也指不同的作家在国外得到的反应"④。他在其著作《什么是世界文学?》中描述了世界文学的三种基本模式,即经典作品、现代杰出作品、看世界的多重窗口⑤。第三类指的是现代一般文学或流行文学,尽管不够经典或优秀,但这类书籍在世界市场上流通,能帮助读者了解他国文化,也可视为世界文学。如果以翻译成多国语言的角度来评判作品是不是世界文学,那么很多中国当代文学作品已经是世界文学的一部分了,只是流通的广泛度还不够。比如余华作品的英文版,可以在美国图书馆的"美国文学"分

　　①　简·布朗. 歌德与"世界文学"[J]. 学术月刊, 2007(6):32-38.

　　②　[美]大卫·丹穆若什. 什么是世界文学? [M]. 查明建,等译. 北京:北京大学出版社, 2015:311.

　　③　[美]大卫·丹穆若什. 什么是世界文学? [M]. 查明建,等译. 北京:北京大学出版社, 2015:326.

　　④　什么是世界文学? ——王宁对话戴维·戴姆拉什[N]. 中华读书报, 2010-09-08(22).

　　⑤　[美]大卫·丹穆若什. 什么是世界文学? [M]. 查明建,等译. 北京:北京大学出版社, 2015:18.

类条目下检索得到,已成为"目标语文化体系中的一个文化事实"①。

在歌德的基础上,戴姆拉什提出了流通、翻译、生产对世界文学形成的重要意义。在《什么是世界文学?》一书中,他给出世界文学的范例并详细分析,我们从中可以发现世界文学的基本属性。比如,《吉尔伽美什史诗》的发现之旅艰辛曲折,考古学家借由其与《圣经》故事的关联,才获得公众的关注与财政的支持,最终实现了这部承载美索不达米亚文化的珍贵文献的世界文学之旅。由此可见,民族文学作品能在世界流通的一个重要因素,是它与其他国家文化的关联性。书中还引入了刻录在古埃及纸莎草卷上的爱情诗,因其描绘亘古不变的情欲爱恋而跨越时空,与现代人产生共鸣。另外一个有趣的现象是,卡夫卡、石黑一雄、伍德豪森等人的作品成为世界文学,是得益于其多元文化背景以及离散漂泊在异乡的局外人视角,从而使其作品具有了超越某一地域的世界性。诺贝尔文学奖的多位得主均具有世界旅居的文化背景,这也说明了多元文化视角给作品赋予的世界性特质,能给世界读者带来新鲜又似曾相识的阅读体验。此外,危地马拉活动家丽格伯塔·门楚逃亡欧洲,将玛雅原住民遭受迫害的经历以口述回忆录的方式,通过多种译本推向世界。该书讲述神秘的玛雅文化、印第安人与当地统治者拉地诺人的种族文化冲突,引起外界好奇、关注的眼光,从而引发跨国界传播。综上所述,世界文学的基本特征可以概括为世界性、人类性。世界性可以进一步阐发为文化关联性、文学主题关联性、跨地域性。当然文学性也是必要的条件,但如果仅作为了解世界的窗口,世界文学不一定都是文学性强的作品。

很多中国学者、作家对世界文学的理解与歌德的定义一致,即世界文学是对话,是借鉴与融合。他们认为世界文学的内涵是博采世界文学之长,跨越地域之限,具有普世意义的作品。歌德的《中德晨昏咏叹调》和《西东诗集》分别是他借鉴中国文学和波斯文学写就的两本诗集,是对世界文学的实践。中国自"五四"以来,受西方文学的影响,很多作品都是世界文学的实践。比如鲁迅的《狂人日记》曾借鉴果戈理的同名作品;老舍的《猫城记》与《格列佛游记》有很多可资比较之处,这都是中西文学交融的产物。在 2010

---

① Gideon Toury. Descriptive Translation Studies and Beyond[M]. Amsterdam/Philadelpjia: John Benjamins,1995:24-25.

年的"当今世界文学与中国"国际研讨会上,张炜认为中西方文化传统要融合,莫言建议中国的当代作家要尽量多读外国作品。与会的很多中国作家都赞同用外国文学来滋养中国文学的实践。^① 在中外文学关系方面,陈思和认为中国文学已经纳入世界格局,在世界文学思潮的影响下,中国作家发挥其创造性,在其本土创作中体现了"世界性因素"^②,比如在主题或创作手法上已与外国文学特别是西方文学有了相通性。

同时,世界文学的呼声也促使中国作家反思文学的世界性和民族性的关系。在文化全球化的大趋势下,如何保持自己的文化身份和民族特性一直是学者关注的焦点。有学者认为,所谓的与世界文学传统保持一致,几乎等同于向欧美文学传统靠拢,意味着屈从于欧洲中心主义或西方中心主义。大卫·戴姆拉什在世界文学研讨会上提出:"虽然各国对世界文学概念的定义各不相同,但在全球化的语境下,世界文学似乎已成为美国制造的商品,排挤他国的作品。"比较美国和亚洲文学当前的境况,他倡导各国应用比较的视角来走近世界文学,牢牢扎根于自己的传统。^③

还有学者认为"越是民族的,就越是世界的",这个观点需要重新审视。这个观点对于世界文学的看法似乎是,世界文学等于世界各国各民族文学的总和,具有民族特色的文学增加了世界文学的多样化维度。这固然有一定的道理,因为世界文学并不抹杀个性,正因为民族性的存在才使作品有了鲜明的个性。但是民族独特性过强,国际共性元素过少,则会导致理解、欣赏障碍,影响作品的流通和阅读,也就不能成为世界文学。如果沿用歌德对"世界文学"的定义,Weltliteratur 这个德语词,"现在称之为'跨文化交流',指一系列的全球对话和交换。在这些对话和交换中,不同文学的共性日趋明显,个性却也未被抹杀"^④。不难看出,世界文学对文化交融的共性更加重视,主张同中存异。"同"即是人类共通的部分,学者王斑将其解释为"超

---

① Liu Hongtao. World Literature and China in a Global Age: Selected Papers of International Conference on "World Literature Today and China"[J]. Chinese Literature Today,2010(1): 101-103.

② 陈思和. 文学中的世界性因素[M]. 上海:复旦大学出版社, 2011:107.

③ Liu Hongtao. World Literature and China in a Global Age: Selected Papers of International Conference on "World Literature Today and China"[J]. Chinese Literature Today,2010(1): 101-103.

④ Liu Hongtao. World Literature and China in a Global Age: Selected Papers of International Conference on "World Literature Today and China"[J]. Chinese Literature Today,2010(1): 101-103.

越狭隘的个体处境与文化,对于他人具有意义与相关性"①。

白杨、刘红英在文章《民族性·世界性·人类性:莫言小说的核心质素与诗学启示》指出:"民族性的文化元素不一定具有世界性的内涵,而世界性的文化心灵则必然深深植根于民族性的土壤之中。鲁迅曾在这方面有过经典的譬喻,不能说'国粹'就好,关键要看其内容的构成是精华还是糟粕。同样,伟大的作家必须要找到开启人物心灵的钥匙,在波谲云诡的世事变迁中去书写生存的多重样态,唯有人性及人类命运才是其文学真正的创作主题。"②她指出民族性和世界性的交集是人类性,并分析了莫言小说如何在永恒人性的底色上书写富有民族特色的故事。③ 她们精辟的论述点明了小说中呈现民族性不是写作的意图,而重点是找到民族性和世界性的交集,找到打开世界读者心灵的钥匙。莫言的小说在这方面的探索是成功的。他歌颂人性自由和生命活力,超越了一般意义上的社会、道德批判。比如他的小说《白狗秋千架》就是在生存困境与道德伦理的冲突之中触动人类共通的情感。通常来说,世界文学应是以人类性的价值观念和人类的真实情感为主线,去探讨全人类共同关心的问题以及共同面对的幸福和喜悦、沉痛和困惑。然而,任何一个作家的创作都植根于他所在的文化,因此必然有着独特的文化特征。一言以蔽之,世界文学是全球化问题的本土化表达。

反观张爱玲,她在中国内地(大陆)及港台大红大紫,为什么她的英文小说在美国反响冷淡?她不乏诸如夏志清、王德威等文艺界权威人士的推举;她曾在加州大学伯克利分校任驻校作家,其作品由加州大学出版社出版;她的小说《色·戒》由李安执导改编成电影,也获得国际大奖。但这些都没有帮助她获得英美读者的认可。有学者指出,张爱玲尽管在当时的英占香港接受英文教育,在美国生活了大半生,但她的作品具有强烈的中国特质,她刻画的女性及其境遇也氤氲着浓厚的中国传统文化。她用英语写作或翻译时刻意为外国读者解释一些文化现象,比如鸦片、缠足、中国服饰等,而且尽

---

① Ban Wang. Studies of Modern Chinese Literature[M]. Jonathan D. Spence. (ed.). The Search For Modern China. New York: W. W. Norton & Company, 1999: 384.

② 白杨, 刘红英. 民族性·世界性·人类性:莫言小说的核心质素与诗学启示[J]. 同济大学学报(社会科学版), 2013(10): 100.

③ 白杨, 刘红英. 民族性·世界性·人类性:莫言小说的核心质素与诗学启示[J]. 同济大学学报(社会科学版), 2013(10): 100.

量减写妯娌关系等令外国读者费解的人际纽带,但她的书始终反响冷淡。也许是她强烈的"中国性"导致她无法享有世界作家的华冠。而且,她的作品直接用英文写就,她的英文虽然优秀(excellent)但仍不够圆熟老练(sophisticated)。① 相较于同时代获得巨大成功的赛珍珠的《大地》,张爱玲所聚焦的老上海风情游离在时代风云的潮流变化之外,而且她的局内人视角远不如赛珍珠作为美国作家对中国的他者观察更具吸引力。由此可见,作品的文化气息、其主题对世界读者的相关性对于作品的国际影响力至关重要。

那么,致力于人类共通性的世界文学是否会为了迎合国际化读者而创作,从而失去了自己的根?在温哥华举办的美国比较文学协会的会议上,戴姆拉什曾表达"全球化以及世界文学的危险是作品可能迅速地从文化层面上灭绝,并且失去它们大部分原有的力量与价值。"为了解决这一弊端,他认为"我们要在外民族的关注与本民族的理解之间进行平衡。"②这种平衡也就是安波舜所说的"寻找东西方文化中的'最大公约数'"。③ 东西方文化中共通的价值观念,比如真、善、美、和平及人与自然的和谐、乐观、进取精神、永恒的人性等,都是能打动世界读者的内在力量。

但是,世界文学的趋同并不意味着求同。人类命运共同体、人类共通的情感、永恒的人性应是一部优秀作品中自然流露的主题,而不是为了追求世界文学而刻意为之。然而,在世界文学的大潮中如何保持鲜明的民族性?戴姆拉什建议翻译时要尽量保持原著的文化个性,而不要同化翻译,尤其不要在价值观念方面将原著同化。为此,安德烈·勒菲弗尔建议,"译者要规避自身文化规范的同化作用,必须在译文中直接展现原著的文化背景。"④

"赞成更加普世的世界文学观的人完全有理由反对过分夸大外来性:它可能导致难以理解的文本,形成一种分离主义模式的翻译,逐渐削弱读者与人类共同体验相关联的感受。然而,即使是坚持普世主义原则的读者,也反对简单地把外来的作品和当代美国的价值观同化,这个过程反而导致我们

① Baochai Chiang, J.B. Rollins, Jing Wang. Cultural Self-Translation and Chinese Globalization: Eileen Chang's Yuan Nü and The Rouge of the North[J]. Translation Quarterly, 2009(53/54):90.

② 达姆罗什,郝岚. 新时代的世界文学教材编写与人才培养——大卫·达姆罗什教授访谈录[J]. 比较文学与世界文学, 2014(5):101.

③ 苏墨.《狼图腾》之后,中国文学能否走出去?[N]. 工人日报, 2015-03-09 (07).

④ [美]大卫·丹穆若什. 什么是世界文学?[M]. 查明建, 等译. 北京:北京大学出版社, 2015:325.

与自己本地文化之外的文化没有了共同的基础。"①这个观点说明了民族性过强不易于被世界读者接受,但是泯灭了个性,也将失去独特的吸引力。这进一步说明了世界文学同中存异的内涵。

此外,歌德的"世界文学"理念和现代多元文化主义者一样,重视文化多元,接纳口头文化和大众文化。② 在经济全球化的影响下,大众文化和消费文化日益挤压着精英文学和精英文化的生存空间,因此,世界文学的创作和研究绕不过对全球读者有着普遍感召力、可激发其认同感的作品。结合戴姆拉什强调的世界小说的流通性和拥有世界读者的属性,世界文学的关键词还应包含可读性,注重作品对世界读者的吸引力。

综上所述,世界文学的关键词是:世界性、人类性、民族性、文化相关性、可读性。然而,世界性的内涵又是什么? 具体而言,世界性体现于文化的普遍性,"即在所有文化中都普遍存在的文化现象,或被大多数其他民族认同的文化现象"③。陈思和认为"世界性是一种人类相关联的同一体,是地球上人类相沟通的对话平台"④。然而,这种文化普遍性和关联性具体指的是什么呢? 辜正坤认为:"中国儒家的价值观:仁义礼智信,忠孝廉耻勇,具有相当大的普遍性。此外,对爱情、友谊、惩恶扬善、奉公守法、对神的崇拜与敬畏、对超自然现象的崇奉等,都是一致的。然而各个民族也有其独特的文化,如中国传统的集体主义、孝、祖先崇拜、三纲五常、长幼有序等;西方独特的精神价值观,如自立主义(个人主义)、注重个体幸福的追求,提倡优胜劣汰的观念等。"⑤虽然儒家积极入世的思想是中国的主流价值观,但道家思想中的乐天知命、随遇而安、知足常乐,儒家思想中的明哲保身、中庸,佛家思想中的因果报应和人生如梦等,都构成了中国人复杂的民族性格,很多文学作品都表现出宿命论、看破红尘的心态和归隐山林的人生理想。与之形成对照的是,西方的哲学思想注重理性思辨、求真、追求自由与平等,对人生和命运的态度是积极进取、不懈抗争。除叔本华受佛教思想影响,认为有欲

---

① [美]大卫・丹穆若什. 什么是世界文学? [M]. 查明建,等译. 北京:北京大学出版社,2015:188.

② 简・布朗. 歌德与"世界文学"[J]. 学术月刊,2007(6):32-38.

③ 辜正坤. 中西文化比较导论[M]. 北京:北京大学出版社,2007:125.

④ 陈思和. 中国文学中的世界性因素[M]. 上海:复旦大学出版社,2011:311.

⑤ 辜正坤. 中西文化比较导论[M]. 北京:北京大学出版社,2007:125.

即苦、无求乃乐,追求达观清明的人生境界以外,尼采的肯定自我及生命意志、萨特的自由选择、加缪的西绪弗斯式的认识人生的荒谬但仍然拥抱人生等,都主张与虚无作战,与命运斗争。海明威的《老人与海》、好莱坞电影《永不妥协》等都表达了这种抗争的主题。因此,反映人性中坚韧不拔精神的作品大都能获得美国读者的认同。

增加中国小说的全球吸引力需要克服以下两个误区。

其一,避免为了迎合西方读者而重复刻板的东方主义想象。以进军西方电影市场的华语电影为例,有些电影追求人性价值与中国文化的结合,用永恒的人性和西方的核心价值来演绎中国的故事,以此来触动西方观众的心弦,并刻意展示中国文化的特殊性以给观众带来新奇的审美体验,其中不乏东方主义余绪对影片主题的宰制。比如,《金陵十三钗》宣扬超越国家民族的人类之爱以及在抵制暴力时人性的升华。影片讲述的是东方女性(13名妓女)和美国假传教士甘冒奇险营救中国女学生逃离日寇魔掌的故事,如果对其进行意识形态解读,颇耐人寻味,其中诸女子身着旗袍摆臀扭腰的画面更是在强化西方观众对中国女性的东方主义想象。这使该作品难以摆脱取悦于西方文化的嫌疑。

其二,融合本土元素与他国元素来追求世界性和国际性不等于大杂烩,也不是为了捕捉观众猎奇的眼光。《雪花与秘扇》就是一个失败的例证。华裔导演王颖力图使这部影片具有世界性和普遍性,在小说《雪花与秘扇》的基础上,又加入了另一条线索即当代两个女性的故事,分别为中国女孩(李冰冰饰演)和韩国女孩(全智贤饰演)。为了增加国际性元素,韩国女孩的男朋友是澳洲人,由休·杰克曼(Hugh Jackman)饰演。影片在中国元素上做足功夫,着意刻画了女性历史上的独特一页,即清末民初湖南江永一带的"女书"和"结老同"民俗,展示了晚清服饰、民居、刺绣、戏曲、裹足、恋足癖、鸦片等。影片试图表达一种超越时间、地域、种族、阶级的女性之间的真挚友情。也许导演过于注重影片的国际性以取悦海内外观众,导致影片中各种文化元素纷呈,时空切换频繁,汉语、韩语、英语、上海方言杂沓出现,宛如大杂烩。再者,影片把精力过多地放在文化元素上,对人物情感没有很细腻的演绎,这是舍本逐末的表现。此外,华裔导演刻意呈现的古老中国是他们记忆中或想象中的故乡,也许会令外国观众带着怪异的神情驻足观看,但那些有如放大镜下的特写的中国元素,却令中国观众感觉矫情造作。这部电影的失败给我们的启示是，仅凭陈列一些古董似的文化景观来吸引读者或观众，抑或依靠过去的苦难来赚取同情并不能创造出伟大的作品，这些只能固化西方人对中国的偏见。

从少数成功的作品来看，探讨中西文化冲突、增进文化理解的作品容易引起西方观众的兴趣。作家或导演的中西文化素养和国际化视野至关重要。当年林语堂的《吾国与吾民》和《生活的艺术》创下华人用英语写作的畅销书排行榜记录，他将旷达、怡情养性的中国人的生活方式和浪漫高雅的东方情调向西方人娓娓道来，为美国读者所喜爱。反映中西文化碰撞的华裔作家作品也在美国产生很大反响。比如《喜福会》曾经连续 8 个月荣登《纽约时报》畅销书排行榜，是 1989 年美国第四大畅销书。书中的苏西婚后扮演着贤妻良母的角色，对丈夫小心翼翼地服侍、顺从，但她的丈夫却不理解她为何如此压抑自我、没有个性；只有到两人将要离婚时，她才勇敢地捍卫自己的权益，赢得了丈夫的尊重，也挽回了婚姻。西方读者欣赏的是有主见、独立、坚强的女性，比如《红高粱家族》里敢爱敢恨的戴凤莲、迪士尼电影《花木兰》里追求实现自我价值的木兰、电影《卧虎藏龙》里争强好胜的玉娇龙。而传统中国女性则是顺从、含蓄、压抑、隐忍，她们把情感深深地埋藏在心底，就像《金锁记》里的长安和童世舫，分手时在夕阳下遥遥相望、淡然、怅然、矜持；就像张爱玲的短篇散文《爱》里的那个女孩，在春夜桃树下邂逅邻家男孩，相视之下，两人之间唯一的对白就是"你也在这里啊"，然后就默默离开，自此却温馨思念一辈子。这样的传统女性，西方观众很难认同和欣赏。

很多华裔作家的作品最终表达的是对美国文化的认同。而奥斯卡获奖电影《卧虎藏龙》则带给西方观众别样的思考。李安不仅完美地展示了中国文化的精髓，同时将中西价值观念并行呈现，引人深思两种文化的优缺点。李慕白和俞秀莲是儒家文化的代表，谦谦君子、自持守礼、恬退隐忍；玉娇龙和罗小虎则是西方价值观念的代表，张扬自我，敢爱敢恨。玉娇龙是一个争强好胜、任性叛逆的女孩，她有善良的一面，但也颇有心计，学武时对师傅碧眼狐狸藏私，招致师傅的刻骨仇恨。她年少轻狂、恣意妄为，从小在碧眼狐狸的教导下，有些是非不分，对于父辈的儒家正统文化不屑一顾。而作为父辈的李慕白却没有放弃她，悉心引导她走上正途，更为了救她而死。大错已经铸成，虽然与罗小虎重逢，玉娇龙却不能释怀自己犯的错。如同西方悲剧里的主人公勇敢地承担自己的罪过,她最终选择跳入万丈深渊来诚心补过,如果幸而不死,就能和罗小虎厮守终生。至此,她已从一个桀骜不驯、不明事理的少年走向成熟。她曾不能理解李慕白和俞秀莲为何两情相悦却没有共结连理,此时她已能领略人生的复杂性和身不由己。玉娇龙的成长历程及其所遭受的挫折,令人反思在自我价值的实现过程中,自我与他人、与社会的关系。俞秀莲最终领悟到要真诚地面对自己的感情,玉娇龙则意识到张扬自我给周围的人带来的伤害。成长与救赎历来是文学最动人的主题,加上优雅的中国传统文化和富有动作美感的武术,影片成功地融合了功夫片的商业元素和文艺片的细腻、深邃,给中西观众带来审美愉悦感和文化反思。

史铁生指出,艺术的活动即是要追索一种有效的方式让人类达成与外部世界的和解,让人类去理解和欣赏人生的神秘、奇妙和庄严。① 世界上很多优秀小说都是探讨人与外部世界的冲突,在挣扎中走出困境,找到救赎之法的心路历程。比如畅销全球的《追风筝的人》,是一部让人更深入地认识人性,并反思救赎之路的伟大作品。这部小说的作者是旅美的阿富汗人,在美国长大,并在大学接受过写作专业训练,用英语写作。他的作品有思想深度,人物内心刻画细腻,但并不艰涩难懂,因而赢得了大量读者。畅销全球的《挪威的森林》也堪称世界小说的典范,透过村上春树创造的文学世界,"能看到人类共同面临的生存困境与生命的伤口,唤起人类内在的共鸣"②。此外,语言的简练利落也是村上春树成功的原因。《狼图腾》的成功得益于作品主题的世界性——对自由的游牧文化的缅怀、对当代工业文明的批判、对生态危机的反思,即使这部小说的叙事策略使其文学性有些减色,但瑕不掩瑜。

在打造具有中国文化特质的世界小说时,我们遇到的瓶颈是如何能让读者理解并欣赏中国独特的文化。用英文创作的华裔作家裘小龙也表达了同样的看法。他认为:"中国的公安、侦探、法律、文化与西方不太一样。写作时必须考虑西方读者是否了解你写的内容,加入中国元素后,能否将故事

---

① 史铁生. 读洪峰小说有感[J]. 当代作家评论,1988(1):38-43.
② 邢灵君. 村上春树在中国——当代中国文学思潮下的村上热初探[J]. 西北大学学报(哲学社会科学版),2005(2):168-170.

清楚、完整地呈现。这些因素对华裔作家来说都是个挑战。"①由此可见，中国作家必须要致力于穿越文化隔膜才能获得世界读者的欢迎。

综上所述，既然我们要打造的世界小说具有世界性、人类性、民族性、可读性的特质，那么其探讨的主题越能超越狭隘的民族主义和一定时代的意识形态，对世界读者就越具有启发性和参照性。追求民族性不是去挖掘古老民俗的糟粕来吸引读者猎奇的眼光，追求世界性不是对西方价值观念的盲从。我们提倡的世界小说是具有独特文化价值和魅力的，是歌德所界定的"对话和交流"，是在全球化语境下引发思考、展开对话。它不一定是中国形象的代言人，但却有助于促进世界人民对中国文化的理解。它植根于中国文化，是全球化问题的本土表达。

第二节 打造中国文学的国际影响力：从文化政治到文化创造

> 强调文化对于民族国家的重要影响，反而伤害文化的创造力。②
>
> ——萧高彦

2013 年 9 月，由国务院新闻办公室、中国作家协会、中国外文出版发行事业局联合主办的中国当代优秀作品国际翻译大赛，邀请境内外翻译工作者在指定的 30 篇短篇小说中任选一篇或多篇，翻译成英语、法语、俄语、西班牙语或阿拉伯语中的任何一种语言，"旨在激励国内外创作翻译力量向世界传播中华文化的主动性和创造性，推动中华文化走向世界，扩大中华文化的国际影响力，促进世界文化的繁荣"③。这是中国最高规格、最大规模的翻译赛事，首次向海外翻译工作者张开双臂，而且鼓励境内外译者合译，可

① 柯宇倩. 裘小龙扭转西方人对华人的刻板印象[EB/OL]. 明镜网，2012-05-31.
② 萧高彦."文化政治"的魅力与贫困——评《全球化时代的文化认同：西方普遍主义话语的历史批判》[J]. 社会科学论坛（学术评论卷），2007，4：71-90.
③ 2013 中国当代优秀作品国际翻译大赛[EB/OL]. 中国网. http://news.china.com.cn/citc/node_7189956.htm.

见国家对翻译地道性的重视。竞赛原文由中国作家协会推荐。一等奖奖金高达 5000 美元。翻译选材的要求之一是"改革开放以来由中国国籍的作家出版、适合对外传播"①。

从此次活动可以看出,中国官方宣传机构仍把中国文学海外接受的问题归结为翻译质量,由于认识到中国本土翻译人才在语言地道性上的不足,因而集结国际翻译力量。值得注意的是,大赛的目的是"激励国内外创作翻译力量"②,可见主办方开始意识到翻译本身也是一种创造性劳动,有鼓励译者发挥创造力的意图,但并没有明确说明鼓励译者针对译入语读者的阅读习惯进行跨文化改写。此外,这次竞赛既是对国内外翻译人才的选拔,也是一次重要的宣传活动,体现了中国主动向国际社会输出中国文学的努力和决心。而且,竞赛后通过统计海外翻译者对原文的选择及采用的翻译策略,可以分析域外读者对中国文学的偏好和态度,可以说一举多得。

按照组委会对原文"适合境外传播"的要求,中国作家协会推荐了 30 篇短篇小说,涵盖了 20 世纪 90 年代以来发表在《人民文学》《钟山》等文学杂志上的当代知名作家的作品,题材广泛,从乡村到城市,反映了发生在中国广袤大地上的时代变迁和现实生活。其中,乡村题材偏多,如贾平凹的《倒流河》,讲述农民开煤窑暴富后物质与精神的错位;也有反映城市消费形式新变的《梦幻快递》,折射出当今社会的盲目、过度消费;还有的作品反映了当今大学生生存困境和无力守卫爱情的怅惘心态,如毕飞宇的《相爱的日子》。此外,还有书写传统的作品,比如阿来的《月光下的银匠》,赞美艺术家高贵的、不屈从于权贵的心灵;韩少功的《北门口预言》批判民族的劣根性,描绘了一名刽子手虽然刀法精绝但却麻木不仁、是非不分的一生。莫言的《月光斩》貌似悬疑小说,却内含古代传奇故事和社会批判。

入选的小说从写作技法上来看,大多数是情节驱动的模式,很少有细致的心理描写,但《狼行成双》是个例外。这篇小说发表于 1997 年,文笔细腻生动,情真感人,是先于《狼图腾》的狼性赞歌。

从此次入选的作品来看,官方对中国文学的定位仍然是反映改革开放

---

① 2013 中国当代优秀作品国际翻译大赛[EB/OL]. 中国网. http://news.china.com.cn/citc/node_7189956.htm.

② 2013 中国当代优秀作品国际翻译大赛[EB/OL]. 中国网. http://news.china.com.cn/citc/node_7189956.htm.

以来的社会现实,让世界了解与时俱进的中国;仍然把翻译质量当作衡量中国文学在欧美读者市场接受度的标杆。在题材的选择上仍然以国家意志为主导,没有把作品的人类性和可读性作为标准,对影响作品域外接受的诸多因素重视力度不够,比如译入语国家文学生态的内部需求、译入语的文学传统、读者的阅读习惯和审美情趣等。

学者萧高彦指出,强调文化对于民族国家的重要影响,反而伤害文化的创造力。[①] 同理,强调文学对于国家形象的重要影响,反而伤害文学的创造力。因为文学创作是一种纯粹的艺术活动,应该摒弃任何功利的想法。萧高彦认为文化创造应该抛开文化政治观念和文化民族主义的思维定式。

自从中国通过"熊猫丛书"主动向西方输出当代文学以来,30多年过去了,国家机构借助文学翻译塑造国家形象的意图并没有改变,文学、翻译与政治的意图始终交织在一起。20世纪80年代中国的发展目标是建设"四个现代化",向世界展现改革开放的全新形象;而21世纪以来,中国的发展战略是"中国文化走向世界",借助文化产业来提高中国的软实力。且不谈遍布世界的孔子学院和各种文艺交流活动,单从文学作品结集出版方面,国家的投入力度也是空前的,这在第二章第一节已详细介绍。可以说,我们的愿望是美好的,也付出了巨大的努力,但这些单方面的付出,效果如何呢?

我们不妨把20世纪80年代"熊猫丛书"输出时的国内外形势与当今形势做一对比。从接受的环境来看,80年代,由于中美之间的战略伙伴关系及中国令世界瞩目的改革开放政策,中国的政治、文化政策备受美国关注;而且由于那时的新闻媒体不像现在这样发达,"熊猫丛书"作为中国主动向世界打开的一扇窗口,美国乐于透过它来了解中国。事实上,1980—1989年是该丛书的黄金期,其总体销量较好。[②] 然而,信息化时代的今天,快餐文化、流行文化、消费文化大行其道,很难想象普通民众会乐于通过大部头的文学作品去了解当代中国或中国历史,因为他们有很多更快捷的渠道。中国文学的读者主要还是文学爱好者或大学里的汉语系学生。从面临的挑战来看,"'熊猫丛书'面临的挑战和困难来自中外文学和文化发展不平衡的

---

① 萧高彦. "文化政治"的魅力与贫困——评《全球化时代的文化认同:西方普遍主义话语的历史批判》[J]. 社会科学论坛(学术评论卷),2007,4:71-90.

② 耿强. 文学译介与中国文学"走向世界"——"熊猫丛书"英译中国文学研究[D]. 上海:上海外国语大学,2010:47.

现实,以及中国文学在主要西方国家读者中并不被广泛接受的现实"①。直到今日,这种情况并没有改变。从译介需求来看,"熊猫丛书"的翻译诉求完全来自本土的国家意志和知识分子的文化焦虑,而并非译入语文学系统的主动要求。今天的情形与30年前相似,虽然有了一些变化,比如有些美国出版社主动出版中国一些知名作家的作品,但由于销量不佳,影响了出版社翻译中国文学的热情。从上述分析可见,国家希冀借助精英文学来扩大文化影响力的愿望与现实总是存在较大落差。

中国荟萃国内外精英译者,包括借助全世界汉学家之力来翻译中国文学的做法,令人想起20世纪50至60年代日本政府的译介举措。当时日本精心挑选了一些日本文学精品,召集了一流的海外英语翻译,意图打造日本文学的国际影响力,最终使川端康成、三岛由纪夫等成为日本文化的名片。② 汉学家蓝诗玲指出,20世纪60年代,美国积极扶持日本以抗衡共产主义中国,美国克诺夫出版社(Knopf)精心选择、翻译了一批现代日本小说,并以此构建出"忧郁敏感、充满异国唯美情调、与战前穷兵黩武、侵略成性的好战形象全然不同的日本文学图景"③。虽然当今作家村上春树和吉本芭娜娜的风格与老一辈作家塑造的忧郁、缄默的日本人形象很不相同,但由于早期打下的基础,日本文学温情唯美的形象已为读者认同。④ 借鉴日本的成功经验,中国文学若要赢得国际读者,还是要从全人类共同关注的主题入手,审慎展现让文学承载介绍中国社会现实或传播中国文化形象的政治意图。20世纪80年代以来由政府机构主导向海外输出中国文学的实践,证明了在过于浓厚的意识形态框架束缚下的中国文学难以引起海外读者共鸣。可以说,中国文学走出去的关键是译什么,然后才是如何译。

关于中国文学如何扩大国际影响力的问题,笔者访问了加州大学伯克利分校的中国研究中心主任安德鲁·琼斯教授(Andrew F. Jones)。他的观点比较新颖,颇具参考价值:

把文学或文化置于爱国主义、民族主义的框架内是中国文学译介受挫

---

① 耿强. 文学译介与中国文学"走向世界"——"熊猫丛书"英译中国文学研究[D]. 上海:上海外国语大学,2010:28.

② Julia Lovell. Great Leap Forward [N]. The Guardian,2005-06-10.

③ 康慨. 企鹅经典文库首次收入中国小说[N]. 东方早报,2005-06-24.

④ Julia Lovell. Great Leap Forward [N]. The Guardian,2005-06-10.

的问题所在。为了"中国或中国文化"这个大概念去打开读者市场，这样的做法必会失败。一个喜欢中国文学或文化的读者为什么要去关心"中国"这个概念？举个例子，日本文学作品在美国比较受欢迎，为什么？并不是因为日本，而是因为有很棒的作家，比如村上春树。而且日本打造了有趣的文化现象，比如日本动漫、宫崎骏的电影。还有一个例子就是马尔克斯的《百年孤独》。这本书在六七十年代的美国很红火，不是因为美国人想去了解哥伦比亚，而是因为它是一部很好、有新风格、让人大开眼界的作品。文学的传播不是自上而下的过程，而是要让读者看到喜欢的文学作品。只有靠个别优秀的作品才能打开市场。①

琼斯教授认为，重要的还是要有好的作品，或推出一些"有趣的文学现象"，从有趣的、高品位的通俗小说入手来打开读者市场。他特别提到了宫崎骏的电影和村上春树的小说。他不赞成美国出版社对中国小说的宣传方式：以某本小说被禁或有争议来诱发猎奇心理，比如曾轰动一时的《上海宝贝》，因为这样做有损中国文学形象。他比较看好韩寒的作品，特别提到了《1988：我想和这个世界谈谈》，他认为这样的作品容易在青年读者之间产生共鸣。"尽管中国的学者界批评韩寒的作品庸俗，但韩寒语言流畅而且'好玩儿'"②。他的言谈中流露出对文学趣味性的重视，特别指出村上春树最初是写科幻、侦探、浪漫爱情等通俗小说的。

琼斯教授曾翻译余华的小说集《往事与刑罚》(*The Past and the Punishments*)，该小说集收录了《十八岁出门远行》《古典爱情》《世事如烟》《难逃劫数》《一九八六年》《鲜血梅花》《命中注定》等8部中短篇小说。他还翻译了余华的《许三观卖血记》(*Chronicle of a Blood Merchant*)。他的著作《像刀子一样》(*Like a Knife*)"集中探讨了中国通俗音乐工业，对官方操纵下形成的、特殊的通俗文化形式，提出了重要见解"③。

琼斯的观点值得重视，也许从流行文化入手是中国文学、文化进入西方的突破口。中国官方及知识精英在筛选文学作品时，往往以"能否代表中国文学的水平"作为标准，忽略了文学的娱乐性功能。琼斯对"好玩儿"的文

---

① 见附录1.
② 见附录1.
③ ［美］金介甫(Jeffrey C.Kinkley). 中国文学(1949－1999)的英译本出版情况述评(一)[J]. 查明建，译. 当代作家评论，2006(3)：67-76.

字、"有趣的文化现象"的重视，其实是对美国大众阅读心态的精准把握。美国读者和欧洲读者不同：欧洲读者更知性，对翻译文学的心态更开放；而美国的主流价值观念是求新、求变、注重时效性，对历史不太感兴趣。此外，美国在文化、政治方面的主导地位，导致美国读者对其他国家的历史、社会现实兴趣阙如。作为流行文化的前沿，美国的大众读者，尤其是青年读者更看重娱乐性，他们的口头禅是"fun""cool"。反观中国官方推出的作品，其历史感、使命感过于沉重，缺乏趣味性、幽默感，既没有娱乐功能，也缺乏现实关照度，如何能获得欣赏？如果没有阅读，何谈影响力？因此，针对美国读者市场，译介什么需要转变思路。

韩寒作品的译者白亚仁（Alian H. Barr）与琼斯观点相近，他建议要多关注新生代作家。他认为："韩寒是一个很特别的作家，善于独立思考，文笔风趣"①。他翻译的《这一代》②是从韩寒的杂文集《青春》中选译的，选材时考虑到美国读者对有关政治、社会、文化的杂文更有兴致，因此有些与前述主题无关的文章没有收入。他还翻译了韩寒的另一本小说《1988：我想和这个世界谈谈》。③ 俄亥俄州立大学主编的由《当代中国语言与文化》（*Modern Chinese Languange and Culture*）杂志整理的中国现代文学译著中，这样评价韩寒和他的作品："争议性人物、耀眼的天才、玩世不恭的歌手、体育界名流、才华横溢的讽刺杂文和微博使他拥有 5 亿读者"④；《这一代》的"话题包括赛车、年轻人与上一代及同辈人的关系、2008 年奥运会、如何做一名爱国者，这本书对西方读者了解中国这个合作伙伴和竞争对手来说很有价值，而且妙趣横生"；"透过韩寒的独特视角，引领西方读者从 2006 年走到今日中国"。⑤ 从上述评论可见，西方文学评论家在向读者介绍这本书时试图抓住读者的兴趣点，即韩寒的多重文化身份及在中国的争议性、流行性，并强调其作品的当代社会价值和娱乐性。亚马逊官网登载了美国权威评论人对这

---

① 于丽丽. 韩寒下月推巨型科普书［N］. 腾讯网. 2012-10-16 http://news. qq. com/a/20121016/000306. htm？pgv_ref＝aio2012&ptlang＝2052.

② Han Han. The Generation：Dispatches from China's Most Popular Literary Star (and Race Car Driver)［M］. Alan Barr (translator) NY：Simon and Schuster, 2012.

③ 于丽丽. 韩寒下月推巨型科普书［N］. 腾讯网. 2012-10-16 http://news. qq. com/a/20121016/000306. htm？pgv_ref＝aio2012&ptlang＝2052.

④ 参见《当代中国语言与文化》杂志网页：http://mclc.osu.edu/rc/bib2.htm♯H.

⑤ 参见《当代中国语言与文化》杂志网页：http://mclc.osu.edu/rc/bib2.htm♯H.

本书的赞赏态度。《纽约客》杂志的评述突显韩寒的时尚性及反叛形象，"中国最流行的博主……他精心打磨的、酷炫的形象是对老旧的中国知识分子形象的反叛，他从杰克·凯鲁亚克和贾斯汀·提姆布莱克那里汲取到精神财富"①。美国权威的《柯克斯书评》向美国读者大力推荐此书："对于那些渴望了解中国的人，尤其是二三十岁的年轻读者，这本书是必读的"②。曾对"熊猫丛书"提出批评的汉学家林培瑞（Perry Link）在《纽约时报书评》上也给予韩寒高度评价："韩寒不仅仅是把老生常谈的抱怨用一种聪明的方式表达出来。对于某些话题，他的观点机敏睿智、与众不同。韩寒在中国被广泛阅读的事实证明了他的观点代表了中国社会的常识。"③从上述评价可见评论人对这本书的社会价值及韩寒文化姿态的重视。

英国剑桥大学出版社首席执行官潘仕勋对于中国小说"走出去"的建议和琼斯教授相似，即"主题上选择西方读者最喜欢的爱情故事、侦探传奇以及惊险小说，而故事的背景是当代中国某地独特的民俗风情或城市文化。他特别强调当代的故事，"因为读者熟悉的是这个时代，认同的是这个时代，评论的也是这个时代"④。艾瑞克·亚伯拉罕森也赞同书写当代的小说。他列举了一些30多岁的年轻作家如阿乙、徐则臣、笛安等，他们书写大都市，对现代社会带着嘲讽，与上一代的史诗般的乡村巨著形成鲜明的对比。他认为这样的作品容易赢得世界读者的欣赏，也使他们借此理解中国。⑤

另外，通俗小说对于扩大读者群的作用不容忽视。华裔作家裘小龙就是在侦探小说领域打拼出一片天地。"他凭借处女作《红英之死》，成为首位获世界推理小说大奖的华人，并入围爱伦坡推理小说奖和白芮推理小说奖。他成功地塑造了一个风流倜傥、才华横溢的中国侦探陈超，他希望让西方读者看到不一样的中国"⑥。从裘小龙的创作中可以得到如下启示：中国小说有博大精深的中国文化可供汲取素材和养分，关键是找到自己的市场定位，

---

① http://www.amazon.com/This-Generation-Dispatches-Popular-Literary/dp/1451660014.

② http://www.amazon.com/This-Generation-Dispatches-Popular-Literary/dp/1451660014.

③ http://www.amazon.com/This-Generation-Dispatches-Popular-Literary/dp/1451660014.

④ 王臻青. 中国小说如何走出去[N/OL]. 辽宁日报 2012-09-4. http://epaper.lnd.com.cn/html/lnrb/20120904/lnrb1062635.html.

⑤ Andrea Lingenfelter, Eric Abrahamsen. Translating the Paper Republic: A Conversation with Eric Abrahamsen[J]. World Literature Today, 2014 (May-August): 63.

⑥ 柯宇倩. 裘小龙扭转西方人对华人的刻板印象[EB/OL]. 明镜网. 2012-05-31.

锁定目标读者群。除侦探小说以外，科幻小说也是美国大众读者喜爱的小说类型。其实中国不乏优秀的科幻作家，比如刘慈欣、麦家、王晋康、叶永烈、郑文光、童恩正、魏雅华等。《Chutzpah! 天南》杂志捕捉到读者这一需求，第二期的主题就是科幻小说。虽然中国的通俗小说有少许英文版，比如金庸、古龙的部分武侠小说以及晚清以来的通俗小说、离奇故事等，但规模小、版本老旧，而且由于行销等方面的原因，这些小说并没有引起读者关注。

从目前出版的中国当代文学作品来看，通俗文艺占的比例较小。中国官方在组织译介文学作品时，只关注精英文学，着眼于能代表中国文学水平的、能展现中国历史和社会现实的作品，因此，整体上令人感觉压抑、严肃、缺乏现实观照，这与美国读者市场的阅读需求有较大差距。因而，我们需要思考的是如何平衡我们要表达的中国和西方读者想要读到的中国之间的差距。为了提升中国文学的国际影响力，国家机构应扮演怎样的角色？事实证明，国家机构对严肃文学自上而下、系统全面的译介，在提升中国文学国际影响力方面的作用尚不理想。当然，若一味迎合西方读者的阅读口味、认同西方价值观念，又会泯灭中国文学的特性，将中国文学淹没于全球化的洪流里。我们既不能完全迎合也不能完全忽视读者，我们需要在趣味性、思想性、艺术性之间找到契合点。相较之下，华裔女作家的英语写作在英美读者市场较受重视。从聂华苓到张爱玲，从汤亭亭到谭恩美，从郑念、张戎到查建英、李翊云、郭小橹①等新生代作家，她们的作品跨越了两种文化，在文化的冲突、碰撞和交融中去品味人生，带给西方读者对于跨文化交际的思考，具有现实参照意义。前文所提到的电影《卧虎藏龙》同样是一个成功的范例。我们要思考的是如何把中国独特的文化价值蕴含在世界读者喜闻乐见的艺术形式中。

文学作品在异质文化中的传播与接受不是文化政治主导下的系统工程。一部小说在异域获得成功往往是多方面因素合力的结果，需要契合一定的时代、社会背景。如今，中国综合国力日益增强，西方社会对中国越来

① 郭小橹的《恋人版中英词典》讲述了一名中国女孩在英国的学习与生活经历，是关于语言、身份和文化碰撞的新颖小说。该书曾入围2007英国橘子文学奖的候选名单，2013年，郭小橹入选《格兰塔》杂志"英国最佳青年小说家之一"。（郭小橹. 我们的阅读习惯太美国化，美国文学被高估[N/OL]. 新京报. 2014-01-26. http://big5.xinhuanet.com/gate/big5/news.xinhuanet.com/book/2014-01/26/c_126061608.htm.）

越重视,这给中国文学传播提供了良好的契机。我们需要转变文学观念和翻译观念,赋予文学美学自治的权力,鼓励文艺创新,把人类性和可读性作为选材依据,除严肃文学外,也要给雅俗共赏的大众文学应有的地位。

唯有走出文化政治的藩篱,以开放的心态包容、鼓励文化创造,中国当代文学才能以全新的形象走向世界。

第三节　泛娱乐时代中国文化的海外传播:
多文艺类型与互动性创新

泛娱乐①时代,文学阅读的模式在悄然改变。在游戏、动漫、轻小说的陪伴下成长的年轻读者,倾向碎片化阅读以及更加快捷的娱乐形式。文学、动漫、影视、戏剧、游戏等多种文化创意领域已打通了壁垒,满足受众不断升级的对于新奇、快感、刺激的需求。各种类型的网络小说,仙侠类、盗墓类、谍战类、玄幻类等,在中国古老的历史文明中挖掘遗珠,使得大众文化产业空前繁荣,呈现出乌托邦的狂欢景象。这一波数字媒体掀起的娱乐浪潮,也为中国文化海外传播提供了新的契机。

近年来,中国文学蓄势待发,寻求破茧而出的机遇。莫言喜获诺贝尔文学奖,缓解了国人多年的"诺奖情结";刘慈欣的《三体》斩获"雨果奖",把中国人的科幻小说推向世界殿堂级的高度;麦家的谍战小说《密码》《风声》等也在英美读者中获得好评。在类型小说领域,华裔作者在中国文化的传播上也是一支不容小觑的力量。比如,裘小龙的推理小说获得世界推理小说大奖,他的《红英之死》《外滩花园》《忠字舞者》等均是英语世界的畅销书,由此将华人侦探陈超的形象深深植根于读者心中。在漫画小说领域,华裔漫画家杨谨伦(Gene Luen Yang)的漫画小说《美生中国人》(*American Born Chinese*)荣获普利策奖,该小说讲述的是一位华裔青少年挣扎于自己身份归属感的故事。"该书一上市就赢得了图书市场的青睐,到目前已经销售

---

① 泛娱乐,指的是基于互联网与移动互联网的多领域共生来打造明星 IP(intellectual property,知识产权)的粉丝经济,其核心是 IP,可以是一个故事、一个角色或者大量用户喜爱的其他任何事物。引自百度百科 (https://baike.baidu.com/item/%E6%B3%9B%E5%A8%B1%E4%B9%90/8162329? fr=aladdin)。

了近 40 万册，同时该书还被用于美国的高中和大学的教学。"①

　　华人作家以上的点滴努力如涓涓细流，正逐渐汇成奔腾的江河。令人欣喜的是，网络文学中的玄幻、仙侠类小说另辟蹊径，借助网络这一便捷的传播渠道，在北美亚文化读者群中掀起阅读热潮，目前已有几百万人的读者群体。对仙侠文学兴味盎然的欧美读者，开始在留言区讨论中国语言、文化现象，对于中国的儒释道哲学思想、对中国人的思维方式和价值观念也有了一些感性的认识。虽然网络小说"对正统中国文化涉及不多，本身的文学价值和文化价值并不高，对于英美读者来说可能只是一种变异的文化影响"②，但这是海外读者主动接触中国文化的一个良好的开端。"中国网络文学的文化内核以及渠道优势日益凸显，被视为实现'中国文化输出'的关键突破口之一。"③此外，由网络小说改编的电影、电视剧、游戏等形成联动效应，也在海外受众中掀起热潮。以根据网络小说改编的电视剧《楚乔传》为例，该剧不仅在国内获得收视之冠，还创下海外收视率新高，在油管（YouTube）的播放达 2.3 亿次；此剧还在非英语国家如俄罗斯、日本、越南热播。④ 国外观众有 3 万条评论，50 万外国网民在社交媒体上分享了该视频。海外观众年龄通常在 18－44 岁，多来自美国、澳大利亚、加拿大和欧洲。⑤ 专家认为，这部剧的成功在于武打艺术、战争场面以及故事情节的普遍吸引力；其深入的人性探索，对自由、平等的追求也使其影响跨越了国界。

一、网络小说读者反馈与创作启示

　　据报道，网络小说的读者多是欧美宅男、日本轻小说的爱好者等。从读者反馈来看，玄幻、仙侠小说令读者感觉新奇，吸引他们的主要是神秘的东方文化背景以及从凡人到修仙再到独霸天下的故事脉络。其他题材，比如

　　① 专访杰出华裔漫画小说专家杨谨伦（Gene Luen Yang）先生［EB/OL］. 搜狐网，http://www.sohu.com/a/139779743_701606.

　　② 万金. 网络武侠小说在英语世界的传播——以翻译网站 Wuxiaworld 为例［J］. 东方翻译，2017(5)：27-33.

　　③ 光明网. 起点国际上线一周年 阅文开启海外网文原创元年［EB/OL］. 光明阅读网，2018-05-15 http://reader.gmw.cn/2018-05/15/content_28797803.htm.

　　④ Chinese TV series 'Princess Agents' wins popularity overseas［N］. China Daily，2017-08-19.

　　⑤ Xu Wei. Chinese TV dramas appealing to an international audience［N］. Shanghai Daily，2017-08-26.

盗墓系列、都市言情系列,欧美读者并不太热捧。笔者搜集了起点国际(web novel)、小说更新(novel update)、引力小说(gravity tales)、亚马逊(amazon)上排名前十的小说的读者评论,力求对中国文化、文学传播中需要注意的问题以及可资借鉴的建议做出归纳和梳理。

1. 读者批评与建议

网站上仙侠类小说的标签是"武侠、仙侠、动作、探险、超自然、轮回、奇幻"等。读者评论包括以下几个方面:翻译质量、人物性格、人物性格的发展,叙述的逻辑性、故事节奏、人物行为的动机及可信性。绝大多数读者认为这类作品想象力丰富、故事新奇,尽管译文粗陋(也有译文得到读者好评),但在好奇心驱使下,读者仍然会被吸引。读者抱怨最多的依然是翻译质量,也有读者认为也许中国文化就如译本呈现的那样。但也有读者批评说,几乎所有小说都涉及重生、轮回,有些老套。读者的批评意见主要集中在人物形象扁平、缺少性格发展,故事拖沓、描写繁复及节外生枝,有些情节不可信、缺乏逻辑,重复性内容较多。从价值观念上看,读者不喜欢冷漠无情、不重视友谊与团队合作、唯利是图、傲慢无礼的主角,也不满意作者对女性角色的忽视、轻视以及对女性的俗套式描写。

在引力小说(gravity tales)网站上,《重生之最强剑神》(*Reincarnation of the Strongest Sword God*)被誉为"头脑糖果"(brain candy),连载 20 本,前 5 本被读者抱怨说翻译质量不够好,到第 6 本,读者对编辑和译者满意了,但仍令人反感的是不断重复的事实和论断,描写文字过多,而且作者把书拆成 20 本,只是为了赚钱。亚马逊读者评论此书人物扁平,缺乏个性,缺乏崇高的情感,即便是类似友谊的情感,也都有功利的成分在内。读者对作品中有关女性的描写尤为不满,书中的女人都是淘金、拜金者,而且只有迷人的女人才被详细描写,其他女人却被略去不写。读者由此推断这也许是文化的原因。有些读者觉得故事情节过于理想化,主人公太好运了,巧合情节过多,缺少必要的解释,让人觉得不可信。读者认为作者应该通过展现情节让读者体会小说意图,而不是直接将结论告诉读者(show instead of tell)。[①] 但也有很多读者给这部书五星好评,他们不太在乎作品的文学性,在乎的是由

---

① 亚马逊读者评论[EB/OL]. https://www.amazon.com/Reincarnation-Strongest-Sword-God-Starting-ebook/dp/B0798FXKJ8.

主人公的探险与成长带来的阅读快感。

英语读者评论《万古之王》人物性格的发展具有可信性、一致性,使故事的张力和真实感得以逐渐形成。对于《择天记》,读者的评价呈现两极分化,有读者赞美此书是仙侠小说的新标杆,对于翻译的评价是"考究的英文"(polished English)。有一名读者认为它从类似西方的魔幻小说走向传统的中国道家文化,逐步培养了读者对中国文化的理解。读者喜欢男主人公的性格,谦逊、不张扬、不摆架子。小说"时而多思,时而滑稽,令人满意。译者和编辑水平不太一致,但故事的美感贯穿整本书"。但也有读者不喜欢它,认为故事发展缓慢,没有高潮,缺少打斗场面,不像是一般的仙侠小说,存在过度解释现象。① 由此可见,有必要根据读者阅读趣味的不同,在传播时进一步细分仙侠小说的类型,比如功夫仙侠类、唯美仙侠类,以便使不同的目标读者群各取所需。

有的读者很喜欢《我欲封天》,声称此文令其感动,也令其捧腹大笑。《逆天邪神》被批评人物苍白,无法让人印象深刻。读者批评《真武世界》的作者过于低估读者的判断力,主人公无所不能,而其他陪衬人物仿佛都是白痴。《天道图书馆》被批评人物性格没有发展,构造的世界过于肤浅。由于题材贴近西方文化、缺少异域文化神秘感,欧美读者对于《放开那个女巫》和《巫界术士》反而热情不高。

2.改进网络小说写作技巧

从以上评论可以看到,很多读者是从文学的角度来评价作品,反映出读者对于创造性写作的认识。读者喜爱的是有内涵的、有真实感的人物,因此作者应该在人物塑造、故事整体构思上下功夫;同时应注重叙事技巧,包括视角、节奏、留白等。比如,读者建议不宜出现过于繁复的描写,对于幻想世界的构造不宜一次性完成,这与美国创造性写作指南里的规则是一致的,"要避免说明性文字集结成块"②,应该逐步向读者揭开故事神秘的面纱。

---

① 亚马逊读者《择天记》评论[EB/OL]. https://www.amazon.com/Way-Choices-Book-Youths-Schoolmates-ebook/dp/B0788YZZM3.

② 娥苏拉·勒瑰恩(Ursula K. Le Guin)奇幻大师勒瑰恩教你写小说:关于小说写作的十件事(*Steering the Craft:A Twenty-First-Century Guide to Sailing the Sea of Story*)[M].齐若兰,译.新北:木马文化事业有限公司,2016:177.

而留白没说的部分就会给予读者思考、回味的空间。①

作者为了长期连载以及凑字数，插入过多的细节，这种周更新或日更新的网络创作机制，导致各个章节之间存在重复叙述，反复解释的现象，亦导致语言累赘，从而减损了文学性。美国资深编辑碧娜·克莱姆尼指出，自发表（未经出版社正式出版）的作品"故事线容易脱节，人物不够鲜明，故事拖沓，语法、拼写错误也会令读者抓狂，对于风格、形式、故事节奏把握不当将失去读者。为赢得读者的敬意，作者需要认真打磨语言、动作、对话、场景以及人物性格中动人的部分"②。她还指出写作初学者常犯的错误是："常常低估读者，过度解释以图清晰明了。但是，这种倾向往往使得作品枯燥乏味。读者不想被告知，他们不知道的东西自然而然成为悬念，读者想要惊奇。一旦悬念消失，通常读者就觉得没必要读下去了。在给予读者信息与过度阐释之间仅有一条细微的界线，把握好这个度需要技巧"③。为创作精品网络小说，作者不能仅以故事情节取胜，要创造出文字的乐趣和美感。另外，在价值观念方面，东西方读者均有共通的正能量理念，比如真、善、美、尊重女性、友谊等。反映这类价值观念的作品，更被读者喜爱。

由于网络作者的写作水平良莠不齐，其写作门槛过低，因此需要接受写作训练。值得关注的是，网络写作已骎骎然跃居文学创作的主流，阅文集团现有530万网络作家。④ 为此，2017年鲁迅文学院举办了网络文学作家高级研修班；中国作家协会以及各级作家协会也举办了各种形式的培训班、研讨班。阅文集团和上海大学开展创意写作学科产学研合作，设立了全国第一个网络文学硕士学位授权点。⑤ 这些举措对于提高网络作者的写作水平意义深远。

---

① 娥苏拉·勒瑰恩（Ursula K. Le Guin）. 奇幻大师勒瑰恩教你写小说：关于小说写作的十件事（*Steering the Craft：A Twenty-First-Century Guide to Sailing the Sea of Story*）[M]. 齐若兰，译. 新北：木马文化事业有限公司，2016：208-209.

② Meet Beena Kamlani[EB/OL]. https://whenwordscountretreat.com/about-beena-kamlani/.

③ Q & A with Editor Beena Kamlani. Posted by Writers' League Staff. [EB/OL]. 2011-05-31. https://www.google.com.hk/amp/s/writersleagueoftexas.wordpress.com/2011/05/31/q-a-with-editor-beena-kamlani/amp/.

④ 腾讯科技. 阅文集团在港递交招股书：月活1.753亿，去年收入26亿元[EB/OL]. 2017-7-4. http://tech.qq.com/a/20170704/033560.htm.

⑤ 中国作家协会网络文学中心. 2017中国网络文学蓝皮书[N]. 文艺报. 2018-05-30(3).

3.翻译问题

读者反馈中翻译问题备受关注。根据"武侠世界"网站的负责人赖静平介绍,由于一篇作品通常都是几百万字,由多个译者接力完成。而且译者都是兼职翻译,没有接受过专业训练。[①] 译文中多为直译甚至硬译,使得译文可读性较差。读者的负面反馈也证实了这一点。网络文学并非经典文学作品,文本的功能主要是娱乐、消遣,如果原文质量欠佳,结构松散,存在较多纰漏,资深译者或编辑不妨采取意译法、归化法或编译法,优化译文,尽量扫清读者的阅读障碍。

随着网络小说、影视剧翻译需求量大增,为满足国外受众对文化产品的实时传递需求,在字幕翻译、网络小说翻译领域,还需要探索与之匹配的翻译策略,加大译员培训,在不影响可读性的前提下,应提高翻译速度,提倡快餐式的、众筹式的翻译,促进网络小说的海外繁荣。

另外需要注意的是,在翻译成语、典故等文化现象时存在过于简化的现象。比如把"一叶知秋"翻译成"a leaf's autumn",导致语义不明,应译为"a falling leaf herald autumn"。可以想象,当网络小说的影响力扩大到一定程度,这些直译的成语或将进入英语词汇,因此译者应有文化传播的责任感、使命感,力求提高文化现象翻译的准确性,避免以讹传讹。另外,为帮助读者理解中国文化,直译加必要的解释是较好的翻译策略。

二、互动性创新

由大众引导或主导的文艺创作,互动参与的创作方式正在逐步改变传统的文艺景观。网络小说、游戏、互动式微电影皆属互动式创作模式。由于网文的连载特点,读者的反馈直接影响着作者的后续创作,对于尚未有足够知名度的作者来说,满足订阅读者的阅读趣味难免会使作品媚俗和大众化。但这种互动性创作也有其积极的一面,即作者会结合读者的意见改进其作品,受到读者喜爱的桥段会在微创新中趋于完美。但是,由此引发的网文版权问题一直聚讼纷纭。在消费式阅读中,作者不再尊享作品的创作特权,读者上升到重要

---

① 邵燕君,吉云飞.美国网络小说"翻译组"与中国网络文学"走出去"——专访 Wuxiaworld 创始人 RWX [J].文艺理论与批评,2016(6):106-107.(注:RWX 为 "任我行" 的缩写,其中文名为赖静平。)

地位，他们通过自己的评论、投票参与了创作。网络微电影《忘忧镇》即体现了观众互动参与的游戏模式，满足了观众的参与需求。为扩大网络文学、影视剧等作品的海外影响力，关注海外读者的批评意见，使海外受众参与网文创作与翻译，改善其品质，这也是一种值得尝试的互动性创作。

此外，还有一种间接互动的创新模式——海外作者的仿写创作。随着越来越多的读者痴迷仙侠小说，一部分读者萌发了学中文或用英文创作仙侠及玄幻小说的冲动。起点国际、武侠世界（Wuxiaworld）、引力小说开辟了专门的创作版块，在网站连载的同时，也在亚马逊网站上以付费电子书的形式按卷发行。这些小说或借鉴或模仿中国网络小说的手法和概念来创作西式奇幻小说或中式仙侠小说。"自 2017 年起点国际对用户开放原创功能以来的一个月内，海外注册作者超过 1000 人，共审核上线原创英文作品 620 余部。大部分作品的世界观架构深受中国网文的影响，蕴含奋斗、热血、努力、尊师重道、兄友弟恭等中国网文和中国文化元素。"[1]比如丹麦姑娘蒂娜·林奇（Tina Lynge）的第一部系列作品《蓝凤凰》（*Blue Phoenix*），将中式武侠和西式奇幻糅合在一起。为使小说具有浓烈的东方玄幻色彩，故事人物名字都用汉语拼音。她在小说中融入了自己对中国文化的理解，她给武功赋予了五行属性，并且把武功能力分为上丹田、中丹田、下丹田三级，上丹田境界被称为"无为"。为了写作这些小说，她耗费了大量时间研究道家思想及其他与之相关的中国文化。[2] 从蒂娜·林奇的创作可见，她把道家修身的概念经过自己的理解加工，形成了新颖的解读，这也是一种文化创新。从中国作者模仿西方的魔幻到西方读者模仿中国的仙侠，可以看到当代的文化传播是在杂糅交融中开辟创新之路的。据此，追踪海外作者仙侠小说的创作，将在一定程度上勾勒出中国文化传播的变异性波动前行的轨迹。

三、打造持续的网络文学热点

与官方推行的孔子学院模式不同，网络文学传播之初，纯粹是民间自发行为。译者凭兴趣或根据畅销排行榜自发选择作品翻译，读者凭喜好付费阅读，

---

① 光明网. 起点国际上线一周年，阅文开启海外网文原创元年［EB/OL］. 光明阅读网. 2018-5-15. http://reader.gmw.cn/2018-05/15/content_28797803.htm.

② 王帆. 中国网络仙侠与玄幻文学的异国观众［J］. 新知，2017(1)：50-56.

这属于完全市场化的选材和商业化运作,满足了大众读者的品味。事实证明,这是一种有生命力的文化传播方式。但是,纯粹市场化的运作从文化传播的角度来看也有其弊端。有些高居榜首的作品不一定是佳作,一旦作品戏剧性的新奇变成套路并被一再复制,这类文本将不再能满足读者深层次的审美需求。

网络译者为了提高翻译速度,选材时有择易舍难的倾向,导致文辞优美、文化意蕴深厚的作品反而受到冷遇。赖静平在采访中介绍说,从读者的投票来看,猫腻的《择天记》不及典型的仙侠文学受欢迎,虽然猫腻的文笔好,但翻译起来难度大,因此"武侠世界"的译者最终放弃了翻译此小说。① 这部作品最终由起点国际翻译,很多读者对这部作品有耳目一新的感觉。由此可见,网文译介不能仅靠民间的自发行为,官方机构有必要遴选并资助翻译优秀的网络小说,同时致力于提高小说语言的可读性,满足不同受众的阅读品味。目前,起点国际已推出"翻译孵化计划",对网文译者进行培训考核并配备专业的英文编辑团队。②

虽然仙侠小说在欧美取得突破性进展,但毕竟读者都是年轻的亚文化族群,因此该文学类型尚未得到欧美主流媒体的关注。而且,有数据显示,仙侠类型小说读者群的增长已进入停滞期。③ 因此,为使网文形成持续的文化热点,官方的资助、政策性倾斜对于培育作者和译者、打造精品是必不可少的。另外,网络文学的去芜存菁,择优推广,既需要大众评论媒介(网络小说贴吧、论坛及博客)的造势,也需要主流媒体和学术界的关注与推举。

小结

随着大众娱乐形式的变化,带有碎片化分享特点的网络小说,微电影、影视剧、游戏等更快捷的消遣方式正在挤压着传统小说的生存空间。从文化传播的角度来看,各种文艺类型都在各自的受众群体内发挥作用,因此都应给予重视。网络小说的海外传播告诉我们,越是能快捷地满足人类世俗欲望、带来阅读快感的作品,越能跨越国界。大众传媒时代,大众文化与精

---

① 邵燕君,吉云飞. 美国网络小说"翻译组"与中国网络文学"走出去"——专访 Wuxiaworld 创始人 RWX [J]. 文艺理论与批评,2016(6):110.

② 新华网. 起点国际上线一周年 阅文开启海外网文原创元年[EB/OL]. 光明阅读网,2018-5-15. http://reader.gmw.cn/2018-05/15/content_28797803.htm.

③ 吉云飞. 中国网络文学走红海外水到渠成[N]. 中国文化报,2017-03-01(03).

英文化日益互相渗透,二者二元对立的边界日渐模糊。在中国文化走出去的大背景下,通俗文艺与严肃文学应共同承担文化传播的重任。中国传统文化博大精深,但在强势的西方话语体系以及主流价值观念下,中国人的智慧和哲学思想在国际舞台上往往有失语的现象,未能得到应有的重视。如能将中国文化精髓传播至海外大众,使其成为世界多元价值体系之一维,将是中国为人类命运共同体做出的重大贡献。目前,网络文学在传播中国传统文化与价值观念方面已经走出了可喜的一步,已成为中国文化海外传播活动的重要组成部分。这促使我们思考文化传播的方式和内容。在传承中国文化的核心价值理念方面,除翻译经典作品外,也可以采取动漫等轻松有趣的方式,可参照的有蔡志忠的《六祖坛经》等漫画系列。此外,在类型小说的开拓层面应锁定目标读者群,打磨出更多科幻、侦探、悬疑、玄幻、仙侠类精品,借助网络文学平台,译介更多富含文化内涵的作品。

泛娱乐时代,网络小说的蝴蝶效应在于,借助网络这一快捷、低成本的媒介,将网络小说与游戏、动漫联动,将网络音乐、影视等创意文化产品融入全球文创产业,从而将精彩纷呈的中国文化奉献给海外受众。

第四节　中国文学的传播途径与行销策略:以国际畅销书为例

中国好作品很多,但行销大有问题①。现在当代中国文学的翻译比以前多了。但是,这是不是就意味着,读者群同时也在扩大,这还很难说。我们要考虑到波动原则——每次新闻报道中报道了中国的事情,中国的文学作品销量就会好一些,而新闻报道没有什么中国的消息时,这些书就从书架上消失了。同时也有提携效应在起作用。随着去中国工作和旅游的人数的增加,人们对中国文学的阅读量和阅读种类也就随之增加,其中也包括文学作品。

——葛浩文②

---

① 罗屿. 中国好作家很多,但行销太可怜[J]. 新世纪周刊,2008(10):118-119.

② 美国汉学家:从翻译视角看中国文学在美国的传播[EB/OL]. 中国新闻网,2010-01-26 http://book.ifeng.com/psl/sh/201001/0126_3556_1525727.shtml.

国际畅销书往往具有世界文学的一些共同特点，比如世界性、人类性、民族性、可读性。国际畅销书的魅力元素之一即是作品主题对广泛的世界读者具有吸引力。正如曼氏亚洲文学奖的评委评价《狼图腾》时所说，这本书"展现了中国人是如何看待全世界都关心的话题，谈论了人与自然、不同文化之间的关系"。周海伦强调她选择《狼图腾》最根本的原因在于其全球化主题："一个非常中国化而且只可能发生在中国的故事，但思考的疆界却远远超出中国。它没有因为发生在中国而让世界觉得隔膜；相反，它把中国带进全世界的思考之中。它传达的主题是全球化的。"[①]前文所提到的《上海生与死》《追风筝的人》《挪威的森林》都具有人类精神的普遍性，而上述作者的多元文化身份赋予其作品在异域文化的适应力。

然而，作品主题具有世界性并不能保证作品畅销。关于书籍的推广，国际畅销书的成功营销策略值得我们借鉴。

一、畅销书的行销策略

1.《达·芬奇密码》与媒体的"日程设置"

有文章指出国际畅销书《达·芬奇密码》的成功要素在于四大营销策略：作品的娱乐性、作者的神秘性、作者的执着精神、作品的争议性。[②] 作品的娱乐性表现在其引人入胜，令人不忍释卷，因为每一章节都有一个千钧一发的悬念，有很多惊险的戏剧化的情节。另外，故事里有很多争议性的话题，引起了罗马天主教徒的抗议，主业团[③]（Opus Dei）组织抗议小说作者丹·布朗对他们的负面描述，还有《圣杯》作者指控丹·布朗抄袭。作品的争议性向来是提高其知名度的有效手段，常作为茶余饭后的谈资刺激读者一睹为快。从作者的角度来看，丹·布朗的创作生涯与习惯也会令人兴趣倍增。他有一个奇特的习惯，每天凌晨4点起床，使用语音识别软件，口述故事情节。事实上，他曾经是一个不太成功的音乐家，最高的成就是谱写亚

---

① 美国汉学家：从翻译视角看中国文学在美国的传播［EB/OL］. 中国新闻网，2010-1-26 ht-tp://book.ifeng.com/psl/sh/201001/0126_3556_1525727.shtml.

② Breaking the boundaries of literary convention: A new approach for an international bestseller ［J］. Strategic Direction，Vol.22 No.11，2006：25-27.

③ 主业团，亦称主业会，或圣十字架及主业社团，是一个隶属天主教会的自治性社团。

特兰大奥运会的主题歌。他最终放弃了音乐事业,立志写畅销书。他的前三本书《天使与恶魔》《骗局》《数字城堡》并没有引起关注,但《达·芬奇密码》的巨大成功使得他的前三本书在一星期内同时成为畅销书。他持续不懈的努力使他最终走向成功,但他不愿为盛名所累,拒绝记者采访,从不将自己放在聚光灯下,唯恐遭受名利的束缚导致创作的停滞。他仍在坚持创作,又出版了《失落的神符》以及《地狱》,沿袭他一贯的融宗教、历史、艺术、科学于一炉的神秘气息,这也成为他的品牌特征。在大学里主修艺术历史的经历给他的文学创作提供了源源不绝的灵感。可以说丹·布朗小说的文化魅力是很浓厚的。

《达·芬奇密码》畅销的原因之一可归结为作品内容的争议性。根据传播学理论之一"议程设置与建构"可知:"媒介的议程设置功能就是媒介为公众设置'议事日程'的功能:通过反复播出某类新闻报道,以强化该话题在公众心目中的重要程度。"①媒介虽然不能决定受众对某事件的看法,但议程设置功能却能引起受众的关注,形成谈论的话题。一旦制造了话题,就产生了宣传效果。媒体对小说的争议性、作者的神秘性的渲染与讨论,相当于深度炒作了该小说,从而提高了作者的知名度,也吸引了不同宗教立场的人对小说涉及的相关史料一查究竟。这个案例给我们的启示是:通过媒体评论制造话题,捕捉公众的注意力,是扩大作品影响力的好方法。

为了制造"文学热点",可以构建和制造媒介事件,吸引眼球,这就相当于为大众读者设定一个谈资(议程)。从设置议程到产生传播效果,需要借助多种媒介密集报道。就传播效果而言,报纸及书刊的覆盖面不及广播、电视的"热点化效果"。如果我们的作家能在广播、电视上接受采访,或以有声书等音频、视频形式在线上播出,或对其新书巡回宣传,将产生较好的传播效果。另外,借助社交媒体、网络论坛的人际传播也是不错的选择。如果某部作品引起读者在脸书或推特上广泛讨论,就有机会产生良好的口碑效应。

此外,"当知名且可信的人开始讨论一个议题的时候,议程建构的速度会加快。"②比如当美国前总统奥巴马接受采访时提及他正在读中国科幻作家刘慈欣的《三体》,这对提升《三体》的话题热度是极为有利的。

---

① 董璐.传播学核心理论与概念(第二版)[M].北京:北京大学出版社,2016:61.
② 董璐.传播学核心理论与概念(第二版)[M].北京:北京大学出版社,2016:319.

2. 村上春树的文化资本

有人将村上春树的小说在美国的广泛认可归结为"和魂洋装",即以日本的文化精神为内涵,以西方文化为表象打造作品。作为英美小说的译者,同时还有多年在欧美的生活经历,村上春树熟稔西方文化,因此他的小说里有很多西方文化现象,比如作者如数家珍般地道出爵士乐曲目、音乐家的名字、欧美老歌、电影导演的名字、鲜为读者熟悉的欧洲美食等。作品中弥漫着小资、散淡、遗世的气息,被世界年轻读者所喜爱。由此也可看出他的小说对西方读者有一种似曾相识的感觉,不妨将其归为作品的世界性特质。

村上春树的小说在美国畅销除了作品本身的艺术魅力以外,另外一个重要原因是他与美国出版社的熟络关系。他的版权代理人大原惠指出:"村上春树与其他作家最大的不同之处在于,他首先是位非常成功的英文翻译,所以拥有充分的理由和才能跟英文出版业打交道,因而很早就结识了美国著名的国际创新管理公司 ICM(Internation Creative Management, Inc.)的阿曼达·乌尔万(Amanda Urban)和埃丝特·纽伯格(Esther Newberg)两位女士,她们成为了村上春树的欧美版权代理以及出版人。被业内称为'出版女神'的她们就是村上春树作品得以在全球畅销的制作人。"①

布迪厄将文化资本分为三种基本形态:身体形态、客观形态、制度形态。村上春树良好的英文功底、旅居美国的文化背景给予他优渥的自身文化资本。美国出版社及其版权代理人则为他提供了优越的社会关系资本。而中国作家则不具备这种优势资本。中国作家很少能用英文创作,不具备和出版社直接接洽的能力,也不能在读者见面会上亲自介绍作品。此外,中国很多小说都是由学术性出版社或独立出版社出版,缺乏大众影响力。

3. 企鹅出版社对《狼图腾》的营销

享誉全球的企鹅出版社非常注重行销策略。企鹅版平装书的先驱艾伦·莱恩,在等火车的时候发现书摊上没有高品位的平装书,从而发现商机,一年后企鹅版平装书即问世。他采用好记的名字、易识别的标志、统一的外观、平价路线以及时髦的口号"好书不贵",使企鹅出版社声名鹊起。在行销渠道上企鹅出版社也大胆创新,比如使用企鹅丛书贩售机。在书籍的宣传上企鹅更

---

① 毛丹青. 村上春树得以全球畅销的理由[N]. 中国新闻网,2013-07-29. http://www.chinanews.com/hb/2013/07-29/5097392.shtml.(摘编自日本新华侨报网文)

是不遗余力,比如 1960 年对英国现代知名作家 D. H. 劳伦斯的争议作品《查泰莱夫人的情人》的大肆宣传。[①] 其成功的营销策略造就了企鹅出版社家喻户晓的声望。

企鹅出版社重磅宣传《狼图腾》的案例能让我们一窥其营销手法的高明之处。根据企鹅出版集团中国区负责人周海伦介绍,该书与企鹅结缘颇具偶然性,但也得益于该书在中国的畅销。周海伦的中国朋友推荐她阅读此书,而她连夜读完此书,深觉震撼,遂联系姜戎,并安排姜戎与企鹅出版集团董事长见面,以 10 万美元的预付稿费和 10% 的版税,买下该书的英文版权,并邀请葛浩文翻译此书。该书英文版获得曼氏亚洲文学奖,进一步推动了该书的销售。[②]"为了配合《狼图腾》英文版的发行,英国的企鹅出版社在泰晤士河畔搭起了蒙古包,澳大利亚的企鹅出版社在墨尔本召开游牧文化的研讨会,美国的企鹅出版社在落衫矶举办《狼图腾》的读书演讲。在中国北京,企鹅中国和长江文艺出版社于 3 月 12 日联合举办新闻发布会,《狼图腾》的英文译者、美国汉学家葛浩文先生特邀出席。届时,在京的中外记者 100 余人莅临参加,同时向全球发布消息。"[③]由此可见企鹅出版社行销的多样化,有质有形,既吸引眼球,又富有文化内涵,可谓极尽巧思。

当代中国文学译介(1949 年至今)走过 70 余年的历史,在国际图书市场上,《狼图腾》取得较大成功。虽然该书并未列入美国畅销书排行榜,但该书还是产生了一定的影响力,甚至得到美国《国家地理杂志》的大力推荐。2015 年该书经过改编被搬上大屏幕,由法国著名导演让·雅克·阿诺执导,电影票房表现不俗。该书主打的人类与自然关系主题、与大牌商业出版社的合作、获得国际文学大奖的荣誉以及多种媒介的催化作用,帮助它成功跻身世界文学的行列。

二、中国文学的传播途径与行销策略

畅销书的成功突围给我们的启示是:好的题材要搭配好的行销策略。让

---

① Stephen Brown. And then we come to the brand:academic insights from international bestsellers[J]. Arts Marketing: An international Journal. 2011(1): 76.

② 周海伦(Jo Lusby). 寻找中国的村上春树(上)[N/OL], 瞭望东方周刊, 2011-11-31. http://www.sina.com.cn.

③ 李燕. 中国文学外译的译介模式探析——以葛浩文译《狼图腾》为例[J]. 中国石油大学学报(社会科学版), 2015(6): 92.

文学传播文化,进而提升国家的软实力,这个命题的提出本身具有一定的功利性,但实际上也体现出文化与经济的密不可分。有人提出,传播即营销,这种论断虽然片面,却也道出了传播的主动性和目的性。因此,我们应该正视营销的问题,发挥创意,开拓传播途径,走出以往"叫好不叫座"的困境。

1.出版媒介:数字出版与传统出版相结合

电子书因其价格较低,方便储存与携带,逐渐受到较多读者的青睐。在数字阅读的大生态圈中,应提倡运用亚马逊、读书社交网平台、文学网站以及社交媒体形成的读者社区,推行电子书的出版,从而扩大读者群。

对于在网站上流传的网络小说,也可以择优出版电子书和纸质版。目前仙侠小说的读者都是在网站上阅读或购买亚马逊电子书,而根据美国国家艺术基金会调查显示,近70%的美国读者仍青睐纸质阅读,因此不妨尝试将读者口碑好的仙侠小说以大众市场纸皮书的形式出版,发挥其价格低廉,行销渠道灵活的优势,比如可投放于药店、超市、火车站、机场等。

2.传播渠道

(1)大众传播

目前,中国文学在海外的主要传播渠道是传统书店、图书馆、亚马逊等网上书店、文学网站等。宣传的媒介主要是报纸与杂志上的书评、学术期刊的文学评论等。根据传播学奠基人之一霍夫兰的研究,信源的权威程度越高,传播效果越好。因此获得主流书评的推荐仍然需作为目前中国文学获得海外读者认可的首选方式,同时还应该努力争取在电视、广播等受众面更广的媒介上进行推介。

目前,有一些国外的文学网站登载中国小说,并邀请学者、读者发表评论。大众乐于阅读小说而不是教科书,喜欢观看电影而不是纪录片,因此艺术作品的宣传应该对市场有敏锐的感受力,作品导读或评论应该像具有吸引力的小说一样,刺激读者的味蕾,而不是说教式的评论。因此,希望能有越来越多的国内外学者、读者参与到中国文学的创新型评介中。

(2)组织传播

中国文学的组织传播是指教育机构或文化交流机构对中国文学的教学和推广。如第二章所述,美国很多大学都有东亚语言文学课,而且越来越多的美国人开始学习汉语,在对外汉语教学中也可融入文学阅读活动。此外,学术机构主办的中国文学研究中心及文学网站都在承担着传播中国文学的工作。另外,图书馆、书展等也是推广中国文学的便利渠道。美国的社区图书馆常常举办读书会,包括作者见面会与儿童阅读活动。如果中国的儿童文学能被纳入图书馆读书会的朗读活动,这对培育美国读者对中国文学的兴趣意义深远。

(3)人际传播

根据美国皮尤研究中心(Pew Research Center)2015年10月发布的调查报告,美国有65%的成年人在使用社交媒体,其中18—29岁的青年人使用率高达90%,大学本科以上学历的群体使用率高出高中及以下学历人群22%[①]。随着互联网的出现,人际传播的力量越来越强大,网上书店、文学网站以及自媒体的微博、博客、社交媒体、播客(podcast)等提供的读者讨论区,使得受众同时也成为传播者。在读者之间的互动讨论中,中国文化的概念得以被理解和认同。而且,网络的多媒体性融合了图片、视频、超链接等功能,使得内容传递更加多元有趣。中国的网络小说在美国读者群中的迅猛发展即得益于网络涟漪般的人际传播功能。此外,读者留言区是个宝贵的资源,由此可以获取读者最直接的感受,了解小说的接受效果。

3.读者群的细分与建立营销团队

美国的类型小说作家都锁定某个读者群,但目前中国文学在海外传播时市场定位并不明确。文学译介仍然是从传播者的立场出发,而不是从受众的角度来考虑。为了让中国文学走近大众读者,有必要建立欧美读者市场调研团队和海外拓展营销团队,对美国读者市场进行深入的调查分析,细分读者群,有针对性地开展广告宣传。既要扩展出版发行的渠道,也要注重图书种类的多样化和趣味性,以满足不同读者群的阅读需求。

在视听传媒文化近乎取代纸媒阅读的时代,文学要走出困境,需要有《Chutzpah!天南》主编欧宁那样具有国际视野的策划人来精心包装,也需要借助大众传媒及行销策略,扩大文学的影响力。比如,像董卿主持的《朗读者》这样精致的文学节目,如果能在文学网站上转播,或以其他形式与世界读者见面,相信能够将中国文学的美与温润传递给世界读者。

4.设置日程,打造文化热点

中国小说若想打开美国市场,宜将造势活动瞄准美国读者的兴趣点。美

---

① Pew Research Center. Social media usuage: 2005 — 2015[EB/OL]. 2015-10-18. https://www.pewinternet.org/2015/10/08/social-networking-usage-2005-2015/.

国读者对新想法、新概念感兴趣,仙侠小说能俘获美国读者的心即是缘于"修仙"这一新颖的概念。中国网络小说在美国获得百万读者的追捧,这已经构成了潜在的文化热点。有些网络小说已经在亚马逊以电子书形式出版,如果出版社借机将优秀的作品以纸质形式出版,或者以衍生形式推出同名电影、游戏并大力包装宣传,创造文化热点,很有可能将中国的玄幻小说从青年亚文化群体推入主流文化视野。比如最近在美国反响热烈的电影《流浪地球》即是一个文化热点,这不仅提升了中国科幻作品的人气,也是中国文化价值观念的一次有效传播。如果趁势加推相关的文化衍生产品,比如漫画、网游、儿童读物,或助推同类科幻作品如《三体》电影尽早上映,将使这个热点持续下去,从而奠定中国科幻小说的世界经典地位。

获得国际大奖的中国小说,都可以提供制造文化热点的契机,这需要有创意的行销团队深度包装宣传,从而产生深远的影响力。比如荣获 2017 年美国"弗里曼图书奖文学金奖"的《青铜葵花》,若能将之改编成电影,或使之进入美国各大社区图书馆,或列入权威人士推荐的儿童书单,则可以促使由中国小说陪伴长大的外国小朋友对中华文化产生亲近感,正如我国的青少年对《哈利·波特》《汤姆·索亚历险记》等外国文学作品的熟稔导致其对西方文化不再陌生一样。

5.走出边缘,打造文学经典

传播学上的涵化理论(Cultivation Theory)揭示了传媒在"影响价值观及建构文化方面的重要性,揭示了大众传播在文化变化方面所起到的长期的、潜移默化的作用。"[①]因此,文化的传播只有借助大众传媒才更快捷高效,才能产生更广泛的影响。文学和文化的传播是相辅相成的。中国文学的海外传播与走出边缘是一个长期的、渐进的过程,需要多种媒介的合力。文学作品如能借助影视这样更加大众化的媒介进行传播,将能获得更多读者。如果更具娱乐性的文学形式先行传播,从而逐渐消除中西文化的壁垒,中国小说将能被更多读者理解和欣赏。

在众生喧哗的 21 世纪,被后现代主义文学思潮所浸润的文化产业,由于多元价值观念与扁平、拼贴、热闹呈现的流行文化的挤压,精英文艺正逐渐被边缘化。在消费主义时代,首先要卖得好才有更多被认可的机会。因此,精英

---

① 董璐.传播学核心理论与概念(第二版)[M].北京:北京大学出版社,2016:301.

文艺如何摆脱被边缘化的境况,承担起启迪大众、传播文化的使命？这是我们需要认真思考的问题。在文学传播的过程中,我们需要主动寻找机缘,主动设置议题,提高作品的知名度。除了采用多种传播渠道、媒介,获得权威人士的推荐以获取文学场域中的资本以外,中国文学还需要打造经典作品,纳入权威世界文学选集,从而形成深远的影响力。

结　语

　　纵观 20 世纪 80 年代以来中国文学在美国的译介历程，可谓坎坷多艰。它历经冷遇，蛰伏多年，终于在 21 世纪开始后曙光微现。从美国主流媒体对中国文学的选择性推介以及评论的关键词，可以窥探到美国社会对中国文学的印象和态度在不同的历史语境下变迁的轨迹，从排斥、漠视、政治性解读、社会文化解读，到从文学性、创造性的角度给予认可、褒扬，英语世界的评介从另一个侧面映照出中国当代文学发展的脉络。

　　从 1980 年至 2018 年，译介到英语世界的小说有 1100 多种，但见诸主流报刊的评论文章仅有 100 多篇；主流书评杂志有 200 多篇评论，其中《出版人周刊》评论了 110 多部小说，《柯克斯书评》评论了 60 部，《纽约客》评论了 20 部，《纽约时报书评》评论了 20 多部。近 40 年来，在美国产生过影响力的作品寥寥无几，仅有一些"文化大革命"题材的作品形成了深植于读者心中的中国印象。从译介的主体来看，中国官方机构想要借助文学塑造中国文化形象，希冀将代表中国最高艺术成就、反映中国社会变迁及主流意识形态的作品翻译出去，但是英美读者将这种主观意志从政治审美的角度解码，抱有抵触心理，反而认为遭禁的作品才反映真实的中国。大部分小说都是由美国大学出版社出版，大多数读者是研究中国文学的师生，他们借助文学作品研究来解读中国社会文化，但大众读者对学术出版社的书目不感兴趣。而大型商业出版社为追求利润，选择出版有争议性的、有一定热度的作品，以捕捉读者猎奇的眼光，比如欣然的某些作品、有关"文化大革命"的回忆录、卫慧的作品、韩寒的作品等。英美商业出版社出版的中国小说仅有 100 多本，只有这些书目才得到主流书评的关注。但是即使在主流媒体上亮相的中国小说，绝大部分仍是销售平淡，乏人问津。仅有《狼图腾》和《三体》或可激起一些兴奋的火花。究其原因，这固然与美国读者在冷战思维下对中国文学的偏见有关，也与由中美文化、诗学思想等方面的差异造成的精神隔膜和审美落差有关,还与传播途径及行销策略有关。此外,纯文学市场在美国一直呈下滑趋势,且美国读者对翻译文学一直比较漠视。因此,美国书展上,中国展馆门可罗雀亦不足为怪。

然而,除了文化政治因素以外,中国当代小说仍有较大的拓展空间。从主流书评对中国小说的评论来看,中国当代小说在谋篇布局及人物塑造方面仍存在一些不足,比如结构松散、语言粗糙等,尤其是新生代作家更是缺乏对写作基本功的锤炼。葛浩文、顾彬、艾瑞克·亚伯拉罕森等均对此表示担忧。这些批评意见值得中国作家借鉴。

中国小说若要在世界范围内产生影响力,需要致力于人类性和民族性的结合,还原文学的娱情功能。作者和译者应努力弥合文化、诗学差异给读者带来的阅读、欣赏障碍。对于文学翻译,我们应抱着开放的心态,鼓励译者围绕提升文化传播力的目标在诗学层面对原作进行适度改写。国内对于部分中国小说英译本存在删改现象持批判态度。当然,编辑的修改中不乏对意识形态与价值观的宰制,但更多是出于对文学审美的考虑。这固然与美国编辑的文化优越感有关,但主要还是美国传统出版业的编辑理念使然。美国商业出版社的编辑本着为出版社创造利润、打造畅销书的理念,与作者结成创造性合作伙伴关系,针对作品的结构、语言表达、语气、人物塑造、情节、内容前后一致性等方面给作者提出建议。编辑站在读者的角度审视作品,为作品也为作者负责,这种敬业精神有其值得称道的一面。因此,作家对于编辑删节和改写的建议,应持开放、包容的心态,在不改变原作基本立场与思想内涵的前提下,与译者、编辑一起打造文学经典。

我们在惋惜中国文学在美国读者市场中被边缘化的同时,也应当认真反思:我们输出的文学是不是目标读者喜爱的类型?在全球化消费主义时代,我们不能漠视读者的需求,不能墨守成规、主观臆断。国家文学机构在选择译介的作品时也应摆脱文化政治的思维定式,在翻译出版之前,应调研西方各国读者市场的特点,比如与大型出版社的组稿编辑(acquiring editor)、销售部门洽谈,细分读者群,分析读者的阅读需求与目的,根据市场反馈有针对性地制定图书策划与译介策略。

另外,我们需要改变对精英文学的固守,对"原汁原味"的理想化翻译的执着,以及以自我为中心的文化民族主义;应关注新生代作家,鼓励多种文学样式的创作。如果我们仍秉持严肃、古板的面容,一厢情愿地"教化"西方读者按照我们设想的方式理解中国，这无异于春风过牛耳，而我们将永远在事与愿违的失落中喟叹。

在漫长的历史长河中，曾有一些中国故事在美国读者心中激起涟漪，产生了一定的反响。抛开有明显意识形态倾向的"文化大革命"回忆录不谈，赛珍珠的《大地》（*The Good Earth*）、伊万·金翻译的《骆驼祥子》、林语堂的《吾国与吾民》《京华烟云》、裘小龙的中国侦探故事等都是在文学意义上得到域外读者肯定的，值得那些致力于创作世界小说的中国作家借鉴。最近几年的仙侠网络小说在美国赢得青年亚文化群体的青睐，刘慈欣的科幻小说、麦家的谍战小说也带来一定的轰动效应。由此可见，只要我们的作品契合了读者的兴趣点，国外读者的心扉并非难以叩开。因此，在文化传播中，文学种类应多样化，类型小说、漫画小说、动漫、游戏等同样可作为中华文化的载体，将中国文化的核心价值理念灵活多样地呈现给世界读者。

可喜的是，中国文学的传播主体、媒介已愈加多样化，力量也逐步壮大。除了译者、学者、文学评论者、华裔作者以外，民间翻译力量"纸托邦"、英美大学学术团体等正在会聚中文爱好者加入中国文学翻译队伍。在传播媒介上，网络小说、电子书、社交媒体、博客、微博等正在扩大着文学受众的辐射面。在行销渠道方面，我们还需要进一步拓展大众传播、组织传播和人际传播，采用多种出版行销方式，发挥创意、积极打造文化热点。中国文学的海外传播与走出边缘需要循序渐进，需要多种媒介的合力，需要借助更具可读性和娱乐性的文学形式，逐渐消除中西文化壁垒。

历史证明，经济政治的强大往往伴随着文化产业的兴盛，美国、韩国、日本即是先例。中国文学的国际影响力应以强大的文化产业为后盾，以深厚的传统文化为底色，追求创新，致力于打造文化热点，逐步形成文化吸引力。丰富多样的文化产品有助于在全世界范围内建立中国文化的话语体系，使中国核心价值观念成为世界多元价值体系之一维，从而为人类和平与和谐发展做出贡献，这也是我们文化传播的最终目的。

中国当代作家在西方世界频获大奖，这是 21 世纪中国文学参与世界文学对话的良好开端。但是中国文学从小众走向大众，实现国际影响力，还需要构建全新的时代形象，走出狭隘的地域、民族立场，书写世界读者共同面对的困惑，探索多重复杂的人性，找到能够在主题、价值观、表现形式上跨越文化障碍的最大公约数，创作既能沟通人类共通情感、又能传播优秀中国文化的世界文学。

参考文献

[1]BARBOZA，David. A Portrait of China Running Amok [N]. The New York Times，2006-09-04(E1).

[2]BSSNETT，Susan. Translation，History and Culture [M]. London：Pinter Publishers，1990.

[3]BASSNETT，Susan and Andre Lefevere. Constructing Culture：Essays on Literary Translation[M]. Clevedon & London：Multilingual Matters，1998：133.

[4]BERNSTEIN，Richard. Books of The Times；Now China Has Its Soaps and Celebrity Authors [N]. The New York Times，1995-08-02(C15).

[5] BLANCHARD，Ben. Chinese writers fail to find global voice[N]. Reuters，2009-04-23(C15).

[6]BOYLE，John H. New Growth from China's Roots SPRING BAMBOO：A Collection of Contemporary Chinese Short Stories[N]. Los Angeles Times，1989-04-23(04).

[7]BRADSHAW，Tom，and Bonnie Nichols. Reading at Risk：A Survey of Literary Reading in America（Research Division Report ＃46）[M/OL]. Washington，DC：National Endowment for the Arts，2004：49.

[8]BUSS，Helen M. Repossessing the World：Reading Memoirs by Contemporary Women[M]. Waterloo：Wilfrid Laurier University Press，2002.

[9]CHANG，Jung. Wild Swans：Three Daughters of China[M]. New York：Simon & Schuster，1991.

[10] CHANG，Leslie T. What do the most industrious people on earth read for fun? [J]. The New Yorker. 2012-02-06.

[11] CHEN，Xiaomei. A Theory of Counter-Discourse in Post-Mao China

[M]. New York:Oxford University Press，1995.

[12] CHENG，Nien. Life and Death in Shanghai[M]. New York: Grove Press. 1986.

[13] CHITRALEKHA，Basu. Right to Rewrite？[N]. China Daily，2011-8-19.

[14] COONG，Stephen C. and John Minford（eds.）. Trees on the Mountain: An Anthology of New Chinese Writing[M]. HK: Chinese University Press，1984.

[15] DENTON，Kirk A. Traveler's Literary Companions[M]. Berkeley: Whereabouts Press，2008.

[16] DUKE，Michael S.（ed.）. Contemporary Chinese Literature: An Anthology of Post-Mao Fiction and Poetry[M]. Armonk，NY: M.E. Sharpe，1984.

[17] DUKE，Michael S.（ed.）. Worlds of Modern Chinese Fiction[M]. Armonk，NY: M.E. Sharpe，1991.

[18] FRENCH，Howard W. Survivors' Stories from China [N]. The New York Times，2009-08-25(C1).

[19] GENG Zhihui. Cultural Revolution Memoirs Written and Read in English: Image Formation，Reception and Counter-Narration [D]. Twin Cities: Minnesota University，2008.

[20] Ge Haowen. A Mi Manera: Howard Goldblatt at Home A Self-Interview [J]. Chinese Literature Today. 2011，2(1): 97-104.

[21] GORNICK，Vivian. The situation and the Story: The Art of Personal Narrative[M]. New York: Farrar，Straus and Giroux，2001:89.

[22] GROSS，Gerald（ed.）. Editors on Editing [M]. New York: Grove Press，1993

[23] HSIA，C.T.（eds.）. Modern Chinese Stories and Novellas，1919-1949 [M]. New York: Columbia University Press，1981.

[24] HOCKX，Michel（ed.）. The Literary Field of Twentieth-Century China [M]. Honolulu: University of Hawaii Press，1999: 7.

[25] HOCKX，Michel. "Recent Changes in Print Culture and the Advent of New Media." Kang-I Sun Chang（ed.）. The Cambridge History of Chi-

nese Literature (from 1937 to Present) [M]. Cambridge: Cambridge U-
niversity Press, 2010: 700~701.

[26] How A Nation Engages With Art-Highlights from the 2012 Survey of
Public Participation in the Arts[M/OL]. Washington, DC: National En-
dowment for the Arts, 2013: 25 ~ 27. http://arts. gov/sites/default/
files/highlights-from-2012-SPPA.pdf

[27] HSU, Kai-yu (eds.). Literature of the People's Republic of China.
Bloomington[M]. Bloomington: Indiana University Press, 1980.

[28] Jiang Rong, Howard Goldblatt (Trans.). Wolf Totem[M]. New York:
Penguin Books, 2009.

[29] KING, Aventurina. China's Pop Fiction [N]. The New York Times
Book Review, 2008-05-04(BR27).

[30] KINZER, Stephen. America Yawns at Foreign Fiction [N]. The New
York Times, 2003-06-26(B7).

[31] KUBIN, Wolfgang. Writers need more social conscience[N]. China Daily,
2010-10-09(05).

[32] LAU, Joseph S. M. and Howard Goldblatt(eds.). The Columbia Anthol-
ogy of Modern Chinese Literature[M]. New York: Columbia University
Press, 2007.

[33] LEAVIS, Q. D. Fiction and the Reading Public[M]. London: Chatto &
Windus, 1939: 22.

[34] LEE, Ou-fan Leo. Contemporary Chinese Literature in Translation—A
Review Article [J]. The Journal of Asian Studies, 1985, 44 (3):
561-567.

[35] LEE, Ou-fan Leo. Under the Thumb of Man[N]. The New York Times
Book Review, 1987-01-18.

[36] LEFEVERE, André. Translated Literature: An Integrated Theory[J].
The Bulletin of the Midwest Modern Language Association, Vol. 14,
1981(1): 75-76.

[37] LEFEVERE, Andre. Translation, Rewriting, and the Manipulation of
Literary Fame. London and New York: Routledge, 1992:2.

参考文献

[38]LINK, Perry. Book Review of the Panda Books[N]. The New York Times Book Review, 1986-07-06.

[39]LIU, Hongtao. World Literature and China in a Global Age: Selected Papers of International Conference on "World Literature Today and China" [J]. Chinese Literature Today, 2010 (Summer):101-103.

[40]LOVELL, Julia. Great Leap Forward[N]. The Guardian, 2005-6-10.

[41]LU, Sheldon H. Chinese Modernity and Global Biopolitics: Studies in Literature and Visual Culture[M]. Honolulu: University of Hawaii Press, 2007: 53-67.

[42]LU Xun, William A. Lyell (trans.). Diary of a Madman and Other Stories [M]. Honolulu: University of Hawaii Press, 1990: xl.

[43]LU Xun, Julia Lovell (trans.). The Real Story of Ah-Q and Other Tales of China: The Complete Fiction of Lu Xun [M]. London: Penguin Classics, 2009.

[44]LU, Xun, Yang Xiayi and Gladys Yang(trans.). Call to Arms [M]. Beijing: Foreign Languages Press, 2010:163.

[45]McDougall, Bonnie and Kam Louie. The Literature of China in the Twentieth Century[M]. New York: Columbia University Press, 1997.

[46]McDougall, Bonnie S. Fictional Authors, Imaginary Audiences: Modern Chinese Literature in the Twentieth Century[M]. Hong Kong: The Chinese University Press, 2003.

[47]McDOWELL, Edwin. Memoirs of a Chinese, 71, Selected by Book Club [N]. The New York Times, 1986-12-16.

[48]MILLS, Kay. Literature By Lode and By Lore[N]. Los Angeles Times, 1985-08-25(g3).

[49]MISHRA, Pankaj. Call of the Wild [N]. The New York Times Sunday Book Review, 2008-05-04(BR11).

[50]Mo, Yan, Howard Goldblatt (trans.). The Garlic Ballads[M]. New York: The Viking Press, 1995.

[51]MOORE, Steven. China's Mo Yan wins Nobel in Literature [N]. The Washington Post, 2012-10-12

[52] NAZARETH, Peter. Chinese Literature [N]. The New York Times, 1981-11-15.

[53] NORD, Christiane. Scopos, Loyalty, and Translational Conventions [J]. Target, 1991, 3(1): 91-109.

[54] ROBINSON, Douglas. Translation and Empire: Postcolonial Theories Explained [M]. Beijing: Foreign Language Teaching and Research Press, 2007: 50.

[55] RICHARD, King. Review of Thirty Years in a Red House: A memoir of Childhood and Youth in Communist China, by Xiaodi Zhu [J]. China Review International, 2000, 7 (1): 281-283.

[56] RIDING, Alan. Artistic Odyssey: Film to Fiction to Film [N]. The New York Times, 2005-07-27(E1).

[57] SALISBURY, Harrison E. On the Literary Road: American Writers in China [N]. The New York Times, 1985-01-20(A3).

[58] SERVICE, John S. "Foreword." Daiyun Yue, Carolyn Wakeman. To the Storm: The Odyssey of a Revolutionary Chinese Woman [M]. Berkeley: University of California Press, 1985: xiv.

[59] SHAPIRO, Judith and Liang Heng. Letter from China - Young Writers Test the Limits [N]. The New York Times, 1987-01-11(A3).

[60] SHAPIRO, Judith. "Concubines and Cadres," Review of *Wild Swans*, by Jung Chang [N]. The Washington Post, 1991-09-8.

[61] SMITH, Craig S. Sex, Lust, Drugs: Her Novel's Too Much for China [N]. The New York Times, 2000-05-11(A4).

[62] SOKOLOFF, Naomi. Lost in Translation: Why the Diaspora Ignores Israeli Literature; TranslatingIsrael; Contemporary Hebrew Literature and Its Reception in America [N]. Forward, 2002-06-21(13).

[63] STUART Hall, "Encoding, Decoding." Simon During (ed.), The Cultural Studies Reader [M]. London: Routledge, 1999.

[64] TATLOW, Didi Kirsten. In 3 Awards, 3 Ways of Seeing China [N]. The International Herald Tribune, 2012-10-18.

[65] TOPPING, Seymour. Thaw and Freeze and Thaw again: The Cultural

参考文献

weather in China[N]. The New York Times, 1987-12-27.

[66]TOURY, Gideon. Descriptive Translation Studies and Beyond[M]. Amsterdam/Philadelphia: John Benjamins, 1995: 24-25.

[67]TUNG, Timothy. Chinese Writers [N]. The New York Times, 1987-08-30(Section 7).

[68]TYRMAND, Leopold. Chinese and U.S. Writers Find Little to Exchange [N]. Wall Street Journal, 1982-08-25(18).

[69]UPDIKE, John. Bitter Bamboo: Two novels from China [J]. The New Yorker, 2005-5-9.

[70]VENUTI, Lawrence. "Translation and the Formation of Cultural Identities." Christina Schaffner, Helen Kelly-Holmes (eds.). Cultural Functions of Translation[M]. Bristol: Multilingual Matters, 1995: 10.

[71] WANG, Ban. "Studies of Modern Chinese Literature" Jonathan D. Spence (ed.). The Search for Modern China[M]. New York: W. W. Norton & Company, 1999: 384.

[72]WANG, Ning. "Globalizing Chinese Literature: Toward a Rewriting of Contemporary Chinese Literary Culture." Jie Lu (ed.). China's Literary and Cultural Scenes at the Turn of the 21st Century[M]. Routledge: London & New York, 2008.

[73]WANG, Ning. Translated Modernity: Literary and Cultural Perspectives on Globalization and China[M]. Toronto: Legas Publishing, 2010.

[74] WANG, Xiaoping. Three Trends in Recent Studies of Modern Chinese Literature and Culture [J]. China Perspectives, 2009(4):118-126.

[75] YANG, Jiang. Howard Goldblatt (trans.) Six Chapters from My Life Downunder[M]. Hong Kong: Renditions, 1981.

[76]YANG, June Unjoo. Prometheus Unbound: China Pop[J]. A Magazine, 1995-11-30.

[77]YANG, Xin. From Beauty Fear to Beauty Fever: A Critical Study of Chinese Female Writers Born in the 1970s [M]. New York: Peter Lang, 2011.

[78] YARDLY, Jonathan. 'Big Breasts and Wide Hips' [N]. Washington

Post，2004-11-28.

[79]ZHANG，Xudong. Chinese Modernism in the Era of Reforms：Cultural Fever，Avant-Garde Fiction，and the New Chinese Cinema［M］. Durham：Duke University Press，1997.

[80]安德烈·勒菲弗尔.翻译、改写以及对文学名声的制控［M］.上海：上海外语教育出版社，2010.

[81]白杨，刘红英.民族性·世界性·人类性：莫言小说的核心质素与诗学启示［J］.同济大学学报（社会科学版），2013,24(5):99-103.

[82]白杨，崔艳秋.英语世界里中国现当代文学研究的格局与批评范式［J］.吉林大学社会科学学报，2014,54(6):41-48,172.

[83]布迪厄.文化资本与社会炼金术［M］.包亚明，译.上海：上海人民出版社，1997:189.

[84]布迪厄，华康德.实践与反思［M］.李猛，等译.北京：中央编译出版社，1998:211.

[85]曹顺庆.中西比较诗学（修订版）［M］.北京：中国人民大学出版社，2010:233.

[86]陈思和.莫言创作成就及其获奖意义［J］.明报月刊，2012(11)：27.

[87]陈思和.中国文学中的世界性因素［M］.上海：复旦大学出版社，2011：311.

[88]陈文芬.黑孩的诗心：莫言中短篇小说的独特美感［J］.明报月刊，2012(11)：32.

[89]崔艳秋.中国文学海外译介：读者导向及文化导向原则下的变通策略［J］.译林，2011(10)：161-170.

[90]崔艳秋，白杨.一九八〇年代以来美国主流媒体塑造的当代中国文学形象［J］.当代作家评论，2014(2):201-207.

[91]崔艳秋.八十年代以来中国现当代小说在美国的译介与传播［D］.长春：吉林大学，2014.

[92]崔艳秋.重塑的经典——评《阿Q正传》的补偿性风格传译［J］.当代外语研究，2015(2):68-73.

[93]崔艳秋.劫后重生与劫后余生的不同书写及其对中国文学译介的启示——从"文革回忆录"在美国的不同境遇谈起［J］.东方翻译，2015(6):9-14.

参考文献

[94]崔艳秋.开启大众读者的心门:对中国文学在美国走出困境的思考[J].中国比较文学,2016(2):200-212.

[95]崔艳秋,洪化清.译者与作者的共谋:政治、审美与《天堂蒜薹之歌》的改写[J].亚太跨学科翻译研究,2018(1):64-75.

[96]崔艳秋.《出版人周刊》视域下的中国当代文学——基于AntConc语料分析[J].当代作家评论,2020(4):189-195.

[97][美]大卫·丹穆若什.什么是世界文学?[M].查明建,等译.北京:北京大学出版社,2015:188.

[98]段峰.苏珊·巴斯内特文学翻译思想述评[J].四川大学学报(哲学社会科学版),2006(2):88-92.

[99]娥苏拉·勒瑰恩.奇幻大师勒瑰恩教你写小说[M].齐若兰,译.新北市:木马文化事业股份有限公司,2016.

[100]葛浩文.中国现代文学研究的方向:从美国学者的研究谈起[M].//葛浩文.弄斧集.台北:学英文化事业公司,1984.

[101]葛浩文.中国小说一天比一天好[N].中国新闻出版报,2008 3-26.

[102]耿强.文学译介与中国文学"走向世界"——"熊猫丛书"英译中国文学研究[D].上海:上海外国语大学,2010.

[103][德]顾彬.从语言角度看中国当代文学[J].南京大学学报(哲学·人文科学·社会科学版),2009,46(2):69-76.

[104]辜正坤.中西文化比较导论[M].北京:北京大学出版社,2007:125.

[105]郭建玲.异域的眼光:《兄弟》在英语世界的翻译与接受[J].文艺争鸣,2010(23):65-70.

[106]胡石龙.侨乡文化纵论[M].北京:中国华侨出版社,2006:132.

[107]胡韵涵.《金锁记》英译本为何反响不佳?[J].安徽文学,2008(7):290-291.

[108]华慧.葛浩文谈中国当代文学在西方[N].东方早报,2009-04-05.

[109]黄开甲.莱尔《阿Q正传》译本中的解殖民策略[D].长沙:湖南大学,2011:27-28.

[110]简·布朗.歌德与"世界文学"[J].刘宁译.学术月刊.2007(6):32-38.

[111]姜戎.狼图腾[M].武汉:长江文艺出版社,2004.

[112][英]杰里米·芒迪.翻译学导论——理论与实践[M].李德凤,等译.北

京：商务印书馆，2007.

[113]孔朝蓬. 中国影视文化传播中的国家形象塑造与民族文化安全[J]. 华夏文化论坛. 2012(2)：212-216.

[114]孔慧怡.《译丛》三十年[J]. 香港文学，2003(6)：80-81.

[115]寇志明(Jon Eugene Von Kowallis). "因为鲁迅的书还是好卖"：关于鲁迅小说的英文翻译 [J]. 鲁迅研究月刊，2013 (2)：38-50.

[116]李舫. 中国当代文学点亮走向世界的灯[N]. 人民日报，2011-12-09 (19).

[117]李建军. 直言莫言与诺奖[N]. 文学报，2013-1-10.

[118]李永东，李雅博. 论中国新时期文学的西方接受——以英语视界中的《狼图腾》为例[J]. 中国现代文学研究丛刊，2011(4)：79-89.

[119]刘昊.中国文学发动海外攻势，百余精品 3 年内出英文版[N]. 北京日报，2010-01-15.

[120]刘江凯.本土性、民族性的世界写作——莫言的海外传播与接受[J]. 当代作家评论，2011(4)：20-33.

[121]刘绍铭. 翻译与归化[N]. 时代周报，2012-02-23(169).

[122]刘婷. 马悦然：未读"莫言"莫言评论[N]. 北京晨报，2012-02-12.

[123]刘再复. 中国大地上的野性呼唤[J]. 明报月刊，2012(11)：48-49.

[124]吕俊. 翻译研究：从文本理论到权力话语[J]. 四川外国语学院学报，2002(1)：106-109.

[125]吕敏宏. 论葛浩文中国现当代小说译介[J]. 小说评论，2002(5)：4-13.

[126]吕敏宏. 葛浩文小说翻译叙事研究[M]. 北京：中国社会科学出版社，2011:148,234.

[127]吕敏宏. 中国现当代小说在英语世界传播的背景、现状及译介模式[J]. 小说评论，2011(5)：4-12.

[128]马琳. "交流的无奈"——中国文学走向世界的传播困境与突围[J]. 社会科学辑刊，2007(5)：224-228.

[129]莫言. 天堂蒜薹之歌[M]. 台北：洪范书店，1989.

[130]申丹，韩加明，王丽亚. 英美小说叙事理论研究[M]. 北京：北京大学出版社，2005:119.

[131]王宁. 什么是世界文学？——王宁对话戴维·戴姆拉什[N]. 中华读书

报，2010-9-8.

[132]史铁生.读洪峰小说有感[J].当代作家评论，1988（1）：39-43.

[133]王斑.海外中国研究的冷战与东方主义余绪——在常熟理工学院"东吴讲堂"上的讲演[J].东吴学术，2012（6）：32-40

[134]王德威.英语世界的现代文学研究之报告[J].张清芳，译.海南师范大学学报（社会科学版），2007（3）：1-5.

[135]王宏志.重释"信、达、雅"——20世纪中国翻译研究[M].北京：清华大学出版社：北京，2007：159-189.

[136]王家平.鲁迅域外百年传播史：1909－2008[M].北京：北京大学出版社，2009.

[137]王侃.中国当代小说在北美的译介和批评[J].文学评论，2012（5）：166-170.

[138]王宁.全球化、文化研究和中西比较文学研究[J].中国比较文学，2001（2）：3-16.

[139]吴旸.《中国文学》的诞生[M]//冯亦代，等.中国外文局五十年：回忆录.北京：新星出版社，1999：488-492.

[140]夏志清.中国现代小说史[M].香港：香港中文大学出版社，2001.

[141]萧高彦."文化政治"的魅力与贫困——评《全球化时代的文化认同：西方普遍主义话语的历史批判》[J].社会科学论坛，2007（4）：71-90.

[142]谢天振.翻译的理论建构与文化透视[M].上海：上海外语教育出版社，2000.

[143]谢天振.译介学[M].上海：上海外语教育出版社，1999.

[144]辛红娟.《道德经》在英语世界：文本行旅与世界想象[M].上海：上海译文出版社，2008.

[145]邢灵君.村上春树在中国——当代中国文学思潮下的村上热初探[J].西北大学学报（哲学社会科学版），2005（2）：168-170.

[146]于爽:汉籍小说在当代的译介（1950－1978）[J].语文学刊，2008（12）：103-104.

[147]愈佳乐.翻译的社会性研究[M].上海：上海译文出版社，2006：9.

[148]张曼，李永宁.老舍作品在美国的译介与研究[J].上海师范大学学报（哲学社会科学版），2010，39（2）：98-106.

附录

附录1:安德鲁·琼斯(Andrew F. Jones)教授访谈

笔者在加州大学戴维斯分校访学期间,拜访了加州大学伯克利分校东亚语言与文化系的教授安德鲁·琼斯,针对"中国文学在美国的译介与传播"这项课题,征询了他的看法。琼斯教授译著颇丰,曾翻译余华的《许三观卖血记》(*Chronicle of a Blood Merchant*)和小说集《往事与刑罚》(*The Past and the Punishments*),该小说集收录了《十八岁出门远行》《古典爱情》《世事如烟》《难逃劫数》《一九八六年》《鲜血梅花》《命中注定》《一个地主的死》共8篇中短篇小说。他还翻译了张爱玲的小说《更衣记》(*A Chronicle of Changing Clothes*)和散文集《流言》(*Written On Water*)。此外,还有张承志的短篇小说《狗的雕像》(*Statue of a Dog*)等。另外,他在中国文化研究领域独树一帜,曾出版专著《像刀子一样:当代中国流行音乐的意识形态与流派》(*Like a Knife:Ideology and Genre in Contemporary Chinese Popular Music*)研究20世纪80年代主流的通俗音乐工业,并探讨了由崔健形成的摇滚音乐亚文化与当时政治、文化季候的关系。

琼斯教授待人热诚,于百忙之中接受了我的采访。他的汉语地道纯熟,我完全没有必要讲英语。现把访谈内容根据录音择要整理如下:

笔者:中国当代文学在美国读者市场中一直处于边缘化生存状态,这引起文化界的普遍焦虑。中国文化机构一直在不懈地努力,要把中国文学译介给英美读者,但效果并不显著。您认为中国应该译介什么样的文学作品到美国?什么样的小说才能令美国读者喜爱?

琼斯:这个不好说,毕竟美国很大,读者很多。不过,这里很少有人读外来小说的英文译本,也许仅仅占读者市场的百分之二或百分之三,其中阅读法国、西班牙、俄罗斯经典文学作品英译本的读者会多一些。但是,新近译成英文的小说很少有人读。最近有几个较受关注的外国作品被翻译成英文,比如墨西哥的罗伯特·波拉诺的小说曾轰动一时,所说的"轰动一时",也是在小众读者范围内,比如大学教师、城市知识分子。此类译本能售出两三万册就很不错了。相比之下,中国文学作品英译本的读者就更少,集中在开设中国文学课程的大学里,供学生阅读。此范围内比较受欢迎的中国作家有余华、莫言。

笔者:您的学生对中国文学看法如何? 会不会觉得不理解?

琼斯:现在的学生(我教的本科生)对任何一种文学都没有什么看法,也没有什么观点。他们是"网络的一代",很少看小说。他们感兴趣的是《哈利·波特》《暮光之城》《饥饿游戏》等。当然,他们高中时会接触一些文学作品,可是很少。经典文学的范围也在变化。以前,他们会看一些经典欧洲文学作品,现在却不一定。我让学生读狄更斯的作品,尽管他的作品属于通俗文学,他们还会觉得很难,很奇怪,觉得篇幅太长。他们对"文学"这个概念很陌生。他们没有阅读文学作品的习惯。

笔者:其实文学在全世界范围内都在边缘化。

琼斯:有些这样的倾向。我认为还有些"两极化"。加州比较特殊,移民人口比例较大。我们学校很多学生都是移民子女,有的学生父母是工人,所以他们缺乏文学和艺术的熏陶。常青藤联盟学校的学生会好些,因为他们多出身于知识分子家庭。当然我有些学生对文学很感兴趣,有不一样的感觉,但毕竟是少数。

笔者:您的学生主要是亚裔吗?

琼斯:是的。在加州大学伯克利分校,亚裔学生有一半,比其他大学多,常青藤联盟学校的亚裔学生大约有 20%。

笔者:针对目前的现状,中国文学怎样才能在美国市场上有所突破? 中国官方机构一直希望借助文学让世界读者了解中国文化。

琼斯:把文学或文化传播置于国家宏大叙事宣传的框架内是中国文学译介受挫的问题所在。为了"中国或中国文化"这个大概念去打开读者市场,这样的做法必会失败。一个喜欢中国文学或文化的读者为什么要去关心"中国"这个概念? 举个例子,日本文学作品在美国比较受欢迎,为什么?

并不是因为日本，而是因为有很棒的作家，比如村上春树。而且日本打造了有趣的文化现象，比如日本动漫、宫崎峻的电影。还有一个例子就是马尔克斯的《百年孤独》。这本书在20世纪六七十年代的美国很红火，不是因为美国人想去了解哥伦比亚，而是因为它是一部很出色、有新风格、让人大开眼界的作品。文学的传播不是自上而下的过程，而是要让读者看到喜欢的文学作品，只有靠个别优秀的作品才能打开市场。

笔者：您觉得中国哪些作家有这样的潜力？

琼斯：我翻译过作品的作家我都喜欢。还有一些年轻作家的作品，比如韩寒的《1988：我想和这个世界谈谈》，如果译成英文，会引发青年读者强烈的反响。虽然中国国内很多知识分子不欣赏他的作品，觉得他庸俗，但是他的文笔流畅，语言有趣。美国很多出版社从让美国读者更好地认识中国这个角度去推销中国小说，这个做法并不对路，因为要认识中国的历史和新变化可以有其他的渠道，比如看报纸、杂志，但是文学的功能并非以此为主导，小说就应作为小说来读。还有一种更糟糕的情况：美国很多出版商引进一些不好的中国文学作品，只是因为这些小说在中国是有争议的作品。但是，有争议性的文学不见得都是好作品，很多都是浅薄的市场文学，会消亡在图书市场里，例如《上海宝贝》这类作品就很难说有多好。可能有出版商也会从叛逆者这个角度来推销韩寒的书，但韩寒的书至少比《上海宝贝》更具有映照当代青年思想的价值。

笔者：有西方读者认为中国文学作品令人感觉压抑、沉重。

琼斯：是的，主题比较沉重。所以需要译介韩寒的作品（笑）。我听说刘慈欣的科幻小说《三体》要译成英文，这样做有希望。

笔者：您觉得要先从通俗文学入手来打开市场？

琼斯：对。文学作品的通俗性、趣味性很重要。村上春树曾是通俗作家，他的作品谈的是日常生活要面对的问题，无论是年轻读者还是其他读者都易于接受、喜爱。而且他的作品有文学价值，读起来是一种享受。

笔者：您觉得精英文学和通俗文学是否应该融合？

琼斯：也许。但我不知道。精英文学也很重要。问题是有些很好的精英文学作品很深奥、很玄，难翻译。不太可能为大众读者接受。我喜欢中国台湾一位年轻作家甘耀明，他的作品语言独特，视野独到。我想过翻译他的《杀鬼》，但越看越觉得不可能。

笔者：是因为风格上难以传达吗？

琼斯：他的风格根植于中国台湾这样一个有多种汉语方言或外语的地方，有闽南话、客家话、日语。这些方言或外语都在他的作品中出现，而且，他一直在玩文字游戏。很多表达风格只有当地人才能欣赏。作品中人物会交替使用两三种方言。不可能翻译的。不过写得很好。

笔者：您能理解那些方言吗？

琼斯：理解一些，客家话懂一些。闽南话就不行，所以觉得很难翻译。他是我近年来遇到的最出色的作家，他本来是写儿童文学的，想象力很丰富。他的作品只能看看了，翻译它确实很痛苦。

笔者：如果作品方言土语太多，翻译起来挑战很大。有报道说蓝诗玲为了翻译韩少功的《马桥词典》亲自去湖南实地考察。

琼斯：是，她确实翻译得很好，我很佩服她，但是那本书也找不到学院之外的读者。另外，朱天心的《古都》也译得很好。

笔者：您翻译中国文学作品时会不会考虑读者的阅读习惯？会不会根据英美文学的叙事模式去改写原作？比如中国小说不太注重人物心理探索，而英美文学却非常看重这一点。

琼斯：当然不会考虑读者。我考虑的是作品自身要反映什么，而不会去评判作品欠缺了什么，然后去补充。我认为翻译是对原作进行深度解读的一种方法。我翻译一部作品，就是去解读它。另外，我也希望我的学生能进入中国文学世界，探讨文学作品。最后，我才会考虑文学作品的出版。

笔者：所以，忠实原作是您的翻译原则。

琼斯：我翻译时力求抓住原作本色。我基本不会加入个人的理解。当然每个译者都无法避免用自己的文学感受力去过滤文字。我翻译的都是现当代文学作品。这些作家比如余华和张爱玲都很熟悉西方文学，而且他们的文学语言也一直在和西方文学对话。比如张爱玲的《色·戒》一开始是用英文写的，然后译成中文，又被其他译者回译成英文。我曾有一篇文章（"Triangle Translation"）探讨读者、作者、译者这种三角关系。张爱玲在中、英文写作时考虑了中西方读者，她的语言有微妙的变化，她是在做跨语际的改写。

笔者：那么，您欣赏张爱玲的英文作品吗？刘绍铭先生曾指出张爱玲自译的《金锁记》，用中国人的思维讲中国的故事，让读者很难理解。

琼斯：我很欣赏她用英语写的散文。她的英文小说有些怪，是两种语言不太妥协的结果。我感觉她一直在玩语言游戏。比如她的《色·戒》原来的英文名是 *Spy Ring*。"Ring"既指"戒指"，又指"圈子，团体"。她在这个词上做文章。所以她在玩文字游戏。

笔者：您可以推荐一些有关中国文学翻译的杂志吗？

琼斯：关于当代中国文学翻译和批评，我知道有一份双语期刊刊载最新的年轻作家的作品。书名是《Chutzpah！天南》。关于译者，可以浏览网站"Paper Republic"，这个网站上面的翻译交流活动很活跃。

附录 2：马悦然访谈

自莫言获诺贝尔文学奖以来，诺贝尔文学奖及中国当代文学走向世界的话题引起热议。笔者有幸以电子邮件的方式于 2013 年 5 月 7 日采访了诺贝尔文学奖评审、斯德哥尔摩大学汉学教授马悦然[①]。早在 1975 年，瑞典学院即吸纳马教授加入瑞典皇家学院人文科学院，希望能更好地理解中国文学作品。马教授多年来致力于中国四川方言的研究和中国文学的译介，对中国文学进入世界文学视野做出了重大贡献。他曾翻译过《诗经》《春秋繁露》《西游记》《水浒传》《辛弃疾词》等中国古典著作，也翻译了鲁迅、沈从文、李锐的小说和北岛的诗歌。他翻译的瑞典语版《西游记》及沈从文的《边城》现为瑞典学校的指定课外读物。

笔者：莫言获奖后，中国作家是否很难在近几年再度获奖？中国还有哪些作家具有潜质再获诺贝尔文学奖，比如余华、阎连科、苏童？

马悦然：The Nobel Prize in Literature is given to *authors*, not to *nations*! The only criterion for the award is literary excellence. It is therefore theoretically possible that two writers of the same nationality be awarded the Prize in consecutive years. But this has never happened and I very much doubt that it will ever happen. The rules of the Swedish Academy do not allow me to answer the second part of your question. It is important that you realize that the Nobel Prize is not awarded to the best writer in the world, but to a writer whom the majority of the eighteen members of the Academy consider a very good writer.

（诺贝尔文学奖授予的对象是作家而不是国家。评审的唯一准则是文学性。因此从理论上来说，来自同一国家的两位作家连续获奖是有可能的。但这种情况自设立该奖以来从来没发生过，我也怀疑其可能性。瑞典学院的制度不允许我回答你的第二个问题。重要的是，你需要知道诺贝尔奖并不是颁发给世界上最好的作家，而是诺贝尔文学奖评审委员会的 18 位评委中的大多数认为的好的作家。）

笔者：您一直推崇沈从文、莫言、曹乃谦、李锐等具有乡土味的作家，您认为他们的作品是"没经过意识形态过滤的"真诚的文字。您对莫言的语言风格有怎样的印象？他文字中的什么特点令您印象最深？

---

① 笔者以中文采访马教授，马教授以英文作答，中文译文仅供参考。

马悦然：I don't remember ever stating that I consider Shen Congwen，Mo Yan, Cao Naiqian and Lirui as writers of 乡土文学. What I have said is that both Shen Congwen and Mo Yan to me are 乡巴佬 and by that I mean that the two of them are totally unaffected by the value judgments of persons brought up and living in an urban milieu，distanced from Nature. But that does not make them *xiangtu* writers. I strongly feel that one mustn't pidgeon-hole writers! Anyone who reads Shen Congwen's stories depicting life in his native Fenghuang and compares them with stories such as《静》or《在昆明的时候》which are both placed in different milieus will appreciate the tremendous difference between them，and yet they are written by the same master. And take Li Rui's magnificent novel《旧址》and compare it with his equally magnificent novels《无风之树》or《万里无云》! - I cannot imagine any writing, or any utterance for that matter，that is unaffected by the writer's or speaker's ideological background.

（我不记得曾经说过沈从文、莫言、曹乃谦和李锐是乡土文学作家。我曾说过,对我而言,沈从文和莫言是"乡巴佬",是说他们两个完全不受那些在城市环境中生长、疏离于大自然的人们的价值判断的影响,但这并不会使他们成为乡土作家。我强烈地认为不应把作家按照刻板的标准分类。将沈从文描写湘西凤凰(他的出生地)生活的小说和他的《静》或《在昆明的時候》做比较阅读,读者都能体会这些小说迥异的背景环境及其他方面的巨大差异,但这些均出自一位大师之手。将李锐的杰作《旧址》和他同样伟大的小说《无风之树》或《万里无云》相比较,亦是如此。作家的创作唯一有迹可循的是他们的意识形态背景,没有哪位作家或发表言论者能不受其影响。）

笔者：有人认为,莫言获得诺贝尔文学奖的原因是他的小说符合西方文学的审美标准。请您谈谈您的看法。

马悦然：I am afraid that I fail to grasp the meaning of 西方文学的审美标准. If such a concept really existed the eighteen members of the Swedish Academy need not engage in long and sometimes rather tense and heated discussions on the literary quality of works by writers nominated for the Nobel Prize. I very strongly feel that literary appreciation is，and must be，highly subjective. The statement "X is a very good writer" is totally meaningless. But the statement "I consider X a very good writer" is quite clear and unambiguous. Some objective demands can of course be expressed when you appreciate a piece of literature. The language mustn't be faulty or sloppy (unless the writer intends it to appear so, for some reason); I am also sure that it would be possible to establish rules according to which you may determine whether the prosody of the piece pleases your ear or not.

（我不太能把握你所说的"西方文学的审美标准"是什么意思。如果真的有这样一个标准，瑞典学院的 18 位评委就不必为提名作家作品的文学品质做长时间的激烈讨论。我强烈认为文学欣赏是高度主观的，而且必须是高度主观的。论断"某某是一位好作家"是完全没有意义的；而"我认为某某是一位好作家"则是非常明确，没有歧义的。当然，在欣赏文学作品时也有一些客观标准，比如语言不能漏洞百出或庸俗拖沓，除非作者有意要显得如此。我能肯定的是你可以建立自己的欣赏标准，来判定某部作品的韵律对你来说是否赏心悦目。）

笔者：莫言作品在哪些层面丰富了世界文学，或填补了哪些空白？

马悦然：Mo Yan is a born narrator. The ability to narrate, to my mind, is a craft and not an art. And that craft has been nourished through a great many centuries of Chinese literature. The story teller appearing in Gan Bao's《搜神记》, in the wonderful tales of《庄子》and《列子》, in 明代传奇, in the《水浒传》, the《西游记》and the《聊斋志异》have taught Mo Yan a great deal. To him these tales are 家常饭. When he realized that a Western master such as Faulkner also could indulge in telling such tales, he fully understood that they may be part of true literature. To my mind, one of the achievements of Mo Yan is that he has made Gaomi xiang into a kingdom of his own, where he reigns supreme, in the same way as Faulkner controls his own creation Yoknapathawpa. As I see it, Mo Yan's tales are products of his skill as a narrator (or achievements as a craftsman). What make his literary works into true literature are the empathy and the sincerity which are so clearly manifested in all his writings.

（莫言有讲故事的天赋。对我来说，这种讲故事的能力是一种技艺而不是艺术。这种技艺来自千百年来中国文学的滋养。隐现在《搜神记》《庄子》《列子》、"明代传奇"、《水浒传》《西游记》《聊斋志异》里的讲故事的人令莫言受益匪浅。这些故事对莫言如同家常便饭。当他意识到像福克纳这样一位西方文学大师也醉心于讲述这样的故事，他领悟到这样的故事也许就是一种真正的文学。我认为，莫言的一大成就是他将高密变成了他的王国，他如同国王般驾驭着那里，就如同福克纳掌控着他笔下的约克纳帕塔法。在我看来，莫言的小说是他叙事技巧的产物，或者说是匠人的成就。使他的作品成为真正的文学的是他的文学移情和真诚,这在他所有的作品里都明显地表现出来。)

笔者:莫言获奖引起海内外热议,海外主要报刊对获奖事件态度各异,从怀疑、批判到客观、肯定,褒贬臧否,不一而足。诺贝尔奖的轰动效应是显而易见的,但是社会大众关心的似乎是诺贝尔奖本身,并不怎么关注获奖作家的作品。请您谈谈看法。

马悦然:When it was announced that the Nobel Prize had been awarded to Mo Yan, Swedish media (and German media) were quickly on the alert. Critics who had not read a single line of his works pointed out that he was a member of the Communist Party, Vice - Chairman of the Writers'Union and that he had received the Mao Dun Prize, which to them meant that he was a running dog of the regime. Overseas Chinese critics, who make a good living from the "民主买卖"are of course happy to follow lead. I find this highly regrettable.

(当宣布莫言获得诺贝尔文学奖以后,瑞典媒体和德国媒体很快就警觉起来。没有读过一句莫言作品的评论家竟因莫言是中共党员和作家协会副主席,而且还获得过茅盾文学奖,就断言莫言是政府的跟班。海外擅长做"民主买卖"的华人评论家都乐此不疲地大肆炒作。对此,我觉得非常遗憾。)

笔者:在您的其他访谈中,您指出译作的文学价值对于获奖是至关重要的,因为诺贝尔奖评审委员会的其他评委只能通过译文来评价原作。曾有人指出,莫言获得诺贝尔文学奖,从某种意义上来说,也相当于葛浩文获奖。葛浩文被称为将中国当代文学披上英美文学的外衣的翻译家,但中国国内也有学者批评葛浩文翻译时没有完全忠实原文。您作为评委兼翻译家,请您谈谈翻译原则与作品域外接受的问题,比如翻译时应以读者为中心还是以原作为中心?

马悦然:Someone has said that World Literature is Translation: without translation no world literature! The statement that Howard Goldblatt should be solely responsible for Mo Yan's Nobel Prize is of course ridiculous. He has drawn his straw to the stack, indeed, but so have the French translators who between them have managed to translate twenty of Mo Yan's major works. All member of the Swedish Academy read English, German and French fluently and some also read Italian, Portuguese and Russian. —As a translator I am a purist and insist that a true translator has a double responsibility, toward the writer of the work he translates and toward his readers. A translator who is not prepared to accept this double responsibility should choose another profession. —Whenever a literary work is read-properly read-a dialogue is established between the author of the work (even though he/she may have been dead a few thousand years!) and the reader. The task of the translator is to do his very best to establish a similar kind of dialogue between his translation and the reader.

［有人曾说过世界文学是翻译：没有翻译就没有世界文学！但如果说葛浩文的翻译是莫言获奖的唯一原因，这当然是不合情理的。他的确将莫言的小说翻译成英文，但法国译者也翻译了莫言的 20 部主要作品。瑞典学院的 18 名评委皆精通英语、德语、法语，有些评委可以阅读意大利语、葡萄牙语和俄语。作为翻译，我是一个纯粹主义者，我坚信一名真正的译者有双重责任——既要对原作者负责，也要对译作的读者负责。如果译者对接受这个双重责任没有做好准备，应该改行。但凡阅读文学作品（正确的阅读），作者与读者之间就展开了对话，哪怕作者是几千年前的古人。译者的责任就是尽最大努力在其译作与读者之间展开类似的对话。］

笔者：中国作家协会网站上推荐翻译的当代文学作品，多是获得了茅盾文学奖或鲁迅文学奖的。您在选择作品来翻译时，是否会参考中国主流媒体的推荐？您欣赏何种类型或题材的作品？

马悦然：It was not until Mo Yan received the Mao Dun Prize in 2011 that I was made aware of the existence of that prize. I would never allow myself to be in the least influenced by that or any other prize given to an author.

（直到 2011 年莫言获茅盾文学奖，我才知道有这么一个奖。我绝不会因为作家曾获得该奖或其他奖项而影响自己的判断。）

笔者：中国学界、对外出版界对中国文学在西方读者市场中的边缘地位深感焦虑，"中国文学距离世界有多远"这样的话题常见诸报端。您认为导致这个现象的主要原因是什么？翻译质量、中西文学传统的差异、政治因素，还是中国小说所体现的文化特色尚没有引起国外读者的兴趣？

马悦然：I have often been asked the question when Chinese literature will 走上世界文学. In my answer to that question I remind the interviewer that the 305 poems of the 诗经 perhaps is the oldest literary anthology in the world, and that it was written in a language that was the ancestor of Modern Chinese. At a time when the inhabitants of northern Europe had not as yet developed a language of their own, the author of the《文心雕龙》discussed genre theory in a highly sophisticated way. At the time when 长安 was one of the greatest and most highly developed cities in the World, where poetry, music and drama flourished, the forebears of the members of the Swedish Academy lived in poor huts in the forest, dressed in furs. At the time when no European had any notion of what an essay was, 荀子 wrote his essays《劝学》and《正名》. Before the word "novel" was invented in any European language, Chinese writers had produced magnificent novels.

[经常有人会问我这样的问题:中国文学什么时候才能成为世界文学。我在回答这个问题时都会提醒采访者注意以下事实:中国的《诗经》(共 305 首诗)也许是世界上最早的诗集,而这部诗集是用现代中国人的祖先使用的语言写成的;当北欧人还没有自己的语言时,《文心雕龙》的作者已经很深入细致地讨论了文学流派理论;在长安成为世界上最大、最发达的都市,诗歌、音乐、戏剧繁荣发展之际,瑞典学院的祖先还住在森林中简陋的茅屋里,以动物毛皮蔽体;当欧洲人还不知道何为散文时,荀子已写就名篇《劝学》与《正名》;当任何一种欧洲语言里都还没有创造出"小说"这个词的时候,中国作家已经创作出了传世经典。]①

笔者:在很大程度上可以说,您对中国文学进入世界文学视野是做出了重大贡献的。作为始终关注中国文化动态的汉学家,您对中国目前的文学状况有怎样的评价?

马悦然:I have read quite a few works by contemporary Chinese writers that I judge to be as good as the best of works by Western writers. I cannot tell you who my favorite writers are.

(在我读过的中国当代文学作品中,我认为有相当一部分可以和西方作家的一流作品相媲美。但我不能告诉你我最喜爱的作家是谁。)

笔者:从研究角度看,您认为海外汉学界对中国当代文学的关注、研究,有哪些需要反思的问题吗?

马悦然:I am afraid that I take a rather dim view of the contributions of present-day Western Sinology to the study of contemporary Chinese literature.

(对于当前西方汉学家对中国当代文学的研究,我并不很认同。)

笔者:在您的了解中,中国当代文学在瑞典的传播、研究情况是怎样的? 您

---

① 《北京晨报》的一篇文章《马悦然:未读"莫言"莫言评论》,对上述问题有进一步回答,"马悦然表示,中国文学早就纳入了世界文学,但是因为翻译成外文的著作中有影响力的还比较少。莫言可能是中国被译成外文作品最多的作者之一,所以莫言的那些著作帮助中国文学走向世界文学"。(刘婷,《北京晨报》,2012 年 2 月 12 日)

能介绍一下瑞典在中国当代文学研究方面的情况吗？

马悦然：Very little of contemporary Chinese literature has been translated into Swedish. Whatever has been translated，has been done by Anna Gustafsson Chen and myself. As far as I know no Swedish Sinologist is presently engaged in the study of contemporary Chinese literature.

（只有很少部分的中国当代文学被翻译成瑞典语，而且只有我和陈安娜在翻译。据我所知，没有哪位瑞典汉学家在做当代中国文学研究。）

笔者：通常情况下，中国文学在世界上受到重视的多是一些与"政治"有关的，例如描写"文化大革命"等题材的作品，比如虹影的《饥饿的女儿》，李锐、余华等人的作品都有这种情况。您怎么看这种现象？

马悦然：It is true that some critics find it very hard to distinguish politics from literature. Hong Ying's《饥饿的女儿》is a piece of literature in its own right，and so are the works by 李锐，余华，苏童 and many others.

（诚然，一些评论家认为很难将政治与文学分开。虹影的《饥饿的女儿》其内容本身就是一部文学作品，李锐、余华、苏童及其他作家的作品也是如此。）

笔者：中国大陆的作家中，我比较喜欢阿城、汪曾祺、贾平凹的作品，您能谈谈对他们作品的评价吗？

马悦然：I have read，and enjoyed reading works by the three writers that you mention. But，truly，a great many important works have been published since the appearance of the "三王"by 阿城 or the last work by 汪曾祺.

（我读过也喜欢你所说的三位作家的作品。但是，坦率来讲，自从阿城的"三王"（《棋王》《孩子王》和《树王》）和汪曾祺后期的作品问世以来，还有很多重要的作品相继出版了。）

小结：马教授对中国文学如数家珍，其热爱和期许溢于言表；他对文学鉴赏从本心出发，不为外界所扰，对于他喜爱的作家作品均给予真诚的赞美并大力推荐，对莫言、沈从文皆是如此。他提出不要给作家贴标签、分流派，因为作家不同时期的作品风格可能迥然不同，其作品中唯一有迹可寻的是作家的意识形态背景，笔者将其阐释为作家成长环境对他们思想的影响，如作家生长的土地，所受的教育，读过的书，结交的朋友等。马教授这个观点对于文学史的书写和文学批评都有借鉴意义。另外，他提出文学鉴赏是高度主观的，审美标准是因人而异的。这个观点对文学批评也很有指导意义。现在有些文学批评家凌驾于作品之上，运用其所学的文学理论来阐释作品，罗列大量的文学术语，对他们而言，文学理论即是标准。殊不知真诚地面对内心感受，表达由阅读作品带来的个体体验才是更有价值的。

附录 3:20 世纪 80 年代以来《纽约时报》等主流媒体刊载的中国文学报道与评论文章①

标题	时间	来源报刊	作者	主要内容
Chinese Writers are Rebuked	1981-08-29	*The New York Times*	Reuters	1981 年反资产阶级自由化时期的文艺政策
Peking Is Using A Writer's Fame to Control Arts	1981-09-30	*The New York Times*	James P. Sterba	胡耀邦在纪念鲁迅诞辰 100 周年时重申以国家民族为重的文艺理念,批评以个体生命体验为主题的作品
Books of the Times:The Gate of Heavenly Peace: The Chinese and Their Revolution, 1895-1980	1981-10-12	*The New York Times*	John Leonard	介绍近代百年来中国的革命家和作家
Chinese Literature	1981-11-15	*The New York Times*	Peter Nazareth	作家丁玲参加爱荷华国际写作班,介绍聂华苓主编的 *Literature of the Hundred Flowers*
Peking Questions Mao's Views on Role of the Arts	1981-12-03	*The New York Times*	Christopher S. Wren	胡乔木对毛泽东文艺观的评价:基本理念应继续秉持,将"文学应为政治服务"改为"文艺应为人民和社会主义服务"
Chinese Novelist is Elected Chairman of the Writers Union	1981-12-24	*The New York Times*	Reuters	巴金当选作协主席
Peking Is Re-examining Role of the Arts	1981-12-29	*The New York Times*	Christopher S. Wren	作家白桦的批评与自我批评
Chinese and U.S. Writers Find Little to Exchange	1982-08-25	*Wall Street Journal*	Leopold Tyrmand	中美作家文化交流
China: Literature	1982-09-12	*The New York Times*	Timothy Tung	中国当代作家作品翻译

① 表格里收录了少数华裔作品的评论文章,因为华裔作品在美国较有影响力,对于构筑美国读者的中国想象起着重要作用。

二十世纪八十年代以来中国现当代小说在美国的译介与传播

标题	时间	来源报刊	作者	主要内容
Books of the TIMES：Son of the Revolution	1983-01-24	*The New York Times*	Anatole Broyard	畅销书书评:《革命之子》
Doubt Expressed on Lin Biao Book	1983-05-14	*The New York Times*	Richard Bernstein	书评:《阴谋与林彪之死》
Peking Finds a New Enemy:"Spiritual Pollution"	1983-11-04	*The New York Times*	Christopher S. Wren	反西方精神污染运动
China Quandary:Western "Pollution"	1983-11-23	*The New York Times*	Christopher S. Wren	中国的文艺政策:引进西方的优秀文学去其糟粕
Writer's Congress in China Demands Artistic Freedom	1985-01-01	*The New York Times*	John F. Burns	胡启立承诺给作家更大的创作自由
Stones of the Wall	1985-01-01	*Publishers Weekly*	不详	戴厚英的《人啊,人》书评
China Promises Creative Freedom to Writers	1985-01-06	*The New York Times*	John F. Burns	中国承诺给作家更多创作自由
On the Literary Road:American Writers in China	1985-01-20	*The New York Times*	Harrison E. Salisbury	中美作家文化交流
Hu Feng Is Dead at 83;Chinese Literary Critic	1985-06-12	*The New York Times*	Reuters	胡风讣告及其生平介绍
Literature By Lode and By Lore	1985-08-25	*Los Angeles Times*	Kay Mills	介绍汤亭亭(Maxine Hong Kingston)
Love Must Not Be Forgotten	1986-01-01	*Publishers Weekly*	不详	张洁的《爱是不能忘记的》书评
Book Review of the Panda Books	1986-07-06	*The New York Times Book Review*	Perry Link	"熊猫丛书"评论
Memoirs of a Chinese,71,Selected by Book Club	1986-12-16	*The New York Times*	McDowell Edwin	郑念的《上海的生与死》书评
The Gourmet and Other Stories of Modern China	1987-01-01	*Publishers Weekly*	不详	陆文夫的《美食家》书评

标题	时间	来源报刊	作者	主要内容
Letter from China—Young Writers Test the Limits	1987-01-11	*The New York Times*	Judith Shapiro & Liang Heng	中国新生代作家的创作理念、朦胧诗、寻根作家与老一代作家的分野
Under the Thumb of Man	1987-01-18	*The New York Times Book Review*	Leo Ou-fan Lee	"熊猫丛书"评论
Chinese Writers Steer a Careful Course Around the Shoals of Government Policy	1987-03-22	*Los Angeles Times*	Gayle Feldman	中国的文化政治环境,伤痕文学、朦胧诗、寻根文学评论
Rediscovering History of China in Rare Books	1987-07-07	*The New York Times*	不详	哥伦比亚大学东亚图书馆馆员张家渠采访,介绍他在美国搜集古本中国典籍并编制目录
China's Cultural Crackdown	1987-07-12	*The New York Times*	Edward A. Gargan	中国的文艺环境
Writers in China: How Long Is the Leash?	1987-08-09	*The New York Times*	Mitchel Levitas	文艺政策与作家的文艺观念
Chinese Writers	1987-08-30	*The New York Times*	Timothy Tung	反资产阶级自由化时期出版社的审慎态度
Scenes From the Kaleidoscope	1987-10-18	*The New York Times*	Judith Shapiro	张辛欣、桑晔:《北京人———百个普通人的自述》简介
The Vixen	1987-12-01	*Publishers Weekly*	不详	《茅盾作品选》书评
The Broken Betrothal	1987-12-21	*Publishers Weekly*	不详	高晓声的《解约》书评
Thaw and Freeze and Thaw again: the Culture Weather in China	1987-12-27	*The New York Times*	Seymour Topping	20世纪80年代中国的文艺环境,新老作家的分化
Shen Congwen, 85, a Champion of Freedom for Writers in China	1988-05-13	*The New York Times*	Edward A. Gargan	沈从文生平及作品介绍
Half of Man Is Woman	1988-09-01	*Publishers Weekly*	不详	张贤亮的《男人的一半是女人》书评
The Piano Tuner	1989-01-01	*Publishers Weekly*	不详	程乃珊的《调音》书评
Old Well	1989-01-01	*Publishers Weekly*	不详	郑义的《老井》书评

标题	时间	来源报刊	作者	主要内容
Chinese Demand More By a Literary Legend	1989-01-03	*The New York Times*	Sheryl Wu Dunn	金庸及其武侠小说
New Growth From China's Roots Spring Bamboo: A Collection of Contemporary Chinese Short Stories	1989-04-23	*Los Angeles Times*	John H. Boyle	介绍新生代作家、寻根文学
Dialogues in Paradise	1989-04-30	*Publishers Weekly*	不详	残雪的《天堂的对话》书评
How Stories Written for Mother Became Amy Tan's Best Seller	1989-07-04	*The New York Times*	Julie Lew	谭恩美和她的小说《喜福会》书评
Baotown	1989-10-01	*Publishers Weekly*	不详	王安忆的《小鲍庄》书评
Bolshevik Salute: A Modernist Chinese Novel	1989-11-01	*Publishers Weekly*	不详	王蒙的《一个布尔什维克的敬礼》书评
Heavy Wings	1989-11-01	*Publishers Weekly*	不详	张洁的《沉重的翅膀》书评
The One About the Scholar and the Hermit's Daughter: The Carnal Prayer Mat By Li Yu	1990-07-15	*The New York Times*	Anthony C. Yu	李渔的《肉蒲团》书评
Writers in China Are Asked to Write, But Not Subversively	1990-09-17	*The New York Times*	Nicholas D. Kristof	马烽当选作协副主席
As Long as Nothing Happens, Nothing Will	1991-01-01	*Publishers Weekly*	不详	张洁的《只要无事发生,任何事都不会发生》书评
Getting Used to Dying	1991-01-01	*Publishers Weekly*	不详	张贤亮的《习惯死亡》书评
Old Floating Cloud: Two Novellas	1991-04-29	*Publishers Weekly*	不详	残雪的《苍老的浮云》《黄泥街》书评
As Long as Nothing Happens, Nothing Will	1991-05-01	*Kirkus Reviews*	不详	张洁的《只要无事发生,任何事都不会发生》书评

二十世纪八十年代以来中国现当代小说在美国的译介与传播

标题	时间	来源报刊	作者	主要内容
Turbulence	1991-08-15	*Kirkus Reviews*	不详	贾平凹的《浮躁》书评
In Beijing, an 18th-Century Novel Is Celebrated With a Feast	1991-09-18	*The New York Times*	Nina Simonds	介绍《红楼梦》、红学及中国饮食文化
Turbulence	1991-09-30	*Publishers Weekly*	不详	贾平凹的《浮躁》书评
Perils of America as Seen in a Chinese Novel	1991-11-10	*The New York Times*	Sheryl WuDunn	曹桂林的《北京人在纽约》评论
Hsin-Nung Yao, 86, Chinese Playwright Who Angered Mao	1991-12-24	*The New York Times*	Bruce Lambert	姚莘农讣告及生平介绍
A Nightmare Circling Overhead	1991-12-29	*The New York Times*	John Domini	残雪作品评论
Brocade Valley	1992-10-01	*Kirkus Reviews*	不详	王安忆的《锦绣谷之恋》书评
Black Snow	1993-01-01	*Kirkus Reviews*	不详	刘恒的《黑的雪》书评
Red Sorghum	1993-01-01	*Kirkus Reviews*	不详	莫言的《红高粱家族》书评
Three Kingdoms	1993-01-17	*The New York Times*	Patrick Hanan	《三国演义》书评
The Banker	1993-03-01	*Publishers Weekly*	不详	程乃珊的《银行家》书评
Black Snow: A Novel of the Beijing Demimonde	1993-03-29	*Publishers Weekly*	不详	刘恒的《黑的雪》书评
Red Sorghum: A Novel of China	1993-03-29	*Publishers Weekly*	不详	莫言的《红高粱家族》书评
Local Hero: A Conversation with Zhang Yimou	1993-04-30	*A. Magazine*	Luis H. Francia	采访张艺谋,《秋菊打官司》影评
Raise the Red Lantern	1993-05-01	*Kirkus Reviews*	不详	苏童的《妻妾成群》书评
Raise the Red Lantern: Three Novellas	1993-06-28	*Publishers Weekly*	不详	苏童的《妻妾成群》书评

附录
3

标题	时间	来源报刊	作者	主要内容
Film；Who Makes the Rules in Chinese Movies?	1993-10-17	*The New York Times*	Patrick E. Tyler	《霸王别姬》影评
The Three-Inch Golden Lotus	1994-01-01	*Kirkus Reviews*	不详	冯骥才的《三寸金莲》书评
The Three-Inch Golden Lotus：A Novel on Foot Binding	1994-02-28	*Publishers Weekly*	不详	冯骥才的《三寸金莲》书评
The Stubborn Porridge and Other Stories	1994-03-01	*Kirkus Reviews*	不详	王蒙的《坚硬的稀粥》书评
The Remote Country of Women	1994-06-01	*Publishers Weekly*	不详	白桦的《远方有个女儿国》书评
Blood Red Sunset	1995-01-01	*Kirkus Reviews*	不详	马波的《血色黄昏》书评
Blood Red Sunset：A Memoir of the Chinese Cultural Revolution	1995-02-27	*Publishers Weekly*	不详	马波的《血色黄昏》书评
The Garlic Ballads	1995-03-01	*Kirkus Reviews*	不详	莫言的《天堂蒜薹之歌》书评
Grass Soup	1995-05-01	*Kirkus Reviews*	不详	张贤亮的《我的菩提树》书评
The Garlic Ballads：A Novel	1995-05-01	*Publishers Weekly*	不详	莫言的《天堂蒜薹之歌》书评
Rice	1995-06-15	*Kirkus Reviews*	不详	苏童的《米》书评
Books of The TIMES；Now China Has Its Soaps and Celebrity Authors	1995-08-02	*The New York Times*	Bernstein Richard	书评：查建英的《中国的流行文化》(*China Pop*)
Eileen Chang，74，Chinese Writer Revered Outside the Mainland	1995-09-13	*The New York Times*	Robert McG.，Thomas Jr.	张爱玲讣告及其生平、作品评论
Grass Soup	1995-10-01	*Publishers Weekly*	不详	张贤亮的《我的菩提树》书评

二十世纪八十年代以来中国现当代小说在美国的译介与传播

标题	时间	来源报刊	作者	主要内容
Promethus Unbound: China Pop	1995-11-30	*A. Magazine*	June Unjoo Yang	中国的流行文化,电视剧《渴望》评论,对中国文艺政策的评论
Let One Hundred Flowers Bloom	1996-01-19	*Publishers Weekly*	不详	冯骥才的《铺花的歧路》书评
Yu: The Past & the Punishment Paper	1996-06-01	*Publishers Weekly*	不详	余华的《往事与刑罚》书评
Ten Years of Madness: Oral Histories of China's Cultural Revolution	1996-12-01	*Publishers Weekly*	不详	冯骥才的《一百个人的十年》书评
Cao Yu, 86; Modernized Chinese Drama	1996-12-16	*The New York Times*	Eric Pace	曹禺的讣告及生平介绍
Playing for Thrills	1997-01-01	*Kirkus Reviews*	不详	王朔的《玩的就是心跳》书评
Playing for Thrills	1997-03-01	*Publishers Weekly*	不详	王朔的《玩的就是心跳》书评
The Embroidered Shoes	1997-09-01	*Publishers Weekly*	不详	残雪的《绣花鞋》书评
Silver City	1997-10-01	*Kirkus Reviews*	不详	李锐的《银城故事》书评
Silver City	1997-11-01	*Publishers Weekly*	不详	李锐的《银城故事》书评
Family Affair; SILVER CITY	1997-12-21	*Los Angeles Times*	Paula Friedman	李锐的《旧址》书评
Salt Opera: A Chinese novel follows two families in a provincial salt-mining town for several generations	1998-02-01	*The New York Times*	Philip Gambone	李锐的《旧址》书评
Madame Ding Ling: China's Greatest Woman Writer	1998-04-30	*Everyman*	Geoff Hancock	纪念丁玲
Daughter of the River	1998-11-15	*Kirkus Reviews*	不详	虹影的《饥饿的女儿》书评
Daughter of the River	1999-01-01	*Publishers Weekly*	不详	虹影的《饥饿的女儿》书评

附录 3

二十世纪八十年代以来中国现当代小说在美国的译介与传播

标题	时间	来源报刊	作者	主要内容
White Snake and Other Stories	1999-01-01	*Publishers Weekly*	不详	严歌苓的《白蛇》书评
Rice	1999-03-01	*Publishers Weekly*	不详	苏童的《米》书评
Surviving an Era of Maoist Tumult with Calm Intact	1999-04-25	*The New York Times*	Leslie Camhi	导演吴天明及其新作《变脸》
Blades of Grass: The Stories of Lao She	1999-08-30	*Publishers Weekly*	不详	老舍的《草叶集》书评
Gladys Yang Is Dead at 80: Translated Chinese Classics	1999-11-24	*The New York Times*	William H. Honan	戴乃迭的讣告及生平介绍
Getting Out	2000-02-27	*The New York Times Book Review*	Guanlong Cao	Da Chen 的《造》(*Colors of the Mountain*)书评
The Republic of Wine	2000-04-01	*Kirkus Reviews*	不详	莫言的《酒国》书评
The Republic of Wine	2000-04-01	*Publishers Weekly*	不详	莫言的《酒国》书评
The Stubborn Porridge and Other Stories	2000-05-01	*Publishers Weekly*	不详	王蒙的《坚硬的稀粥》书评
Sex, Lust, Drugs: Her Novel's Too Much for China	2000-05-11	*The New York Times*	Craig S. Smith	卫慧小说评论
Please Don't Call Me Human	2000-06-15	*Kirkus Reviews*	不详	王朔的《千万别把我当人》书评
The Republic of Wine	2000-06-25	*The New York Times Book Review*	Gambone Philip	莫言的《酒国》书评
Please Don't Call Me Human	2000-07-01	*Publishers Weekly*	不详	王朔的《千万别把我当人》书评
The Lost Daughter of Happiness	2001-03-05	*Publishers Weekly*	不详	严歌苓其作品《扶桑》书评
The Lost Daughter of Happiness	2001-04-15	*Kirkus Reviews*	不详	严歌苓的《扶桑》书评
Eye on China: Finishing the Work of the Dead	2001-05-10	*Wall Street Journal*	Sheila Melvin	老舍及其作品《红旗下》

标题	时间	来源报刊	作者	主要内容
Green River Daydreams	2001-06-11	*Publishers Weekly*	不详	刘恒的《苍河白日梦》书评
Shifu, You'll Do Anything for a Laugh	2001-07-01	*Kirkus Reviews*	不详	莫言的《师傅越来越幽默》书评
Green River Daydreams	2001-07-15	*Kirkus Reviews*	不详	刘恒的《苍河白日梦》书评
A Woman Soldier's Own Story	2001-08-01	*Kirkus Reviews*	不详	谢冰莹的《一个女兵的自传》书评
Balzac and the Little Chinese Seamstress	2001-08-01	*Kirkus Reviews*	不详	戴思杰的《巴尔扎克与小裁缝》书评
Balzac and The Little Chinese Seamstress	2001-08-27	*Publishers Weekly*	不详	戴思杰的《巴尔扎克与小裁缝》书评
A Woman Soldier's Own Story: The Autobiography of Xie Bingying	2001-08-27	*Publishers Weekly*	不详	谢冰莹的《一个女兵的自传》书评
A Suitcase Education: A Novel Set During China's Cultural Revolution	2001-09-16	*The New York Times Book Review*	Brooke Allen	戴思杰的《巴尔扎克与小裁缝》书评
Red Poppies	2002-02-01	*Publishers Weekly*	不详	阿来的《尘埃落定》书评
For Maoists, Love Became A Many-Frenzied Thing	2002-04-05	*The New York Times*	Michiko Kakutani	闵安琪的《狂热者》书评
K:The Art of Love	2002-10-01	*Kirkus Reviews*	不详	虹影的《K——英国情人》书评
Nanjing,1937:A Love Story	2002-10-15	*Kirkus Reviews*	不详	叶兆言的《1937年的爱情》书评
Nanjing 1937: A Love Story	2002-12-01	*Publishers Weekly*	不详	叶兆言的《1937年的爱情》书评
Candy	2003-05-15	*Kirkus Reviews*	不详	棉棉的《糖》书评
Candy	2003-05-26	*Publishers Weekly*	不详	棉棉的《糖》书评
A Dictionary of Maqiao	2003-06-01	*Publishers Weekly*	不详	韩少功的《马桥词典》书评

二十世纪八十年代以来中国现当代小说在美国的译介与传播

标题	时间	来源报刊	作者	主要内容
A Dictionary of Maqiao	2003-07-15	*Kirkus Reviews*	不详	韩少功的《马桥词典》书评
To Live	2003-07-15	*Kirkus Reviews*	不详	余华的《活着》书评
The Girl Who Played Go	2003-09-15	*Kirkus Reviews*	不详	山飒的《围棋少女》书评
The Girl Who Played Go	2003-09-29	*Publishers Weekly*	不详	山飒的《围棋少女》书评
Sex and the City of Shanghai; Mian Mian writes for the new Chinese generation	2004-01-21	*Asianweek*	Joyce Nishioka	棉棉的小说评论
A Private Life	2004-04-01	*Kirkus Reviews*	不详	陈染的《私人生活》书评
A Private Life	2004-05-31	*Publishers Weekly*	不详	陈染的《私人生活》书评
Peacock Cries at the Three Gorges	2004-07-15	*Kirkus Reviews*	不详	虹影的《孔雀的叫喊》书评
Beijing Doll	2004-08-01	*Publishers Weekly*	不详	春树的《北京娃娃》书评
The Novel's Latest Version Pops Onto China's Cellphones	2004-09-11	*The New York Times*	Howard W. French	小说新媒介:手机短信小说
Big Breasts and Wide Hips	2004-10-01	*Kirkus Reviews*	不详	莫言的《丰乳肥臀》书评
Big Breasts and Wide Hips	2004-11-01	*Publishers Weekly*	不详	莫言的《丰乳肥臀》书评
Steamy Times Come to Chinese Films	2004-11-27	*The New York Times*	Jean Tang	《十面埋伏》影评
'Big Breasts and Wide Hips'	2004-11-28	*The WashinGton Post*	Jonathan Yardley	莫言的《丰乳肥臀》书评
My Life as Emperor	2004-12-15	*Kirkus Reviews*	不详	苏童的《我的帝王生涯》书评
My Life as Emperor	2005-01-31	*Publishers Weekly*	不详	苏童的《我的帝王生涯》书评

标题	时间	来源报刊	作者	主要内容
Bitter Bamboo: Two novels from China	2005-05-09	*The New Yorker*	John Updike	《丰乳肥臀》《我的帝王生涯》评论
Mr. Muo's Travelling Couch	2005-06-01	*Publishers Weekly*	不详	戴思杰的《狄先生的情结》书评
The Dark Forest	2005-07-13	*Publishers Weekly*	不详	刘慈欣的《黑色森林》书评
Artistic Odyssey: Film to Fiction to Film	2005-07-27	*The New York Times*	Alan Riding	小说《巴尔扎克与小裁缝》与同名电影评论
The Sing-Song Girls of Shanghai	2005-08-01	*Kirkus Reviews*	不详	韩邦庆的《海上花列传》书评
The Red Lantern, Raised Up On Point	2005-10-09	*The New York Times*	David Barboza	电影《大红灯笼高高挂》的芭蕾舞剧版在纽约上映,对张艺谋电影的回顾
Ba Jin, 100, Noted Novelist Of Prerevolutionary China	2005-10-18	*The New York Times*	David Barboza	巴金讣告
A Novel, by Someone, Takes China by Storm	2005-11-03	*The New York Times*	Howard W. French	《狼图腾》书评
Pearl of the Orient	2006-03-05	*The New York Times Book Review*	Mike Meyer	赛珍珠及其作品《大地》介绍
Blue Light in the Sky and Other Stories	2006-04-24	*Publishers Weekly*	不详	残雪的《天空的蓝光》书评
Love in a Fallen City	2006-08-15	*Kirkus Reviews*	不详	张爱玲的《倾城之恋》书评
A Portrait of China Running Amok	2006-09-04	*The New York Times*	David Barboza	余华的小说《兄弟》评论
I Love Dollars and Other Stories	2006-09-15	*Kirkus Reviews*	不详	朱文的《我爱美元》书评
I Love Dollars: And Other Stories of China	2006-09-18	*Publishers Weekly*	不详	朱文的《我爱美元》书评
Love in a Fallen City	2007-01-15	*The New Yorker*	不详	张爱玲的《倾城之恋》书评

标题	时间	来源报刊	作者	主要内容
Wang in Love and Bondage：Three Novellas	2007-01-22	*Publishers Weekly*	不详	王小波的《王二的爱欲枷锁》书评
Cries in the Drizzle	2007-08-06	*Publishers Weekly*	不详	余华的《在细雨中的呼喊》书评
Cries in the Drizzle	2007-08-15	*Kirkus Reviews*	不详	余华的《在细雨中的呼喊》书评
Chinese Novel Wins Prize	2007-11-12	*The New York Times*	不详	姜戎的《狼图腾》获奖
Wolf Totem	2008-01-15	*Kirkus Reviews*	不详	姜戎的《狼图腾》书评
Wolf Totem	2008-01-21	*Publishers Weekly*	不详	姜戎的《狼图腾》书评
The Song of Everlasting Sorrow：A Novel of Shanghai	2008-01-21	*Publishers Weekly*	不详	王安忆的《长恨歌》书评
Life and Death Are Wearing Me Out	2008-02-15	*Kirkus Reviews*	不详	莫言的《生死疲劳》书评
Keep off the Grass	2008-03-22	*The Guardian*	Ursula K Le Guin	《狼图腾》书评
Book of the Month：Wolf Totem，by Jiangrong	2008-04	*National Geographic*	Don George	《狼图腾》书评
Call of the Wild	2008-05-04	*The New York Times Book Review*	Pankaj Mishra	《狼图腾》书评
China's Pop Fiction	2008-05-04	*The New York Times Book Review*	Aventurina King	郭敬明及90后小说评论
The Ancient Ship	2008-06-30	*Publishers Weekly*	不详	张炜的《古船》书评
Love in a Fallen City	2008-08-14	*Publishers Weekly*	不详	张爱玲的《倾城之恋》书评
The Moon Opera	2008-11-15	*Kirkus Reviews*	不详	毕飞宇的《青衣》书评
Brothers	2008-11-24	*Publishers Weekly*	不详	余华的"兄弟"书评

标题	时间	来源报刊	作者	主要内容
Brothers	2008-12-15	*Kirkus Reviews*	不详	余华的《兄弟》书评
Five Spice Street	2009-01-19	*Publishers Weekly*	不详	残雪的《五香街》书评
The Bonfire Of China's Vanities	2009-01-25	*The New York Times*	Pankaj Mishra	余华小说《兄弟》评论
Feathered Serpent	2009-02-01	*Kirkus Reviews*	不详	徐晓斌的《羽蛇》书评
English：a novel	2009-02-02	*Publishers Weekly*	不详	王刚的《英格力士》书评
For This Writer，China is an Open Book	2009-02-20	*Wall Street Journal*	Ian Johnson	余华访谈，小说《兄弟》评论
There's Nothing I Can Do When I Think of You Late at Night	2009-04-27	*Publishers Weekly*	不详	曹乃谦的《到黑夜想你没办法》书评
Once on a Moonless Night	2009-06-29	*Publishers Weekly*	不详	戴思杰的《某夜，月未升》书评
Border Town	2009-07-27	*Publishers Weekly*	不详	沈从文的《边城》书评
Woman from Shanghai：Tales of Survival from a Chinese Labor Camp	2009-08-01	*Publishers Weekly*	不详	杨显惠的《夹边沟记事》书评
Survivors' Stories From China	2009-08-25	*The New York Times*	Howard W. French	杨显惠的《夹边沟记事》书评
One Man's Survival Strategy in a Chinese Labor Camp：To Write	2009-12-21	*The New York Times*	Barry Gewen	高尔泰的小说《寻找家园》(*In Search of My Homeland：A Memoir of a Chinese Labor Camp*)书评
Three Sisters	2010-03-15	*Kirkus Reviews*	不详	毕飞宇的《玉米》书评
Getting Used to Dying	2010-05-20	*Kirkus Reviews*	不详	张贤亮的《习惯死亡》书评
Chinese Literature：Mao's 'First-Rate Sage'	2010-07-22	*Wall Street Journal*	Michael J. Ybarra	鲁迅介绍

附录
3

标题	时间	来源报刊	作者	主要内容
Reviving 'Peony' With Modern Shading	2010-08-18	*The New York Times*	David Barboza	昆曲《牡丹亭》的现代剧改编
A Cultural Conversation with Qiu Xiaolong: One Man's Revolution	2010-09-29	*Wall Street Journal*	Tom Nolan	裘小龙访谈
Servant of the State: Is China's most eminent writer a reformer or an apologist?	2010-11-08	*The New Yorker*	Jianying Zha	查建英评论王蒙及其作品
An Empty Room	2011-03-28	*Publishers Weekly*	不详	木心的《空屋》书评
The Han Dynasty "How far can a youth-culture idol tweak China's establishment?"	2011-07-04	*The New Yorker*	Evan Osnos	评论韩寒
Shifu, You'll Do Anything For a Laugh	2011-07-16	*Publishers Weekly*	不详	莫言的《师傅越来越幽默》书评
Han Han Funny	2011-07-29	*The New Yorker*	Evan Osnos	评论韩寒
Vertical Motion	2011-08-01	*Publishers Weekly*	不详	残雪的《垂直运动》书评
The Boat to Redemption	2011-08-15	*Kirkus Reviews*	不详	苏童的《河岸》书评
A suitcase education: A novel set during China's Cultural Revolution	2011-09-16	*The New York Times*	Brooke Allen	戴思杰的《巴尔扎克与小裁缝》电影评论
Pushing China's Limits On Web, if Not on Paper	2011-11-07	*The New York Times*	Edward Wong	慕容雪村网络小说评论
Working Titles "What do the most industrious people on earth read for fun?"	2012-02-06	*The New Yorker*	Leslie T. Chang	通俗小说
Three Sisters	2012-04-12	*Publishers Weekly*	不详	毕飞宇的《玉米》书评

标题	时间	来源报刊	作者	主要内容
This Generation: Dispatches from China's Most Popular Literary Star (and Race Car Driver)	2012-07-30	*Publishers Weekly*	不详	韩寒的《这一代人》书评
This Generation: Dispatches from China's Most Popular Literary Star (and Race Car Driver)	2012-09-01	*Kirkus Reviews*	不详	韩寒的《这一代人》书评
JOHN UPDIKE ON MO YAN	2012-10-11	*The New Yorker*	Joshua Rothman	莫言的《丰乳肥臀》书评
Mo Yan and China's "Nobel Complex"	2012-10-11	*The New Yorker*	Evan Osnos	莫言与中国的诺贝尔文学奖情结
After Past Fury for Peace Prize, China Embraces Nobel Choice	2012-10-12	*The New York Times*	Andrew Jacobs, Sarah Lyall	评论莫言获诺贝尔文学奖,中国政府的态度
World News: Nobel Places China in Focus Again	2012-10-12	*Wall Street Journal*	Josh Chin, Paul Mozur	评论莫言及其作品
In China, a Writer Finds a Deep Well	2012-10-12	*The New York Times*	Richard Bernstein	莫言作品评论:《师傅越来越幽默》
After Fury Over 2010 Peace Prize, China Embraces Nobel Selection	2012-10-12	*The New York Times*	Andrew Jacobs, Sarah Lyall	莫言获诺贝尔文学奖评论
China's Mo Yan wins Nobel in Literature	2012-10-12	*The Washington Post*	Steven Moore	莫言获诺贝尔文学奖评论
The Nobel Prize: A Complicated Honor	2012-10-16	*Wall Street Journal*	Illaria Maria Sala	莫言获诺贝尔文学奖评论
Mr. Don't Speak Speaks	2012-10-18	*The Washington Times*	Miles Yu	莫言获诺贝尔文学奖评论
Sandalwood Death	2012-11-01	*Publishers Weekly*	不详	莫言的《檀香刑》书评
This Week in Fiction: Mo Yan	2012-11-16	*The New Yorker*	Deborah Treisman	介绍莫言及其作品
Fiction "Bull" by Mo Yan	2012-11-26	*The New Yorker*	不详	莫言的《牛》故事简介

标题	时间	来源报刊	作者	主要内容
Why We Should Criticize Mo Yan	2012-12-04	*The New York Times*	Perry Link	对莫言政治立场的评述
Mo Yan and the Hazards of Hollow Words	2012-12-07	*The New Yorker*	Evan Osnos	对莫言政治立场的评述
Han Han Finds a New Crowd To Irritate	2012-12-28	*The New Yorker*	Evan Osnos	介绍韩寒
Folk Opera: 'Sandalwood Death' and 'Pow!' by Mo Yan	2013-01-31	*The New York Times*	Ian Buruma	莫言的《檀香刑》《四十一炮》书评
The Matchmaker, the Apprentice, and the Football Fan	2013-06-01	*Publishers Weekly*	不详	朱文的《实习生》书评
This Week in Fiction: Yu Hua	2013-08-18	*The New Yorker*	Deborah Treisman	介绍余华
Boy in the Twilight: Stories of the Hidden China	2013-09-30	*Publishers Weekly*	不详	余华的《黄昏里的男孩》书评
Boy in the Twilight	2013-11-01	*Kirkus Reviews*	不详	余华的《黄昏里的男孩》书评
Decoded	2013-12-16	*Publishers Weekly*	不详	麦家的《解密》书评
A Chinese Spy Novelist's World of Dark Secrets	2014-02-20	*The New York Times*	Didd Kirsten Tatlow	介绍麦家
Last Words from Montmartre	2014-04-14	*Publishers Weekly*	不详	邱妙津的《蒙马特遗书》书评
Spy Anxiety	2014-05-02	*The New York Times Book Review*	Perry Link	麦家的《解密》书评
The Last Lover	2014-07-01	*Publishers Weekly*	不详	残雪的《最后的情人》书评
The Three-Body Problem	2014-09-29	*Publishers Weekly*	不详	刘慈欣的《三体》书评
I Did Not Kill My Husband	2014-10-01	*Publishers Weekly*	不详	刘震云的《我不是潘金莲》书评
The Three-Body Problem	2014-10-15	*Kirkus Reviews*	不详	刘慈欣的《三体》书评

二十世纪八十年代以来中国现当代小说在美国的译介与传播

标题	时间	来源报刊	作者	主要内容
The Seventh Day	2014-10-20	*Publishers Weekly*	不详	余华的《第七天》书评
The Seventh Day	2014-11-01	*Kirkus Reviews*	不详	余华的《第七天》书评
Frog	2014-11-03	*Publishers Weekly*	不详	莫言的《蛙》书评
In a Topsy-Turvy World，China Warms to Sci-Fi	2014-11-10	*The New York Times*	Amy Qin	介绍刘慈欣的《三体》
Val Wang's 'Beijing Bastard' and More	2014-11-21	*The New York Times Book Review*	Mara Hvistendahl	包含刘震云的《我不是潘金莲》和郭小橹的《最蔚蓝的海》书评
Naked Earth	2015-01-15	*Kirkus Reviews*	不详	张爱玲的《赤地之恋》书评
Naked Earth	2015-01-26	*Publishers Weekly*	不详	张爱玲的《赤地之恋》书评
Mo Yan's 'Frog'	2015-02-06	*The New York Times Book Review*	Julia Lovell	莫言的《蛙》书评
Review：In Mo Yan's 'Frog,' a Chinese Abortionist Embodies State Power	2015-02-25	*The New York Times Book Review*	Janet Maslin	莫言的《蛙》书评
Q. and A.：Jiang Rong on 'Wolf Totem,' the Novel and Now the Film	2015-02-26	*The New York Times*	Amy Qin	姜戎《狼图腾》问答录
China's Arthur C. Clarke	2015-03-06	*The New Yorker*	Joshua Rothman	刘慈欣的《三体》书评
'The Seventh Day' by Yu Hua	2015-03-20	*The New York Times Book Review*	Ken Kalfus	余华的《第七天》书评
French Concession	2015-05-01	*Kirkus Reviews*	不详	小白的《租界》书评
French Concession	2015-05-04	*Publishers Weekly*	不详	小白的《租界》书评
The Cook，the Crook and the Real Estate of Tycoon	2015-06-01	*Kirkus Reviews*	不详	刘震云的《我叫刘跃进》书评

标题	时间	来源报刊	作者	主要内容
The Dark Forest	2015-06-15	*Kirkus Reviews*	不详	刘慈欣的《黑暗森林》书评
The Cook, the Crook, and the Real Estate Tycoon	2015-06-29	*Publishers Weekly*	不详	刘震云的《我叫刘跃进》书评
'The Big Red Book of Modern Chinese Literature' Edited by Yunte Huang	2016-02-05	*The New York Times Book Review*	Julia Lovell	《中国现代文学大红宝书》书评
Banned in Beijing	2016-03-18	*The New York Times Book Review*	Jess Row	贾平凹的《废都》、筱禾的《北京故事》、张爱玲的《半生缘》书评
Little Sugarcoating in Cao Wenxuan's Children's Books	2016-05-01	*The New York Times*	Amy Qin	曹文轩儿童小说书评
The Problem with Me: And Other Essays About Making Trouble in China Today	2016-05-09	*Publishers Weekly*	不详	韩寒的《自己的问题：关于在当今中国制造麻烦的杂文》书评
Yang Jiang Dies at 104: Revered Writer Witnessed China's Cultural Revolution	2016-05-26	*The New York Times*	Amy Qin	杨绛逝世报道
Death's End	2016-07-15	*Kirkus Reviews*	不详	刘慈欣的《死神永生》书评
Death's End	2016-07-18	*Publishers Weekly*	不详	刘慈欣的《死神永生》书评
The Invisibility Cloak	2016-08-01	*Publishers Weekly*	不详	格非的《隐身衣》书评
Essays by Han Han, the Chinese Blogger and Media Superstar	2016-09-02	*The New York Times Book Review*	Ian Buruma	韩寒作品评论
Newly Released Books	2016-10-30	*The New York Times*	Carmela Ciuraru	格非的《隐身衣》书评
Bronze and Sunflower	2016-12-19	*Publishers Weekly*	不详	曹文轩的《青铜葵花》书评
Bronze and Sunflower	2017-01-01	*Kirkus Reviews*	不详	曹文轩的《青铜葵花》书评

二十世纪八十年代以来中国现当代小说在美国的译介与传播

标题	时间	来源报刊	作者	主要内容
Remains of life	2017-02-12	*Kirkus Review*	不详	台湾作家舞鹤的《余生》书评
Notes of a Crocodile	2017-05-02	*Publishers Weekly*	不详	台湾作家邱妙津的《鳄鱼手记》书评
The First Book in English from China's Most Popular Author for Children	2017-05-12	*The New York Times Book Review*	Lisa See	曹文轩的《青铜葵花》书评
The Mysterious Frontiers of Can Xue	2017-06-08	*The New Yorker*	Evan James	残雪的《边疆》书评
Jottings Under Lamplight	2017-07-03	*Publishers Weekly*	不详	鲁迅的《灯下漫谈》书评
Feather	2017-07-31	*Publishers Weekly*	不详	曹文轩的《羽毛》书评
Happy Dreams	2017-09-04	*Publishers Weekly*	不详	贾平凹的《高兴》书评
The Years, Months, Days	2017-10-02	*Publishers Weekly*	不详	阎连科的《年月日》书评
Amy Tan, the Reluctant Memoirist	2017-10-16	*The New York Times*	Alexandra Alter	谭恩美回忆录介绍
Happy Dreams: A Novel	2017-10-22	*Washington Independent Review of Books*	Clifford Garstang	贾平凹的《高兴》书评
Little Reunions	2017-11-13	*Publishers Weekly*	不详	张爱玲的《小团圆》书评
A Chinese Novelist Is Found in Translation	2017-11-16	*The New York Times*	Taras Grescoe	薛忆沩的《白求恩的孩子们》书评
From Naples to Tokyo, New Books in Translation	2018-01-19	*The New York Times Book Review*	Alison McCulloch	贾平凹的《高兴》书评
In the Brutality of the Chinese Countryside, 'Mythorealism' Reigns	2018-01-26	*The New York Times Book Review*	Jamie Fisher	阎连科的《年月日》书评

标题	时间	来源报刊	作者	主要内容
A Fictional Heroine's Fitful Upbringing Is Set Against the Sino-Japanese War	2018-02-02	*The New York Times Book Review*	Weike Wang	张爱玲的《小团圆》书评
The Fantastic Truth About China	2018-06-07	*The New York Review of Books*	Alec Ash	刘慈欣的《三体》书评
Notes From the Book Review Archives	2018-06-27	*The New York Review of Books*	不详	谭恩美的《喜福会》书评

二十世纪八十年代以来中国现当代小说在美国的译介与传播

附录4：中国现当代小说翻译出版情况总览①②③

作者	作品名	译者	收录于选集	出版机构	出版时间	出版地
阿城	《树桩》 *The Tree Stump*	不详	Bamboo Spring（Jeanne Tai 编）	兰登书屋	1989	纽约
	《洗澡》 *The Bath*	Stephen Fleming	*Chinese Literature*	中国文学出版社	1989	北京
	《索道》 *The Cableway*	不详	*Chinese Literature*	中国文学出版社	1989	北京
	《三王》 *Three Kings*	Bonnie S. McDougall	单行本（包含《棋王》《孩子王》《树王》）	柯林斯·哈维尔出版社	1990	伦敦
	《炊烟》 *Chimney Smoke*	Howard Goldblatt	*Furrows：Peasants，Intellectuals and the State：Stories and Histories from Modern China*（Helen Siu 编）	斯坦福大学出版社	1990	斯坦福
			Loud Sparrows：Contemporary Chinese Short-Shorts（Aili Mu，Julie Chiu，Howard Goldblatt 编译）	哥伦比亚大学出版社	2006	纽约
	《棋王》 *The Chess Master*	W. J. F. Jenner	*The Time is Not Ripe：Contemporary China's Best Writers and Their Stories*（Yang Bian 编）	外文出版社	1991	北京
			单行本	香港中文大学出版社	2005	香港

---

① 本表格根据俄亥俄大学主办的《现代中国语言与文化》杂志官网（https://u.osu.edu/mclc/bibliographies/lit/translations-aut/）上的资料整理而成，按作者姓氏拼音排序。仅收录大陆作家的小说创作，对于移居海外的大陆作家，仅收录了他们用中文写作的小说。由于该网站上全部是英文资料，受参考资源所限，某些发表在期刊或合集上的短篇小说的中文名无法确定。

② 本表格中"收录于选集"一栏，如果未写编者，表明此书为杂志或译者结集出版或编者同译者；少数出版机构未查到中文译名。

③ "熊猫丛书"编者皆不详。

二十世纪八十年代以来中国现当代小说在美国的译介与传播

作者	作品名	译者	收录于选集	出版机构	出版时间	出版地
	《布鞋》 Cloth Shoes	Aili Mu	Loud Sparrows: Contemporary Chinese Short-Shorts（Aili Mu, Julie Chiu, Howard Goldblatt 编译）	哥伦比亚大学出版社	2006	纽约
	《父亲》 Father	Ren Xiaoping, Helen Siu	Furrows, Peasants, Intellectuals and the State: Stories and Histories from Modern China（Helen Siu 编）	斯坦福大学出版社	1990	斯坦福
	《我的前半生》 The First Half of My Life: A Boy from the City Struggling for Survival in Far-Away Yunnan	Linette Lee	Modern Chinese Writers: Self-portrayals（Helmut Martin 编）	夏普出版社	1992	纽约
	《良娼》 The Kind-Hearted Prostitute	S. Smith	Chinese Literature	中国文学出版社	1992	北京
	《新六年的草图》 Six New Year Sketches	S. Smith	Chinese Literature	中国文学出版社	1992	北京
阿城	《观察》 Under Observation	不详	New Ghosts, Old Dreams: Chinese Rebel Voice（Geremie Barme 编）	时代书店	1992	纽约
	《节》 Festival	Ann Huss	Running Wild: New Chinese Writers（David Der-wei Wang 编）	哥伦比亚大学出版社	1994	纽约
	《昨天的今天和今天的昨天》 Yesterday's Today and Today's Yesterday	Frances Wood	Under-sky Underground: Chinese Writing Today（Henry Zhao, John Cayley 编）	威尔斯威普出版社	1994	伦敦
	《空坟》 Unfilled Graves	Chen Huayan	单行本（"熊猫丛书"）	中国文学出版社	1995	北京
	《观察》 Observe	Aili Mu	Loud Sparrows: Contemporary Chinese Short-Shorts（Aili Mu, Julie Chiu, Howard Goldblatt 编译）	哥伦比亚大学出版社	2006	纽约
	《宠物》 Pets	Julie Chiu	Loud Sparrows: Contemporary Chinese Short-Shorts（Aili Mu, Julie Chiu, Howard Goldblatt 编译）	哥伦比亚大学出版社	2006	纽约
	《循环》 The Cycle	Julie Chiu	Loud Sparrows: Contemporary Chinese Short-Shorts（Aili Mu, Julie Chiu, Howard Goldblatt 编译）	哥伦比亚大学出版社	2006	纽约

作者	作品名	译者	收录于选集	出版机构	出版时间	出版地
阿来	《草地风》 *Wind over the Grasslands*	Herbert J. Batt	*Tales of Tibet：Sky Burials，Prayer Wheels，and Wind Horses*（Herbert J. Batt 编）	罗曼和利特尔菲尔德出版社	2001	兰厄姆
	《尘埃落定》 *Red Poppies：A Novel*	Howard Goldblatt, Sylvia Li-chun Lin	单行本	米夫林出版社	2002	波士顿
	《血脉》 *Blood Ties*	Karen Gernant, Chen Zeping	*Manao*	不详	2005	不详
	《鱼》 *Fish*	Howard Goldblatt	*The Columbia Anthology of Modern Chinese Literature*（*Second Edition*）（Joseph S. M. Lau and Howard Goldblatt 编）	哥伦比亚大学出版社	2007	纽约
	《西藏魂》 *Tibetan Soul：Stories*	Karen Gernant, Chen Zeping	单行本	莫文亚细亚出版社	2011	波特兰
	《格萨尔王》 *King Gesar：An Excerpt：The Shepherd's Dream*	Howard Goldblatt, Sylvia Li-chun Lin	*Asymptote*	《渐近线》网络翻译文学杂志	2012	台北
	《水电站,脱粒机》 *The Hydroelectric Station，The Threshing Machine*	不详	*Pathlight*	外文出版社	2012	北京
艾米	《山楂树之恋》 *Under the Hawthorn Tree*	Anna Holmwood	单行本	维拉戈出版社	2012	伦敦
艾明之	《火种》 *Seeds of Flame*	Sidney Shapiro, Ho Yu-chih	*Chinese Literature*	中国文学出版社	1964	北京
艾芜	《回家》 *Homeward Journey and Other Stories*	不详	单行本	外文出版社	1957	北京

二十世纪八十年代以来中国现当代小说在美国的译介与传播

作者	作品名	译者	收录于选集	出版机构	出版时间	出版地
艾芜	《新家》 *A New Home and Other Stories*	Yeh Yung	单行本	外文出版社	1959	北京
	《百炼成钢》 *Steeled and Tempered*	不详	单行本	外文出版社	1961	北京
	《野牛村》 *Wild Bull Village*	不详	*Chinese Short Stories*	外文出版社	1965	北京
	《岛上》 *On the Island*	W.J.F. Jenner	*Modern Chinese Stories*（W.J.F. Jenner 编）	牛津大学出版社	1970	伦敦
	《夜归》 *Return by Night*	Raymond Hsu	*Renditions*	香港中文大学出版社	1977	香港
	《雨》 *Rain*	Vivian Hsu, Katherine Holmquist	*Born of the Same Roots*：*Stories of Modern Chinese Women*（Vivian Ling Hsu 编）	印第安纳大学出版社	1981	布鲁明顿
	《石青嫂子》 *Mrs Shi Qing*	Gladys Yang	*Stories from the Thirties* 2（单行本合集"熊猫丛书"）	中国文学出版社	1982	北京
	《南国之夜》 *One Night in Hong Kong*	Zhu Zhiyu	*Renditions*	香港中文大学出版社	1988	香港
	《许家村的变迁》 *Rumbling in Xu Family Village*	Wendy Locks	*Furrows*：*Peasants*，*Intellectuals and the State*：*Stories and Histories from Modern China*（Helen Siu 编）	斯坦福大学出版社	1990	斯坦福
	《芭蕉谷》 *Banana Vale*	不详	单行本（"熊猫丛书"）	中国文学出版社	1993	北京
安娥	《我怎样离开我母亲》 *How I Left My Mother*	Jing M. Wang	*Jumping through Hoops*：*Autobiographical Stories by Modern Chinese Women Writers*（Jing M. Wang 编）	香港大学出版社	2003	香港

作者	作品名	译者	收录于选集	出版机构	出版时间	出版地
巴金	《狗》 *Dog*	T'ung Tso	*Living China*：*Modern Chinese Short Stories*（Edgar Snow 编）	乔治·G.哈拉普出版公司	1936	伦敦
			Voice of China	不详	1938	
	《初恋》 *First Love*： *Short Stories by Pa Chin*	不详	单行本（双语对照）	中英出版社	1941	上海
	《复仇》 *Revenge*：*Short Stories by Pa Chin*	不详	单行本（双语版）	中英出版社	1941	上海
	《伪死》（节选自《家》第34章） *The Puppet Dead*	Wang Chi-chen	*Contemporary Chinese Stories*（Wang Chi-chen 译）	哥伦比亚大学出版社	1944	纽约
	《家》 *The Family*	Sidney Shapiro	单行本	外文出版社	1958	北京
				锚图书出版社	1972	纽约
	《月夜》 *A Moonlit Night*	Sidney Shapiro	*Chinese Literature*	中国文学出版社	1962	北京
		Wang Miingjie，Gladys Yang，Tang Sheng，等	*Autumn in Spring and Other Stories*（"熊猫丛书"）		1985	
	《奴隶心底》 *The Heart of a Slave*	不详	*Chinese Literature*	中国文学出版社	1962	北京
		Wang Miingjie，Gladys Yang，Tang Sheng，等	*Autumn in Spring and Other Stories*（"熊猫丛书"）		1981	
	《化雪的日子》 *When the Snow Melt*	Tang Sheng	*Chinese Literature*	中国文学出版社	1962	北京
			Autumn in Spring and Other Stories（"熊猫丛书"）		1981	

二十世纪八十年代以来中国现当代小说在美国的译介与传播

作者	作品名	译者	收录于选集	出版机构	出版时间	出版地
巴金	《恒心》 *Perseverance*	Chang Tang	*Chinese Literature*	中国文学出版社	1963	北京
	《一个好人》 *A Good Man*	Diana Granat	*Asian Pacific Quarterly* 4	密歇根大学出版社	1974	安娜堡
	《寒夜》 *Cold Nights*	Nathan Mao, Liu Ts'un-yan	单行本	香港中文大学出版社	1978	香港
	《一件小事》 *A Tiny Incident*	不详	*Genesis of a Revolution*（Stanley R. Munro 编）	海尼曼教育出版社	1979	新加坡
	《〈春天里的秋天〉及其他》 *Autumn in Spring and Other Stories*	Wang Miingjie, Gladys Yang, Tang Sheng，等	单行本（"熊猫丛书"）	中国文学出版社	1981	北京
	《将军》 *The General*	Nathan Mao	*Modern Chinese Stories and Novellas*，*1918－1948*（Joseph S.M. Lau, Leo Ou-fan Lee, and C.T. Hsia 编）	哥伦比亚大学出版社	1981	纽约
	《巴金作品选》 *Selected Works of Ba Jin*	Jock Hoe	两卷本（包含《家》《春》《秋》《憩园》《寒夜》）	外文出版社	1988	北京
	《最初的记忆》 *Earliest Memories*	Sally Lieberman	*Renditions*	香港中文大学出版社	1992	香港
	《第四病室》 *Ward Four：A Novel of Wartime China*	Howard Goldblatt, Kong Hai-li	单行本	中国书刊社	1999	旧金山
白冰	《写给云》 *Free as a Cloud*	不详	*Chinese Poetry*	海星湾出版社	2017	阿德莱德
白峰溪	《女性三部曲》 *The Women Trilogy*	Guan Yuehua	单行本（"熊猫丛书"，收录《明月初照人》《风雨故人来》《不知秋思为谁家》）	中国文学出版社	1991	北京
白桦	《远方有个女儿国》 *The Remote Country of Women*	Wu Qingyun, Thomas Beebee	单行本	夏威夷大学出版社	1992	火奴鲁鲁

作者	作品名	译者	收录于选集	出版机构	出版时间	出版地
北村	《大药房》 The Big Drugstore	Caroline Mason	China's Avant-garde Fiction（Jing Wang 编）	杜克大学出版社	1998	达拉谟
	《小说集》 Stories from Contemporary China	Wu Yanting, Wu Xiaozhen 等	单行本	贝特林格出版社	2009	纽约
毕飞宇	《祖宗》 The Ancestor	John Balcom	Chairman Mao Would Not Be Amused：Fiction from Today's China（Howard Goldblatt 编）	格罗夫出版社	1995	纽约
			New Penguin Parallel Text Short Stories in Chinese（John Balcolm 编）	企鹅出版集团	2013	
	《青衣》 The Moon Opera	Howard Goldblatt Sylvia Li-chun Lin	单行本	英国电报书局	2007	伦敦
	《记性靠不住》 Memory is Unreliable	Zhang Xiaopeng	Chinese Literature Today	俄克拉何马大学出版社	2010	诺曼
	《玉米》 Three Sisters	Howard Goldblatt Sylvia Li-chun Lin	单行本	米夫林出版社	2010	纽约
	《汪村与世界》 Wang Village and the World	Eric Abrahamsen	Chinese Literature Today	俄克拉何马大学出版社	2010	诺曼
毕淑敏	《不会变形的金刚》 Broken Transformers	不详	Chinese Literature	中国文学出版社	1992	北京
	《搭便车》 The Hitchhiker	不详	Chinese Literature	中国文学出版社	1997	北京
	《预约死亡》 An Appointment with Death	Qin Yaqing, Jin Li	Chinese Literature	中国文学出版社	1997	北京
	《一厘米》 One Centimeter	不详	The Vintage Book of Chinese Fiction（Carolyn Choa, David Su Li-qun 编）	古典书局	2001	纽约

附录4

作者	作品名	译者	收录于选集	出版机构	出版时间	出版地
冰心	《烦闷》 Boredom	J. B. Kyn Yn Yu, E. H. F. Mills	The Tragedy of Ah Qui and Other Modern Chinese Stories（C. Egerton 编）	劳特里奇出版社	1939	伦敦
	《第一次宴会》 The First Home Party	Richard Jen	Contemporary Chinese Short Stories（Zhao Jingsheng 编）	北星出版社	1946	上海
	《西风》 West Wind	Samuel Ling	Born of the Same Roots：Stories of Modern Chinese Women（Vivian Ling Hsu 编）	印第安纳大学出版社	1981	布鲁明顿
	《张嫂》 Chang Sao	Samuel Ling	Born of the Same Roots：Stories of Modern Chinese Women（Vivian Ling Hsu 编）	印第安纳大学出版社	1981	布鲁明顿
	《冬儿姑娘》 Miss Winter	J. Anderson, T. Mumford	Chinese Women Writers：A Collection of Short Stories by Chinese Women Writers of the 1920s and 1930s（J.Anderson and T. Mumford 编译）	中国书刊社	1985	旧金山
	《孤独》 Loneliness	不详	One Half of the Sky：Selections from Contemporary Women Writers of China（R.A. Roberts and Angela Knox 编）	海尼曼出版社	1987	伦敦
	《相片》 The Photograph	Jeff Book	单行本（"熊猫丛书"）	中国文学出版社	1992	北京
	《梦》 A Dream	Janet Ng	Renditions	香港中文大学出版社	1996	香港
	《我们太太的客厅》 Our Mistress' Parlor	不详	Writing Women in Modern China：An Anthology of Women's Literature from the Early Twentieth Century（A. Dooling, K. Torgeson 编）	哥伦比亚大学出版社	1998	纽约
	《我的邻居》 My Neighbor	Fred Edwards	Dragonflies：Fiction by Chinese Women in the Twentieth Century（Shu-ning Sciban, Fred Edwards 编）	康奈尔大学出版社	2003	伊萨卡
	《分》 Separation	不详	Genesis of a Revolution（Stanley R. Munro 编）	海尼曼教育出版社	1979	新加坡

作者	作品名	译者	收录于选集	出版机构	出版时间	出版地
蔡楠	《生死回眸》 *Looking Back at Life at the Moment of Death*	Aili Mu	*Loud Sparrows：Contemporary Chinese Short-Shorts*（Aili Mu，Julie Chiu，Howard Goldblatt 编译）	哥伦比亚大学出版社	2006	纽约
	《谋杀自己》 *Self-murder*	Aili Mu	*Loud Sparrows：Contemporary Chinese Short-Shorts*（Aili Mu，Julie Chiu，Howard Goldblatt 编译）	哥伦比亚大学出版社	2006	纽约
残雪	《公牛》 *The Ox*	Zhong Ming	*Formations*	不详	1987	不详
	《山顶的小屋》 *Hut on the Mountain*	Zhong Ming	*Formations*	不详	1987	不详
		Michael S. Duke	*Worlds of Modern Chinese Fiction*（Michael S. Duke 编）	夏普出版社	1991	纽约
		Ronald R. Jassen Jian Zhang	*China's Avant-garde Fiction*（Jing Wang 编）	杜克大学出版社	1998	达拉谟
	《天窗》 *Skylight*	Ronald R. Jassen，Jian Zhang	*Formations*	不详	1988	不详
	《苍老的浮云》《黄泥街》 *Old Floating Cloud：Two Novellas*	Ronald R. Jassen，Jian Zhang	单行本合集	西北大学出版社	1991	埃文斯顿
	《天堂里的对话》 *Dialogues in Paradise*	Ronald R. Janssen，Jian Zhang	单行本	西北大学出版社	1991	埃文斯顿
	《饲养毒蛇的小孩》 *The Child Who Raise Poisonous Snakes*	Ronald R. Janssen，Jian Zhang	*Conjunctions*	不详	1992	不详
	《两个身世不明的人》 *Two Unidentifiable Persons*	Ronald R. Jassen，Jian Zhang	*Conjunctions*	不详	1993	不详
	《思想汇报》 *The Summons*	Ronald R. Jassen，Jian Zhang	*Chairman Mao Would Not Be Amused：Fiction from Today's China*（Howard Goldblatt 编）	格罗夫出版社	1995	纽约
	《种在走廊上的苹果树》 *Apple Tree in the Corridor*	Ronald R. Janssen，Jian Zhang	*Grand Street*	不详	1997	不详

附录
4

279

二十世纪八十年代以来中国现当代小说在美国的译介与传播

作者	作品名	译者	收录于选集	出版机构	出版时间	出版地
残雪	《绣花鞋》 *The Embroidered Shoes*	Ronald R. Janssen, Jian Zhang	单行本	亨利·霍特出版社	1997	纽约
	《归途》 *Homecoming*	Ronald R. Jassen, Jian Zhang	*Conjunctions*	不详	1997	不详
	《布谷鸟叫的那一瞬间》 *The Instant When the Cuckoo Sings*	Jian Zhang	*Formations*	不详	1997	不详
	《一种奇怪的大脑损伤》 *A Strange Kind of Brain Damage*	Ronald R. Jassen, Jian Zhang	*Bomb*	不详	1997	不详
	《蚊子与山歌》 *Mosquitoes and Folk Songs*	Karen Gernant, Chen Zeping	*Conjunctions*	不详	2001	不详
	中文名不详 *Helin*	Karen Gernant, Chen Zeping	*Conjunctions*	不详	2003	不详
	《世外桃源》 *The Land of Peach Blossoms*	不详	*The Mystified Boat and Other New Stories from China*（Frank Stewart, Herbert J. Batt 编）	夏威夷大学出版社	2003	火奴鲁鲁
	《山乡之夜》 *Night in the Mountain Village*	Karen Gernant, Chen Zeping	*Conjunctions*	不详	2005	不详
	《长发的遭遇》 *Changfa's Ordeal*	Karen Gernant, Chen Zeping	*Turnrow*	不详	2005	不详
	《情侣手记》 *An Affectionate Companion's Jottings*	Karen Gernant, Chen Zeping	*Conjunctions*	不详	2006	不详
	《天空的蓝光》 *Blue Light in the Sky and Other Stories*	Karen Gernant, Chen Zeping	单行本	新方向出版社	2006	纽约
	《永不宁静》 *The Bane of My Existence*	Karen Gernant, Chen Zeping	*Words without Borders: The Online Magazine for International Literature*	不详	2007	不详

作者	作品名	译者	收录于选集	出版机构	出版时间	出版地
残雪	《月光之舞》 *Moonlight Dance*	Karen Gernant, Chen Zeping	*Conjunctions*	不详	2008	不详
	《雨披》 *Rain Cape*	Karen Gernant, Chen Zeping	*Conjunctions*	不详	2009	不详
	《灵魂的城堡》 *The Castle's Origin*	Rong Cai	*Conjunctions*	不详	2009	不详
	《五香街》 *Five Spice Street*	Karen Gernant, Chen Zeping	单行本	耶鲁大学出版社	2009	纽黑文
	《最后的情人》 *The Last Lover*	Annelise Finegan	单行本	耶鲁大学出版社	2010	纽黑文
	《垂直运动》 *Vertical Motion : Stories*	Karen Gernant, Chen Zeping	单行本	公开信出版社	2011	纽约
	《边疆》 *Frontier*	Karen Gernant, Chen Zeping	单行本	公开信出版社	2017	纽约
曹桂林	《北京人在纽约》 *Beijinger in New York*	Ted Wang	单行本	中国书刊社	1994	旧金山
曹乃谦	《到黑夜想你没办法》 *When I Think of You Late at Night，There's Nothing I Can Do : Five Tales of the Wen Clan Cave Dwellers*	Howard Goldblatt	*Chairman Mao Would Not Be Amused : Fiction from Today's China*（Howard Goldblatt 编）	格罗夫出版社	1995	纽约
		John Balcolm	单行本	哥伦比亚大学出版社	2009	纽约
	《锅扣大爷》 *Grandpa Pothook*	Howard Goldblatt	*Loud Sparrows : Contemporary Chinese Short-Shorts*（Aili Mu, Julie Chiu, Howard Goldblatt 编译）	哥伦比亚大学出版社	2006	纽约
	《亲家》 *In Law*	Howard Goldblatt	*Loud Sparrows : Contemporary Chinese Short-Shorts*（Aili Mu, Julie Chiu, Howard Goldblatt 编译）	哥伦比亚大学出版社	2006	纽约
	《莜麦秸窝里》 *In the Haystack*	Howard Goldblatt	*Loud Sparrows : Contemporary Chinese Short-Shorts*（Aili Mu, Julie Chiu, Howard Goldblatt 编译）	哥伦比亚大学出版社	2006	纽约
	《狗》 *Dog*	John Balcolm	*New Penguin Parallel Text Short Stories in Chinese*（John Balcolm 编）	企鹅出版集团	2013	纽约

二十世纪八十年代以来中国现当代小说在美国的译介与传播

作者	作品名	译者	收录于选集	出版机构	出版时间	出版地
曹文轩	《第十一根红布条》 The Eleventh Red Strip of Cloth	Chen Haiyan	*Chinese Literature*	中国文学出版社	1997	北京
	《渔网》 The Fishing Net	Daniel B. Wright	*Chinese Literature*	中国文学出版社	1997	北京
	《青铜葵花》 Bronze and Sunflower	Helen Wang	单行本	沃克出版社	2015	伦敦
	《羽毛》 Feather	Chloe Garcia-Roberts	单行本	Elsewhere Editions	2017	布鲁克林
	《夏天》 Summer	不详	单行本	麦克米伦出版社	2019	纽约
草明	《原动力》 The Moving Force	不详	单行本	文化出版社	1950	北京
	《农妇》 Peasant Woman	不详	*Chinese Literature*	网站不详	不详	不详
陈村	《屋顶上的足迹》 Footsteps on the Roof	Hu Ying	*Chairman Mao Would Not Be Amused：Fiction from Today's China*（Howard Goldblatt 编）	格罗夫出版社	1995	纽约
	《小说集》 A Story	Robert Joe Cutter	*The Columbia Anthology of Modern Chinese Literature*（Joseph Lau and Howard Goldblatt 编）	哥伦比亚大学出版社	1995	纽约
陈丹燕	《我的妈妈是仙女》 My Mother is a Fairy	不详	单行本	贝特林格出版社	2007	上海
陈登科	《活人塘》 Living Hell	Sidney Shapiro	单行本	外文出版社	1955	北京
陈蝶仙	《钱魔》 The Money Demon	Patrick Hanan	单行本	夏威夷大学出版社	1998	火奴鲁鲁

作者	作品名	译者	收录于选集	出版机构	出版时间	出版地
陈建功	中文名不详 *Iron Shoulders' Tackles a New Task*	不详	*Chinese Literature*	中国文学出版社	1974	北京
	中文名不详 *Master Ching-shan*	不详	*Chinese Literature*	中国文学出版社	1974	北京
	《我们的火车向前进》 *Our Train Races Forward*	不详	*Chinese Literature*	中国文学出版社	1975	北京
	《丹凤眼》 *Phoenix Eyes*	Ellen Hertz	*Prize-winning Stories from China*，1980-1981（W. C. Chau 编）	外文出版社	1985	北京
	《卷毛》 *Curlylocks*	不详	*Chinese Literature*	中国文学出版社	1988	北京
	《飘逝的花头巾》 *The Fluttering Flowered Scarf*	Li Meiyu	*Chinese Literature*	中国文学出版社	1988	北京
	《找乐》 *Looking for Fun*	Jeanne Tai	*Spring Bamboo*：*A Collection of Contemporary Chinese Short Stories*（Jeanne Tai 编译）	兰登书屋	1989	纽约
	《辘轳把胡同九号》 *Number Nine Winch Handle Alley*	Michael Day	*Worlds of Modern Chinese Fiction*（Michael S. Duke 编）	夏普出版社	1991	纽约
陈迈平	《故事三篇》 *Three Stories by Wan Zhi*	不详	*Renditions*	香港中文大学出版社	1999	香港

作者	作品名	译者	收录于选集	出版机构	出版时间	出版地
陈染	《嘴唇里的阳光》 Sunshine Between the Lips	Shelley Wing Chan	Chairman Mao Would Not Be Amused：Fiction from Today's China（Howard Goldblatt 编）	格罗夫出版社	1995	纽约
	《破开》 Breaking Open	Paola Zamperini	Red Is Not the Only Color：Contemporary Chinese Fiction on Love and Sex between Women，Collected Stories（Patricia Sieber 编）	罗曼和利特尔菲尔德出版社	2001	伦敦
	《私人生活》 A Private Life	John Howard-Gibbon	单行本	哥伦比亚大学出版社	2004	纽约
谌容	《人到中年》 At Middle Age	不详	单行本（"熊猫丛书"）	中国文学出版社	1987	北京
	《一个不正常的女人》 The Freakish Girl	Gladys Yang	Chinese Literature	中国文学出版社	1988	北京
	《献上一束夜来香》 A Gift of Night Fragrance	Gladys Yang	Chinese Literature	中国文学出版社	1989	北京
	《减去十岁》 Ten Years Deducted	Gladys Yang	The Time is Not Ripe：Contemporary China's Best Writers and Their Stories（Yang Bian 编）	外文出版社	1991	北京
	中文名不详 Classmates	Long Xu	Recent Fiction From China 1987-1988：Selected Stories and Novellas（Long Xu 编）	埃德温·梅伦出版社	1991	刘易斯顿
陈若曦	《尹县长》 The Execution of Mayor Yin and Other Stories from the Great Proletarian Cultural Revolution	Nancy Ing，Howard Goldblatt	单行本	印第安纳大学出版社	1978	布鲁明顿
陈世旭	《小镇上的将军》 The General and the Small Town	不详	The Vintage Book of Contemporary Chinese Fiction（Carolyn Choa，David Su Li-qun 编）	古典书局	2001	纽约
陈希我	《冒犯书》 The Book of Sin	Nicky Harman	单行本	Make－do Publishing	2014	香港
陈晓婷	《和爸爸一起去海边》 Father and Son Going Fishing	Duncan Poupard	单行本	糖梅出版社	2016	纽约

二十世纪八十年代以来中国现当代小说在美国的译介与传播

作者	作品名	译者	收录于选集	出版机构	出版时间	出版地
陈学昭	《穿越同蒲铁路》 *Crossing the Tong-Pu Railroad*	Shu Yunzhong	*Writing Women in Modern China：The Revolutionary Years, 1936-1976*（Amy D. Dooling 编）	哥伦比亚大学出版社	1995	纽约
	中文名不详 *The Essentials and Ambiance of Life*	Shu Yunzhong	*Writing Women in Modern China：The Revolutionary Years, 1936-1976*（Amy D. Dooling 编）	哥伦比亚大学出版社	1995	纽约
	中文名不详 *The Woes of the Modern Woman*	Shu Yunzhong	*Writing Women in Modern China：The Revolutionary Years, 1936-1976*（Amy D. Dooling 编）	哥伦比亚大学出版社	1995	纽约
陈源斌	《万家诉讼》 *The Wan Family's Lawsuit*	Anna Walling	*Chinese Literature*	中国文学出版社	1992	北京
	《秋菊打官司》 *The Story of Qiuju*	Anna Walling	单行本（"熊猫丛书"）	中国文学出版社	1995	北京
陈忠实	《公社书记》 *The Commune Secretary*	不详	*Chinese Literature*	中国文学出版社	1976	北京
	《大无畏》 *The Undaunted*	不详	*Chinese Literature*	中国文学出版社	1976	北京
	《信任》 *The Luos at Loggerheads*	不详	*Chinese Literature*	中国文学出版社	1980	北京
	《信任》 *Trust*	Michael Crook	*Mao's Harvest：Voices from China's New Generation*（Helen Siu, Zelda Stern 编）	牛津大学出版社	1983	纽约

作者	作品名	译者	收录于选集	出版机构	出版时间	出版地
程乃珊	《洪太太》 *Hong Taitai*	Janice Wickeri	*Renditions*	香港中文大学出版社	1987	香港
	《山青青水潾潾》 *Mountains Green and the Shining Stream*	Lloyd Neighbors	*Chinese Literature*	中国文学出版社	1988	北京
	《调音》 *The Piano Tuner*	Britten Dean	单行本	中国书刊社	1989	旧金山
	《蓝屋》 *The Blue House*	Li Guoqing	单行本（"熊猫丛书"）	中国文学出版社	1989	北京
	《摇摇摇，摇到外婆桥》 *Row，Row，Row，Row to Grandma's House*	Zhang Zhenzhong, William R. Palmer	*Chinese Literature*	中国文学出版社	1990	北京
	中文名不详 *Gongchun's Teapot*	Li Guoqing	*Chinese Literature*	中国文学出版社	1991	北京
	《银行家》 *The Banker*	Britten Dean	单行本	中国书刊社	1993	旧金山
程小青	《别墅之怪》 *The Ghost in the Villa*	Timothy C. Wong	*Stories for Saturday：Twentieth Century Chinese Popular Fiction*（Timothy C. Wong 编）	夏威夷大学出版社	2003	火奴鲁鲁
	《霍桑探案》 *Sherlock in Shanghai：Stories of Crime and Detection by Cheng Xiaoqing*	Timothy C. Wong	单行本	夏威夷大学出版社	2006	火奴鲁鲁
迟卉	《雨林》 *The Rainforest*	Jie Li	*Renditions*	香港中文大学出版社	2012	香港

作者	作品名	译者	收录于选集	出版机构	出版时间	出版地
池莉	《烦恼人生》 *Trials and Tribulations of Life*	Stephen Fleming	*Chinese Literature*	中国文学出版社	1988	北京
	《月儿好》 *Fine Moon*	Wang Ying	*Chinese Literature*	中国文学出版社	1991	北京
	《不谈爱情》 *Apart from Love*	John McLaren，Stephen Fleming，Scudder Smith，Wang Weidong，Wang Mingjie	单行本合集（"熊猫丛书"）	中国文学出版社	1994	北京
	《细腰》 *Willow Waist*	Scott W. Galer	*Chairman Mao Would Not Be Amused：Fiction from Today's China*（Howard Goldblatt 编）	格罗夫出版社	1995	纽约
	《热也好,冷也好,活着就好》 *Hot or Cold-Life's Okay*	Michael Cody	*Dragonflies：Fiction by Chinese Women in the Twentieth Century*（Shuning Sciban，Fred Edwards 编）	康奈尔大学出版社	2003	伊萨卡
迟子建	《银盘》 *Silver Plates*	不详	*Chinese Literature*	中国文学出版社	1998	北京
	《清水洗尘》 *Bathing in Clean Water*	不详	*Chinese Literature*	中国文学出版社	2000	北京
	《一个逆行的精灵》 *Figments of the Supernatural*	Simon Patton	单行本	詹姆斯·乔伊斯出版社	2004	悉尼
	《原野上的羊群》 *A Flock in the Wilderness*	Xiong Zhenru 等	单行本（"熊猫丛书"）	外文出版社	2005	北京
	《那丢失的……》 *The Good Times Are Slowly Slipping Away*	Ren Zhong，Yuzhi Yang	*Hometowns and Childhood*（编者不详）	长河出版社	2005	旧金山

二十世纪八十年代以来中国现当代小说在美国的译介与传播

作者	作品名	译者	收录于选集	出版机构	出版时间	出版地
迟子建	《与周逾相遇》 An Encounter with General Zhou	Julie Chiu	Loud Sparrows：Contemporary Chinese Short-Shorts（Aili Mu，Julie Chiu，Howard Goldblatt 编译）	哥伦比亚大学出版社	2006	纽约
	《一坛猪油》 A Jar of Lard	不详	Pathlight	外文出版社	2012	北京
	《额尔古纳河右岸》 Last Quarter of the Moon	Bruce Humes	单行本	哈维尔出版社	2013	伦敦
储福金	《裸野》 The Naked Fields	不详	单行本（"熊猫丛书"）	中国文学出版社	1995	北京
春树	《北京娃娃》 Beijing Dolls	Howard Goldblatt	单行本	企鹅出版集团	2004	纽约
	《生不逢时》 Born at the wrong time	Howard Goldblatt	The Columbia Anthology of Modern Chinese Literature（Second Edition）（Joseph S.M. Lau and Howard Goldblatt 编）	哥伦比亚大学出版社	2007	纽约
从维熙	《大墙下的红玉兰》 The Blood-Stained Magnolia	不详	Chinese Literature	中国文学出版社	1980	北京
戴厚英	《人啊，人》 Stones of the Wall	Frances Wood	单行本	约瑟夫出版社	1985	伦敦
戴思杰	《巴尔扎克与小裁缝》 Balzac and the Little Seamstress	Ina Rilke	单行本	锚图书出版社	2002	纽约
邓刚	《迷人的海》 The Lure of the Sea	Lu Binghong	Chinese Literature	中国文学出版社	1984	北京
	《芦花虾》 Shuqin Catches Prawns	Xiong Zhenru	Chinese Literature	中国文学出版社	1984	北京
	《大鱼》 Big Fish	Hu Zhihui	Chinese Literature	中国文学出版社	1985	北京
	《龙兵过》 The Dragon King's Troops Thunder Past	Lu Binghong	Chinese Literature	中国文学出版社	1986	北京
	《虾战》 Prawn Battle	Lu Binghong	Chinese Literature	中国文学出版社	1992	北京

作者	作品名	译者	收录于选集	出版机构	出版时间	出版地
邓一光	《一生》 *Life after Retirement*	Yu Fanqin	*Chinese Literature*	中国文学出版社	1998	北京
	《深圳位于22°27'-22°55'》 *Shenzhen Is Located at 22°27'-22°55'*	Ken Liu	*Pathlight*	外文出版社	2013	北京
邓友梅	《邓友梅小说选》 *Snuff-Bottles and Other Stories*	Gladys Yang	单行本（"熊猫丛书"）	中国文学出版社	1986	北京
	《那五》（节选） *Na Five (Excerpt)*	Gladys Yang	*The Time is Not Yet Ripe：Contemporary China's Best Writers and Their Stories*（Yang Bian 编）	外文出版社	1991	北京
	《那五》 *Na Wu*	Gladys Yang	*Themes in Contemporary Chinese Literature*（Jianing Chen 编）	新世界出版社	1993	北京
丁玲	《我怎样飞向了自由的天地》 *Night of Death—Dawn of Freedom*	不详	*Short Stories：Short Stories from China*（Ming-ting Cze 编）	莫斯科苏联外国工作者合作出版社	1935	莫斯科
	《水》 *The Flood*	不详	*Living China：Modern Chinese Short Stories*（Edgar Snow 编）	乔治·G.哈拉普出版公司	1937	纽约
	《我们的儿女》 *Our Children and Others*	Meng Tsiang	不详	英文学会	1941	上海
	《莎菲女士的日记》 *The Diary of Miss Sophia*	A. L. Chin	*Straw Sandals：Chinese Short Stories，1918-1933*（Harold R. Isaacs 编）	麻省理工学院出版社	1974	坎布里奇
	《莎菲女士的日记》 *Sophia's Diary*	Joseph S. M. Lau	*Tamkang Review*	不详	1974	不详
	《某夜》 *One Certain Night*	George Kennedy	*Straw Sandals：Chinese Short Stories，1918-1933*（Harold R. Isaacs 编）	麻省理工学院出版社	1974	坎布里奇
	《在医院中》 *In the Hospital*	Susan Vacca	*Renditions*	香港中文大学出版社	1977	香港

二十世纪八十年代以来中国现当代小说在美国的译介与传播

作者	作品名	译者	收录于选集	出版机构	出版时间	出版地
丁玲	《杜晚香》 *Du Wanxiang*	不详	*Chinese Literature*	中国文学出版社	1980	北京
		Jean James	*I Myself am a Woman：Selected Writings of Ding Ling*（Tani E. Barlow 编译）	灯塔出版社	1989	波士顿
	《我在霞村的时候》 *When I Was In Xia Village*	Gary J. Bjorge	*Modern Chinese Stories and Novellas 1919-1949*（夏志清等编）	哥伦比亚大学出版社	1981	纽约
			The Columbia Anthology of Modern Chinese Literature（Joseph S. N. Lau and Howard Goldblatt 编）		1995	
	《我在霞村的时候》 *When I was in Sha Chuan*	Pu-sheng Kung	单行本	库塔伯出版社	不详	印度浦那
	《太阳照在桑干河上》 *Sun Shines over the Sanggan River*	Gladys Yang，Yang Xianyi	单行本	外文出版社	1984	北京
	《团圆》 *Reunion*	W. J. F. Jenner	*Miss Sophie's Diary and Other Stories*	中国文学出版社	1985	北京
	《匆匆》*Rushing*	W. J. F. Jenner	*Miss Sophie's Diary and Other Stories*	中国文学出版社	1985	北京
	《〈莎菲女士的日记〉及其他》 (*Miss Sophie's Diary and Other Stories*	W. J. F. Jenner	单行本合集（"熊猫丛书"）	中国文学出版社	1985	北京
	《新年》 *New Year*	J. Anderson，T. Mumford	*Chinese Women Writers：A Collection of Short Stories by Chinese Women Writers of the 1920s and 1930s*（J.Anderson，T. Mumford 编译）	中国书刊社	1985	旧金山
	《青云里中》 *A House on Qingyun Lane*	J. Anderson，T. Mumford	*Chinese Women Writers：A Collection of Short Stories by Chinese Women Writers of the 1920s and 1930s*（J.Anderson，T. Mumford 编译）	中国书刊社	1985	旧金山

作者	作品名	译者	收录于选集	出版机构	出版时间	出版地
丁玲	《牛棚散记》 *Sketches from the Cattle Shed*	R. A. Roberts & Angela Knox	*One Half of the Sky*（R. A. Roberts，A. Knox 编）	海尼曼出版社	1987	伦敦
	《1931 年上海的春天》 *Shanghai，Spring，1931*	Tani Barlow	*I Myself am a Woman：Selected Writings of Ding Ling*（Tani E. Barlow 编译）	灯塔出版社	1989	波士顿
	《从早到晚》 *From Night to Morning*	Ruth Nybakken	*Longman Anthology of World Literature By Women，1875-1975*（M. Arkin，B.Shollar 编）	朗文出版社	1989	纽约
	《母亲》 *Mother*	Tani Barlow	*I Myself am a Woman：Selected Writings of Ding Ling*（Tani E. Barlow 编译）	灯塔出版社	1989	波士顿
	《一个女人》 *I Myself am a Woman：Selected Writings of Ding Ling*	Tani Barlow 等	单行本合集	灯塔出版社	1989	波士顿
	《中国人民的儿女》 *Daughter of the Chinese People*	不详	*China for Women：Travel and Culture*（编者不详）	女性主义出版社	1995	纽约
	《太阳照在桑干河上》（节选） *The Trial（excerpt from The Sun Shinese Over the Sangkan River）*	不详	*Literature of the Hundred Flowers，Volume II：Poetry and Fiction*（Hualing Nieh 编）	哥伦比亚大学出版社	1995	纽约
	《昼》 *Day*	不详	*Writing Women in Modern China：An Anthology of Women's Literature from the Early Twentieth Century*（A. Dooling and K. Torgeson 编）	哥伦比亚大学出版社	1998	纽约
	《一颗没有出镗的子弹》 *A Bullet Never Fired*	Tommy McClellan	*Renditions*	香港中文大学出版社	2002	香港
	《青云里中》 *On Qingyun Lane*	不详	*Genesis of a Revolution*（Stanley R. Munro 编）	海尼曼教育出版社	1979	新加坡

作者	作品名	译者	收录于选集	出版机构	出版时间	出版地
丁小琦	《女儿楼》 *Maiden Home*	Chris Berry	单行本	Aunt Lute Books	1994	旧金山
东西（田代琳）	《我为什么没有小蜜》 *Why Don't I Have a Mistress?*	Dylan Levi King	*Chinese Literature Today*	俄克拉何马大学出版社	2014	诺曼
董启章	《梦华录选编：二十五个城市片段》 *Cantonese Love Stories：Twenty-Five Vignettes of a City*	Bonnie S. McDougal，Anders Hansson	单行本合集	企鹅出版集团	2017	悉尼
董亚楠	《恐龙快递》 *Express Delivery from Dinosaur World*	Helen Wang	单行本	糖梅出版社	2017	纽约
杜鹏程	《保卫延安》 *Defend Yenan*	Sidney Shapiro	单行本	外文出版社	1958	北京
	《延安人民》 *Yenan People*	不详	*I Knew All Along and Other Stories*（编者不详）	外文出版社	1960	北京
	《在和平的日子里》 *In Days of Peace*	Sidney Shapiro	单行本	外文出版社	1961	北京
	《夜走灵官峡》 *Lingkuan Gorge*	不详	*Sowing the Clouds：A Collection of Chinese Short Stories*（编者不详）	外文出版社	1961	北京
端木蕻良	《虎》 *Tiger*	不详	*Contemporary Chinese Short Stories*（Yuan Chia-hua，Robert Payne 编）	诺埃尔·卡林顿出版社	1946	伦敦
	《鹭鸶湖的忧郁》 *The Sorrows of the Lake of Egrets*	Yuan Chia-hua，Robert Payne	*Contemporary Chinese Short Stories*（Yuan Chia-hua，Robert Payne 编）	诺埃尔·卡林顿出版社	1946	伦敦
			Literature of the Eastern World（James Miller 等编）	斯考特·福斯曼出版社	1970	格伦维尤
	《遥远的风沙》 *The Far-away Wind and Sand*	Clara Sun，Nathan Mao	*Modern Chinese Stories and Novellas，1918-1949*（Joseph S. M. Lau，Leo Ou-fan Lee，C. T. Hsia 编）	哥伦比亚大学出版社	1948	纽约

作者	作品名	译者	收录于选集	出版机构	出版时间	出版地
端木蕻良	《鴽鹭湖的忧郁》 *Shadows on Egret Lake*	Sidney Shapiro	*Chinese Literature*	中国文学出版社	1962	北京
			Stories from the Thirties 2（单行本合集"熊猫丛书"）	中国文学出版社	1982	
	中文名不详 *Despoiler of the Crop*	Sidney Shapiro	*Chinese Literature*	中国文学出版社	1963	北京
	《找房子》 *Looking for a House*	Michael Lestz	*Modern Chinese Literature*	不详	1980	不详
	《浑河的急流》 *The Rapid Currents of Muddy River*	Margaret Baumgartner, Nathan Mao	*Modern Chinese Stories and Novellas*，1918-1949（Joseph S. M. Lau, Leo Ou-fan Lee, C. T. Hsia 编）	哥伦比亚大学出版社	1981	纽约
	中文名不详 *Lost*	Sidney Shapiro	*Stories from the Thirties 2*（单行本合集"熊猫丛书"）	中国文学出版社	1982	北京
	《憎恨》 *Hatred*	Kuang Wendong	*Chinese Literature*	中国文学出版社	1983	北京
	《红夜》 *Red Night*	Howard Goldblatt	单行本（"熊猫丛书"）	中国文学出版社	1988	北京
	《端木蕻良小说选》 *Selected Stories by Duanmu Hongliang*	不详	单行本合集（"熊猫丛书"）	中国文学出版社	1988	北京
	《鴽鹭湖的忧郁：端木蕻良小说选》 *Sorrows of Egret Lake: Selected Short Stories of Duanmu Hongliang*	Howard Goldblatt, Haili Kong	单行本合集（英汉对照）	香港中文大学出版社	2009	香港
二月河	《雍正王朝》 *Emperor Yongzheng*	Xiong Zhenru	*Chinese Literature*	中国文学出版社	1998	北京
范小青	《还俗》 *Return to Secular Life*	不详	*Six Contemporary Chinese Women Writers*，IV（编者不详）	中国文学出版社	1995	北京

二十世纪八十年代以来中国现当代小说在美国的译介与传播

作者	作品名	译者	收录于选集	出版机构	出版时间	出版地
方棋	《最后的巫歌》 Elegy of a River Shaman	Norman Harry Rothschild, Meng Fanjun	单行本	夏威夷大学出版社	2016	火奴鲁鲁
飞刀	《魔鬼的头颅》 The Demons' Head	David Hull	Renditions	香港中文大学出版社	2012	香港
冯骥才	《菊与其他故事》 Chrysanthemums and Other Stories	不详	单行本合集	哈科特·布雷斯·乔瓦诺奇出版社	1985	圣地亚哥
	《铺花的歧路》 Winding Brook Way	Susan Wilf Chen	Chrysanthemums and Other Stories by Feng Jicai（编者不详）	哈科特·布雷斯·乔瓦诺奇出版社	1985	圣地亚哥
	《神鞭》 The Miraculous Pigtail	不详	单行本（"熊猫丛书"）	中国文学出版社	1987	北京
	《高个女人和她的矮丈夫》 The Tall Woman and Her Short Husband	Gladys Yang, Simon Johnstone	The Time is Not Yet Ripe：Contemporary China's Best Writers and Their Stories（Yang Bian 编）	外文出版社	1991	北京
			Themes in Contemporary Chinese Literature（Jianing Chen 编）	新世界出版社	1993	北京
			The Vintage Book of Contemporary Chinese Fiction（Carolyn Choa, David Su Li-qun 编）	古典书局	2001	纽约
	《三寸金莲》 The Three-Inch Golden Lotus	David Wakefield	单行本	夏威夷大学出版社	1992	火奴鲁鲁
	《一百个人的十年》 Ten Years of Madness：Oral Histories of China's Cultural Revolution	Peidi Zheng 等	单行本	中国书刊社	1999	旧金山
冯铿	中文名不详 The Child Pedlar	J. Anderson, T. Mumford	Chinese Women Writers：A Collection of Short Stories by Chinese Women Writers of the 1920s and 1930s（J. Anderson, T. Mumford 编译）	中国书刊社	1985	旧金山

作者	作品名	译者	收录于选集	出版机构	出版时间	出版地
冯唐	《麻将》 *Mahjong*	Brendan O'Kane	*Pathlight*	外文出版社	2012	北京
	《北京,北京》 *Beijing，Beijing*	Michelle Deeter	单行本	亚马逊交叉口出版社	2015	西雅图
冯文炳	《阿妹》 *Little Sister*	不详	*Contemporary Chinese Stories*（Chi-chen Wang 编）	哥伦比亚大学出版社	1944	纽约
	《桥》(节选) *Bridge*（Excerpt）	Christopher Smith	*Chinese Literature*	中国文学出版社	1990	北京
	《竹林的故事》 *The Story of Bamboo Grove*	Li Guoqing	*Chinese Literature*	中国文学出版社	1990	北京
	《菱荡》 *Water Caltrop*	Christopher Smith	*Chinese Literature*	中国文学出版社	1990	北京
冯沅君	《旅行》 *The Journey*	J. Anderson，T. Mumford	*Chinese Women Writers：A Collection of Short Stories by Chinese Women Writers of the 1920s and 1930s*（J. Anderson，T. Mumford 编译）	中国书刊社	1985	旧金山
	《隔绝》 *Separation*	Janet Ng	*Writing Women in Modern China：An Anthology of Women's Literature from the Early Twentieth Century*（A. Dooling，K. Torgeson 编）	哥伦比亚大学出版社	1998	纽约
符文征	《我讨厌的宝弟》 *Buddy Is So Annoying*	Adam Lanphier	单行本	糖梅出版社	2017	纽约
甘大勇	《小兔的问题》 *Little Rabbit's Questions*	Helen Wang	单行本	糖梅出版社	2016	纽约
高建群	《统万城》 *Tongwan City*	Eric Mu	单行本	中国时代出版公司	2013	纽约
高晓声	《解约》 *The Broken Betrothal*	不详	单行本（"熊猫丛书"）	中国文学出版社	1981	北京
	中文名不详 *A Gift of Land*	Howard Goldblatt	*Furrows：Peasants，Intellectuals and the State：Stories and Histories from Modern China*（Helen Siu 编）	斯坦福大学出版社	1990	斯坦福
	《占草塘》 *Invasion of the Grassy Pond*	Ren Zhong，Yuzhi Yang	*Hometowns and Childhood*（编者不详）	长河出版社	2005	旧金山

二十世纪八十年代以来中国现当代小说在美国的译介与传播

作者	作品名	译者	收录于选集	出版机构	出版时间	出版地
高晓声	《李顺大造屋》 *Li Shunda Builds a House*	不详	*The New Realism*（Lee Yee 编）	希波克里尼出版社	1983	纽约
高玉宝	《我的童年》 *My Childhood*	不详	单行本	外文出版社	1960	北京
格非	《迷舟》 *The Lost Boat*	Caroline Mason	*The Lost Boat：Avant-garde Fiction from China*（Henry Zhao 编）	威尔斯威普出版社	1993	伦敦
	《相遇》 *Meetings*	Deborah Mills	*Abandoned Wine：Chinese Writing from Today*，2（Henry Zhao，John Cayley 编）	威尔斯威普出版社	1996	伦敦
	《嗯哨》 *Whistling*	Victor Mair	*China's Avant-garde Fiction*（Jing Wang 编）	杜克大学出版社	1998	达拉谟
	《青黄》 *Green Yellow*	Eva Shan Chou	*China's Avant-garde Fiction*（Jing Wang 编）	杜克大学出版社	1998	达拉谟
	《相遇》 *Encounter*	Herbert Batt	*Tales of Tibet：Sky Burials，Prayer Wheels，and Wind Horses*（Herbert J. Batt 编）	罗曼和利特尔菲尔德出版社	2001	伦敦
	《紫竹园的约会》 *A Date in Purple Bamboo Park*	不详	*The Mystified Boat and Other New Stories from China*（Frank Stewart，Herbert J. Batt 编）	夏威夷大学出版社	2003	火奴鲁鲁
	《迷舟》 *The Mystified Boat*	不详	*The Mystified Boat and Other New Stories from China*（Frank Stewart，Herbert J. Batt 编）	夏威夷大学出版社	2003	火奴鲁鲁
	《隐身衣》 *The Invisibility Cloak*	Canaan Morse	单行本	纽约书评经典出版社	2016	纽约
格央	《一个老尼的自述》 *An Old Nun Tells Her Story*	Herbert Batt	*Tales of Tibet：Sky Burials，Prayer Wheels，and Wind Horses*（Herbert J. Batt 编）	罗曼和利特尔菲尔德出版社	2001	伦敦

作者	作品名	译者	收录于选集	出版机构	出版时间	出版地
古华	《"绿旋风"新传》 *Green Whirlwind*	不详	*Chinese Literature*	中国文学出版社	1972	北京
	《芙蓉镇》 *A Small Town Called Hibiscus*	Gladys Yang	单行本("熊猫丛书")	中国文学出版社	1985	北京
	《〈浮屠岭〉及其他》 *Pagoda Ridge and Other Stories*	Gladys Yang	单行本("熊猫丛书")	中国文学出版社	1985	北京
	《爬满青藤的木屋》 *The Ivy-Covered Cabin*	Tam King-fai	*Furrows: Peasants, Intellectuals and the State: Stories and Histories from Modern China*（Helen Siu 编）	斯坦福大学出版社	1990	斯坦福
	《贞女》 *Virgin Widow*	Howard Goldblatt	单行本	夏威夷大学出版社	1996	火奴鲁鲁
郭小橹	《我心中的石头镇》 *Village of Stone*	Cindy Carter	单行本	查托与温达斯出版社	2004	伦敦
	《最蔚蓝的海》 *I Am China*	不详	单行本	锚图书出版社	2015	纽约
郭雪波	《沙狐》 *The Sand Fox*	Yu Fanqin	*Chinese Literature*	中国文学出版社	1987	北京
	《沙狼》 *The Desert Wolf*	Ma Ruofen 等	单行本("熊猫丛书")	中国文学出版社	1996	北京
韩邦庆	《海上花列传》 *The Sing-Song Girls of Shanghai*	Eileen Chang, Eva Hung	单行本	哥伦比亚大学出版社	1998	纽约
韩东	《扎根》（节选） *Strike Root* (Excerpts)	Nicky Harman	*Renditions*	香港中文大学出版社	2007	香港
韩寒	《这一代人》 *The Generation: Dispatches from China's Most Popular Literary Star and Race Car Driver*	Alan Barr	单行本	西蒙与舒斯特出版社	2012	纽约
	《1988：我想和这个世界谈谈》 *1988: I Want to Talk with the World*	Howard Goldblatt	单行本	亚马逊交叉口出版社	2015	西雅图

作者	作品名	译者	收录于选集	出版机构	出版时间	出版地
韩少功	《风吹唢呐声》 Deaf Mute and His Old Suona	不详	Chinese Literature	中国文学出版社	1983	北京
	《归去来》 The Return	不详	Chinese Literature	中国文学出版社	1989	北京
	《归去来》 The Homecoming	Jeanne Tai	Spring Bamboo：A Collection of Contemporary Chinese Short Stories（Jeanne Tai 编）	兰登书屋	1989	纽约
	《熟悉的陌生人》 Deja vu	Margaret Decker	Furrows：Peasants，Intellectuals and the State：Stories and Histories from Modern China（Helen Siu 编）	斯坦福大学出版社	1990	斯坦福
	《蓝盖子》 Blue Bottle Cap	Michael S. Duke	Worlds of Modern Chinese Fiction（Michael S. Duke 编）	夏普出版社	1991	纽约
	《故人》 Old Acquaintance	Long Xu	Recent Fiction From China 1987-1988：Novellas and Short Stories（Long Xu 编）	埃德温·梅伦出版社	1991	刘易斯顿
	《〈归去来〉及其他》 Homecoming and Other Stories	Martha Cheung	单行本	香港中文大学出版社	1992	香港
	《领袖之死》 The Leader's Demise	不详	The Columbia Anthology of Modern Chinese Literature（Joseph S. M. Lau，Howard Goldblatt 编）	哥伦比亚大学出版社	1995	纽约
	《笑的遗产》 Legacy of a Laugh	不详	Chinese Literature	中国文学出版社	1995	北京
	《火焰》 Flames	Simon Patton	Two Lines：A Journal of Translation	不详	1999	不详
	《余烬》 Embers	Thomas Moran	Fissures：Chinese Writing Today（Yan Bin Chen，John Rosenwald，Henry Zhao 编）	西风出版社	2000	布鲁克林
	《马桥词典》 A Dictionary of Maqiao	Julia Lovell	单行本	哥伦比亚大学出版社	2003	纽约

作者	作品名	译者	收录于选集	出版机构	出版时间	出版地
韩松	《乘客与创造者》 *The Passenger and the Creator*	Nathaniel Isaacson	*Renditions*	香港中文大学出版社	2012	香港
	《末班地铁》 *The Last Subway*	Joel Martinsen	*Pathlight*	外文出版社	2013	北京
浩然	《月照东墙》 *Moonlight in the Eastern Wall*	Yu Fanchin	*Chinese Literature*	中国文学出版社	1959	北京
	《姑娘大了要出嫁》 *The Eve of Her Wedding*	Gladys Yang	*Chinese Literature*	中国文学出版社	1965	北京
	《妻子》 *Sisters-in-law*	Gladys Yang	*Chinese Literature*	中国文学出版社	1965	北京
	《春雨》 *Spring Rain*	Sidney Shapiro	*Chinese Literature*	中国文学出版社	1965	北京
	《送菜籽》 *The Vegetable Seeds*	Zhang Su	*Chinese Literature*	中国文学出版社	1966	北京
	《艳阳天》(选段) *The Stockman (excerpts from The Sun Shines Bright)*	不详	*Chinese Literature*	中国文学出版社	1972	北京
	《最先最后》 *First and Last*	不详	*Chinese Literature*	中国文学出版社	1973	北京
	《失踪的小鹅卵石》 *Little Pebble is Missing*	不详	单行本	朝阳出版公司	1973	香港
	《有一个小伙子》 *A Young Hopeful*	不详	*Chinese Literature*	中国文学出版社	1973	北京
	《一担水》 *Two Buckets of Water*	不详	*Chinese Literature*	中国文学出版社	1974	北京
	《树上鸟儿叫》 *The Call of the Fledglings and Other Children's Stories*	不详	单行本	外文出版社	1974	北京
	《苹果要熟了》 *Date Orchard*	不详	*Chinese Literature*	中国文学出版社	1974	北京

附录
4

二十世纪八十年代以来中国现当代小说在美国的译介与传播

作者	作品名	译者	收录于选集	出版机构	出版时间	出版地
浩然	《晚霞在燃烧》 *Bright Clouds*	不详	单行本	外文出版社	1974	北京
	《金光大道》 *The Bright Road*	不详	*Chinese Literature*	中国文学出版社	1975	北京
	《欢乐的海》 *A Sea of Happiness*	不详	*Chinese Literature*	中国文学出版社	1975	北京
	《西沙儿女》（节选） *Sons and Daughters of Hsisha*（Excerpts）	不详	*Chinese Literature*	中国文学出版社	1975	北京
	《初显身手》 *Debut*	Wong Kam-ming	*Bulletin of Concerned Asian Scholars*（编者不详）	不详	1976	不详
	《金光大道》 *The Golden Road：A Story of One Village in the Uncertain Days After Land Reforms*	Carma Hinton, Chris Gilmartin	单行本	不详	1981	北京
	《亲家》 *Aunt Hou's Courtyard*	Kate Sears	*Furrows：Peasants, Intellectuals and the State：Stories and Histories from Modern China*（Helen Siu 编）	斯坦福大学出版社	1990	斯坦福
	《铁面无私》 *Firm and Impartial*	Kate Sears	*Furrows：Peasants, Intellectuals and the State：Stories and Histories from Modern China*（Helen Siu 编）	斯坦福大学出版社	1990	斯坦福
	中文名不详 *A Happy Life and the Art of Writing*	Tam King-fai	*Furrows：Peasants, Intellectuals and the State：Stories and Histories from Modern China*（Helen Siu 编）	斯坦福大学出版社	1990	斯坦福
	《朝霞红似火》 *Dawn Clouds Red As Flame*	Haydn Richard King	*Renditions*	香港中文大学出版社	2007	香港
何海鸣	《娟门红泪录》 *For the Love of Her Feet*	Timothy C. Wong	*Stories for Saturday：Twentieth Century Chinese Popular Fiction*（Timothy C. Wong 编）	夏威夷大学出版社	2003	火奴鲁鲁
洪峰	《生命之流》 *The Stream of Life*	Michael Day	*Worlds of Modern Chinese Fiction*（Michael S. Duke 编）	夏普出版社	1991	纽约

作者	作品名	译者	收录于选集	出版机构	出版时间	出版地
虹影	《桥》 *Bridge*	John Cayley	*Under-Sky Underground*（Henry Zhao，John Cayley 编）	威尔斯威普出版社	1994	伦敦
	《你如何变成鱼的》 *How to Become a Fish*	John Cayley	Under-Sky Underground（Henry Zhao，John Cayley 编）	威尔斯威普出版社	1994	伦敦
	《脏手指，瓶盖子》 *The Dirty Finger on the Bottle Lid*	Jenny Putin	*Trafika*	不详	1995	不详
			A Lip Stick Called Red Pepper，Fiction About Gay and Lesbian Love in China（Henry Zhao 编）	鲁尔大学出版社	1999	波鸿
	《煤气》 *Gas*	Henry Y. H. Zhao	*Abandoned Wine：Chinese Writing from Today，2*（Henry Zhao，John Cayley 编）	威尔斯威普出版社	1996	伦敦
	《绿桃子》 *The Green Peach*	Henry Y. H. Zhao	*Abandoned Wine：Chinese Writing from Today，2*（Henry Zhao，John Cayley 编）	威尔斯威普出版社	1996	伦敦
	《饥饿的女儿》 *Daughter of the River*	Howard Goldblatt	单行本	布鲁姆斯伯里出版社	1998	伦敦
	《康乃馨俱乐部》 *Carnation Club*	Desmond Skee	*A Lip Stick Called Red Pepper，Fiction About Gay and Lesbian Love in China*（Henry Zhao 编）	鲁尔大学出版社	1999	波鸿
	《玄机之桥》 *The Bridge with a Secret*	Herbert J. Batt，Henry Zhao	*A Lip Stick Called Red Pepper，Fiction About Gay and Lesbian Love in China*（Henry Zhao 编）	鲁尔大学出版社	1999	波鸿
	《飞翔》 *Fluttering*	Janine Nicole	*A Lip Stick Called Red Pepper，Fiction About Gay and Lesbian Love in China*（Henry Zhao 编）	鲁尔大学出版社	1999	波鸿
	《六指》 *Little Sixth the Orphan*	Janine Nicole	*A Lip Stick Called Red Pepper，Fiction About Gay and Lesbian Love in China*（Henry Zhao 编）	鲁尔大学出版社	1999	波鸿

二十世纪八十年代以来中国现当代小说在美国的译介与传播

作者	作品名	译者	收录于选集	出版机构	出版时间	出版地
虹影	《带鞍的鹿》 *The Saddled Deer*	Herbert Blatt, Henry Zhao	*A Lip Stick Called Red Pepper*, *Fiction About Gay and Lesbian Love in China*（Henry Zhao 编）	鲁尔大学出版社	1999	波鸿
			The Mystified Boat and Other New Stories from China（Frank Stewart, Herbert J. Batt 编）	夏威夷大学出版社	2003	火奴鲁鲁
	《K-英国情人》*K*: *The Art of Love*	Henry Zhao, Nicky Harman	单行本	马里恩博雅出版社	2002	伦敦
	《孔雀的叫喊》 *Peacock Cries at the Three Gorges*	Marks Smith, Henry Zhao	单行本	马里恩博雅出版社	2004	伦敦
	《上海王》 *The Concubine of Shanghai*	Liu Hong	单行本	马里恩博雅出版社	2008	伦敦
胡发云	《如焉@sars.come》 *Such Is This World@sars.come*	A. E. Clerk, Dobbs Ferry	单行本	Ragged Banner Press	2011	纽约
胡昉	《镜花园》 *Garden of Mirrored Flowers*	Melissa Lim	单行本	斯腾伯格出版社	2010	柏林
胡兰畦	《在德国女牢中》 *In a German Women's Prison*	Hu Mingliang	*Writing Women in Modern China*: *The Revolutionary Years 1936-1976*（Amy D. Dooling, K. Torgeson 编）	哥伦比亚大学出版社	2005	纽约
胡万春	《特殊性格的人》 *Man of a Special Cut*	不详	单行本	外文出版社	1963	北京
	《骨肉》 *Flesh and Blood*	不详	*Man of a Special Cut*	外文出版社	1963	北京
	中文名不详 *Spot of Red in the Sky*					
	《姜师傅》 *Instructor Chiang*					
	中文名不详 *What Instructor Pu-Kao Thought*					
	《路》 *The Road*					

作者	作品名	译者	收录于选集	出版机构	出版时间	出版地
胡万春	《晚年》 *Twilight Years*	Michael Jotz	*Literature of the People's Republic of China*（Kai-yu Hsu 编）	印第安纳大学出版社	1980	布鲁明顿
胡也频	《同居》 *Living Together*	George Kennedy	*Straw Sandals：Chinese Short Stories，1918-1933*（Harold R. Isaacs 编）	麻省理工学院出版社	1974	坎布里奇
	《穷人》 *A Poor Man*	Tang Sheng	*Storieo from the Thirties 1*（单行本合集"熊猫丛书"）	中国文学出版社	1982	北京
还珠楼主	《柳湖侠影》 *Blades from the Willows Trilogy Vol 1：Blades Find Masters of the Way*	Robert Chard	单行本	威尔斯威普出版社	1997	伦敦
黄金明	中文名不详 *A Corner of Milky Way Park，In Pearl Square，A Building's History of Collapse*	Chris Song Zijiang	*Pathlight*	外文出版社	2013	北京
霍达	《穆斯林的葬礼》 *The Jade King：History of a Chinese Muslim Family*	Guan Yuehua, Zhong Liangbi	单行本（"熊猫丛书"）	中国文学出版社	1997	北京
贾平凹	《帮活》 *A Helping Hand*	不详	*Chinese Literature*	中国文学出版社	1978	北京
	《鸡窝洼人家》 *The Young Man and His Apprentice*	不详	*Chinese Literature*	中国文学出版社	1978	北京
	《端阳》 *Duan Yang*	不详	*Chinese Literature*	中国文学出版社	1979	北京
	《满月儿》 *Two Sisters*	不详	*Chinese Literature*	中国文学出版社	1979	北京
	《森林之歌》 *The Song of the Forest*	不详	*Chinese Literature*	中国文学出版社	1980	北京
	《七巧儿》 *Qiqiao'er*	Shen Zhen	*Chinese Literature*	中国文学出版社	1983	北京
	《鸽子》 *Shasha and the Pigeons*	Hu Zhihui	*Chinese Literature*	中国文学出版社	1983	北京

二十世纪八十年代以来中国现当代小说在美国的译介与传播

作者	作品名	译者	收录于选集	出版机构	出版时间	出版地
贾平凹	中文名不详 *Artemesia*	Yu Fanqin	*Chinese Literature*	中国文学出版社	1987	北京
	《商州再录·木碗世家》 *Family Chronicle of a Wooden Bowl Maker*	Zhu Hong	*The Chinese Western：Short Fictions from Today's China*（Zhu Hong 编译）	巴兰坦图书出版集团	1988	纽约
			Spring of Bitter Waters：Short Fiction from Today's China（Zhu Hong 编译）	W. H. 艾伦出版社	1989	伦敦
	《一个人能承受多少》 *How Much Can a Man Bear?*	Zhu Hong	*The Chinese Western：Short Fiction from Today's China*（Zhu Hong 编译）	巴兰坦图书出版集团	1988	纽约
			Spring of Bitter Waters：Short Fiction from Today's China（Zhu Hong 编译）	W. H. 艾伦出版社	1989	伦敦
	中文名不详 *Floodtime*	Margaret H. Decker	*Furrows：Peasants，Intellectuals and the State：Stories and Histories from Madern China*（Helen Siu 编）	斯坦福大学出版社	1990	斯坦福
	《浮躁》 *Turbulence*	Howard Goldblatt	单行本	路易斯安那州立大学出版社	1991	巴吞鲁日
	《天狗》 *The Heavenly Hound*	不详	单行本（"熊猫丛书"）	中国文学出版社	1991	北京
	《火纸》 *Touch Paper*	David Pattinson	*The Time is Not Yet Ripe：Contemporary China's Best Writers and Their Stories*（Yang Bian 编）	外文出版社	1991	北京
	《天狗》 *Heavenly Hound*	Li Rui	*Themes in Contemporary Chinese Literature*（Jianing Chen 编）	新世界出版社	1993	北京
	《秦腔》 *Qinqiang*	Eileen Cheng-yin Chow	*Chinese Literature*	中国文学出版社	1993	北京
	《一棵小桃树》 *A Little Peach Tree*	Eileen Cheng-yin Chow	*Chinese Literature*	中国文学出版社	1993	北京
	《当代作家自画像》*Portrait of a Writer*	Eileen Cheng-yin Chow	*Chinese Literature*	中国文学出版社	1993	北京
	中文名不详 *The Sounds of Night*	Eileen Cheng-yin Chow	*Chinese Literature*	中国文学出版社	1993	北京
	《晚雨》 *Heavenly Rain*	Richard Seldin 等	单行本合集（"熊猫丛书"）	中国文学出版社	1996	北京

作者	作品名	译者	收录于选集	出版机构	出版时间	出版地
贾平凹	《美穴地》 *The Good Fortune Grave*	Ling Yuan	*Heavenly Rain*（"熊猫丛书"）	中国文学出版社	1996	北京
	《白郎》 *The Monk King of Tiger Mountain*	Josephine A. Matthews	*Heavenly Rain*（"熊猫丛书"）	中国文学出版社	1996	北京
	《五魁》 *The Regrets of the Bride Carrier*	Josephine A. Matthews	*Heavenly Rain*（"熊猫丛书"）	中国文学出版社	1996	北京
	《古堡》 *The Castle*	Shao-Pin Luo	单行本	约克出版社	1997	多伦多
	《春天》 *Spring*	Ren Zhong, Yuzhi Yang	*Hometowns and Childhood*（编者不详）	长河出版社	2005	旧金山
	《油月亮》 *Greasy Moon*	John Balcolm	*New Penguin Parallel Text Short Stories in Chinese*（John Balcolm 编）	企鹅出版集团	2013	纽约
	《废都》 *Ruined City*	Howard Goldblatt	单行本	俄克拉何马大学出版社	2016	诺曼
	《高兴》 *Happy Dreams*	Nicky Harman	单行本	亚马逊交叉口出版社	2017	西雅图
	《带灯》 *The Lantern Bearer*	Carlos Rojas	单行本	中国时代出版公司	2017	纽约
姜戎	《狼图腾》 *Wolf Totem*	Howard Goldblatt	单行本	企鹅出版集团	2008	纽约
蒋光慈	中文名不详 *Hassan*	不详	*Straw Sandals: Chinese Short Stories, 1918-1933*（Harold R. Isaacs 编）	麻省理工学院出版社	1974	坎布里奇
蒋韵	《冥灯》 *Lanterns for the Dead*	John Balcolm	*New Penguin Parallel Text Short Stories in Chinese*（John Balcolm 编）	企鹅出版集团	2013	纽约
	《红色娘子军》 *The Red Detachment of Women*	Annelise Finegan Wasmeon	*Pathlight*	外文出版社	2013	北京

附录
4

305

作者	作品名	译者	收录于选集	出版机构	出版时间	出版地
蒋子龙	《赤橙黄绿青蓝紫》 *All the Colours of the Rainbow*	Wang Mingjie	单行本（"熊猫丛书"）	中国文学出版社	1983	北京
康濯	《我的两家房东》 *My Two Hosts*	不详	*Registration and Other Stories by Contemporary Chinese Writers*（编者不详）	外文出版社	1954	北京
	《太阳初升的时候》 *When the Sun Comes Up*	不详	单行本	外文出版社	1963	北京
	《水滴石穿》（节选） *Dripping Water Wears Away the Rock*（Excerpt）	Wong Kam-ming	*Literature of the People's Republic of China*（Kai-yu Hsu 编）	印第安纳大学出版社	1980	布鲁明顿
	《第一步》 *The First Step*	不详	*Furrows：Peasants，Intellectuals and the State：Stories and Histories from Modern China*（Helen Siu 编）	斯坦福大学出版社	1990	斯坦福
柯岩	《寻找回来的世界》 *The World Regained*	Wu Jingshu，Wang Ningjun	单行本	外文出版社	1993	北京
孔捷生	《姻缘》 *On Marriage*	Geremie Barme，Bennett Lee	*The Wounded：New Stories of the Cultural Revolution，77-78*（Geremie Barme，Bennett Lee 编译）	联合出版公司	1979	香港
			Chinese Literature	中国文学出版社	1979	北京
	《在小河那边》 *On the Other Side of the Stream*	不详	*Roses and Thorns：The Second Blooming of the Hundred Flowers in Chinese Fiction，1979-1980*（Perry Link 编）	加州大学出版社	1984	伯克利
	《睡狮》 *The Sleeping Lion*	Susan McFadden	*Chairman Mao Would Not Be Amused：Fiction from Today's China*（Howard Goldblatt 编）	格罗夫出版社	1995	纽约
孔厥	《新儿女英雄传》（与袁静合著） *Daughters and Sons*	Sha Po-li	单行本	自由出版社	1952	纽约
				外文出版社	1979	北京
拉拉	《永不消逝的电波》 *The Radio Waves That Never Die*	Petula Parris-Huang	*Renditions*	香港中文大学出版社	2012	香港

作者	作品名	译者	收录于选集	出版机构	出版时间	出版地
老舍	《黑白李》 *Black Li and White Li*	Wang Chi-chen	*Contemporary Chinese Stories*（Wang Chi-chen 编）	哥伦比亚大学出版社	1944	纽约
		Gene Hanrahan	*50 Great Oriental Stories*（Gene Hanrahan 编）	班坦图书公司	1965	
	《洋车夫》 *Rickshaw Boy*	Evan King	单行本	雷诺和希区考克出版社	1945	纽约
	《火车》 *The Last Train*	Yuan Chia-hua, Robert Payne	*Contemporary Chinese Short Stories*（Yuan Chia-hua, Robert Payne 编）	诺埃尔·卡林顿出版社	1946	伦敦
			Literature of the Eastern World（James E. Miller 等编）	斯考特·福斯曼出版公司	1970	斯科特
	《离婚》 *The Quest for Love of Lao Lee*	Helena Kuo	单行本	雷诺和希区考克出版社	1948	纽约
	《四世同堂》 *The Yellow Storm*	Ida Pruitt	单行本	哈科特·布雷斯·乔瓦诺维奇出版社	1951	纽约
	《牛天赐传》 *Heaven-sent*	Xiong Deni	单行本	J. M. 丹特出版社	1951	伦敦
				联合出版公司	1986	香港
	《鼓书艺人》 *The Drum Singers*	Helena Kuo	单行本	哈科特·布雷斯·乔瓦诺维奇出版社	1952	纽约
	《抱孙》 *Grandma Takes Charge*	Wang Chi-chen	*A Treasury of Modern Asian Stories*（Daniel Milton, William Clifford 编）	美国新图书馆出版社	1961	纽约
	《一些印象》 *A Vision*	Gladys Yang	*Chinese Literature*	中国文学出版社	1962	北京
	《邻居们》 *Neighbors*	Zbigeniew Slup ski, Iris Urwin	*New Orient*	不详	1962	不详
		William Lyell	*K'uei Hsing: A Repository of Asian Literature in Translation*（Wu-chi Liu 等编）	印第安纳大学出版社	1974	布鲁明顿
	《上任》 *Brother Yu Takes Office*	Sidney Shapiro	*Chinese Literature*	中国文学出版社	1962	北京
			Modern Literature from China（Walter Meserve, Ruth Meserve 编）	纽约大学出版社	1973	纽约
	《猫城记》 *City of Cats*	James E. Dew	单行本	密歇根大学中国研究中心	1964	安娜堡
	《猫城记》 *Cat Country: A Satirical Novel of China in the 1930s*	William Lyell	单行本	俄亥俄州立大学出版社	1970	哥伦布

二十世纪八十年代以来中国现当代小说在美国的译介与传播

作者	作品名	译者	收录于选集	出版机构	出版时间	出版地
老舍	《开市大吉》 *A Brilliant Beginning*	W.J.F. Jenner	*Modern Chinese Stories*（W. J. F. Jenner 编）	牛津大学出版社	1970	不详
	《老字号》 *An Old Established Name*	William Lyell	*Renditions*	香港中文大学出版社	1978	香港
	《骆驼祥子》 *Rickshaw*	Jean M. James	单行本	夏威夷大学出版社	1979	火奴鲁鲁
	《二马》 *Ma and Son：A Novel by Lao She*	Jean M. James	单行本	中国资料中心	1980	旧金山
	《正红旗下》 *Beneath the Red Banner*	Don J. Cohn	单行本（"熊猫丛书"）	中国文学出版社	1982	北京
	《二马》 *The Two Mas*	Kenny Huang, David Finkelstein	单行本	联合出版公司	1984	香港
	《老舍小说选》 *Crescent Moon and Other Stories*	Glady Yang, Sidney Shapiro 等	单行本（"熊猫丛书"）	中国文学出版社	1985	北京
	《善人》 *Kind People*	不详	*Chinese Literature*	中国文学出版社	1997	北京
	《草叶集》 *Blades of Grass：The Stories of Lao She*	William Lyell, Sarah Wei-ming Chang	单行本	夏威夷大学出版社	1999	火奴鲁鲁
	《狗之晨》 *One Dog's Morning*	Britt Towery	*Lao She：China's Master Storyteller*（Britt Towery 编）	道教基金会	1999	韦科
	《骆驼祥子》 *Camel Xiangzi*	Shi Xiaojing	单行本	外文出版社	2001	北京
	《二马》 *Mr. Ma and Son：A Sojourn in London*	Julie Jimmerson	单行本	外文出版社	2004	北京

作者	作品名	译者	收录于选集	出版机构	出版时间	出版地
老向	《阿川上学记》 *Ah Chuan Goes to School*	Lin Yutang	*A Nun of Taishan and Other Translations*（Lin Yutang 编译）	商务印书馆	1936	上海
	《吾民岂为毛人乎》 *Salt, Sweat and Tears*	Lin Yutang	*A Nun of Taishan and Other Translations*（Lin Yutang 编译）	商务印书馆	1936	上海
	《村儿辍学记》 *A Country Boy Withdraws from School*	不详	*Contemporary Chinese Stories*（Wang Chi-chen 编）	哥伦比亚大学出版社	1944	纽约
	《理发救国论》 *National Salvation through Haircut*	George Kao	*Chinese Wit and Humor*（George Kao 等编）	卡沃德·麦肯出版社	1946	纽约
	《全家村》 *Widow Chuan*	Lin Yutang	*Widow, Nun, and Courtesan*（Lin Yutang 编译）	庄台出版公司	1950	纽约
李存葆	《高山下的花环》 *The Wreath at the Foot of the Mountain*	Chen Hanming, James O. Belcher	单行本	加兰出版社	1991	纽约
李洱	《1919 年的魔术师》 *The Magician of 1919*	Jane Weizhen Pan, Martin Merz	单行本	Make-do Publishing	2011	香港
	《花腔》 *Coloratura*	Jeremy Tiang	单行本	俄克拉何马大学出版社	2019	诺曼
李杭育	《最后一个渔佬儿》 *The Last Angler*	Yu Fanqin	*Chinese Literature*	中国文学出版社	1984	北京
	《人间一隅》 *In a Little Corner of the World*	Sally Vernon	*The Lost Boat: Avant-garde Fiction from China*（Henry Zhao 编）	威尔斯威普出版社	1993	伦敦
李劼人	《死水微澜》 *Ripples Across a Stagnant Water*	不详	单行本（"熊猫丛书"）	中国文学出版社	1990	北京

二十世纪八十年代以来中国现当代小说在美国的译介与传播

作者	作品名	译者	收录于选集	出版机构	出版时间	出版地
李劼人	《死水微澜》 *Ripples on a Stagnant Water：A Novel of Sichuan in the Age of Treaty Ports*	Bret Sparling，Yin Chin	单行本	莫文亚细亚出版社	2012	波特兰
	《儿时影》 *Reminiscences of My Childhood：Part One*	Yichuan Sang	*World Literature in English Translations*（编者不详）	曼尼托巴大学出版社	不详	温尼伯
李佩甫	《奸夫》*The Adulterers*	Charles A. Laughlin，Jeanne Tai	*Running Wild：New Chinese Writers*（David Derwei Wang，Jeannt Tai 编）	哥伦比亚大学出版社	1994	纽约
李萍	《晚霞消失的时候》 *When the Evening Clouds Disappear*	Daniel Bryant	*Contemporary Chinese Literature：An Anthology of Post-Mao Fiction and Poetry*（Michael S. Duke 编）	夏普出版社	1985	纽约
梁培龙 李青叶、	《水与墨的故事》 *The Story of Ink and Water*	Zhang Chun	单行本	巴莱斯蒂尔出版社	2017	伦敦
李锐	《选贼》 *Electing A Thief*	Jeffrey C. Kinkley	*Furrows：Peasants，Intellectuals and the State：Stories and Histories from Modrn China*（Helen Siu 编）	斯坦福大学出版社	1990	斯坦福
			The Columbia Anthology of Modern Chinese Literature（Joseph S.M. Lau，Howard Goldblatt 编）	哥伦比亚大学出版社	1995	纽约
	《假婚》 *Sham Marriage*	William Schaefer，Fenghua Wang	*Chairman Mao Would Not Be Amused：Fiction from Today's China*（Howard Goldblatt 编）	格罗夫出版社	1995	纽约
	《耕牛》 *Plow Ox*	William Schaefer，Fenghua Wang	*Chairman Mao Would Not Be Amused：Fiction from Today's China*（Howard Goldblatt 编）	格罗夫出版社	1995	纽约
	《银城故事》 *Silver City*	Howard Goldblatt	单行本	亨利·霍特出版社	1997	纽约
	中文名不详 *Well Sweep*	John Balcolm	*Wasafiri*	不详	2008	不详
	《无风之树》 *Trees Without Wind*	John Balcolm	单行本	哥伦比亚大学出版社	2012	纽约

作者	作品名	译者	收录于选集	出版机构	出版时间	出版地
李师江	中文名不详 *The Hospital*	Nathaniel Isaacson	*Chinese Literature Today*	俄克拉何马大学出版社	2014	诺曼
李陀	《齐奶奶》 *Grandma Qi*	Jeanne Tai	*Spring Bamboo：A Collection of Contemporary Chinese Short Stories*（Jeanne Tai 编译）	兰登书屋	1989	纽约
李准	《耕云记》 *Sowing the Clouds*	不详	*Sowing the Clouds：A Collection of Chinese Short Stories*（编者不详）	外文出版社	1961	北京
	《不能走那条路》 *Not That Road and Other Stories*	不详	单行本	外文出版社	1962	北京
	《李双双小传》(节选) *A Brief Biography of Li Shuangshuang* (Excerpts)	Johanna Hood, Robert Mackie	*Renditions*	香港中文大学出版社	2007	香港
梁斌	《红旗谱》 *Keep the Red Flag Flying*	Gladys Yang	单行本	外文出版社	1961	北京
	《播火记》(节选) *The Flames Spread* (Excerpts)	Gladys Yang	*Chinese Literature*	中国文学出版社	1961	北京
梁晓声	《煤精尺》 *The Jet Ruler*	Yang Nan	*Chinese Literature*	中国文学出版社	1983	北京
	《这是一片神奇的土地》 *A Land of Wonder and Mystery*	Shen Zhen	*Chinese Literature*	中国文学出版社	1983	北京
	《冰坝》 *Ice Dam*	Christopher Smith	*Chinese Literature*	中国文学出版社	1990	北京
	《黑纽扣》 *The Black Button*	Yang Nan, Shen Zhen, Christopher Smith 等	单行本（"熊猫丛书"）	中国文学出版社	1995	北京
	《恐惧》 *Panic*	Hanming Chen	*Panic and Deaf：Two Modern Satires*（James O. Belcher 编）	夏威夷大学出版社	2000	火奴鲁鲁

作者	作品名	译者	收录于选集	出版机构	出版时间	出版地
林白	《回廊之椅》 The Seat on the Verandah	不详	The Mystified Boat and Other New Stories from China（Frank Stewart, Herbert J. Batt 编）	夏威夷大学出版社	2003	火奴鲁鲁
	《致命的飞翔》 The Fatal Flight	Xiao Cheng	Wasafiri	不详	2008	不详
	《猫的激情时代》 The Time of Cat's Passion	Bryna Tuft	Renditions	香港中文大学出版社	2013	香港
林徽因	《九十九度中》 In Ninety Degrees of the Heat	Jusith M. Amory, Shi Yaohua	Renditions	香港中文大学出版社	2016	香港
林满秋	《腹语师的女儿》 The Ventriloquist's Daughter	Helen Wang	单行本	巴莱斯蒂尔出版社	2017	伦敦
林希	《天津江湖传奇》 King of the Wizards	Sun Yifeng, Sha Ledi, Li Guoqing	单行本（"熊猫丛书"）	中国文学出版社	1998	北京
凌鼎年	《茶垢》 Tea Scum	Julie Chiu	Loud Sparrows： Contemporary Chinese Short-Shorts（Aili Mu, Julie Chiu, Howard Goldblatt 编译）	哥伦比亚大学出版社	2006	纽约
凌力	《少年天子》 Son of Heaven	David Kwan	单行本（"熊猫丛书"）	中国文学出版社	1995	北京
刘慈欣	《流浪地球》 Wandering Earth	Holger Nahm	单行本	Gomi Digital Technology	2011	北京
				宙斯之首出版社	2017	伦敦
	《乡村教师》 The Village Schoolmaster	Christopher Elford, Jiang Chenxin	Renditions	香港中文大学出版社	2012	香港
	《诗云》 The Poetry Cloud	Cheuk Wong, Chi-yin Ip	Renditions	香港中文大学出版社	2012	香港
	《赡养上帝》 Take Care of God	不详	Pathlight	外文出版社	2012	北京
	《三体》 The Three Body Problem	Ken Liu	单行本	托尔出版社	2014	纽约
	《黑暗森林》 The Dark Forest	Joel Martinsen	单行本	托尔出版社	2015	纽约
	《死神永生》 Death's End	Ken Liu	单行本	托尔出版社	2016	纽约

作者	作品名	译者	收录于选集	出版机构	出版时间	出版地
刘恒	《狗日的粮食》 *Grain*	William Riggle	*Chinese Literature*	中国文学出版社	1990	北京
	《伏曦伏曦》 *The Obsessed*	David Kwan	单行本（"熊猫丛书"）	中国文学出版社	1991	北京
	《黑的雪》 *Black Snow*	Howard Goldblatt	单行本	《大西洋月刊》出版社	1993	纽约
	《狗日的粮食》 *Dogshit Food*	Sabina Knight	*Columbia Anthology of The Modern Chinese Literature* (Joseph S.M. Lau, Howard Goldblatt 编译)	哥伦比亚大学出版社	1995	纽约
	《苍河白日梦》 *Green River Daydreams：A Novel*	Howard Goldblatt	单行本	格罗夫出版社	2001	纽约
	《火坑》 *The Heated Earthen Bed*	Ren Zhong, Yuzhi Yang	*Hometowns and Childhood*（编者不详）	长河出版社	2006	旧金山
刘庆邦	《不定嫁给谁》 *See Which Family Has Good Fortune*	Denis Mair	*Perspectives in Contemporary Chinese Literature*（Mason Y. H. Wang 编）	绿河评论出版社	1983	密歇根
	《鞋》 *Shoes*	Wang Chi-ying	*Chinese Literature*	中国文学出版社	1998	北京
	《白煤》 *Snow-white Coal*	Yu Fanqing	*Chinese Literature*	中国文学出版社	1999	北京
	《心事》 *Troubled Heart*	Wang Mingjie	*Chinese Literature*	中国文学出版社	1999	北京
刘绍棠	《蒲柳人家》 *Catkin Willow Flats*	Alex Yang, Rosie Roberts, Hu Zhihui 等	单行本合集（"熊猫丛书"）	中国文学出版社	1984	北京
刘西鸿	《你不可改变我》 *You Can Not Make Me Change*	Diana Kingsbury	*I Wish I Were A Wolf：The New Voice in Chinese Women's Literature*（编者不详）	新世界出版社	1994	北京
刘心武	《爱情的位置》 *A Place for Love*	不详	*Chinese Literature*	中国文学出版社	1979	北京
	《醒来吧，弟弟》 *Awake, My Brother！*	Geremie Barme, Bennett Lee	*The Wounded：New Stories of the Cultural Revolution 77-78* (Geremie Barme, Bennett Lee 编译)	联合出版公司	1979	香港
	《班主任》 *Class Counsellor*	Geremie Barme, Bennett Lee	*The Wounded：New Stories of the Cultural Revolution 77-78* (Geremie Barme, Bennett Lee 编译)	联合出版公司	1979	香港

二十世纪八十年代以来中国现当代小说在美国的译介与传播

作者	作品名	译者	收录于选集	出版机构	出版时间	出版地
刘心武	《我爱每一片绿叶》 *I Love Every Green Leaf*	Betty Ting	*Przie-winning Stories from China 1978-1979*（W. C. Chan 编）	外文出版社	1981	北京
	《立体交叉桥》 *Overpass*	Michael Crook	*Mao's Harvest：Voices From China's New Generation*（Helen F. Siu, Zelda Stern 编）	牛津大学出版社	1983	纽约
	《公共汽车咏叹调》 *Bus Aria*	Stephen Fleming	*Chinese Literature*	中国文学出版社	1986	北京
	《如意》 *Ruyi*	Richard Rigby	*Renditions*	香港中文大学出版社	1986	香港
	《黑墙》 *Black Walls*	不详	*Black Walls and Other Stories*（Don J. Cohn 编）	香港中文大学出版社	1990	香港
			The Vintage Book of Contemporary Chinese Fiction（Carolyn Choa, David Su Li-qun 编）	古典书局	2001	纽约
	《钟鼓楼》 *The Bell and the Drum Tower*	不详	*Themes in Contemporary Chinese Literature*（Chen Jianing 编）	新世界出版社	1993	北京
	中文名不详 *The Beat*	Julia Chiu	*Loud Sparrows：Contemporary Chinese Short-Shorts*（Aili Mu, Julie Chiu, Howard Goldblatt 编译）	哥伦比亚大学出版社	2006	纽约
刘醒龙	《村支书》 *The Village Party Secretary*	Daniel B. Wright	*Chinese Literature*	中国文学出版社	1993	北京
	《居委会》 *The Residents' Committee*	Caroline Mason	*China Perspectives*	不详	1999	不详
	《圣天门口》（节选） *Holy Heaven's Gate*（Excerpt）	Brain Holton	*Pathlight*	外文出版社	2012	北京
刘毅然	《摇滚青年》 *Rocking Tiananmen*	不详	*New Ghosts, Old Dreams：Chinese Rebel Voices*（Geremie Barme 编）	时代出版公司	1992	纽约

作者	作品名	译者	收录于选集	出版机构	出版时间	出版地
刘震云	《官场》 *The Corridors of Power*	不详	单行本（"熊猫丛书"）	中国文学出版社	1994	北京
	《手机》 *Cell Phone*	Howard Goldblatt	单行本	莫文亚细亚出版社	2011	波特兰
	《一句顶一万句》（节选） *A Word Is Worth Ten Thousand Words*（Excerpt）	Jane Pan Weizhen, Martine Merz	*Pathlight*	外文出版社	2011	北京
	《我叫刘跃进》 *The Cook, the Crook and the Real Estate Tycoon*	Howard Goldblatt	单行本	拱廊出版社	2015	纽约
卢新华	《伤痕》 *The Wounded*	Geremie Barme, Bennett Lee	*The Wounded: New Stories of the Cultural Revolution, 77-78*（Geremie Barme, Bennett Lee 编译）	联合出版公司	1979	香港
	《伤痕》 *The Wound*	不详	*Chinese Literature*	中国文学出版社	1979	北京
	《伤痕》 *The Scar*	不详	*Prize-Winning Stories from China 1978-1979*（W. C. Chau 编）	外文出版社	1981	北京
鲁迅	《阿Q及其他故事：鲁迅选集》*Ah Q and Others: Selected Stories of Lusin*	Wang Chi-chen	单行本	哥伦比亚大学出版社	1941	纽约
	《鲁迅小说选集》 *Selected Stories of Lun Xun*	Yang Xianyi, Gladys Yang	单行本	外文出版社	1960	北京
	《鲁迅小说选集》 *Vocabulary: Selected Stories of Lu Xun*	D. C. Lau	单行本	香港中文大学出版社	1979	香港
	《〈狂人日记〉及其他故事》 *Diary of a Madman and Other Stories*	William A. Lyell	单行本	夏威夷大学出版社	1990	火奴鲁鲁

作者	作品名	译者	收录于选集	出版机构	出版时间	出版地
鲁迅	《阿 Q 及其他》 *Ah-Q and Others*	George Kin Leung	单行本合集	王尔德赛德出版社	2002	罗克维尔
	《〈阿 Q 正传〉及其他故事:鲁迅小说全集》 *The Real Story of A h-Q and Other Tales of China：The Complete Fiction of Lu Xun*	Julia Lovell	单行本	企鹅出版集团	2009	纽约
	《灯下漫笔》 *Jottings Under Lamplight*	不详	单行本	哈佛大学出版社	2017	波士顿
路翎	《初雪》 *First Snow*	不详	*Chinese Literature*	中国文学出版社	1954	北京
	《棺材》 *The Coffins*	Jane Parrish Yang	*Modern Chinese Stories and Novellas 1919-1949*（Joseph S. M. Lau, C. T. Hsia, Leo Ou-fan Lee 编）	不详	不详	不详
路内	《追随她的旅程》 *Keep Running，Little Brother*	Rachel Henson	*Pathlight：New Chinese Writing*	外文出版社	2013	北京
	《少年巴比伦》 *Young Babylon*	Poppy Toland	单行本	亚马逊交叉口出版社	2015	西雅图
	《花街往事》 *A Tree Grows in Daicheng*	Poppy Toland	单行本	亚马逊交叉口出版社	2017	西雅图
陆文夫	《献身》 *Dedication*	Geremie Barme, Bennett Lee	*The Wounded：New Stories of the Cultural Revolution，77-78*（Germic Barme, Bennett Lee 编译）	联合出版公司	1979	香港
	《〈美食家〉及其他故事》 *The Gourmet and Other Stories of Modern China*	不详	单行本	里德国际公司	1979	伦敦

作者	作品名	译者	收录于选集	出版机构	出版时间	出版地
陆文夫	《梦中的世界》 *A World of Dreams*	不详	*A World of Drams* 单行本合集（"熊猫丛书"）	中国文学出版社	1986	北京
	《小巷深处》 *Deep Within A Lane*					
	《唐巧娣翻身》 *Tang Qiaodi*					
	《小贩世家》 *The Man from the Peddler's Family*					
	《围墙》 *The Boundary Wall*					
	《美食家》 *The Gourmet*					
	《有人敲门》 *The Doorbell*					
	《井》 *The Well*	Yu Fanqin	*Chinese Literature*	中国文学出版社	1987	北京
	《万元户》 *The Wealthy Farmer*	Jeffrey C. Kinkley	*Fiction*	不详	1987	不详
	《清高》 *Other-worldly*	Gladys Yang	*Chinese Literature*	中国文学出版社	1988	北京
	《围墙》 *The Boundary Wall*	Rosie A. Robert	*The Time Is Not Yet Ripe*：*Contemporary China's Best Writers and Their Stories*（Yang Bian 编）	外文出版社	1991	北京
陆小曼	《皇家饭店》 *Imperial Hotel*	Amy Dooling	*Writing Women in Modern China*：*The Revolutionary Years*，*1936-1976*（Amy Dooling 编）	哥伦比亚大学出版社	2005	纽约
陆星儿	《今天没有太阳》 *The Sun Is Not Out Today*	Zhu Hong	*Chinese Literature*	中国文学出版社	1990	北京
			The Serenity of Whiteness：*Stories by and about Women in Contemporary China*（Zhu Hong 编译）	巴兰坦图书出版集团	1991	纽约

附录 4

317

作者	作品名	译者	收录于选集	出版机构	出版时间	出版地
陆星儿	《在同一只屋顶下》Under One Roof	Shi Xiaoqing	Chinese Literature	中国文学出版社	1990	北京
	《啊，青鸟》Oh！Blue Bird	不详	单行本（"熊猫丛书"）	中国文学出版社	1993	北京
	《达紫香悄悄地开了》The Mountain Flowers Have Bloomed Quietly	Tang Sheng, Mark Kruger, Anne-Marie Traeholt 等	单行本	外文出版社	2005	北京
			单行本（"熊猫丛书"）	中国文学出版社		
	中文名不详 One on one	Yoyee Soong	The Mountain Flowers Have Bloomed Quietly（Tang Sheng, Mark Kruger, Anne-Marie Traeholt 等译）	外文出版社	2005	北京
马波	《血色黄昏》Blood Red Sunset	Howard Goldblatt	单行本	维京出版社	1995	纽约
马峰	《三年早知道》I Knew All Along	不详	I Knew All Along and Other Stories by Contemporary Chinese Writers（编者不详）	外文出版社	1960	北京
	《村仇》Vendetta	不详	单行本（"熊猫丛书"）	中国文学出版社	1989	北京
马季	《多层饭店》The Multi-leveled Hotel	Robert Tharp	Stubborn Weeds：Popular and Controversial Chinese Literature after the Cultural Revolution（Perry Link 编）	印第安纳大学出版社	1983	布鲁明顿
马加	《开不败的花朵》Unfading Flowers	不详	单行本	外文出版社	1961	北京
玛拉沁夫	《玛拉沁夫小说选》On the Horqin Grassland	不详	单行本合集（"熊猫丛书"）	中国文学出版社	1988	北京
	《爱在夏夜里燃烧》Love That Burns on a Summer's Night	不详	单行本合集（"熊猫丛书"）	中国文学出版社	1990	北京
马宁	《扬子江摇篮曲》Broad Sworder	Liu Shicong	单行本（"熊猫丛书"）	中国文学出版社	1993	北京

作者	作品名	译者	收录于选集	出版机构	出版时间	出版地
马原	《虚构》 *Fabrications*	J. Q. Sun	*The Lost Boat：Avant-garde Fiction from China*（Henry Zhao 编）	威尔斯威普出版社	1993	伦敦
	《错误》 *Mistakes*	Helen Wang	*The Lost Boat：Avant-garde Fiction from China*（Henry Zhao 编）	威尔斯威普出版社	1993	伦敦
	《游神》 *A Wandering Spirit*	Caroline Mason	*China's Avant-garde Fiction*（Jing Wang 编）	杜克大学出版社	1998	达拉谟
	《虚构》 *A Fiction*	Herbert Batt	*Tales of Tibet：Sky Burials，Prayer Wheels，and Wind Horses*（Herbert J. Batt 编）	罗曼和利特尔菲尔德出版社	2001	马里兰
	《喜马拉雅山古歌》 *A Ballad of the Himalayas*	Herbert Batt	*Tales of Tibet：Sky Burials，Prayer Wheels，and Wind Horses*（Herbert J. Batt 编）	罗曼和利特尔菲尔德出版社	2001	马里兰
	《游神》 *Vagrant Spirit*	Herbert Batt	*Tales of Tibet：Sky Burials，Prayer Wheels，and Wind Horses*（Herbert J. Batt 编）	罗曼和利特尔菲尔德出版社	2001	马里兰
	《黑道》 *The Black Road*	不详	*The Mystified Boat and Other New Stories from China*（Frank Stewart，Herbert J. Batt 编）	夏威夷大学出版社	2003	火奴鲁鲁
	中文名不详 *The Master*	不详	*The Mystified Boat and Other New Stories from China*（Frank Stewart，Herbert J. Batt 编）	夏威夷大学出版社	2003	火奴鲁鲁
	《冈底斯的诱惑》 *Under the Spell of the Gangtise Mountains*	不详	*The Mystified Boat and Other New Stories from China*（Frank Stewart，Herbert J. Batt 编）	夏威夷大学出版社	2003	火奴鲁鲁
	《叠纸鸢的三种方法》 *Three Ways to Fold A Paper Hawk*	Herbert J. Batt	*Renditions*	香港中文大学出版社	2005	香港
	《喜马拉雅山古歌》 *Ballad of the Himalays：Stories of Tibet*	Herbert Batt	单行本	莫文亚细亚出版社	2011	波特兰
	《错误》 *The Mistake*	John Balcolm	*New Penguin Parallel Text Short Stories in Chinese*（John Balcolm 编）	企鹅出版集团	2013	纽约

作者	作品名	译者	收录于选集	出版机构	出版时间	出版地
麦家	《风声》 *The Wind's Voice*	Brain Holton	*Asia Literary Review*（Martin Alexander 等编）	不详	2012	香港
	《解密》 *Decode*	Olivia Milburn, Christopher Payne	单行本	法勒、斯特劳斯与吉鲁出版社	2014	纽约
茅盾	《泥泞》 *Mud*	Edgar Snow, Hsiao Chien	*Living China：Modern Chinese Short Stories*（Edgar Snow 编）	乔治·G.哈拉普出版公司	1936	伦敦
	《报施》 *Heaven Has Eyes*	Wang Chi-chen	*Mademoiselle*	不详	1945	不详
			Stories of China at War（Wang Chi-chen 编）	哥伦比亚大学出版社	1947	纽约
	《小巫》 *Epitome*	Sidney Shapiro	*Spring Silkworms and Other Stories*	外文出版社	1956	北京
	《幻灭》 *Frustration*	Sidney Shapiro	*Spring Silkworms and Other Stories*	外文出版社	1956	北京
			The Vixen（"熊猫丛书"）	中国文学出版社	1987	
	《大泽乡》 *Great Marsh District*	Sidney Shapiro	*Spring Silkworms and Other Stories*	外文出版社	1956	北京
	《残冬》 *Winter Ruin*	Sidney Shapiro	*Spring Silkworms and Other Stories*	外文出版社	1956	北京
	《儿子开会去了》 *Second Generation*	Sidney Shapiro	*Spring Silkworms and Other Stories*	外文出版社	1956	北京
			The Vixen（"熊猫丛书"）	中国文学出版社	1987	
	《"一个真正的中国人"》 *"A True Chinese Patriot"*	Sidney Shapiro	*Spring Silkworms and Other Stories*	外文出版社	1956	北京
	《右第二章》 *Wartime*	Sidney Shapiro	*Spring Silkworms and Other Stories*	外文出版社	1956	北京
	《赵先生想不通》 *The Bewilderment of Mr. Chao*	Sidney Shapiro	*Spring Silkworms and Other Stories*	外文出版社	1956	北京

作者	作品名	译者	收录于选集	出版机构	出版时间	出版地
茅盾	《大鼻子的故事》 *Big Nose*	Sidney Shapiro	*Spring Silkworms and Other Stories*	外文出版社	1956	北京
	《林家铺子》 *The Shop of the Lin Family*	Sidney Shapiro	*Spring Silkworms and Other Stories*	外文出版社	1956	北京
	中文名不详 *War and Peace Come to the Village*	Daniel Milton，William Clifford	*A Treasury of Modern Asian Stories*	美国新图书馆出版社	1961	纽约
		Theodore Huters	*Furrows：Peasants, Intellectuals and the State：Stories and Histories from Modern China*（Helen Siu 编）	斯坦福大学出版社	1990	斯坦福
	《官舱里》 *On the Boat*	W.J.F. Jenner	*Modern Chinese Stories*（W.J.F. Jenner 编）	牛津大学出版社	1970	伦敦
	《喜剧》 *Comedy*	George Kennedy	*Straw Sandals：Chinese Short Stories，1918-1933*（Harold R. Isaacs 编）	麻省理工学院出版社	1974	坎布里奇
	《从牯岭到东京》 *From Kuling to Tokyo*	不详	*Revolutionary Literature in China：An Anthology*（John Berninghausen，Theodore Huters 编）	夏普出版社	1976	纽约
	《当铺前》 *In Front of the Pawnshop*	不详	*Genesis of a Revolution*（Stanley R. Munro 编）	海尼曼教育出版社	1979	新加坡
	《子夜》 *Midnight*	Hsu Meng-hsiung	单行本	外文出版社	1979	北京
	《春蚕集》(第二版) *Spring Silkworms and Other Stories*（*Second edition*）	Sidney Shapiro	单行本合集（"熊猫丛书"）	中国文学出版社	1979	北京
	《水藻行》 *A Ballad of Algae*	Simon Johnstone	*The Vixen*（"熊猫丛书"）	中国文学出版社	1987	北京
	《创造》 *Creation*	Gladys Yang	*The Vixen*（"熊猫丛书"）	中国文学出版社	1987	北京
	《茅盾作品选》 *The Vixen*	Gladys Yang，Sidney Shapiro，Simon Johnstone	单行本合集（"熊猫丛书"）	中国文学出版社	1987	北京
	《动摇》(节选) *Wavering*（*Excerpt*）	David Hull	*Renditions*	香港中文大学出版社	2014	香港
棉棉	《糖》 *Candy*	Andrea Lingenfelter	单行本	利特尔与布朗出版社	2003	纽约

作者	作品名	译者	收录于选集	出版机构	出版时间	出版地
明迪	《长干行》 *River Merchant's Wife*	Tony Barnstone，Nei Aitken，Sylvia Burn，Affa M. Waver，Katie Farris	单行本	马里克出版社	2012	格罗斯波因特法姆斯
莫言	《养猫专业户》 *The Cat Specialist*	Janice Wickeri	*Renditions*	香港中文大学出版社	1989	香港
	《枯河》 *Dry River*	不详	Bamboo Spring（Jeanne Tai 编译）	兰登书屋	1989	纽约
	《大风》 *Strong Wind*	Mei Zhong	*Chinese Literature*	中国文学出版社	1989	北京
	《白狗秋千架》 *White Dog and the Swings*	Michael S. Duke	*Worlds of Modern Chinese Fiction*（Michael S. Duke 编译）	夏普出版社	1991	纽约
	《爆炸》 *Explosions*	Janice Wickeri，Duncan Hewitt	*Explosions and other Stories*（*Renditions Paperbacks*）	香港中文大学出版社	1991	香港
	《苍蝇·门牙》 *Flies*	Duncan Hewitt	*Explosions and other Stories*（*Renditions Paperbacks*）	香港中文大学出版社	1991	香港
	《飞艇》 *The Flying Ship*	Janice Wickeri	*Explosions and other Stories*（*Renditions Paperbacks*）	香港中文大学出版社	1991	香港
	《断手》 *The Amputee*	Janice Wickeri	*Explosions and other Stories*（*Renditions Paperbacks*）	香港中文大学出版社	1991	香港
	《老枪》 *The Old Gun*	Janice Wickeri	*Explosions and other Stories*（*Renditions Paperbacks*）	香港中文大学出版社	1991	香港
			China：A Traveler's Companion（Kirk A. Denton 编）	Whereabouts Press	2008	旧金山
	《金发婴儿》 *The Yellow-Haired Baby*	Janice Wickeri	*Explosions and Other Stories*（*Renditions Paperbacks*）	香港中文大学出版社	1991	香港
	《红高粱》 *Red Sorghum*	Howard Goldblatt	单行本	维京出版社	1993	纽约
	《神嫖》 *Divine Debauchery*	Andrew F. Jones	*Running Wild：New Chinese Writers*（David Der-wei Wang 编）	哥伦比亚大学出版社	1994	纽约

作者	作品名	译者	收录于选集	出版机构	出版时间	出版地
莫言	《秋水》 *Autumn Waters*	Richard Hampsten, Maorong Cheng	*The Columbia Anthology of Modern Chinese Literature* (Joseph S. M. Lau, Howard Goldblatt 编)	哥伦比亚大学出版社	1995	纽约
	《天堂蒜薹之歌》 *The Garlic Ballads*	Howard Goldblatt	单行本	维京出版社	1995	纽约
	《良医》 *The Cure*	Howard Goldblatt	*Chairman Mao Would Not Be Amused : Fiction from Today's China* (Howard Goldblatt 编)	格罗夫出版社	1995	纽约
	《酒国》 *The Republic of Wine*	Howard Goldblatt	单行本	拱廊出版社	2000	纽约
	《师傅越来越幽默》 *Shifu, You'll Do Anything for a Laugh*	Howard Goldblatt	单行本	拱廊出版社	2001	纽约
	《丰乳肥臀》 *Big Breasts and Wide Hips*	Howard Goldblatt	单行本	拱廊出版社	2004	纽约
	《马语》 *Horse Talk*	Aili Mu	*Loud Sparrows : Contemporary Chinese Short-Shorts* (Aili Mu, Julie Chiu, Howard Goldblatt 编译)	哥伦比亚大学出版社	2006	纽约
	《奇遇》 *Strange Encounter*	Howard Goldblat	*Loud Sparrows : Contemporary Chinese Short-Shorts* (Aili Mu, Julie Chiu, Howard Goldblatt 编译)	哥伦比亚大学出版社	2006	纽约
	《生死疲劳》 *Life and Death Are Wearing Me Out*	Howard Goldblatt	单行本	拱廊出版社	2008	纽约
	《变》 *Change*	Howard Goldblatt	单行本	海鸥书局	2010	芝加哥
	《蛙》（节选） *Frogs* (Excerpt)	Howard Goldblatt	*Granta* Oct. 11	不详	2012	不详
	《与大师约会》 *A Date with the Master*	Howard Goldblatt	*Pathlight*	外文出版社	2013	北京
	《四十一炮》 *Pow*	Howard Goldblatt	单行本	海鸥书局	2013	芝加哥

作者	作品名	译者	收录于选集	出版机构	出版时间	出版地
莫言	《檀香刑》 Sandalwood Death	Howard Goldblatt	单行本	俄克拉何马大学出版社	2013	诺曼
	《蛙》(全译本) Frog	Howard Goldblatt	单行本	维京出版社	2014	纽约
	《透明的红萝卜》 Radish	Howard Goldblatt	单行本	企鹅出版集团	2015	不详
慕容雪村	《成都,今夜请将我遗忘》 Leave Me Alone: A Novel of Chengdu	Harvey Thomlinson	单行本	Make-Do Publishing	2009	香港
穆时英	《黑旋风》 Black Whirlwind	Wiu-kit Wong	Renditions	香港中文大学出版社	1992	香港
	《夜总会里的五个人》 Five in a Nightclub	Randy Trumbull	Renditions	香港中文大学出版社	1992	香港
	《上海的狐步舞》 The Shanghai Foxtrot (a fragment)	Sean Macdonald	Modernism / Modernity	不详	2004	不详
木心	《空房》 An Empty Room	Toming Jun Liu	An Empty Room 单行本合集	新方向出版社	2011	纽约
	《童年随之而去》 The Moment When Childhood Vanished					
	《夏明珠》 Xia Mingzhu, A Bright Pearl					
	《静静的下午茶》 Quiet Afternoon Tea					
	《魏玛早春》 Weimar In Early Spring					
	《温莎墓园日记》 The Windsor Cemetary Diray					

作者	作品名	译者	收录于选集	出版机构	出版时间	出版地
那多	《一路去死》 *All the Way to Death*	Jiang Yajun	单行本	上海出版社	2017	上海
聂鑫森	《镖头杨三》 *Deliverance—Armed Escort and Other Stories*	Li Zilian	单行本合集（"熊猫丛书"）	中国文学出版社	1998	北京
欧阳山	《高干大》 *Uncle Kao*	Kuo Mei-hua	单行本	外文出版社	1957	北京
欧阳山	《前程似锦》 *The Bright Future*	Tang Sheng	单行本	外文出版社	1958	北京
欧阳山	《三家巷》 *Three-Family Lane*	不详	*Chinese Literature*	中国文学出版社	1961	北京
潘向黎	《奇迹乘着雪橇来》 *A Miraculous Sleigh Ride*	Chloe Estep	*Pathlight*	外文出版社	2013	北京
钱锺书	《围城》 *Fortress Besieged*	Nathan Mao, Jeanne Kelly	单行本	印第安纳大学出版社	1979	布鲁明顿
钱锺书	《猫》 *Cat*	不详	单行本	联合出版公司	2001	香港
乔典运	《无字碑》 *The Wordless Monument*	Michael S. Duke	*Worlds of Modern Chinese Fiction*（Michael S. Duke 编）	夏普出版社	1991	纽约
秦兆阳	中文名不详 *Noon*	不详	*Chinese Literature*	中国文学出版社	1954	北京
秦兆阳	《老羊工》 *The Old Shepherd*	不详	*Chinese Literature*	中国文学出版社	1954	北京
秦兆阳	中文名不详 *Sacrifice to the Kitchen God*	不详	*Chinese Literature*	中国文学出版社	1954	北京
秦兆阳	中文名不详 *Wheat*	不详	*Chinese Literature*	中国文学出版社	1954	北京
秦兆阳	《秋娥》 *The Young Wife*	不详	*Chinese Literature*	中国文学出版社	1954	北京
秦兆阳	《选举》 *Election*	Chang Su-chu	*Chinese Literature*	中国文学出版社	1955	北京
秦兆阳	《农村散记》 *Village Sketches*	不详	单行本	外文出版社	1957	北京
秦兆阳	中文名不详 *Silence*	Jean James	*Bulletin of Concerned Asian Scholars*	不详	1976	不详
秦兆阳	中文名不详 *Silence*	Bennett Lee	*Fragrant Weeds*（W. J. F. Jenner 编）	联合出版公司	1983	香港

二十世纪八十年代以来中国现当代小说在美国的译介与传播

作者	作品名	译者	收录于选集	出版机构	出版时间	出版地
曲波	《林海雪原》 *Tracks in the Snowy Forest*	Sidney Shapiro	单行本	外文出版社	1978	北京
任晓雯	《我是鱼》 *I Am Fish*	Alice Xin Liu	*Pathlight*	外文出版社	2013	北京
柔石	《二月》 *Threshold of Spring*	Sidney Shapiro	*Chinese Literature*	中国文学出版社	1963	北京
	《为奴隶的母亲》 *A Slave Mother*	Zhang Peiji	*Straw Sandals：Chinese Short Stories，1918-1933*（Harold R. Isaacs 编）	麻省理工学院出版社	1974	坎布里奇
			Stories from the Thirties 1（单行本合集"熊猫丛书"）	中国文学出版社	1982	北京
茹志鹃	《如愿》 *A Promise is Kept*	不详	*Sowing the Clouds：A Collection of Chinese Short Stories*（编者不详）	外文出版社	1961	北京
	《剪辑错了的故事》 *A Story Out of Sequence*	Fan Tian, John Minford	*Prize-winning Stories from China，1978-1979*（W. C. Chau 编）	外文出版社	1981	北京
	《茹志鹃小说选》 *Lilies and Other Stories*	不详	单行本合集（"熊猫丛书"）	中国文学出版社	1985	北京
	《春暖时节》 *The Warmth of Spring*	Sabina Knight	*Writing Women in Modern China：The Revolutionary Years，1936-1976*（Amy D. Dooling 编）	哥伦比亚大学出版社	2005	纽约
桑晔、张辛欣	《北京人——一百个普通人的自述》 *Chinese Profile*	W. J. F. Jenner	单行本（"熊猫丛书"）	中国文学出版社	1986	北京
	《北京人——一百个普通人的自述》 *Chinese Lives*	W. J. F. Jenner, Delia David	单行本	麦克米伦出版公司	1987	伦敦

作者	作品名	译者	收录于选集	出版机构	出版时间	出版地
沙汀	《法律外的航线》 *Voyage Beyond the Law*	不详	*Living China：Modern Chinese Short Stories*（Edgar Snow 编）	乔治·G. 哈拉普出版公司	1936	伦敦
	《一个秋天的晚上》 *An Autumn Night*	Wen Xue	*50 Great Oriental Stories*（Gene Hanrahan 编）	班塔姆出版社	1965	纽约
			Chinese Literature	中国文学出版社	1965	北京
			Stories from the Thirties 2（单行本合集"熊猫丛书"）	中国文学出版社	1982	北京
	《你追我赶》 *Try and Catch Me*	不详	*Chinese Literature*	中国文学出版社	1961	北京
			Literature of the People's Republic of China（Kai-yu Hsu 编）	印第安纳大学出版社	1980	布鲁明顿
	《凶手》 *Murderer*	Gladys Yang	*Stories from the Thirties 2*（单行本合集"熊猫丛书"）	中国文学出版社	1982	北京
	《磁力》 *The Magnet*	Wen Xue	*Stories from the Thirties 2*（单行本合集"熊猫丛书"）	中国文学出版社	1982	北京
	《在其香居茶馆里》 *In a Teahouse*	Sidney Shapiro	*Stories from the Thirties 2*（单行本合集"熊猫丛书"）	中国文学出版社	1982	北京
	《老烟的故事》 *The Story of Old Droopy*	Gladys Yang	*Stories from the Thirties 2*（单行本合集"熊猫丛书"）	中国文学出版社	1982	北京
	《兽道》 *The Way of the Beast*	Ellen Yeung	*Furrows：Peasants，Intellectuals and the State：Stories and Histories from Modern China*（Helen Siu 编）	斯坦福大学出版社	1990	斯坦福
山飒	《围棋少女》 *The Girl Who Played Go*	Adriana Hunter	单行本	克诺夫出版社	2003	纽约

作者	作品名	译者	收录于选集	出版机构	出版时间	出版地
沈从文	中文名不详 *Night March*	Wang Chi-chen	*Contemporary Chinese Stories*（Wang Chi-chen 编）	哥伦比亚大学出版社	1944	纽约
	《夜幕下》 *Under the Cover of Darkness*	Yuan Chia-hua，Robert Payne	*Contemporary Chinese Short Stories*（Yuan Chiahua，Robert Payne 编）	诺埃尔·卡林顿出版社	1946	伦敦
	《一个大王》 *Bandit Chief*	William Macdonald	*Anthology of Chinese Literature*（Cyril Birch 编）	格罗夫出版社	1965	纽约
	《白日》 *Daytime*	Yip Wai-lim，C.T. Hsia	*Twentieth-Century Chinese Short Stories*（C. T. Hsia 编）	哥伦比亚大学出版社	1971	纽约
	《静》 *Quiet*	Yip Wai-lim and C.T. Hsia	*Twentieth Century Chinese Short Stories*（C. T. Hsia 编）	哥伦比亚大学出版社	1971	纽约
		William MacDonald	*Imperfect Paradise：Stories by Shen Congwen*（Jeffrey Kinkley 编译）	夏威夷大学出版社	1995	火奴鲁鲁
	《〈边城〉及其他》 *The Border Town and Other Stories*	Gladys Yang	单行本合集（"熊猫丛书"）	中国文学出版社	1981	北京
	《月下》 *Under Moonlight*	Ching Ti，Robert Payne	*The Chinese Earth*（Ching Ti，Robert Payne 编译）	哥伦比亚大学出版社	1982	纽约
	《一个大王》 *Ta Wang*	Ching Ti，Robert Payne	*The Chinese Earth*（Ching Ti，Robert Payne 编译）	哥伦比亚大学出版社	1982	纽约
	《媚金、豹子与那羊》 *The White Kid*	Ching Ti，Robert Payne	*The Chinese Earth*（Ching Ti，Robert Payne 编译）	哥伦比亚大学出版社	1982	纽约
	《中国的大地》 *The Chinese Earth*	不详	单行本合集	哥伦比亚大学出版社	1982	纽约
	《会明》 *The Yellow Chickens*	Ching Ti，Robert Payne	*The Chinese Earth*（Ching Ti，Robert Payne 编译）	哥伦比亚大学出版社	1982	纽约
	《边城》 *The Frontier City*	Ching Ti，Robert Payne	*The Chinese Earth*（Ching Ti，Robert Payne 编译）	哥伦比亚大学出版社	1982	纽约

作者	作品名	译者	收录于选集	出版机构	出版时间	出版地
沈从文	《灯》 *The Lamp*	Ching Ti，Robert Payne	*The Chinese Earth*（Ching Ti，Robert Payne 编译）	哥伦比亚大学出版社	1982	纽约
	《龙珠》 *Lung Chu*	Ching Ti，Robert Payne	*The Chinese Earth*（Ching Ti，Robert Payne 编译）	哥伦比亚大学出版社	1982	纽约
	《柏子》 *Pai Tzu*	Ching Ti，Robert Payne	*The Chinese Earth*（Ching Ti，Robert Payne 编译）	哥伦比亚大学出版社	1982	纽约
	《丈夫》 *The Husband*	Ching Ti，Robert Payne	*The Chinese Earth*（Ching Ti，Robert Payne 编译）	哥伦比亚大学出版社	1982	纽约
	《三个男人和一个女人》 *Three Men and a Girl*	Ching Ti，Robert Payne	*The Chinese Earth*（Ching Ti，Robert Payne 编译）	哥伦比亚大学出版社	1982	纽约
	《不完美的天堂：沈从文小说集》 *Imperfect Paradise：Stories by Shen Congwen*	Jeffrey Kinkley	单行本合集	夏威夷大学出版社	1995	火奴鲁鲁
	《黑夜》 *Black Night*	William MacDonald	*Imperfect Paradise：Stories by Shen Congwen*（Jeffrey Kinkley 编译）	夏威夷大学出版社	1995	火奴鲁鲁
	《阿金》 *Ah Jin*	William MacDonald	*Imperfect Paradise：Stories by Shen Congwen*（Jeffrey Kinkley 编译）	夏威夷大学出版社	1995	火奴鲁鲁
	《萧萧》 *Xiaoxiao*	Eugene Chen Eoyang	*The Columbia Anthology of Modern Chinese Literature*（Joseph S.M. Lau，Howard Goldblatt 编）	哥伦比亚大学出版社	1995	纽约
	《丈夫》 *The Husband*	Jeffrey Kinkley	*Imperfect Paradise：Stories by Shen Congwen*（Jeffrey Kinkley 编译）	夏威夷大学出版社	1995	火奴鲁鲁
	《新与旧》 *The New and the Old*	Jeffrey Kinkley	*Imperfect Paradise：Stories by Shen Congwen*（Jeffrey Kinkley 编译）	夏威夷大学出版社	1995	火奴鲁鲁
	《主妇》 *The Housewife*	William MacDonald	*Imperfect Paradise：Stories by Shen Congwen*（Jeffrey Kinkley 编译）	夏威夷大学出版社	1995	火奴鲁鲁
	《顾问官》 *Staff Advisor*	Jeffrey Kinkley	*Imperfect Paradise：Stories by Shen Congwen*（Jeffrey Kinkley 编译）	夏威夷大学出版社	1995	火奴鲁鲁

二十世纪八十年代以来中国现当代小说在美国的译介与传播

作者	作品名	译者	收录于选集	出版机构	出版时间	出版地
沈从文	《王嫂》 *Amah Wang*	Peter Li	*Imperfect Paradise*： *Stories by Shen Congwen* （Jeffrey Kinkley 编译）	夏威夷大学 出版社	1995	火奴鲁鲁
	《大小阮》 *Big Ruan and Little Ruan*	William MacDonald	*Imperfect Paradise*： *Stories by Shen Congwen* （Jeffrey Kinkley 编译）	夏威夷大学 出版社	1995	火奴鲁鲁
	《霄神》 *The Celestial God*	Jeffrey Kinkley	*Imperfect Paradise*： *Stories by Shen Congwen* （Jeffrey Kinkley 编译）	夏威夷大学 出版社	1995	火奴鲁鲁
	《连长》 *The Company Commander*	David Pollard	*Imperfect Paradise*： *Stories by Shen Congwen* （Jeffrey Kinkley 编译）	夏威夷大学 出版社	1995	火奴鲁鲁
	《八骏图》 *Eight Steeds*	William MacDonald	*Imperfect Paradise*： *Stories by Shen Congwen* （Jeffrey Kinkley 编译）	夏威夷大学 出版社	1995	火奴鲁鲁
	《看虹录》 *Gazing at Rainbows*	Jeffrey Kinkley	*Imperfect Paradise*： *Stories by Shen Congwen* （Jeffrey Kinkley 编译）	夏威夷大学 出版社	1995	火奴鲁鲁
	《贵生》 *Guisheng*	Jeffrey Kinkley	*Imperfect Paradise*： *Stories by Shen Congwen* （Jeffrey Kinkley 编译）	夏威夷大学 出版社	1995	火奴鲁鲁
	《旅店》 *The Inn*	William MacDonald	*Imperfect Paradise*： *Stories by Shen Congwen* （Jeffrey Kinkley 编译）	夏威夷大学 出版社	1995	火奴鲁鲁
	《生》 *Life*	Peter Li	*Imperfect Paradise*： *Stories by Shen Congwen* （Jeffrey Kinkley 编译）	夏威夷大学 出版社	1995	火奴鲁鲁
	中文名不详 *The Lovers*	Jeffrey Kinkley	*Imperfect Paradise*： *Stories by Shen Congwen* （Jeffrey Kinkley 编译）	夏威夷大学 出版社	1995	火奴鲁鲁
	《媚金,豹子与那羊》 *Meijin，Baozi，and the White Kid*	Caroline Mason	*Imperfect Paradise*： *Stories by Shen Congwen* （Jeffrey Kinkley 编译）	夏威夷大学 出版社	1995	火奴鲁鲁
	《牛》 *Ox*	Caroline Mason	*Imperfect Paradise*： *Stories by Shen Congwen* （Jeffrey Kinkley 编译）	夏威夷大学 出版社	1995	火奴鲁鲁
	《巧秀和冬生》 *Qiaoxiu and Dongsheng*	Jeffrey Kinkley	*Imperfect Paradise*： *Stories by Shen Congwen* （Jeffrey Kinkley 编译）	夏威夷大学 出版社	1995	火奴鲁鲁

作者	作品名	译者	收录于选集	出版机构	出版时间	出版地
沈从文	中文名不详 *Suicide*	Jeffrey Kinkley	*Imperfect Paradise*：*Stories by Shen Congwen*（Jeffrey Kinkley 编译）	夏威夷大学出版社	1995	火奴鲁鲁
	《菜园》 *The Vegetable Garden*	Petet Li	*Imperfect Paradise*：*Stories by Shen Congwen*（Jeffrey Kinkley 编译）	夏威夷大学出版社	1995	火奴鲁鲁
	《沈从文短篇小说选》 *Selected Stories of Sheng Congwen*	Jeffrey Kinkley	单行本合集	香港中文大学出版社	2004	香港
	《边城》 *Border Town*	Jeffrey Kinkley	单行本	哈珀柯林斯出版社	2009	纽约
沈石溪	《猫狗之间》 *When Mu Meets Min*	不详	单行本	海星湾儿童出版社	2017	阿德莱德
盛可以	《鱼刺》 *Fishbone*	不详	*Pathlight*	外文出版社	2012	北京
	《北妹》 *Northern Girls*：*Life Goes On*	Shelly Bryant	单行本	企鹅出版集团	2012	不详
	《死亡赋格》 *Death Fugue*	Shelly Bryant	单行本	吉瑞蒙都出版社	2014	阿塔蒙
师陀	《果园城记》 *Garden Balsam*	Wang Ying	*Chinese Literature*	中国文学出版社	1993	北京
施蛰存	《残秋的下弦月》 *The Waning Moon*	不详	*Contemporary Chinese Short Stories*（Yuan Chiahua，Robert Payne 编）	诺埃尔·卡林顿出版社	1946	伦敦
	《梅雨之夕》 *One Rainy Evening*	Paul White	单行本合集（"熊猫丛书"）	中国文学出版社	1994	北京
	《蝴蝶夫人》 *Madame Butterfly*	Paul White	*One Rainy Evening*（"熊猫丛书"）	中国文学出版社	1994	北京

二十世纪八十年代以来中国现当代小说在美国的译介与传播

作者	作品名	译者	收录于选集	出版机构	出版时间	出版地
施蛰存	《在巴黎大戏院》 *At the Paris Cinema*	Paul White	*One Rainy Evening*（"熊猫丛书"）	中国文学出版社	1994	北京
	《雾》 *Fog*	Paul White	*One Rainy Evening*（"熊猫丛书"）	中国文学出版社	1994	北京
	《魔道》 *Devil's Road*	Paul White	*One Rainy Evening*（"熊猫丛书"）	中国文学出版社	1994	北京
	《春阳》 *Spring Sunshine*	Rosemary Roberts	*One Rainy Evening*（"熊猫丛书"）	中国文学出版社	1994	北京
	《薄暮的舞女》 *The Twilight Taxi Dancer*	Paul White	*One Rainy Evening*（"熊猫丛书"）	中国文学出版社	1994	北京
	《海鸥》 *Seagulls*	Rosemary Roberts	*One Rainy Evening*（"熊猫丛书"）	中国文学出版社	1994	北京
	《鸠摩罗什》 *Kumarajiva*	Rosemary Roberts	*One Rainy Evening*（"熊猫丛书"）	中国文学出版社	1994	北京
	《梅雨之夕》 *One Evening in the Rainy Season*	Gregory B. Lee	*The Columbia Anthology of Modern Chinese Literature*（Joseph S.M. Lau，Howard Goldblatt 编）	哥伦比亚大学出版社	1995	纽约
	《桥洞》 *The Arched Bridge*	Zuxin Ding	*Archipelago*	不详	1997	不详
	《夜叉》 *The Yaksa*	Christopher Rosenmeier	*Renditions*	香港中文大学出版社	2013	香港
石康	《冬日之光》 *Sunshine in Winter*	Helen Wang, Michelle Deeter, Killiana Liu, Juliet Vine	*Paper Republic*（文学网站）	不详	2013	不详

作者	作品名	译者	收录于选集	出版机构	出版时间	出版地
史铁生	《在一个冬天的晚上》 *One Winter's Evening*	Alison Bailey	*Contemporary Chinese Literarure：An Anthology of Post-Mao Fiction and Poetry*（Michael S. Duke 编）	夏普出版社	1985	纽约
	《午餐半小时》 *Lunch Break*	Alison Bailey	*Contemporary Chinese Literarure：An Anthology of Post-Mao Fiction and Poetry*（Michael S. Duke 编）	夏普出版社	1985	纽约
	《我的遥远的清平湾》 *My Faraway Qingping Wan*	Shen Zhen	*Chinese Literature*	中国文学出版社	1984	北京
	《奶奶的星星》 *Granny's Star*	Yu Fanqin	*Chinese Literature*	中国文学出版社	1986	北京
	《命若琴弦》 *Like a Banjo String*	Jeanne Tai	*Spring Bamboo：A Collection of Contemporary Chinese Short Stories*（Jeanne Tai 编译）	兰登书屋	1989	纽约
	《命若琴弦》 *Strings of Life*	不详	单行本合集（"熊猫丛书"）	中国文学出版社	1991	北京
	《我与地坛》 *In the Temple of the Earth*	Shi Junbao	*Chinese Literature*	中国文学出版社	1993	北京
	《第一人称》 *First Person*	Thomas Moran	*Chairman Mao Would Not Be Amused：Fiction from Today's China*（Howard Goldblatt 编）	格罗夫出版社	1995	纽约
	《宿命》 *Fate*	不详	*The Vintage Book of Contemporary Chinese Fiction*（Carolyn Choa，David Su Li-qun 编）	古典书局	2001	纽约
苏瓷瓷	《不存在的斑马》 *The Zebra That Didn't Exist*	Sarah Stanton	*Pathlight*	外文出版社	2013	北京
苏曼殊	《焚剑记》 *The Tale of the Burning of the Sward*	T. M. McClellian	*Renditions*	香港中文大学出版社	2007	香港
苏青	《涛》 *Waves*	Cathy Silber	*Writing Women in Modern China：The Revolutionary Years 1936-1976*（Amy D. Dooling 编）	哥伦比亚大学出版社	2005	纽约
苏叔阳	《生死之间》 *Between Life and Death*	不详	*The Vintage Book of Contemporary Chinese Fiction*（Carolyn Choa，David Su Li-qun 编）	古典书局	2001	纽约

二十世纪八十年代以来中国现当代小说在美国的译介与传播

作者	作品名	译者	收录于选集	出版机构	出版时间	出版地
苏童	《妻妾成群》 *Raise the Red Lantern*	Michael Duke	单行本	威廉·摩洛出版社	1993	纽约
	《狂奔》 *Running Wild*	Kirk Anderson, Zheng Da	*Running Wild*：*New Chinese Writers*（David Der-wei Wang 编）	哥伦比亚大学出版社	1994	纽约
	《米》 *Rice*	Howard Goldblatt	单行本	威廉·摩洛出版社	1995	纽约
	《舒家兄弟》 *The Brothers Shu*	Howard Goldblatt	*Chairman Mao Would Not Be Amused*：*Fiction from Today's China*（Howard Goldblatt 编）	格罗夫出版社	1995	纽约
			China's Avant-garde Fiction（Jing Wang 编）	杜克大学出版社	1998	达拉谟
	《水神诞生》 *The Birth of the Water God*	Beatrice Spade	*China's Avant-garde Fiction*（Jing Wang 编）	杜克大学出版社	1998	达拉谟
	《飞越我的枫杨树故乡》 *Flying Over Maple Village*	Michael S. Duke	*China's Avant-garde Fiction*（Jing Wang 编）	杜克大学出版社	1998	达拉谟
	《一个朋友在路上》 *A Friend on the Road*	不详	*A Place of One's Own*：*Stories of Self in China*，*Hong Kong*，*and Singapore*（Kwok-kan Tam，Terry Siu-Han Yip，Wimal Dissanayake 编）	牛津大学出版社	1999	纽约
	《樱桃》 *Cherry*	不详	*The Vintage Book of Contemporary Chinese Fiction*（Carolyn Choa，David Su Li-qun 编）	古典书局	2001	纽约
	《小莫》 *The Young Muo*	不详	*The Vintage Book of Contemporary Chinese Fiction*（Carolyn Choa，David Su Li-qun 编）	古典书局	2001	纽约
	《死无葬身之地》 *Death Without a Burial Place*	不详	*The Mystified Boat and Other New Stories from China*（Frank Stewart，Herbert J. Batt 编）	夏威夷大学出版社	2003	火奴鲁鲁
	《我的帝王生涯》 *My Life as Emperor*	Howard Goldblatt	单行本	亥伯龙出版社	2005	纽约

作者	作品名	译者	收录于选集	出版机构	出版时间	出版地
苏童	《过渡》 *Bridges Uptown*	Ren Zhong， Yuzhi Yang	*Hometown and Childhood* （编者不详）	长河出版社	2005	旧金山
	《仪式的完成》 *How the Ceremony Ends*	不详	*Kyoto Journal*	不详	2006	不详
	《碧奴》 *Binu and the Great Wall：The Myth of Meng*	Howard Goldblatt	单行本	坎农格特出版社	2007	纽约
	《桥上的疯妈妈》 *Madwoman on the Bridge and Other Stories*	Josh Stenberg	单行本	黑天鹅出版社	2008	伦敦
	《刺青时代》 *Tattoo：Three Novellas*	Josh Stenberg	单行本	莫文亚细亚出版社	2010	波特兰
	《世界上最荒凉的动物园》 *The Most Desolate Zoo in the World*	不详	*Copper Nickel* 14 Oct.	不详	2010	不详
	《河岸》 *The Boat to Redemption*	Howard Goldblatt	单行本	纽约瞭望出版社	2011	纽约
	《人民的鱼》 *Fish of the People*	Chu Dongwei	*Renditions*	香港中文大学出版社	2016	香港
苏雪林	《收获》 *Harvest*	不详	*Writing Women in Modern China：An Anthology of Women's Literature from the Early Twentieth Century*（A. Dooling, K. Torgeson 编）	哥伦比亚大学出版社	1998	纽约
孙方友	中文名不详 *The Soul of the Mountain*	Li Ziliang	*Chinese Literature*	中国文学出版社	1993	北京
孙甘露	《呼吸》 *Respire：Roman*	Nadine Perrot	单行本	毕基耶出版社	1997	阿尔勒
	《我是少年酒坛子》 *I Am a Young Drunkard*	Kristina Torgeson	*China's Avant-garde Fiction*（Jing Wang 编）	杜克大学出版社	1998	达拉谟

二十世纪八十年代以来中国现当代小说在美国的译介与传播

作者	作品名	译者	收录于选集	出版机构	出版时间	出版地
孙犁	《村歌》 Country Song	Sidney Shapiro	Chinese Literature	中国文学出版社	1966	北京
	《铁木前传》 The Blacksmith and the Carpenter	不详	单行本（"熊猫丛书"）	中国文学出版社	1982	北京
	《荷花淀》 Lotus Creek and Other Stories	不详	单行本合集	外文出版社	1982	北京
	《"藏"》 The Hideout	Eileen Jenner	Chinese Literature	中国文学出版社	1982	北京
	《风云初记》 Stormy Years	Gladys Yang	单行本	外文出版社	1982	北京
孙力、余小慧	中文名不详 Choices	Mark Wallace	Chinese Literature	中国文学出版社	1991	北京
	《都市风流》 Metropolis	David Kwan	单行本（"熊猫丛书"）	中国文学出版社	1992	北京
汤素兰	《挤不破的房子》 Snail's Crowded House	Sulan Tars	单行本	海星湾儿童出版社	2017	阿德莱德
	《小巫婆真美丽》 Where Should Grace the Witch Live?	Sulan Tang	单行本	海星湾儿童出版社	2017	阿德莱德
天下霸唱	《鬼吹灯之精绝古城》 The City of Sand	Jeremy Tiang	单行本	德拉科特出版社	2017	纽约
铁凝	《麦秸垛》 Haystacks	不详	单行本合集（"熊猫丛书"）	中国文学出版社	1990	北京
	《我的失踪》 Been and Gone	Zhang Maijian	Chinese Literature	中国文学出版社	1990	北京
	《第十二夜》 Octday	Diana B. Kingsbury	I Wish I Were a Wolf: The New Voice in Chinese Women's Literature（编者不详）	新世界出版社	1994	北京
	《蝴蝶发笑》 Butterfly	Li Ziliang	Chinese Literature	中国文学出版社	1998	北京
	《哦，香雪》 Ah, Fragrant Snow	Jianying Zha	A Place of One's Own: Stories of Self in China, Hong Kong, and Singapore（Kwok-kan Tam, Terry Siu-Han Yip, Wimal Dissanayake 编）	牛津大学出版社	1999	纽约

作者	作品名	译者	收录于选集	出版机构	出版时间	出版地
铁凝	《永远有多远》 *How Long Is Forever? Two Novellas*	Qiu Maoru，Wu Yanting	*Reader's Digest*	《读者文摘》出版集团	2010	美国
	《孕妇和牛》 *Irina's Hat，Pregnant Woman with Cow*	不详	*Pathlight*	外文出版社	2012	北京
	《哦，香雪》 *O Xiangxue*	John Balcolm	*New Penguin Parallel Text Short Stories in Chinese*（John Balcolm 编）	企鹅出版集团	2013	纽约
汪曾祺	《受戒》 *The Love Story of a Young Monk*	Hu Zhihui，Shen Zhen	*Chinese Literature*	中国文学出版社	1982	北京
	《晚饭后的故事》 *Story After Supper*	Hu Zhihui，Shen Zhen	*Chinese Literature*	中国文学出版社	1982	北京
		Dennis Mair，Jeff Book 等	单行本（"熊猫丛书"）	中国文学出版社	1990	北京
	《大淖记事》 *A Tale of Big Nur*	Xu Qiaoqi	*Prize-Winning Stories from China，1980-1981*（W. C. Chau 编）	外文出版社	1985	北京
	《受戒》 *Buddhist Initiation*	Zhihua Fang	*Chinese Stories of the Twentieth Century*（Zhihua Fang 编译）	加兰出版社	1995	纽约
	《露水》 *The Dew*	Yu Fanqin	*Chinese Literature*	中国文学出版社	1998	北京
	《詹大胖子》 *Big Chan*	不详	*The Vintage Book of Contemporary Chinese Fiction*（Carolyn Choa，David Su Li-qun 编）	古典书局	2001	纽约
	《陈小手》 *Small-Hands Chen*	Howard Goldblatt	*Loud Sparrows：Contemporary Chinese Short-Shorts*（Aili Mu，Julie Chiu，Howard Goldblatt 编译）	哥伦比亚大学出版社	2006	纽约
	《尾巴》 *A Tail*	Howard Goldblatt	*Loud Sparrows：Contemporary Chinese Short-Shorts*（Aili Mu，Julie Chiu，Howard Goldblatt 编译）	哥伦比亚大学出版社	2006	纽约

二十世纪八十年代以来中国现当代小说在美国的译介与传播

作者	作品名	译者	收录于选集	出版机构	出版时间	出版地
汪曾祺	《受戒》 *Receiving the Precepts*	John Balcolm	*New Penguin Parallel Text Short Stories in Chinese*（John Balcolm 编译）	企鹅出版集团	2013	纽约
王安忆	《舞台小世界》 *The Stage, a Miniature World*	Song Shouquan	*Chinese Literature*	中国文学出版社	1983	北京
	《本次列车终点》 *The Destination*	Yu Fanqin	*Chinese Literature*	中国文学出版社	1984	北京
			单行本合集（"熊猫丛书"）	中国文学出版社	2005	北京
	《小鲍庄》 *Baotown*	Martha Avery	单行本	维京出版社	1985	纽约
	《人人之间》 *Between Themselves*	Gladys Yang	*Chinese Literature*	中国文学出版社	1987	北京
			Themes in Contemporary Chinese Literature（Jianing Chen 编）	新世界出版社	1993	北京
			The Vintage Book of Contemporary Chinese Fiction（Carolyn Choa, David Su Li-qun 编）	古典书局	2001	纽约
	《名旦之口》 *The Mouth of the Famous Female Impersonator*	Janice Wickeri	*Renditions*	香港中文大学出版社	1987	香港
	《朋友》 *Friends*	Nancy Lee	*The Rose Colored Dinner*（Nienling Liu 编译）	联合出版公司	1988	香港
	《流逝》 *Lapse of Time*	Jeffrey Kinkley	单行本	中国书刊社	1988	旧金山
	《小城之恋》 *Love in a Small Town*	Eva Hung	*Renditions*	香港中文大学出版社	1989	香港
	《老康回来》 *Lao Kang Come Back*	Jeanne Tai	*Spring Bamboo: A Collection of Contemporary Chinese Short Stories*（Jeanne Tai 编译）	兰登书屋	1989	纽约
		Denis C. Mair	*The Time is Not Ripe: Contemporary China's Best Writers and Their Stories*（Yang Bian 编）	外文出版社	1991	北京

作者	作品名	译者	收录于选集	出版机构	出版时间	出版地
王安忆	《荒山之恋》 Love on a Barren Mountain	Eva Hung	Renditions	香港中文大学出版社	1991	香港
	《锦绣谷之恋》 Brocade Valley	McDougall, Chen Maiping	单行本	新方向出版社	1992	纽约
	《妙妙》 Miaomiao	Don J. Cohen	Chinese Literature	中国文学出版社	1992	北京
		Don J. Cohen	Six Contemporary Chinese Women Writers IV（编者不详）（"熊猫丛书"）	中国文学出版社	1995	北京
	《弟兄们》 Brothers	Diana B. Kingsbury	I Wish I Were a Wolf：The New Voice in Chinese Women's Literature（编者不详）	新世界出版社	1994	北京
		Jingyuan Zhang	Red Is Not the Only Color：Contemporary Chinese Fiction on Love and Sex between Women, Collected Storie（Patricia Sieber 编）	罗曼和利特尔菲尔德出版社	2001	兰厄姆
	《艺人之死》 The Death of an Artist	Hu Ying	The Mystified Boat and Other New Stories from China（Frank Stewart, Herbert J. Batt 编）	夏威夷大学出版社	2003	火奴鲁鲁
	《妹头》 Sisters	Ihor Pidhainy, Xiaomiao Lan	Dragonflies：Fiction by Chinese Women in the Twentieth Century（Shu-ning Sciban, Fred Edwards 编）	康奈尔大学出版社	2003	伊萨卡
	《流逝》 Lapse of Time	Gladys Yang	单行本（"熊猫丛书"）	中国文学出版社	2005	北京
	《叔叔的故事》（节选） Uncle's Story（Excerpts）	Willard Woodworth White	Renditions	香港中文大学出版社	2007	香港
	《长恨歌》 Song of Everlasting Sorrow	Susan Chan Egan, Michael Berry	单行本	哥伦比亚大学出版社	2008	纽约
	《发廊情话》 Love Talk at Hairdresser's	Hui L. Glennie, John R. Glennie	Renditions	香港中文大学出版社	2016	香港
	《富萍》 Fu Ping	Howard Goldblatt	单行本	哥伦比亚大学出版社	2019	纽约

作者	作品名	译者	收录于选集	出版机构	出版时间	出版地
王超	《变变变》 *Alakazam*	Duncan Poupard	单行本	糖梅出版社	2016	纽约
王刚	《英格力士》 *English：a Novel*	Martin Merz，Jane Weizhen Pan	单行本	维京出版社	2009	纽约
王刚	《生命述说》 *Recollections of the Hunan Cemetery*	不详	*Pathlight*	外文出版社	2012	北京
王家达	《清凌凌的黄河水》 *Daughter of the Yellow River*	Zhu Hong 不详	*The Chinese Western*（Zhu Hong 编译）	巴兰坦图书出版集团	1988	纽约
王家达	《清凌凌的黄河水》 *Daughter of the Yellow River*	Zhu Hong 不详	*Spring of Bitter Waters：Short Fiction from Today's China Today*（Zhu Hong 编译）	W. H. 艾伦出版社	1989	伦敦
王晋康	《转生的巨人》 *The Reincarnated Giant*	Carlos Rojas	*Renditions*	香港中文大学出版社	2012	香港
王力雄	《黄祸》 *China Tidal Wave：A Novel*	Anton Platero	单行本	全球东方出版社	2008	福克斯通
王鲁彦	《桥上》 *On the Bridge*	Gladys Yang	*Stories from the Thirties 1*（单行本"熊猫丛书"）	中国文学出版社	1982	北京
王鲁彦	《童年的悲哀》 *The Sorrows of Childhood*	Gladys Yang	*Stories from the Thirties 1*（单行本"熊猫丛书"）	中国文学出版社	1982	北京
王蒙	《组织部来了个年轻人》 *A Young Man Arrives at the Organization Department*	不详	*Current Background*	不详	1957	不详
王蒙	《组织部来了个年轻人》 *A Young Man Arrives at the Organization Department*	不详	*Literature of the Hundred Flowers，Volume II：Poetry and Fiction*（Hualing Nieh 编）	哥伦比亚大学出版社	1981	纽约

作者	作品名	译者	收录于选集	出版机构	出版时间	出版地
王蒙	《组织部来了个年轻人》（节选） *The Young Man Who Has Just Arrived at the Organization Department*（Excerpt）	Gary Bjorge	*Literature of the People's Republic of China*（Kai-yu Hsu 编）	印第安纳大学出版社	1980	布鲁明顿
	中文名不详 *The Barber's Tale*	Yu Fanqin	*Chinese Literature*	中国文学出版社	1980	北京
			The Butterfly and Other Stories（单行本合集"熊猫丛书"）	中国文学出版社	1983	
	《夜的眼》 *A Night in the City*	不详	*Chinese Literature*	中国文学出版社	1980	北京
	《说客盈门》 *A Spate of Visitors*	Xiong Zhenru	*Chinese Literature*	中国文学出版社	1980	北京
			The Butterfly and Other Stories（单行本合集"熊猫丛书"）	中国文学出版社	1983	
	《春之声》 *Voices of Spring*	Bonnie S. McDougall	*Chinese Literature*	中国文学出版社	1982	北京
			The Butterfly and Other Stories（单行本合集"熊猫丛书"）	中国文学出版社	1983	北京
	《夜的眼》 *The Eyes of Night*	Wang Mingjie	*The Butterfly and Other Stories*（单行本合集"熊猫丛书"）	中国文学出版社	1983	北京
	《蝴蝶》 *The Butterfly*	Gladys Yang 等	*The Butterfly and Other Stories* 单行本合集（"熊猫丛书"）	中国文学出版社	1983	北京
	《组织部来了个年轻人》 *The Newcomer*	Geremie Barne	*Fragrant Weeds — Chinese Short Stories Once Labelled as "Poisonous Weeds"*（W. J. F. Jenner 编）	联合出版公司	1983	香港
	《夜的眼》 *The Eye of Night*	Janice Wickeri	*The New Realism: Writings From China After the Cultural Revolution*（Lee Yee 编）	希波克里尼出版社	1983	纽约

二十世纪八十年代以来中国现当代小说在美国的译介与传播

作者	作品名	译者	收录于选集	出版机构	出版时间	出版地
王蒙	《夜的眼》 *Eye of the Night*	Donald A. Gibbs	*Roses and Thorns*：*The Second Blooming of the Hundred Flowers in Chinese Fiction*（Perry Link 编）	加州大学出版社	1984	伯克利
		不详	*A Place of One's Own*：*Stories of Self in China*，*Hong Kong*，*and Singapore*（Kwok-kan Tam，Terry Siu-Han Yip，Wimal Dissanayake 编）	牛津大学出版社	1999	纽约
	《高原的风》 *The Wind on the Plateau*	Yu Fanqin	*Chinese Literature*	中国文学出版社	1986	北京
	《轮下》 *Under the Wheel*	Yu Fanqin	*Chinese Literature*	中国文学出版社	1986	北京
			Themes in Contemporary Chinese Literature（Jianing Chen 编）	新世界出版社	1993	
	《买买提处长轶事》 *Anecdotes of Chairman Maimaitai*	Zhu Hong	*The Chinese Western Short Piction from Today's China*（Zhu Hong 编译）	巴兰坦图书出版集团	1988	纽约
			Spring of Bitter Waters：*Short Fiction from Today's China*（Zhu Hong 编译）	W. H. 艾伦出版社	1989	伦敦
	《王蒙作品选集》 *Selected Works of Wang Meng*	不详	单行本合集	外文出版社	1989	北京
	《布礼》 *A Bolshevik Salute*：*A Modernist Chinese Novel*	Wendy Larson	单行本	华盛顿大学出版社	1989	西雅图
	《来劲》 *Exciting*	Long Xu	*Recent Fiction From China 1987-1988*：*Selected Stories and Novellas*（Long Xu 编）	埃德温·梅伦出版社	1991	刘易斯顿
	《雪球》 *Snowball*	Cathy Silber	*The Time Is Not Ripe*：*Contemporary China's Best Writers and Their Stories*（Yang Bian 编）	外文出版社	1991	北京
	《坚硬的稀粥》 *The Stubborn Porridge and Other Stories*	Zhu Hong 等	单行本合集	布拉齐勒出版社	1993	纽约

作者	作品名	译者	收录于选集	出版机构	出版时间	出版地
王蒙	《选择的历程》 *A String of Choices*	Zhu Hong	*Chairman Mao Would Not Be Amused：Fiction from Today's China*（Howard Goldblatt 编）	格罗夫出版社	1995	纽约
	《坚硬的稀粥》 *Thick Congee*	Joyce Nip	*Renditions*	香港中文大学出版社	1995	香港
	《〈失恋的乌鸦〉及其他》 *The Lovesick Crow and Other Fables*	不详	*The Vintage Book of Contemporary Chinese Fiction*（Carolyn Choa，David Su Li-qun 编）	古典书局	2001	纽约
	《雄辩家》 *Disputatiatis*	Howard Goldblatt	*Loud Sparrows：Contemporary Chinese Short-Shorts*（Aili Mu，Julie Chiu，Howard Goldblatt 编译）	哥伦比亚大学出版社	2006	纽约
	《学话》 *Learning to Talk*	Aili Mu	*Loud Sparrows：Contemporary Chinese Short-Shorts*（Aili Mu，Julie Chiu，Howard Goldblatt 编译）	哥伦比亚大学出版社	2006	纽约
	《小小小小小……》 *Little，Little，Little，Little，Little …*	Howard Goldblatt	*Loud Sparrows：Contemporary Chinese Short-Shorts*（Aili Mu，Julie Chiu- Howard Goldblatt 编译）	哥伦比亚大学出版社	2006	纽约
	《越说越对》 *Right to the Heart of the Matter*	Howard Goldblatt	*Loud Sparrows：Contemporary Chinese Short-Shorts*（Aili Mu，Julie Chiu，Howard Goldblatt 编译）	哥伦比亚大学出版社	2006	纽约
	《光头》 *A Shaved Head*	Aili Mu	*Loud Sparrows：Contemporary Chinese Short-Shorts*（Aili Mu，Julie Chiu，Howard Goldblatt 编译）	哥伦比亚大学出版社	2006	纽约
	《团结》 *The Upholder of Utility*	Howard Goldblatt	*Loud Sparrows：Contemporary Chinese Short-Shorts*（Aili Mu，Julie Chiu，Howard Goldblatt 编译）	哥伦比亚大学出版社	2006	纽约
王实味	《野百合花》 *Wild Lilies*	Marston Anderson	*Furrows：Peasants，Intellectuals and the State：Stories and Histories from Modern China*（Helen Siu 编）	斯坦福大学出版社	1990	斯坦福

二十世纪八十年代以来中国现当代小说在美国的译介与传播

作者	作品名	译者	收录于选集	出版机构	出版时间	出版地
王手	《西门之死》 *Death of a Playboy*	Jim Weldon	*Pathlight*	外文出版社	2013	北京
王朔	《一半是火焰，一半是海水》 *Hot and Cold，Measure for Measure*	不详	*New Ghosts，Old Dreams：Chinese Rebel Voices*（Geremie Barme，Linda Jaivin 编）	时代图书	1992	纽约
	《玩的就是心跳》 *Playing for Thrills*	Howard Goldblatt	单行本	威廉·摩洛出版社	1998	纽约
	《千万别把我当人》 *Please Don't Call Me Human*	Howard Goldblatt	单行本	亥伯龙出版社	2000	纽约
王铁	中文名不详 *The Smashing of the Dragon King*	Cyril Birch	*Anthology of Chinese Literature* Ⅱ（Cyril Birch 编）	格罗夫出版社	1965—1972	纽约
王统照	《五十元》 *Fifty Dollars*	不详	*Straw Sandals：Chinese Short Stories，1918-1933*（Harold R. Isaacs 编）	麻省理工学院出版社	1974	坎布里奇
王文华	《何豚先生的小提琴》 *Mr. Horton's Violin*	Chen Yu Yan	单行本	巴莱斯蒂尔出版社	2015	伦敦
王祥夫	《油饼洼记事》 *Fritter Hollow Chronicles*	Howard Goldblatt	*Chairman Mao Would Not Be Amused：Fiction from Today's China*（Howard Goldblatt 编）	格罗夫出版社	1995	纽约
王小波	《2015》 *2015*	Hongling Zhang，Jason Sommer	*Tri-Quarterly*（编者不详）	不详	2005	不详
	《王二风流史》 *Wang in Love and Bondage：Three Novellas*	Hongling Zhang，Jason Sommer	单行本合集	纽约州立大学出版社	2008	纽约
	《革命时期的爱情》 *Love in an Age of Revolution*	Wang Dun，Michael Rodriguez	单行本	中国现代文学与文化资料中心	2009 2010	哥伦布
	《舅舅情人》 *Mister Lover*	Eric Abrahamsen	*Paper Republic*（文学网站）	不详	2015	不详

作者	作品名	译者	收录于选集	出版机构	出版时间	出版地
王莹	《从童养媳到电影名星》 The Child Bride	不详	单行本	外文出版社	1989	北京
王愿坚	《普通劳动者》 An Ordinary Labourer	不详	I Knew All Along and Other Stories By Contemporary Chinese Writers（编者不详）	外文出版社	1960	北京
王早早	《安的种子》 An's Seed	Helen Wang	单行本	糖梅出版社	2016	纽约
王智量	《饥饿的山村》 Hungry Mountain Village	Andrew Endrey	Renditions	香港中文大学出版社	2007	香港
韦君宜	《女人集》 Women	Heather Schmidt, Yu-kun Yang	Dragonflies：Fiction by Chinese Women in the Twentieth Century（Shu-ning Sciban, Fred Edwards 编）	康奈尔大学出版社	2003	伊萨卡
韦君宜	《三个朋友》 Three Friends	Shu-ying Tsao	Longman Anthology of World Literature by Women（M. Arkin, B. Shollar 编）	朗文出版社	1989	纽约
卫慧	《我的禅》 Marrying Buddha	Larissa Heinrich	单行本	康斯特布尔与罗宾逊出版社	2005	伦敦
吴强	《红日》 Red Sun	A.C. Barnes	单行本	外文出版社	1964	北京
吴曙天	《疯了的父亲》 The Mad Father	J. Anderson, T. Mumford	Chinese Women Writers：A Collection of Short Stories by Chinese Women Writers in the 1920s and 1930s（J. Anderson, T. Mumford 编）	中国书刊社	1985	旧金山
吴组缃	《官官的补品》 Medicine for the Master	Oldrich Kral, L. Kroutilova	New Orient（编者不详）	不详	1967	不详
吴组缃	《樊家铺》 Fan Village	C.T. Hsia, Russell McLeod	Twentieth-Century Chinese Stories （C.T. Hsia 编）	哥伦比亚大学出版社	1971	纽约
吴组缃	《离家的前夜》 The Night Before Leaving Home	不详	Genesis of a Revolution （Stanley R. Munro 编）	海尼曼教育出版社	1979	新加坡
吴组缃	《天下太平》 Let There Be Peace	James C.T. Shu	Modern Chinese Stories and Novels 1919-1949 （Joseph Lau, C.T. Hsia, Leo Ou-fan Lee 编）	哥伦比亚大学出版社	1981	纽约

作者	作品名	译者	收录于选集	出版机构	出版时间	出版地
吴组缃	《菉竹山房》 *Green Bamboo Heritage*	Gladys Yang, Yu Fanqin, Linda Jaivin, David Kwan, Jeff Book, Denis Mair	单行本合集("熊猫丛书")	中国文学出版社	1989	北京
	《某日》 *A Certain Day*	Marston Anderson	*Furrows：Peasants, Intellectuals and the State；Stories and Histories from Modern China*（Helen Siu 编）	斯坦福大学出版社	1990	斯坦福
	《一千八百担》 *Eighteen Hundred Piculs*	Gladys Yang	*Stories from the Thirties 2*（单行本合集"熊猫丛书"）	中国文学出版社	1992	北京
	《官官的补品》 *Young Master Gets His Tonic*	Cyril Birch	*The Columbia Anthology of Modern Chinese Literature*（Joseph S. M. Lau, Howard Goldblatt 编）	哥伦比亚大学出版社	1995	纽约
夏笳	《关妖精的瓶子》 *The Demon-Enslaving Flask*	Linda Rui Feng	*Renditions*	香港中文大学出版社	2012	香港
	《百鬼夜行街》 *A Hundred Ghosts Parade Tonight*	Ken Liu	*Clarkesworld*（编者不详）	不详	2012	不详
夏蕾	《黑黑的，有一个洞》 *There's a Dark, Dark Hole*	Duncan Poupard	单行本	糖梅出版社	2016	纽约
	《谁吃了我的毛栗子》 *Who Ate My Chestnut*	Duncan Poupard	单行本	糖梅出版社	2016	纽约
夏之炎	《北京最寒冷的冬天》 *The Coldest Winter in Peking*	Dee Liang-lao	单行本	道布尔迪出版社	1978	纽约
向华	《晒龙袍的六月六》 *Tan Hou and the Double Sixth Festival*	Helen Wang	单行本	巴莱斯蒂尔出版社	2017	伦敦
向恺然	《江湖奇侠传》（第四十章） *Marvelous Gallants*	Timothy C. Wong	*Stories for Saturday：Twentieth Century Chinese Popular Fiction*（Timothy C. Wong 编）	夏威夷大学出版社	2003	火奴鲁鲁

二十世纪八十年代以来中国现当代小说在美国的译介与传播

作者	作品名	译者	收录于选集	出版机构	出版时间	出版地
萧红	《小城三月》 *Spring in a Small Town*	Sidney Shapiro	*Chinese Literature*	中国文学出版社	1961	北京
	《生死场》 *The Field of Life，Death*	Howard Goldblatt	单行本	印第安纳大学出版社	1979	布鲁明顿
	《呼兰河传》 *Tales of Hulan River*	Howard Goldblatt	单行本	印第安纳大学出版社	1979	布鲁明顿
	《家族以外的人》 *The Family Outsider*	Howard Goldblatt	*Modern Chinese Stories and Novellas 1919-1949*（Joseph S. M. Lau, Chih-tsing Hsia, Leo Ou-fan Lee 编）	哥伦比亚大学出版社	1981	纽约
	《萧红小说选》 *Selected Stories of Xiao Hong*	Howard Goldblatt	单行本合集（"熊猫丛书"）	中国文学出版社	1982	北京
	《手》 *Hands*	J. Anderson, T. Mumford	*Chinese Women Writers：A Collection of Short Stories by Chinese Women Writers in the 1920s and 1930s*（J. Anderson，T. Mumford 编译）	中国书刊社	1985	旧金山
	《牛车上》 *On the Oxcart*	J. Anderson, T. Mumford	*Chinese Women Writers：A Collection of Short Stories by Chinese Women Writers in the 1920s and 1930s*（J. Anderson，T. Mumford 编译）	中国书刊社	1985	旧金山
	《手》 *Hands*	Howard Goldblatt	*The Columbia Anthology of Modern Chinese Literature*（Joseph S. M. Lau, Howard Goldblatt 编）	哥伦比亚大学出版社	1995	纽约
	《失眠之夜》 *A Sleepless Night*	不详	*Writing Women in Modern China：An Anthology of Women's Literature from the Early Twentieth Century*（A. Dooling, K. Torgeson 编）	哥伦比亚大学出版社	1998	纽约
	《弃儿》 *Abandoned Child*	不详	*Writing Women in Modern China：An Anthology of Women's Literature from the Early Twentieth Century*（A. Dooling, K. Torgeson 编）	哥伦比亚大学出版社	1998	纽约
	《染布匠的女儿：萧红小说选》 *The Dyer's Daughter：Selected Stories of Xiao Hong*	Howard Goldblatt	单行本	香港中文大学出版社	2005	香港

作者	作品名	译者	收录于选集	出版机构	出版时间	出版地
萧军	中文名不详 *The Third Gun*	不详	*Living China：Modern Chinese Short Stories*（Edgar Snow 编）	乔治·G.哈拉普出版公司	1936	伦敦
	《八月的乡村》 *Village in August*	Evan King	单行本	史密斯·达雷尔出版社	1942	纽约
	《五月的矿山》（节选） *Coal Mines in May* (Excerpt)	Howard Goldblatt	*Literature of the People's Republic of China*（Kai-yu Hsu 编）	印第安纳大学出版社	1980	布鲁明顿
	《一只小羊》 *Goats*	不详	*Modern Chinese Stories and Novellas 1919-1949*（Joseph S. M. Lau，Chih-tsing Hsia，Leo Ou-fan Lee 编）	哥伦比亚大学出版社	1981	纽约
萧袤	《青蛙与男孩》 *The Frog and the Boy*	Helen Wang	单行本	糖梅出版社	2012	纽约
	《西西》 *Cee Cee*	Helen Wang	单行本	糖梅出版社	2016	纽约
萧乾	《皈依》 *Convertion*	不详	*Living China：Modern Chinese Short Stories*（Edgar Snow 编）	乔治·G.哈拉普出版公司	1936	伦敦
	《栗子》及其他故事 *Chestnuts and Other Stories*	Xiao Qian	单行本合集（"熊猫丛书"）	中国文学出版社	1984	北京
小白	《局点》 *Game Point*	Wu Xiaozhen	单行本	西蒙与舒斯特出版社	2014	纽约
	《租界》 *French Concession*	Jiang Chengxin	单行本	哈珀柯林斯出版社	2015	纽约
晓航	《最后的礼物》 *The Gift*	Roddy Flagg	*Pathlight*	外文出版社	2013	北京
筱禾	《北京故事》 *Beijing Comrades*	Scott E. Myers	单行本	女性主义出版社	2016	纽约
谢冰莹	《女叛徒》 *Girl Rebel：The Autobiography of Hsieh Pingying，with Extracts from Her New War Diarie*	Adet，Anor Lin	单行本	庄台公司	1940	纽约
	《一个女兵的自传》 *Autobiography of a Chinese Girl*	Tsui Chi	单行本	艾伦与安文出版社	1943	不详
	《一个女兵的自传》 *A Woman Soldier's Own Story*	Lily Chia Brissman & Barry Brissman	单行本	哥伦比亚大学出版社	2001	纽约

作者	作品名	译者	收录于选集	出版机构	出版时间	出版地
谢冰莹	中文名不详 *Midpoint of an Ordinary Life*	Shirley Chang	*Jumping Through Hoops：Autobiograpical Stories by Modern Chinese Women Writers*（Jing M. Wang 编）	香港大学出版社	2003	香港
	《梅子姑娘》 *The Girl Umeko*	Hu Mingliang	*Writing Women in Modern China The Revolutionary Years，1936-1976*（Amy D.Dooling 编）	哥伦比亚大学出版社	2005	纽约
欣然	《中国的好女人们》 *The Good Woman of China：Hidden Voice*	Esther Tyldesley	单行本	万神殿图书出版社	2002	纽约
修白	《至深的反抗》 *The Innermost Rebellion*	Zhu Dong Wei	*Renditions*	香港中文大学出版社	2016	香港
须一瓜	《怎样种好香蕉》 *How To Grow Bananas*	Rachel Henson	*Pathlight*	外文出版社	2013	北京
徐光耀	《平原烈火》 *The Plains are Ablaze*	Sidney Shapiro	单行本	外文出版社	1955	北京
	《小兵张嘎》 *Little Soldier Chang Ka-tse*	不详	单行本	外文出版社	1964	北京
徐磊（南派三叔）	《大漠苍狼：绝地勘探》 *Search for the Buried Bomber*	Gabriel Ascher	单行本	亚马逊交叉口出版社	2013	西雅图
徐晓斌	《羽蛇》 *Feathered Serpent*	John Howard-Gibbon，Joanne Wang	单行本	西蒙与舒斯特出版社	2009	纽约
徐星	《〈无主题变奏〉及其他故事》 *Variations without a Theme and Other Stories*	Maria Galikowski，Lin Min	单行本	夏威夷大学出版社	1998	火奴鲁鲁
徐则臣	《露天电影》 *Outdoor Film*	Eric Abrahamsen	*Pathlight*	外文出版社	2012	北京
	《跑步穿过中关村》 *Running through Beijing*	Eric Abrahamsen	单行本	Two Lines Press	2014	旧金山

续表

作者	作品名	译者	收录于选集	出版机构	出版时间	出版地
徐卓呆	《箍》 *Cooper*	William A. Lyell	*Two Lines: A Journal of Translation*	不详	1994	不详
	中文名不详 *Men's Depravity Exposed*	Timothy C. Wong	*Stories for Saturday: Twentieth Century Chinese Popular Fiction* (Timothy C. Wong 编)	夏威夷大学出版社	2003	火奴鲁鲁
	《小说材料批发所》 *The Fiction Material Wholeseller*	Christopher Rea	*Renditions*	香港中文大学出版社	2007	香港
	《秘密室》 *The Secret Room*	Christopher Rea	*Renditions*	香港中文大学出版社	2012	香港
许地山	《春桃》 *Big Sister Liu*	Sidney Shapiro	*Stories from the Thirties 2* (单行本合集"熊猫丛书")	中国文学出版社	1982	北京
	《枯杨生花》 *Blooms on a Dried Popular*	Sidney Shapiro	*Stories from the Thirties 2* (单行本合集"熊猫丛书")	中国文学出版社	1982	北京
	《在费总理的客厅里》 *Director Fei's Reception Room*	Gladys Yang	*Stories from the Thirties 2* (单行本合集"熊猫丛书")	中国文学出版社	1982	北京
	《铁鱼底鳃》 *The Iron Fish with Gills*	Gladys Yang	*Stories from the Thirties 2* (单行本合集"熊猫丛书")	中国文学出版社	1982	北京
	《春桃》 *Spring Peach*	Zhihua Fang	*Chinese Stories of the Twentieth Century* (Zhihua Fang 编译)	加兰出版社	1995	纽约
	《商人妇》 *The Merchant's Wife*	不详	*The Columbia Anthology of Modern Chinese Literature* (Joseph S. M. Lau, Howard Goldblatt 编)	哥伦比亚大学出版社	1995	纽约
薛忆沩	《老兵》 *The Old Soldier*	Birgit Linder	*Renditions*	香港中文大学出版社	2010	香港
	《出租车司机》 *The Taxi Driver*	Ken Liu	*Pathlight*	外文出版社	2013	北京
	《白求恩的孩子们》 *Dr. Bethune's Children*	Darryl Sterk	单行本	琳达·利恩出版社	2017	蒙特利尔

作者	作品名	译者	收录于选集	出版机构	出版时间	出版地
颜纯钩	《天谴》 *The Censure of Heaven*	Shin Yong Robson	*Renditions*	香港中文大学出版社	2005	香港
严芙孙	《花轿》 *The Bridal Palanquin*	Timothy C. Wong	*Stories for Saturday：Twentieth Century Chinese Popular Fiction*（Timothy C. Wong 编）	夏威夷大学出版社	2003	火奴鲁鲁
严歌苓	《白蛇》 *White Snake and Other Stories*	Lawrence A. Walker	单行本	Aunt Lute Books	1999	旧金山
	《扶桑》 *The Lost Daughter of Happiness*	Cathy Silber	单行本	亥伯龙出版社	2001	纽约
	《卖红苹果的盲女子》 *The Blind Woman Selling Red Apples*	Herbert Batt	*Tales of Tibet：Sky Burials，Prayer Wheels，and Wind Horses*（Herbert J. Batt 编）	罗曼和利特尔菲尔德出版社	2001	伦敦
	《小姨多鹤》 *Little Aunt Crane*	Esther Tyldesley	单行本	哈维尔出版社	2015	伦敦
阎连科	《黑猪毛，白猪毛》 *Black Bristle，White Bristles*	Howard Goldblatt	*China：A Traveler's Literary Companion*（Kirk A. Denton 编）	Whereabouts Press	2008	伯克利
	《耙耧天歌》 *Marrow*	Carlos Rojas	单行本	企鹅出版集团	2015	不详
	《年月日》 *The Years，Months，Days：Two Novellas*	Carlos Rojas	单行本	格罗夫出版社	2017	纽约
杨绛	《弄真成假》 *Forging the Truth*	Amy Dooling	*Writing Women in Modern China：The Revolutionary Years，1936-1976*（Amy D. Dooling 编）	哥伦比亚大学出版社	2005	纽约
	《洗澡》 *Baptism*	Judith Armory，Shihua Yao	单行本	香港大学出版社	2007	香港
	《隐身衣》 *The Cloak of Invisibility*	Geremie Barme	*China Heritage Quarterly*	不详	2011	不详
	《大笑话》 *What a Joke*	Christopher G. Rea	*Renditions*	香港中文大学出版社	2011	香港

二十世纪八十年代以来中国现当代小说在美国的译介与传播

作者	作品名	译者	收录于选集	出版机构	出版时间	出版地
杨沫	《青春之歌》 The Song of Youth	不详	单行本	外文出版社	1964	北京
杨书案	《庄子》（节选） Zhuang Zi (Excerpt)	Tang Bowen	Chinese Literature	中国文学出版社	1988	北京
杨朔	《三千里江山》 A Thousand Miles of Lovely Land	Yuan Kejia	单行本	外文出版社	1964	北京
杨苏	《没有织完的统裙》 The Skirt That Wasn't Finished	Gladys Yang	Chinese Literature	中国文学出版社	1961	北京
	《梅恩莎》Miansa	Gladys Yang	Chinese Literature	中国文学出版社	1964	北京
杨显惠	《夹边沟记事》 Woman from Shanghai: Tales of Survival from a Chinese Labor Camp	Wen Huang	单行本	万神殿图书出版社	2009	纽约
杨益言、罗广斌	《红岩》 Red Crag	不详	单行本	外文出版社	1978	北京
杨振声	《玉君》 Yuchun	不详	Contemporary Chinese Stories（Chi-chen Wang 编）	格林伍德出版社	1944	韦斯特波特
	《抛锚》 The Anchor	不详	Contemporary Chinese Short Stories（Yuan Chia-hua，Robert Payne 编）	诺埃尔·卡林顿版社	1946	伦敦
	《磨面的老王》 Wang the Miller	Sidney Shapiro	Stories from the Thirties 1（单行本合集"熊猫丛书"）	中国文学出版社	1982	北京
	《李松的罪》 Li Song's Crime	Sidney Shapiro	Stories from the Thirties 1（单行本合集"熊猫丛书"）	中国文学出版社	1982	北京
	《抢亲》 One-sided Wedding	Sidney Shapiro	Stories from the Thirties 1（单行本合集"熊猫丛书"）	中国文学出版社	1982	北京

作者	作品名	译者	收录于选集	出版机构	出版时间	出版地
杨争光	《干沟》 *The Dry Ravine*	Henry Zhao	*The Lost Boat：Avant-garde Fiction from China*（Henry Zhao 编）	威尔斯威普出版社	1993	伦敦
	《鬼地上的月光》 *Moonlight Over the Field of Ghosts*	Ellen Lai-shan Yeung	*Chairman Mao Would Not Be Amused：Fiction from Today's China*（Howard Goldblatt 编）	格罗夫出版社	1995	纽约
姚雪垠	《差半车麦秸》 *Chabanche Makai*	C. Mar, Jack Chen	*T'ien Hsia Monthly*（Zhao Jingchen 编）	不详	1938	北京
			The Magazine of the Short Story	不详	1939	不详
			Chinese Student（Far Eastern Magazine）	不详	1940	不详
			Stories of China at War（Wang Chi-chen 编译）	哥伦比亚大学出版社	1947	纽约
	《差半车麦秸》 *The Half-baked*	Yuan Chia-hua, Robert Payne	*Contemporary Chinese Short Stories*（Yuan Chia-hua, Robert Payne 编）	诺埃尔·卡林顿出版社	1946	伦敦
	《差半车麦秸》 *Half a Cartload of Straw Short*	Yeh Chun-chan	*Three Seasons and Other Stories*（编者不详）	Staple Press	1946	伦敦
	《李自成》 *Battling South of the Pass*	不详	*Chinese Literature*	中国文学出版社	1978	北京
	《李自成》 *Beseiged in His Palace*	不详	*Chinese Literature*	中国文学出版社	1978	北京
	《李自成》（节选） *Li Tzu-ch'eng*（Excerpt）	William Lyell	*Literature of the People's Republic of China*（Kai-yu Hsu 编）	印第安纳大学出版社	1980	布鲁明顿
叶广芩	《山地故事》 *Mountain Stories*	Hu Zongfeng, He Longping, Zhang Min	单行本	山谷出版社	2017	斯卡伯勒
叶圣陶	《倪焕之》 *Schoolmaster Ni Huan-chih*	A. C. Barnes	单行本	外文出版社	1956	北京
	《多收了三五斗》 *A Year of Good Harvest*	Gladys Yang	*Chinese Literature*	中国文学出版社	1960	北京
	《潘先生在难中》 *How Mr. Pan Weathered the Storm*	Tang Sheng	*Chinese Literature*	中国文学出版社	1963	北京

作者	作品名	译者	收录于选集	出版机构	出版时间	出版地
叶圣陶	《潘先生在难中》 *Mr. Pan in Distress*	不详	*Straw Sandals：Chinese Short Stories，1918-1933* （Harold R. Isaacs 编）	麻省理工学院出版社	1974	坎布里奇
	《多收了三五斗》 *Three to Five Bushels More*	不详	*Straw Sandals：Chinese Short Stories，1918-1933* （Harold R. Isaacs 编）	麻省理工学院出版社	1974	坎布里奇
	《〈遗腹子〉及其他故事》 *A Posthumous Son and Other Stories*	Bonnie McDougall	单行本合集	商务印书馆	1979	香港
	《潘先生在难中》 *How Mr. Pan Weathered the Storm*	Tang Sheng	单行本合集（"熊猫丛书"）	中国文学出版社	1987	北京
叶永烈	《腐蚀》 *Corrosion*	Pei Minxin	*Science Fiction from China*（Wu Dingbo, Patrick Murphy 编）	普拉格出版社	1989	纽约
			The Road to Science Fiction Volume 6：Around the World（James Gunn 编）	白狼出版社	1998	斯德哥尔摩
	《自食其果》 *Reap as You Have Sown*	Pei Minxi, Yang Renmin	*Science Fiction from China*（Wu Dingbo, Patrick Murphy 编）	普拉格出版社	1989	纽约
叶兆言	《1937 年的爱情》 *Nanjing，1937：A Love Story*	Michael Berry	单行本	哥伦比亚大学出版社	2003	纽约
叶紫	《丰收》 *Harvest*	Ma Ching-chun, Tang Sheng	单行本合集	外文出版社	1960	北京
	《偷莲》 *Stealing Lotuses*	W. J. F. Jenner	*Modern Chinese Stories*（W. J. F. Jenner 编）	牛津大学出版社	1970	伦敦
	《火》 *Fire*	Wen Xue	*Stories from the Thirties 2*（单行本合集"熊猫丛书"）	中国文学出版社	1982	北京
	《丰收》 *Harvest*	Tang Sheng	*Stories from the Thirties 2*（单行本合集"熊猫丛书"）	中国文学出版社	1982	北京
	《星》 *Stars*	Sidney Shapiro	*Stories from the Thirties 2*（单行本合集"熊猫丛书"）	中国文学出版社	1982	北京

二十世纪八十年代以来中国现当代小说在美国的译介与传播

作者	作品名	译者	收录于选集	出版机构	出版时间	出版地
益希单增	《幸存的人》 The Defiant Ones	David Kwan	单行本（"熊猫丛书"）	中国文学出版社	1993	北京
余华	《现实一种》 One Kind of Reality	Helen Wang	The Lost Boat：Avant-garde Fiction from China（Henry Zhao 编）	威尔斯威普出版社	1993	伦敦
		Jeanne Tai	Running Wild：New Chinese Writers（David Der-wei Wang 编）	哥伦比亚大学出版社	1994	纽约
	《十八岁出门远行》 On the Road at Eighteen	Andrew F. Jones	The Columbia Anthology of Modern Chinese Literature（Joseph S. M. Lau, Howard Goldblatt 编）	哥伦比亚大学出版社	1995	纽约
	《往事与刑罚》 The Past and Punishments	Andrew F. Jones	Chairman Mao Would Not Be Amused：Fiction from Today's China（Howard Goldblatt 编）	格罗夫出版社	1995	纽约
			单行本合集	夏威夷大学出版社	1996	火奴鲁鲁
	《世事如烟》 World Like Mist	Andrew F. Jones	The Past and the Punishments	夏威夷大学出版社	1996	火奴鲁鲁
	《古典爱情》 Classical Love	Andrew F. Jones	The Past and the Punishments	夏威夷大学出版社	1996	火奴鲁鲁
	《鲜血梅花》 Blood and Plum Blossoms	Andrew F. Jones	The Past and the Punishments	夏威夷大学出版社	1996	火奴鲁鲁
	《一个地主的死》 The Death of a Landlord	Andrew F. Jones	The Past and the Punishments	夏威夷大学出版社	1996	火奴鲁鲁
	《西北风呼啸的中午》 The Noon of Howling Wind	Denis Mair	China's Avant-garde Fiction（Jing Wang 编）	杜克大学出版社	1998	达拉谟
	《一九八六年》 1986	Andrew F. Jones	China's Avant-garde Fiction（Jing Wang 编）	杜克大学出版社	1998	达拉谟
	《此文献给少女杨柳》 The Story is for Willow	Denis Mair	China's Avant-garde Fiction（Jing Wang 编）	杜克大学出版社	1998	达拉谟
	《十八岁出门远行》 Distant Journey at Eighteen	不详	A Place of One's Own：Stories of Self in China，Hong Kong，and Singapore（Kwok-kan Tam，Terry Siu-Han Yip，Wimal Dissanayake 编）	牛津大学出版社	1999	纽约
	《活着》 To Live	Michael Berry	单行本	锚图书出版社	2003	纽约

二十世纪八十年代以来中国现当代小说在美国的译介与传播

作者	作品名	译者	收录于选集	出版机构	出版时间	出版地
余华	《死亡叙述》 *Death Narrative*	不详	*The Mystified Boat and Other New Stories from China*（Frank Stewart, Herbert J. Batt 编）	夏威夷大学出版社	2003	火奴鲁鲁
	《许三观卖血记》 *Chronicle of Blood Merchant*	Andrew F. Jones	单行本	万神殿图书出版社	2004	纽约
	《在细雨中的呼喊》*Cries in the Drizzle*	Allan H. Barr	单行本	锚图书出版社	2007	纽约
	《兄弟》 *Brothers：A Novel*	Carlos Rojas, Eileen Cheng-yin Chow	单行本	万神殿图书出版社	2009	纽约
	《黄昏里的男孩》 *Boy in the Twilight*	Allen Barr	单行本	锚图书出版社	2014	纽约
	《第七天》 *Seventh Day*	Allen Barr	单行本	克诺夫出版社	2016	纽约
	《我胆小如鼠》 *Timid as a Mouse*	Allan H. Barr	*Words without Borders：The Online Magazine of International Literature*（网上文学杂志）	不详	不详	不详
余秋雨	《道士塔》 *A Taoist's Parinirvana Stupa*	不详	*Chinese Literature*	中国文学出版社	1998	北京
郁达夫	《紫藤与茑萝》 *Wistaria and Dodder*	不详	*Living China：Modern Chinese Short Stories*（Edgar Snow 编）	乔治·G. 哈拉普出版公司	1937	纽约
	《薄奠》 *A Humble Sacrifice*	Huang Shou-chen	*Chinese Literature*	中国文学出版社	1957	北京
	《微雪的早晨》 *Snowy Morning*	Chang Su	*Chinese Literature*	中国文学出版社	1962	北京
	《杨梅烧酒》 *Arbutus Cocktails*	Gladys Yang	*Chinese Literature*	中国文学出版社	1963	北京
	《出奔》 *Flight*	不详	*Chinese Literature*	中国文学出版社	1963	北京
	《春风沉醉的晚上》 *One Intoxicating Spring Night*	Chai Ch'u, Winberg Chai	*A Treasury of Chinese Literature*（Chai Ch'u, Winberg Chai 编）	阿普尔顿世纪出版社	1965	纽约
		不详	*Straw Sandals：Chinese Short Stories, 1918-1933*（Harold R. Isaacs 编）	麻省理工学院出版社	1974	坎布里奇

作者	作品名	译者	收录于选集	出版机构	出版时间	出版地
郁达夫	《迟桂花》 *Late-Blooming Cassia*	Sue Jean Lee	*Voices*	不详	1971	不详
	《烟影》 *Smoke Shadows*	B. McDougall	*Renditions*	香港中文大学出版社	1978	香港
	《血泪》 *Blood and Tears*	不详	*Genesis of a Revolution* (Stanley R. Munro 编)	海尼曼教育出版社	1979	新加坡
	《郁达夫作品选》 *Nights of Spring Fever and Other Writings*	Tang Sheng, Gladys Yang 等	单行本合集（"熊猫丛书"）	中国文学出版社	1984	北京
	《沉沦》 *Sinking*	Joseph Lau, C.T. Hsia	*The Columbia Anthology of Modern Chinese Literature* (Joseph S. M. Lau, Howard Goldblatt 编)	哥伦比亚大学出版社	1995	纽约
袁静	《小黑马的故事》 *The Story of Little Black Horse*	不详	单行本	外文出版社	1959	北京
扎西达娃	《归途小夜曲》 *Serenade on the Plateau*	Yu Fanqin	*Love That Burns on a Summer's Night*（编者不详）（"熊猫丛书"）	中国文学出版社	1990	北京
	《古宅》 *The Old Manor*	Shi Junbao	*Chinese Literature*	中国文学出版社	1991	北京
	《在那边》 *Over the River*	Li Guoqing	*Chinese Literature*	中国文学出版社	1991	北京
	《智者的沉默》 *The Silent Sage*	Lei Ming	*Chinese Literature*	中国文学出版社	1991	北京
	《西藏,系在皮绳结上的魂》 *A Soul in Bondage-Stories from Tibet*	不详	单行本（"熊猫丛书"）	中国文学出版社	1992	北京
	《丧钟为谁而鸣》 *For Whom the Bell Tolls*	Herbert Batt	*Tales of Tibet: Sky Burials, Prayer Wheels, and Wind Horses* (Herbert J. Batt 编)	罗曼和利特尔菲尔德出版社	2001	伦敦
	《风马之耀》 *The Glory of the Wind*	Herbert Batt	*Tales of Tibet: Sky Burials, Prayer Wheels, and Wind Horses* (Herbert J. Batt 编)	罗曼和利特尔菲尔德出版社	2001	伦敦

附录 4

作者	作品名	译者	收录于选集	出版机构	出版时间	出版地
张爱玲	《赤地之恋》 Naked Earth	Eileen Chang	单行本	联合出版公司	1956	香港
	《等》 Little Finger Up	Lucian Wu	New Chinese Stories: Twelve Short Stories by Contemporary Chinese Writer (Lucian Wu 编译)	遗产出版社	1961	台北
	《怨女》 The Betrothal of Yindi	不详	Anthology of Chinese Literature (Cyril Birch 编)	格罗夫出版社	1965	纽约
	《红玫瑰与白玫瑰》 Red Rose and White Rose	Carolyn Thompson Brown	单行本	国际大学缩影片制作公司	1981	安娜堡
	《金锁记》 The Golden Cangue	Eileen Chang	Modern Chinese Stories and Novellas 1919-1949	哥伦比亚大学出版社	1981	纽约
	《多少恨》 Shame, Amah	Eileen Chang	Bamboo Shoots After Rain: Contemporary Stories by Women Writers of Taiwan (Carter Chang 编)	女性主义出版社	1990	纽约
	《封锁》 Sealed Off	Karen Kingsbury	The Columbia Anthology of Modern Chinese Literature (Joseph S. M. Lau, Howard Goldblatt 编)	哥伦比亚大学出版社	1995	纽约
	《封锁》 Shut Down	Janet Ng	Renditions	香港中文大学出版社	1996	香港
	《留情》 Traces of Love	Eva Hung	Renditions	香港中文大学出版社	1996	香港
			Traces of Love and Other Stories (Eva Hung 编)		2000	
	《鸿鸾禧》 Great Felicity	Janet Ng, Karen Kingsbury	Renditions	香港中文大学出版社	1996	香港
			Traces of Love and Other Stories (Eva Hung 编)		2000	
	《烬余录》 From the Ashes	Oliver Stunt	Renditions	香港中文大学出版社	1996	香港
	《怨女》 The Rouge of the North	Eileen Chang	Shanghai: Electric and Lurid City: An Anthology (Barbara Baker 编)	牛津大学出版社	1998	香港
			单行本	加利福尼亚大学出版社	1998	伯克利

作者	作品名	译者	收录于选集	出版机构	出版时间	出版地
张爱玲	《倾城之恋》 *Love in a Fallen City*	Karen Kingsbury	*Renditions*	香港中文大学出版社	1996	香港
			单行本合集	纽约书评经典出版社	2006	纽约
		Shu-ning Sciban	*Dragonflies：Fiction by Chinese Women in the Twentieth Century*（Shu-ning Sciban，Fred Edwards 编）	康奈尔大学出版社	2003	伊萨卡
	《桂花蒸 阿小悲秋》*Steamed Osmanthus Flower and Ah Xiao's Unhappy Autumn*	Simon Patton	*Traces of Love and Other Stories*（Eva Hung 编）	香港中文大学出版社	2000	香港
	《更衣记》 *A Chronicle of Changing Clothes*	Andrew F. Jones	*Positions：East Asia Cultural Critique*（编者不详）	不详	2003	不详
	《色·戒》 *Lust，Caution：The Story*	Julia Lovell	单行本（导演李安作后记）	锚图书出版社	2007	纽约
	《半生缘》 *Half a Lifelong Romance*	Karen S. Kingsbury	单行本	锚图书出版社	2016	纽约
	《小团圆》 *Little Reunions*	Jane Weizhen Pan, Martin Merz	单行本	纽约书评经典出版社	2018	纽约
张承志	《骑手为什么歌唱母亲》 *Why Herdsmen Sing about Mother*	Xu Ying	*Prize-Winning Stories from China 1978-1979*（编者不详）	外文出版社	1985	北京
	《北方的河》 *River of the North*	Stephen Fleming	*Chinese Literature*	中国文学出版社	1987	北京
	《九座宫殿》 *The Nine Palaces*	Jeanne Tai	*Spring Bamboo：A Collection of Contemporary Chinese Short Stories*（Jeanne Tai 编译）	兰登书屋	1989	纽约
	《黑骏马》 *The Black Steed*	Stephen Fleming	单行本（"熊猫丛书"）	中国文学出版社	1990	北京
	《辉煌的波马》 *Dazzling Poma*	Steven L. Riep	*Worlds of Modern Chinese Fiction*	夏普出版社	1991	纽约
	《天道立秋》 *The Way of Heaven，Beginning of Autumn*	Helen Wang	*Under-Sky Underground：Chinese Writing Today*（Henry Zhao，John Cayley 编）	威尔斯威普出版社	1994	伦敦

作者	作品名	译者	收录于选集	出版机构	出版时间	出版地
张承志	《夏台之恋》 *The Love of Shata*	不详	*Chinese Literature*	中国文学出版社	1995	北京
	《胡涂乱抹》 *Chairman Mao Graffiti*	不详	*Shades of Mao：The Posthumous Cult of the Great Leader*（Geremie Barme 编）	夏普出版社	1996	纽约
	《狗的雕像》 *Statue of a Dog*	Andrew F. Jones	*Positions：East Asia Cultures Critique*（编者不详）	不详	2002	不详
张恨水	《啼笑姻缘》 *Fate in Tears and Laughter*	Borthwick.	*Chinese Middlebrow Fiction：Fiction from the Ch'ing and Early Republican Eras*（Liu Ts'un-yan 编）	香港中文大学出版社	1984	香港
	《八十一梦》(节选) *Eighty-one Dreams*（*Prologue and Dreams 72，15 and 36*）	T. M. McClellan	*Renditions*	香港中文大学出版社	2002 2004	香港
	《平沪通车》 *Shanghai Express：A Thirties Novel by Zhang Henshui*	William Lyell	单行本	夏威夷大学出版社	2003	火奴鲁鲁
张洁	中文名不详 *Bouquet for Dajiang*	He Yunlan	*Chinese Literature*	中国文学出版社	1979	北京
	《从森林里来的孩子》 *The Music of the Forests*	Gao Yan	*Chinese Literature*	中国文学出版社	1979	北京
	《忏悔》 *Remorse*	不详	*Mao's Harvest：Voices from China's New Generation*（Helen F. Siu，Zelda Stern 编译）	牛津大学出版社	1983	纽约
	《爱是不能忘记的》 *Love Cannot Be Forgotten*	不详	*Mao's Harvest：Voices from China's New Generation*（Helen F. Siu，Zelda Stern 编译）	牛津大学出版社	1983	纽约
	《沉重的翅膀》 *Leaden Wings*	Gladys Yang	单行本	维拉戈出版社	1987	伦敦
	《无字》 *An Unrecorded Life*	Nienling Liu	*The Rose Coloured Dinner*（Nienling Liu 编译）	联合出版公司	1988	香港
	《只要无事发生,任何事都不会发生》 *As Long as Nothing Happens Nothing Will*	Howard Goldblatt	单行本	维拉戈出版社	1988	伦敦
				格罗夫出版社	1991	纽约

作者	作品名	译者	收录于选集	出版机构	出版时间	出版地
张洁	《沉重的翅膀》 *Heavy Wings*	Howard Goldblatt	单行本	格罗夫韦登菲尔德出版社	1989	纽约
	《爱是不能忘记的》 *Love Must Not Be Forgotten*	Gladys Yang	单行本合集（"熊猫丛书"）	人民文学出版社	1989	北京
			The Vintage Book of Contemporary Chinese Fiction（Carolyn Choa, David Su Li-qun 编）	古典书局	2001	纽约
	《条件尚未成熟》 *The Time is Not Ripe*	Gladys Yang	*The Time is Not Ripe：Contemporary China's Best Writers and Their Stories*（Yang Bian 编）	外文出版社	1991	北京
	《敲门的女孩子》 *She Knocked at the Door*	不详	单行本	长河出版社	2005	旧金山
张抗抗	《空白》 *The Wasted Years*	Shen Zhen	*Chinese Literature 3*	中国文学出版社	1982	北京
			Seven Contemporary Chinese Women Writers（单行本"熊猫丛书"）	中国文学出版社	1990	
	《爱的权利》 *The Right to Love*	R.A. Roberts, Angela Knox	*One Half of the Sky：Selections from Contemporary Women Writers of China*（R.A. Roberts，Angela Knox 编）	威廉海尼曼出版社	1987	伦敦
	《北极光》 *Northern Lights*	Daniel Bryant	*Chinese Literature*	中国文学出版社	1988	北京
	《火的精灵》 *The Spirit of Fire*	Nienling Liu	*The Rose Coloured Dinner*（Nienling Liu 编译）	联合出版公司	1988	香港
	《苦梦》 *Bitter Dreams*	Katharina Byrne	*The Time is Not Ripe：Contemporary China's Best Writers and Their Stories*（Yang Bian 编）	外文出版社	1991	北京
	《隐形伴侣》 *The Invisible Companion*	Daniel Bryant	单行本（"熊猫丛书"）	新世界出版社	1996	香港
				中国文学出版社		北京
	《〈白罂粟〉及其他故事》*White Poppies and Other Stories*	Karen Germant, Chen Zeping	单行本	香港中文大学出版社	1998	香港
	《牡丹园》 *Peony Garden*	Daniel Bryant	*Living with Their Past：Post-Urban Youth Fiction*（Richard King 编）	香港中文大学出版社	2003	香港

二十世纪八十年代以来中国现当代小说在美国的译介与传播

作者	作品名	译者	收录于选集	出版机构	出版时间	出版地
张抗抗	《沙暴》 *Sandstorm*	Cynthia Cheung 等	*Living with Their Past：Post-Urban Youth Fiction*（Richard King 编）	香港中文大学出版社	2003	香港
	《海龟》 *Sea Turtle*	Aili Mu	*Loud Sparrows：Contemporary Chinese Short-Shorts*（Aili Mu, Julie Chiu, Howard Goldblatt 编译）	哥伦比亚大学出版社	2006	纽约
张翎	《金山》 *Gold Mountain Blues*	Nicky Harman	单行本	维京出版社	2011	多伦多
	《女人四十》 *Woman at Forty*	Emily Jones	*Paper Republic* 网站	不详	不详	不详
张天翼	《二十一个》 *Twenty-one Men*	Sze Ming-ting	*China Today*	不详	1935	不详
	《畸人手记》 *Mutation*	不详	*Living China：Modern Chinese Short Stories*（Edgar Snow 编）	乔治·G. 哈拉普出版公司	1937	纽约
	《团圆》 *Reunion*	Wang Chi-chen	*Contemporary Chinese Short Stories*（Wang Chi-chen 编译）	哥伦比亚大学出版社	1944	纽约
	《路》 *The Road*	Wang Chi-chen	*Contemporary Chinese Short Stories*（Wang Chi-chen 编译）	哥伦比亚大学出版社	1944	纽约
	《老明的故事》 *The Inside Story*	Wang Chi-chen	*Contemporary Chinese Short Stories*（Wang Chi-chen 编译）	哥伦比亚大学出版社	1944	纽约
	《笑》 *Smile*	Wang Chi-chen	*Contemporary Chinese Short Stories*（Wang Chi-chen 编译）	哥伦比亚大学出版社	1944	纽约
	《华威先生》 *Mr. Hua Wei*	Yeh Chun-chan	*Three Seasons and Other Stories*（编者不详）	斯特普尔斯出版社	1946	伦敦
	《新生》 *A New Life*	Wang Chi-chen	*Stories of China at War*（Wang Chi-chen 编译）	哥伦比亚大学出版社	1946	纽约
		Tso Cheng	*Chinese Literature*	中国文学出版社	1955	北京
		Carl Durley	*Renditions*	香港中文大学出版社	1974	香港
	《脊背与奶子》 *The Breasts of a Girl*	Yuan Chia-hua, Rosert Payne	*Contemporary Chinese Short Stories*（Yuan Chia-hua, Robert Payne 编）	诺埃尔·卡林顿出版社	1946	伦敦
	《罗文应的故事》 *How Lo Wen-ying Became a Young Pioneer*	不详	*Chinese Literature*	中国文学出版社	1954	北京

作者	作品名	译者	收录于选集	出版机构	出版时间	出版地
张天翼	《他们和我们》 *They and We*	不详	*Chinese Literature*	中国文学出版社	1954	北京
	《夏夜梦》 *A Summer Night's Dream*	Sidney Shapiro	*Chinese Literature*	中国文学出版社	1962	北京
	《中秋节》 *Mid-Autumn Festival*	Mary Gregory	*Tea Leaves*	不详	1965	不详
	《华威先生》 *Mr. Hua Wei*	J. Vochala, I. Lervitova	*New Orient*	不详	1966	不详
	《度量》 *Generosity*	W.J.F. Jenner	*Modern Chinese Stories*（W.J.F. Jenner 编）	牛津大学出版社	1970	伦敦
	《春风》 *Spring Breeze*	Hou Chien	*Twentieth-Century Chinese Stories*（C.T. Hsia 编）	哥伦比亚大学出版社	1971	纽约
	《仇恨》 *Hatred*	Tsau Shu-ying	Bulletin of Concerned Asian Scholars	不详	1976	不详
	《三天半的梦》 *Dream*	Tsau Shu-ying	*Tianyi's Fiction：The Beginning of Proletarian Fiction in China*（PhD dissertation）（Shu-ying Tsau）	多伦多大学出版社	1976	多伦多
	《砥柱》 *The Bulwark*	Nathan Mao	*Modern Chinese Stories and Novellas，1918-1948*（Joseph S.M. Lau, Leo Ou-fan Lee, C. T. Hsia 编）	哥伦比亚大学出版社	1981	纽约
	《洋泾浜奇侠》 *The Pidgin Warrior*	David Hull	单行本	巴莱斯蒂尔出版社	2017	伦敦
张炜	《海客谈瀛洲》 *Blending in the Untamed Land*	Terrence Russell	*Studies in Asia Series II*	不详	2005	不详
	《九月的寓言》 *September's Fable*	Terrence Russell, Shawn Xian Ye	单行本	俄玛和赛奇图书公司	2007	帕拉莫斯
	《古船》 *The Ancient Ship*	Howard Goldblatt	单行本	哈珀柯林斯出版社	2008	纽约
	《你在高原》(节选) *You Are on the Highland*（Excerpt）	Joel Martinsen	*Pathlight*	外文出版社	2011	北京
	《九月的寓言》(节选) *September's Fable*（Excerpt）	Terrence Russell	*Words without Borders：The Online Magazine for International Literature*（网上文学杂志）	不详	不详	不详

二十世纪八十年代以来中国现当代小说在美国的译介与传播

作者	作品名	译者	收录于选集	出版机构	出版时间	出版地
张炜	《蘑菇七种》（节选）*Seven Kinds of Mushrooms*（Excerpt）	Terrence Russell	*Muse Apprentice Guild*	不详	不详	不详
	《黑鲨洋》*The Black Shark Sea*	T. C. Russell	*World Literature in English Translation*	曼尼托巴大学出版社	不详	温尼伯
张弦	《被爱情遗忘的角落》*A Corner Forsaken by Love*	Hu Zhihui	*Chinese Literature*	中国文学出版社	1982	北京
			（单行本合集"熊猫丛书"）	中国文学出版社	1984	北京
			Mao's Harvest : Voices from China's New Generation（Helen F. Siu, Zelda Stern 编）	牛津大学出版社	1983	纽约
	《被爱情遗忘的角落》*A Place Forgotten by Love*	Katherine Lu	*The New Realism : Writings From China After the Cultural Revolution*（Lee Yee 编）	希波克里尼出版社	1983	纽约
	《独身女人》*The Widow*	Howard Goldblatt, Ellen Yeung	*Contemporary Chinese Literature : An Anthology of Post-Mao Fiction and Poetry*（Michael S. Duke 编）	夏普出版社	1984	纽约
			Bulletin of Concerned Asian Scholars	不详	1984	不详
张贤亮	《大风歌》*The Great Wind*	不详	*Literature of the Hundred Flowers, Volume II : Poetry and Fiction*（Hualing Nieh 编）	哥伦比亚大学出版社	1981	纽约
	《四封信》*Letter to the Yen-ho Editorial Board*	不详	*Literature of the Hundred Flowers, Volume II : Poetry and Fiction*（Hualing Nieh 编）	哥伦比亚大学出版社	1981	纽约
	《绿化树》*Mimosa*	Gladys Yang	单行本（"熊猫丛书"）	中国文学出版社	1982	北京
	《男人的一半是女人》*Half of Man is Woman*	Martha Avery	单行本	诺顿出版社	1984	纽约
	《灵与肉》*Body and Soul*	Phillip F.C. Williams	*Prize-Winning Stories from China 1980-1981*（W.C. Chau 编）	外文出版社	1985	北京

作者	作品名	译者	收录于选集	出版机构	出版时间	出版地
张贤亮	《肖尔布拉克》 *Shorblac：A Driver's Story*	Zhu Hong	*The Chinese Western：Short Fiction from Today's China*（Zhu Hong 编译）	巴兰坦图书出版集团	1988	纽约
			Spring of Bitter Waters：Short Fiction from Today's China（Zhu Hory 编译）	W. H. 艾伦出版社	1989	伦敦
	《邢老汉和狗的故事》 *The Story of an Old Man and a Dog*	Zhu Hong	*The Chinese Western：Short Fiction from Today's China*（Zhu Hory 编译）	巴兰坦图书出版集团	1988	纽约
			Spring of Bitter Waters：Short Fiction from Today's China（Zhu Hory 编译）	W. H. 艾伦出版社	1989	伦敦
	《早安,朋友》（节选） *Good Morning Friends*（Excerpts）	Mark Kruger	*Renditions*	香港中文大学出版社	1989	香港
	《习惯死亡》 *Getting Used to Dying*	Martha Avery	单行本	柯林斯出版社	1991	伦敦
	中文名不详 *Bitter Springs—A Truck Driver's Story*	Rui An	*The Time is Not Ripe：Contemporary China's Best Writers and Their Stories*（Yang Bian 编）	外文出版社	1991	北京
	《我的菩提树》 *Grass Soup*	Martha Avery	单行本	赛克与华宝出版社	1994	伦敦
	《我的菩提树》 *My Bodhi Tree*	Martha Avery	单行本	赛克与华宝出版社	1996	伦敦
张新华	《爱荷华的中国女人》 *A Chinese Woman in Iowa*	Valerie C. Doran	单行本	剑桥出版社	1992	波士顿
张辛欣、桑晔	《我们这个年纪的梦》 *The Dreams of Our Generation*	Donna Jung, Patricia Farr, Edward Gunn	*Beijing's People*（Edward Gunn, Donna Jung, Patricia Farr 编译）	康奈尔大学东亚研究中心	1986	伊萨卡
张辛欣	中文名不详 *Dust*	W.J.F. Jenner	*Renditions*	香港中文大学出版社	1987	香港
	中文名不详 *Theatrical Effects*	Jeffrey C. Kinkley	*Fiction*	不详	1987	不详

附录
4

二十世纪八十年代以来中国现当代小说在美国的译介与传播

作者	作品名	译者	收录于选集	出版机构	出版时间	出版地
张欣辛	《我在哪错过了你》 How Did I Miss You?	Angela Knox	One Half of the Sky（R. A. Roberts，Angela Knox 编）	海尼曼出版社	1987	伦敦
		Nienling Liu	The Rose Coloured Dinner（Nienling Lin 编译）	联合出版公司	1988	香港
		不详	A Place of One's Own：Stories of Self in China，Hong Kong，and Singapore（Kwok-kan Tam，Terry Siu-Han Yip，Wimal Dissanayake 编）	牛津大学出版社	1999	纽约
张一弓	《犯人李铜钟的故事》（节选） The Story of the Criminal Li Tongzhong（Excerpts）	John Shook，Carmen So，Aaron Ward，Richard King	Renditions	香港中文大学出版社	2007	香港
章诒和	《红牡丹：中国中篇小说两则》 Red Peonies：Two Novellas of China	Karen Gernant，Chen Zeping	Chinese Literature	夏威夷大学出版社	2017	火奴鲁鲁
张怡微	中文名不详 A Thousand and One Nights	不详	Pathlight	外文出版社	2012	北京
	中文名不详 Dirtry Rain	Jeremy Tiang	Asymptote	不详	2012	不详
	《时光，请等一等》 Only Later	Poppy Toland	Pathlight	外文出版社	2013	北京
张应俞	《江湖奇闻杜骗新书》 The Book of Swindles：Selections from a Late Ming Collection	Christopher Rea，Bruce Rusk	Translations from the Asian Classics	哥伦比亚大学出版社	2017	纽约
张之路	《反悔》 A Broken Promise	Richard A. Kunst	Themes in Contemporary Chinese Literature（Jianing Chen 编）	新世界出版社	1993	北京

作者	作品名	译者	收录于选集	出版机构	出版时间	出版地
赵海虹	《蜕》 *Exuviation*	Haihong Zhao	*Lady Churchill's Rosebud Wristlet*（编者不详）	不详	2010	不详
	《1923年科幻故事》 *1923—A Fantasy*	Nicky Harman, Pang Zhaoxia	*Renditions*	香港中文大学出版社	2012	香港
赵树理	《催粮差》 *The Tax Collecter*	Joseph Kalmer	*Eastern World*	不详	1950	不详
	《登记》 *Registration*	不详	*Chinese Literature*	中国文学出版社	1952	北京
	《李家庄的变迁》 *Changes in Li Village*	Gladys Yang	不详	外文出版社	1954	北京
	《〈登记〉与其他故事》 *Registration and Other Stories by Contemporary Chinese Writers*	不详	单行本合集	外文出版社	1954	北京
	《新食堂里忆故人》 *A New Canteen and Old Memories*	Yang Hsien-yi	*Chinese Literature*	中国文学出版社	1959	北京
	《杨老太爷》 *Patriarch*	Sidney Shapiro	*Chinese Literature*	中国文学出版社	1964	北京
	《三里湾》 *Sanliwan Village*	Gladys Yang	单行本	外文出版社	1964	北京
	《孟祥英翻身》 *Meng Xiangying Stands Up*	W.J.F. Jenner	*Modern Chinese Stories*（W. J. F. Jenner 编）	牛津大学出版社	1970	伦敦
	《小二黑结婚》 *Little Erhei's Marriage*	不详	*Chinese Literature*	中国文学出版社	1979	北京
	《李有才板话》 *Rhymes of Li Youcai and Other Stories*	不详	单行本合集	外文出版社	1980	北京
	《套不住的手》 *The Unglovable Hands*	Nathan K. Mao, Winston L., Y. Yang	*Literature of the People's Republic of China*（Kai-yu Hsu 编）	印第安纳大学出版社	1980	布鲁明顿
	《福贵》 *Lucky*	Cyril Birch	*Modern Chinese Stories and Novellas 1919-1949*（Joseph S. M. Lau, Leo Ou-fan Lee, and C.T. Hsia 编）	哥伦比亚大学出版社	1981	纽约

二十世纪八十年代以来中国现当代小说在美国的译介与传播

作者	作品名	译者	收录于选集	出版机构	出版时间	出版地
赵树理	《田寡妇看瓜》 The Widow Tian and Her Pumpkins	Jeffrey C. Kinkley	Furrows：Peasants，Intellectuals，and the State：Stories and Histories From Modern Ching（Helen Siu 编）	斯坦福大学出版社	1990	斯坦福
赵毅衡	《绛衣人》 The Woman in Crimson	John Minford	Under-Sky Underground：Chinese Writing Today（Henry Zhao，John Caley 编）	威尔斯威普出版社	1994	伦敦
郑万隆	《春潮滚滚》 Springtide，Rolling Along	Kai-yu Hsu	The Chinese Literary Scene：A Writers' Visit to the People's Republic（Kai-yu Hsu 编）	古典书局	1975	纽约
	《钟》 The Clock	Jeanne Tai	Spring Bamboo：A Collection of Contemporary Chinese Short Stories（Jeanne Tai 编）	兰登书屋	1989	纽约
	中文名不详 Mother Lode	Jeffrey C. Kinkley	Worlds of Modern Chinese Fiction（Michael S. Duke 编）	夏普出版社	1991	纽约
	《我的光》 My Light	Caroline Mason	Renditions	香港中文大学出版社	1996	香港
郑小驴	《鬼节》 The Fastival of Ghosts	Chen Zeping，Karen Gernant	Writers without Borders（文学网站）	不详	2011	不详
郑义	《晨雾》 Morning Fog	Li Guoqing	Chinese Literature	中国文学出版社	1989	北京
	《老井》 Old Well	David Kwan	单行本	中国书刊社	1989	旧金山
知侠	《铁道游击队》 The Railway Guerrillas	不详	单行本	外文出版社	1966	北京
周大新	《香魂塘畔的香油坊》 The Sesame Oil Mill	Paul White	Chinese Literature	中国文学出版社	1992	北京
	《走出盆地》 Out of the Woods	William Riggle	Chinese Literature	中国文学出版社	1992	北京
	《银饰》 For Love of a Silversmith	不详	单行本（"熊猫丛书"）	中国文学出版社	1995	北京
周而复	《上海的早晨》 Morning in Shanghai	A. C. Barnes	单行本	外文出版社	1962	北京
	《白求恩大夫》 Doctor Norman Bethune	Alison Bailey	单行本	外文出版社	1982	北京

作者	作品名	译者	收录于选集	出版机构	出版时间	出版地
周浩晖	《摄魂谷》 *Valley of Terror*	Bonnie Huie	单行本	亚马逊交叉口出版社	2017	西雅图
周克芹	《李秀满》 *Li Hsiu-man*	不详	*Chinese Literature*	中国文学出版社	1972	北京
	《许茂和他的女儿们》 *Xu Mao and His Daughters*	Wang Mingjie	*Chinese Literature*	中国文学出版社	1981	北京
	《写意》 *A Sketch*	Shi Junbao	*Chinese Literature*	中国文学出版社	1992	北京
周立波	《暴风骤雨》 *The Hurricane*	不详	单行本	外文出版社	1955	北京
	《山那面人家》 *The Family on the Other Side of the Mountain*	Yu Fan-qin	*Chinese Literature*	中国文学出版社	1960	北京
			Sowing the Clouds：A Collection of Chinese Short Stories（编者不详）	外文出版社	1961	北京
			Chinese Stories From the Fifties（编者不详）	中国文学出版社	1984	北京
			The Vintage Book of Contemporary Chinese Fiction（Carolyn Choa，David Su Li-qun 编）	古典书局	2001	纽约
	《山乡巨变》 *Great Changes in a Mountain Village vol. 1*	不详	单行本	外文出版社	1961	北京
	中文名不详 *Veiled Enemy*	Hualing Nieh	*Literature of the Hundred Flowers，Volume II：Poetry and Fiction*（Hualing Nieh 编译）	哥伦比亚大学出版社	1981	纽约
周旭	《拔萝卜》 *Picking Turnips*	Adam Lanphier	单行本	糖梅出版社	2016	纽约
朱成梁	《火焰》 *Flame*	Helen Wang	单行本	糖梅出版社	2016	纽约
朱瘦菊	中文名不详 *The Confidence in the Game*	Timothy C. Wong	*Stories for Saturday：Twentieth Century Chinese Popular Fiction*（Timothy C. Wong 编译）	夏威夷大学出版社	2003	火奴鲁鲁

二十世纪八十年代以来中国现当代小说在美国的译介与传播

作者	作品名	译者	收录于选集	出版机构	出版时间	出版地
朱文	《达马的语气》 *Da Ma's Way of Speaking*	Mao Ling	*Fissures：Chinese Writing Today*（Henry Y. H. Zhao, Yanbing Chen, John Rosenwald 编）	西风出版社	2000	布鲁克林
	《我爱美元》 *I Love Dollars and Other Stories*	Julia Lovell	单行本	哥伦比亚大学出版社	2007	纽约
	《达马的语气》 *Da Ma's Way of Talking*	Julia Lovell	*Words Without Borders：The Online Magazine for International literature*（文学网站）	不详	2008	不详
	《吃了一个苍蝇》 *The Matchmaker*	Julia Lovell	*I love Dollars and Other Stories of China* （单行本合集）	哥伦比亚大学出版社	2013	纽约
	《一个实习生》 *The Apprentice*					
	《罪魁祸首是马拉多纳》 *The Football Fan*					
	《再教育》 *Reeducation*					
	《达马的语气》 *Da Ma's Way of Talking*					
	《胡老师,今天下午去打篮球吗?》 *Mr. Hu, Are You Coming Out to Play Basketball?*					
	《派镇码头》 *The Warf*					
	《看女人》 *Xiao Liu*					
朱晓平	《桑树坪纪事》 *Chronicle of Mulberry Tree Village*	Zhu Hong	*The Chinese Western Short Fiction from Today's China* （Zhu Hong 编）	巴兰坦图书出版集团	1988	纽约
			Spring of Bitter Waters：Short Fiction from Today's China（Zhu Hong 编译）	W. H. 艾伦出版社	1989	伦敦
	中文名不详 *Old Lu the Potter*	Gladys Yang	*Chinese Literature*	中国文学出版社	1991	北京

作者	作品名	译者	收录于选集	出版机构	出版时间	出版地
竹林	《网》 *The Web*	Richard King	*Renditions*	香港中文大学出版社	1981	香港
	《生活的路》 *Downpour on a Leaky Roof*	Richard King	*Contemporary Chinese Literature：An Anthology of Post-Mao Fiction and Poetry*（Michael S. Duke 编）	夏普出版社	1985	纽约
	《蛇枕头花》 *Snake's Pillow and Other Stories*	Richard King	单行本	夏威夷大学出版社	1998	火奴鲁鲁
	《呜咽的澜沧江》（节选） *The Sobbing Lancang River*（Excerpt）	Richard King	*Renditions*	香港中文大学出版社	1998	香港
宗璞	《弦上的梦》 *Melody in Dreams*	Song Shouquan	*Chinese Literature*	中国文学出版社	1979	北京
			Prize-Winning Stories From China 1978-1979（编者不详）	外文出版社	1981	
			Seven Contemporary Chinese Women Writers（"熊猫丛书"）	中国文学出版社	1982	
	《红豆》 *Red Beans*	Geremie Barme	*Fragrant Weeds*（W. J. F. Jenner 编）	联合出版公司	1983	香港
			A Wind Across the Grass（Hugh Anderson 编）	红公鸡出版社	1985	阿斯科特韦尔
			Writing Women in Modern China：The Revolutionary Years，1936-1976（Amy D. Dooling 编）	哥伦比亚大学出版社	2005	纽约
	《后门》 *The Back Door*	不详	*A Wind Across the Grass*（Hugh Anderson 编）	红公鸡出版社	1985	阿斯科特韦尔
	《鲁鲁》 *Lu Lu*	不详	*A Wind Across the Grass*（Hugh Anderson 编）	红公鸡出版社	1985	阿斯科特韦尔
		Haiyan Lee，Sylvia Yang，Taylor Brady	单行本合集	中国现代文学与文化资料中心	2013	不详

作者	作品名	译者	收录于选集	出版机构	出版时间	出版地
宗璞	《我是谁》 *Who Am I?*	不详	*A Wind Across the Grass*（Hugh Anderson 编）	红公鸡出版社	1985	阿斯科特韦尔
	《核桃树的悲剧》 *The Tragedy of the Walnut Tree*	Zhu Hong	*The Serenity of Whiteness*：*Stories By and About Women in Contemporary China*（Zhu Hong 编译）	巴兰坦图书出版集团	1991	纽约
	《三生石》 *The Everlasting Rock*	Aimee Lykes	单行本	林恩林纳出版社	1997	博尔德

后　记

　　此书的雏形为我的博士论文,酝酿于 2011 年,成稿于 2014 年。而后经过两年的充实和补充扩为书稿,先后入选"十三五"国家重点图书出版规划项目和国家社科基金后期资助项目(为示项目区别,出版时在书名上做了微调)。此后,根据评审专家的修改意见,又增加了四万字的内容,后经南开大学出版社编辑的多次校对修改,付梓在即。

　　蓦然回首,十年的岁月匆匆而过。

　　回顾博士期间的辛苦耕耘,可谓"亦有风雨亦有晴"。那些与时间赛跑的分分秒秒,在美国主流报纸、书评杂志等大量文献里宛如大浪淘沙般寻找资料的焦灼与惊喜,夜阑人静奋笔疾书之间思路骤然清明的境界,都让我深切体会到耕耘与收获的喜悦。

　　此课题的选择源于 2011 年我在《中华读书报》上读到的一篇反映中国文学在美国受到冷遇的文章。中国文学在美国为何是这样边缘化的存在?当时我就萌生了研究的热望。我的博士导师白杨教授非常支持我研究下去,她推荐各类学术资料给我,先后四次帮我修改研究大纲,和我探讨研究思路。在反复揣摩中,我逐渐领悟到学术研究的范式,从而深潜于文学、文化研究领域。白老师以其敏锐的学术眼光,反复强调问题意识以及整理一手资料的重要性,为我指明了研究方向。白老师治学严谨,常常犀利地指出我含糊其辞之处,令我反思自己的怠惰与潦草。可以说,我的每一个研究成果都凝结着白老师的悉心指导。此外,她温和亲厚地对待我以及身边的每个人,令我感佩不已。人生得遇此良师,幸何如之!

　　为了能获得一手资料,我以校际交流博士生的身份前往加州大学戴维斯分校,有幸结识了奚密教授、陈小眉教授、加州大学伯克利分校的安德鲁·琼斯教授,他们给了我很多指导和帮助。在奚密老师的课上,我观察到美国大学老师讲授中国文学课的方法以及海外华人学者传播中国文化的良苦用心。经由奚密老师推荐，我有幸采访了马悦然教授，感受到他对中国文学的热爱与期许。与琼斯教授的访谈使我了解到美国汉学家对于中国文学海外传播的看法与建议。在与美国老师与读者的交流中，我了解到他们对中国和中国文学的看法；又基于这些认识逐渐形成了书中的一些观点。在这里，我要向他们表达诚挚的谢意。

在 2014 年的中国比较文学年会上，我宣读了论文《打开大众读者的心门：中国文学在美国走出困境的思考》，文中的观点得到了时任中国比较文学文学学会副会长及翻译研究会会长谢天振教授的肯定。此后，我不揣冒昧地将论文发给谢老师审阅。令我万分惊喜的是，谢老师很快就回复了邮件，并鼓励我继续研究下去。2015 年暑假，我有幸赴上海拜会谢老师，并把博士论文拿给他评阅。他欣然邀请我参编他的丛书"中国文化外译：典范化传播实践与研究"，并给我提出了很多宝贵的建议；我没有辜负谢老师的殷切希望，这本书最终有幸成为了该丛书的一个分册并入选两个国家项目。谢老师作为比较文学和翻译学两个领域的跨界学者，其译介学理论思想令人仰之弥高，钻之弥坚。然而，他又是那样一位忠厚长者，乐于提携后辈学者，关怀殊殷。谢老师已离开我们近两年了，而今其音容宛在，思之仍觉温暖，谢老师的知遇之恩我永远铭记在心。

我还要感谢为我提供宝贵建议的社科后期项目评审专家，以及南开大学出版社第二编辑室全体编辑。他们专业的学识和一丝不苟的工作态度，令我深深敬佩。此外，在整理附录 4 时，王大文帮助我在香港图书馆搜索资料，付出了辛勤努力。在此，一并深表谢忱。

这本书凝结了多位师长、亲友以及出版人的心血，也见证了我的成长。我会把我所感受到的温暖和严谨治学的精神传给我身边的人。

谨以此书献给那些在中国文学、文化海外传播之路上披荆斩棘、奋勇前行的学者们，同时敬请各位学者批评指正。

崔艳秋

2021 年岁末于中山